한국산업인력공단 새 출제기준에 따른 최신판!!

일식 복어
조리기능사 산업기사
필기실기문제

NCS 기반

전경철 · 국가공인 조리기능장

- 경기대학교 대학원 외식조리관리전공 박사졸업(관광학 박사)
- 경기대학교 대학원 외식산업경영전공 석사졸업(관광학 석사)
- 일본 츠지조리사전문학교 수료
- 일본 동경조리사전문학교 수료
- 현) 혜전대학교 호텔조리외식계열 교수
- 현) 혜전대학교 호텔조리외식계열 일식전공장
- 전) 경기대학교 관광대학 외식조리학과 겸임교수
- 전) 그랜드인터컨티넨탈호텔서울 Chef
- 미국 호텔총지배인 자격증(CHA)
- 호주 위생사 자격증(FCFH)
- 국가공인 조리기능장(2004)
- 국가공인 일식조리산업기사(2001)
- 국가공인 복어조리산업기사(2002)
- 국가공인 일식조리기능사(1989)
- 국가공인 복어조리기능사(1997)
- 2006 러시아국제요리경연대회 찬요리경연 금상
- 2006 러시아국제요리경연대회 해산물요리경연 은상
- 2005 제1회 해산물요리대회 1위(해양수산부장관상)
- 2004 서울국제요리경연대회 일식찬요리경연 금상
- 대한민국 조리국가대표(국제요리대회 15회 수상)
- 전국기능경기대회 심사위원
- 시방기능경기대회 심사위원장
- 한국산업인력공단 국가기술자격검정 출제 및 검토위원
- 조리기능사, 조리산업기사, 조리기능장 시험 감독위원
- KBS, MBC, SBS, EBS, 한국경제TV 등 방송출연
- **저서** 한권으로 합격하는 조리기능사 필기시험문제(크라운출판사)
  조리산업기사, 조리기능장 필기 문제집(크라운출판사)
  한국의 맛 비법전수 100선(영어, 중국어 포함)
  중식 조리기능사, 산업기사 실기시험문제(크라운출판사) 외 다수
- **논문** 메뉴의 표준양목표에 관한 연구 외 다수
- **특허** 복어요리 관련 다수

제작 스텝진
- 사진 드림 스튜디오 / 김현수 작가

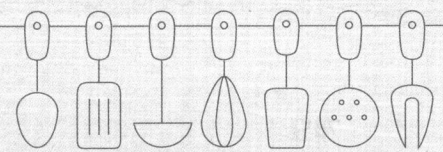

들어가는 말

일본요리와 복어요리는 눈으로 먹는 요리라고 할 만큼 멋과 아름다움이 있고 맛 또한 담백하고 깔끔하며 건강지향적인 요리입니다. 건강한 삶을 지향하는 현대사회에서는 일식전문레스토랑과 일본요리 관련 레스토랑이 국내에 많이 오픈될 것으로 예측됩니다. 또한 대학에 일본요리 관련 학과가 개설되면서 전문학교, 학원, 문화센터 등에서도 일본요리와 복어요리에 대한 관심이 높아졌습니다. 그리하여 조리 관련 학과 학생은 물론 직장인, 주부들까지도 일식·복어 자격증을 취득하는 시대가 될 것으로 전망됩니다.

현대사회의 취업을 위한 경쟁이 심화되면서 고등학생 및 조리 관련 대학전공자들은 한식·양식·중식·일식·복어조리기능사 및 제과·제빵기능사 자격증 취득은 물론 더 나아가 조주사, 소믈리에, 바리스타 등 국가·민간자격증을 취득한 후 졸업하고 있습니다. 그래서 자격증의 취득 유·무는 호텔 또는 전문레스토랑에 취업하고자 할 때는 물론이고, 취업 후 개개인의 역량평가에서도 중요한 선별·평가기준으로 활용되고 있습니다.

따라서 좀더 쉽게 자격증을 취득할 수 있도록 다년간의 현장경험과 교육경험, 그리고 조리기능사, 조리산업기사, 조리기능장 시험 감독위원 경험을 바탕으로 이 책을 집필하였습니다. 짧은 시간에도 수험생들이 효과적인 학습을 할 수 있도록 일식조리기능사와 복어조리기능사 과정을 실었습니다. 또한, 다년간의 기출문제를 분석하여 일식·복어조리산업기사 예상문제를 쉽고 명확하게 설명하였습니다. 따라서 이 책을 학습한 후에는 정확하고 체계적으로 작품을 만들어 단시간 내 자격증 취득을 용이하게 할 수 있을 것이라 확신합니다.

이 교재를 통해 일식조리기능사와 일식조리산업기사 그리고 복어조리기능사와 복어조리산업기사 자격시험을 준비하는 모든 수험생들에게 합격의 영광과 함께 올바른 조리방법을 터득하는 기회가 되길 바랍니다. 아울러 최근 출제시험 기준에 맞게 열정을 다해 집필하였지만 부족한 부분이 있을 수 있습니다. 이에 대해서는 수정·보완을 거듭할 것을 약속드립니다.

끝으로 이 교재 집필에 도움을 주신 관계자 여러분과 크라운출판사 이상원 회장님, 특별기획편집부의 모든 직원 여러분께 진심으로 감사드리며, 수험생 여러분에게 꼭 합격의 영광이 있기를 다시 한 번 기원합니다.

국가공인 조리기능장 대표저자 전경철 드림

조리기능사 안내

| 개요 |

일식, 복어 조리부문에 배속되어 제공될 음식에 대한 계획을 세우고 조리할 재료를 선정, 구입, 검수하고 선정된 재료를 적정한 조리기구를 사용하여 조리 업무를 수행하며 음식을 제공하는 장소에서 조리시설 및 기구를 위생적으로 관리, 유지하고, 필요한 각종 재료를 구입, 위생학적, 영양학적으로 저장 관리하면서 제공될 음식을 조리·제공하기 위한 전문인력을 양성하기 위하여 자격제도를 제정함.

| 수행직무 |

일식, 복어 조리부문에 배속되어 제공될 음식에 대한 계획을 세우고 조리할 재료를 선정, 구입, 검수하고 선정된 재료를 적정한 조리기구를 사용하여 조리업무를 수행함. 또한 음식을 제공하는 장소에서 조리시설 및 기구를 위생적으로 관리, 유지하고, 필요한 각종 재료를 구입, 위생학적, 영양학적으로 저장 관리하면서 제공될 음식을 조리하여 제공하는 직종임.

| 진로 및 전망 |

식품접객업 및 집단 급식소 등에서 조리사로 근무하거나 운영이 가능함. 업체 간, 지역 간의 이동이 많은 편이고 고용과 임금에 있어서 안정적이지는 못한 편이지만, 조리에 대한 전문가로 인정받게 되면 높은 수익과 직업적 안정성을 보장받게 됨.

※ 식품위생법상 대통령령이 정하는 식품접객영업자(복어 조리, 판매영업 등)와 집단급식소의 운영자는 조리사 자격을 취득하고, 시장·군수·구청장의 면허를 받은 조리사를 두어야 한다(관련법 : 식품위생법 제34조, 제36조, 같은 법 시행령 제18조, 같은 법 시행규칙 제46조).

| 취득방법 |

① 시행처 : 한국산업인력공단
② 시험과목
  - 필기 : 일식, 복어 재료관리, 음식 조리 및 위생관리
  - 실기 : 일식, 복어 조리실무
③ 검정방법
  - 필기 : 객관식 4지 택일형, 60문항(60분)
  - 실기 : 작업형(70분 정도)
④ 합격기준 : 100점 만점에 60점 이상

| 2022년 시험과목 변경사항 안내 |

구분		기존	현행	비고
시험과목	필기시험	식품위생 및 관련법규, 식품학, 조리이론 및 급식관리, 공중보건	일식, 복어 재료관리, 음식 조리 및 위생관리	국가직무능력표준(NCS) 을 활용하여 연장직무중심으로 개편
	실기시험	일식, 복어 조리작업	일식, 복어 조리실무	

※ 국가법령정보센터(www.law.go.kr) → 국가기술자격법 시행규칙(고용노동부령 제222호) → 별표/서식 → 별표8 참조

※ 조리분야 기능사 5종목 필기시험은 2020년부터 기존 공통과목에서 종목별 평가로 변경됨.

출제기준(필기)

직무분야	음식 서비스	중직무 분야	조리	자격종목	일식, 복어 조리기능사	적용기간	2020.1.1.~2022.12.31.

○ **직무내용** : 일식, 복어메뉴 계획에 따라 식재료를 선정, 구매, 검수, 보관 및 저장하며 맛과 영양을 고려하여 안전하고 위생적으로 음식을 조리하고 조리기구와 시설관리를 수행하는 직무이다.

필기검정방법	객관식	문제수	60	시험시간	1시간

필기 과목명	출제 문제수	주요항목	세부항목	세세항목
일식·복어 재료관리, 음식조리 및 위생관리	60	1. 일식·복어 위생관리	1. 개인위생관리	1. 위생관리기준 2. 식품위생에 관련된 질병
			2. 식품위생관리	1. 미생물의 종류와 특성 2. 식품과 기생충병 3. 살균 및 소독의 종류와 방법 4. 식품의 위생적 취급기준 5. 식품첨가물과 유해물질
			3. 주방위생관리	1. 주방위생 위해요소 2. 식품안전관리인증기준(HACCP) 3. 작업장 교차오염발생요소
			4. 식중독관리	1. 세균성 식중독 2. 자연독 식중독 3. 화학적 식중독 4. 곰팡이 독소
			5. 식품위생 관계법규	1. 식품위생법 및 관계법규 2. 제조물책임법

필기 과목명	출제 문제수	주요항목	세부항목	세세항목

조리기능사 안내

일식 · 복어 재료관리, 음식조리 및 위생관리	60	1. 일식 · 복어 위생관리	6. 공중보건	1. 공중보건의 개념 2. 환경위생 및 환경오염관리 3. 역학 및 감염병관리
		2. 일식 · 복어 안전관리	1. 개인안전관리	1. 개인 안전사고 예방 및 사후 조치 2. 작업 안전관리
			2. 장비 · 도구 안전작업	1. 조리장비 · 도구 안전관리 지침
			3. 작업환경 안전관리	1. 작업장 환경관리 2. 작업장 안전관리 3. 화재예방 및 조치방법
		3. 일식 · 복어 재료관리	1. 식품 재료의 성분	1. 수분 2. 탄수화물 3. 지질 4. 단백질 5. 무기질 6. 비타민 7. 식품의 색 8. 식품의 갈변 9. 식품의 맛과 냄새 10. 식품의 물성 11. 식품의 유독성분
			2. 효소	1. 식품과 효소
			3. 식품과 영양	1. 영양소의 기능 및 영양소 섭취기준
		4. 일식 · 복어 구매관리	1. 시장조사 및 구매관리	1. 시장 조사 2. 식품구매관리 3. 식품재고관리
			2. 검수관리	1. 식재료의 품질 확인 및 선별 2. 조리기구 및 설비 특성과 품질 확인 3. 검수를 위한 설비 및 장비 활용 방법
			3. 원가	1. 원가의 의의 및 종류 2. 원가분석 및 계산
		5. 일식 · 복어 기초 조리실무	1. 조리준비	1. 조리의 정의 및 기본 조리조작 2. 기본조리법 및 대량 조리기술 3. 조리장의 시설 및 설비 관리
			2. 식품의 조리원리	1. 농산물의 조리 및 가공 · 저장 2. 축산물의 조리 및 가공 · 저장 3. 수산물의 조리 및 가공 · 저장 4. 유지 및 유지 가공품 5. 냉동식품의 조리 6. 조미료와 향신료

출제기준(일식)

필기 과목명	출제 문제수	주요항목	세부항목	세세항목
		5. 일식 기초 조리실무	1. 조리 준비	1. 기본칼 기술 습득 2. 조리기구의 종류와 용도 3. 식재료 계량방법
		6. 일식 무침 조리	1. 무침 조리	1. 무침 재료 준비 2. 무침 조리 3. 무침 담기
		7. 일식 국물 조리	1. 국물 조리	1. 국물 재료 준비 2. 국물 우려내기 3. 국물요리 조리
		8. 일식 조림 조리	1. 조림 조리	1. 조림 재료 준비 2. 조림하기 3. 조림 담기
		9. 일식 면류 조리	1. 면류 조리	1. 면 재료 준비 2. 면 조리 3. 면 담기
		10. 일식 밥류 조리	1. 밥류 조리	1. 밥 짓기 2. 녹차밥 조리 3. 덮밥류 조리 4. 죽류 조리
		11. 일식 초회 조리	1. 초회 조리	1. 초회 재료 준비 2. 초회 조리 3. 초회 담기
		12. 일식 찜 조리	1. 찜 조리	1. 찜 재료 준비 2. 찜 조리 3. 찜 담기
		13. 일식 롤 초밥 조리	1. 롤 초밥 조리	1. 롤 초밥 재료 준비 2. 롤 양념초 조리 3. 롤 초밥 조리 4. 롤 초밥 담기
		14. 일식 구이 조리	1. 구이 조리	1. 구이 재료 준비 2. 구이 조리 3. 구이 담기

출제기준(복어)

필기 과목명	출제 문제수	주요항목	세부항목	세세항목
		5. 복어 기초 조리실무	1. 조리 준비	1. 기본칼 기술 습득 2. 조리기구의 종류와 용도 3. 식재료 계량방법
		6. 복어 부재료 손질	1. 복어와 부재료 손질	1. 복어 종류와 품질 판정법 2. 채소 손질 3. 복떡 굽기
		7. 복어 양념장 준비	1. 복어 양념장 준비	1. 초간장 만들기 2. 양념 만들기 3. 조리별 양념장 만들기
		8. 복어 껍질초회 조리	1. 복어 껍질초회 조리	1. 복어껍질 준비 2. 복어초회 양념 만들기 3. 복어껍질 무치기
		9. 복어 죽 조리	1. 복어 죽 조리	1. 복어 맛국물 준비 2. 복어 죽 재료 준비 3. 복어 죽 끓여서 완성
		10. 복어 튀김 조리	1. 복어 튀김 조리	1. 복어 튀김 재료 준비 2. 복어 튀김옷 준비 3. 복어 튀김 조리 완성
		11. 복어 회 국화모양 조리	1. 국화모양 조리	1. 복어 살 전처리 작업 2. 복어 회뜨기 3. 복어 회 국화모양 접시에 담기

[일식 · 복어 조리기능사 / 산업기사 필기]

- 조리기능사 안내

PART 01 일식·복어 재료관리, 음식조리 및 위생관리(일식·복어 공통)

Chapter 01 | 일식·복어 위생관리 ········ 18

1 · 개인위생관리 ········ 18
- (1) 위생관리기준 ········ 18
- (2) 식품위생에 관련된 질병 ········ 19

2 · 식품위생관리 ········ 20
- (1) 미생물의 종류와 특성 ········ 21
- (2) 식품과 기생충병 ········ 24
- (3) 살균 및 소독의 종류와 방법 ········ 28
- (4) 식품의 위생적 취급기준 ········ 30
- (5) 식품첨가물과 유해물질 ········ 31

3 · 주방위생관리 ········ 35
- (1) 주방위생 위해요소 ········ 35
- (2) 식품안전관리인증기준(HACCP) ········ 36
- (3) 작업장 교차오염 발생요소 ········ 36

4 · 식중독관리 ········ 37
- (1) 세균성 식중독 ········ 37
- (2) 자연독 식중독 ········ 39
- (3) 화학적 식중독 ········ 41
- (4) 곰팡이 식중독(독소) ········ 42

5 · 식품위생 관계법규 ········ 43
- (1) 식품위생법 및 관계법규 ········ 43
- (2) 제조물책임법 ········ 55
- (3) 농수산물의 원산지 표시에 관한 법규(약칭 : 원산지표시법) ········ 55

이 책의 차례

6 · 공중보건 ·· 62
   (1) 공중보건의 개념 ··· 62
   (2) 환경위생 및 환경오염관리 ·· 63
   (3) 역학 및 감염병관리 ··· 71

Chapter 02 | 일식 · 복어 안전관리 ·· 80

1 · 개인안전관리 ·· 81
   (1) 개인 안전사고 예방 및 사후 조치 ·· 81
   (2) 작업안전관리 ·· 81

2 · 장비 · 도구 안전작업 ··· 81
   (1) 조리장비 · 도구 안전관리 지침 ··· 81

3 · 작업환경 안전관리 ·· 82
   (1) 작업장 환경관리 ·· 82
   (2) 작업장 안전관리 ·· 83
   (3) 화재예방 및 조치방법 ·· 83

Chapter 03 | 일식 · 복어 재료관리 ·· 84

1 · 식품 재료의 성분 ··· 85
   (1) 수분 ·· 85
   (2) 탄수화물 ··· 86
   (3) 지질 ·· 88
   (4) 단백질 ·· 90
   (5) 무기질 ·· 91
   (6) 비타민 ·· 93
   (7) 식품의 색 ·· 95
   (8) 식품의 갈변 ··· 95
   (9) 식품의 맛과 냄새 ··· 96
   (10) 식품의 물성 ·· 99
   (11) 식품의 유독성분 ·· 101

2 · 효소 ·· 102
   (1) 식품과 효소 ·· 102

3 · 식품과 영양 ·· 103

   (1) 영양소의 기능 및 영양소 섭취기준 ·· 104

Chapter 04 | 일식·복어 구매관리 ·· 106

1 · 시장조사 및 구매관리 ·· 106

   (1) 시장조사 ·· 106

   (2) 식품구매관리 ·· 107

   (3) 식품재고관리 ·· 107

2 · 검수관리 ··· 108

   (1) 식재료의 품질 확인 및 선별 ·· 108

   (2) 조리기구 및 설비 특성과 품질 확인 ·· 109

   (3) 검수를 위한 설비 및 장비 활용 방법 ·· 110

3 · 원가 ··· 110

   (1) 원가의 의의 및 종류 ·· 110

   (2) 원가 분석 및 계산 ·· 112

Chapter 05 | 일식·복어 기초조리실무 ····································· 113

1 · 조리준비 ··· 113

   (1) 조리의 정의 및 기본 조리조작 ·· 113

   (2) 기본조리법 및 대량조리기술 ·· 116

   (3) 조리장의 시설 및 설비 관리 ·· 118

2 · 식품의 조리원리 ·· 121

   (1) 농산물의 조리 및 가공·저장 ·· 122

   (2) 축산물의 조리 및 가공·저장 ·· 131

   (3) 수산물의 조리 및 가공·저장 ·· 137

   (4) 유지 및 유지 가공품 ·· 139

   (5) 냉동식품의 조리 ·· 142

   (6) 조미료와 향신료 ·· 143

▶▶ 이책의 차례

PART 02 재료관리, 음식조리 및 위생관리(일식 · 복어)

Chapter 01 | 일식 148
    1 · 일식 기초조리실무 148
    2 · 일식 무침 조리 160
    3 · 일식 국물 조리 161
    4 · 일식 조림 조리 163
    5 · 일식 면류 조리 166
    6 · 일식 밥류 조리 169
    7 · 일식 초회 조리 170
    8 · 일식 찜 조리 172
    9 · 일식 롤 초밥 조리 175
    10 · 일식 구이 조리 178

Chapter 02 | 복어 183
    1 · 복어 기초조리실무 183
    2 · 복어 부재료 손질 190
    3 · 복어 양념장 준비 198
    4 · 복어 껍질초회 조리 200
    5 · 복어 죽 조리 202
    6 · 복어 튀김 조리 206
    7 · 복어 회 국화모양 조리 209

PART 03 통합모의고사(일식 · 복어) 214

[일식 · 복어 조리기능사 / 산업기사 실기]

- 일식 · 복어조리기능사/산업기사 실기시험 안내
- 일식 · 복어조리기능사/산업기사 실기시험 출제기준

PART 01 일식조리기능사 · 산업기사 실기시험

[일식조리 이론편]

01. 일본요리의 조리 이론 ·········· 18
02. 일식조리기능사 실기시험 기초 과정 ·········· 23

[일식조리기능사 실기편]

01. [과제번호 01] 갑오징어 명란무침(20분) ·········· 34
02. [과제번호 19] 김초밥(25분) ·········· 36
03. [과제번호 14] 달걀말이(25분) ·········· 38
04. [과제번호 16] 달걀찜(30분) ·········· 40
05. [과제번호 03] 대합 맑은국(20분) ·········· 42
06. [과제번호 02] 도미머리 맑은국(30분) ·········· 44
07. [과제번호 15] 도미술찜(30분) ·········· 46
08. [과제번호 05] 도미조림(30분) ·········· 48
09. [과제번호 04] 된장국(20분) ·········· 50
10. [과제번호 10] 메밀국수(자루소바)(30분) ·········· 52
11. [과제번호 06] 문어초회(20분) ·········· 54
12. [과제번호 11] 삼치소금구이(30분) ·········· 56
13. [과제번호 17] 생선초밥(40분) ·········· 58
14. [과제번호 12] 소고기 간장구이(20분) ·········· 60
15. [과제번호 08] 소고기 덮밥(30분) ·········· 62
16. [과제번호 09] 우동볶음(야끼우동)(30분) ·········· 64
17. [과제번호 13] 전복버터구이(25분) ·········· 66
18. [과제번호 18] 참치 김초밥(30분) ·········· 68
19. [과제번호 07] 해삼초회(20분) ·········· 70

▶▶ 이책의 차례

[일식조리산업기사 실기시험 예상문제]

01. 전채 7종(60분) (산마즙, 갑오징어 달걀노른자구이, 달걀오이연어말이, 새우살아몬드튀김, 이단달걀찜, 아스파라거스, 복어껍질굳힘) ········· 72
02. 전채 3종(45분) (채소(버섯, 시금치)참깨무침, 달걀두부, 등푸른생선(전어)새우말이초밥) ···· 74
03. 참깨두부 맑은국(30분) ········· 76
04. 광어얇은회(40분) ········· 77
05. 닭간장구이(30분) ········· 78
06. 닭꼬치구이(40분) ········· 79
07. 삼치유자향구이(35분) ········· 80
08. 새우소금구이(25분) ········· 81
09. 은대구 된장구이(40분) ········· 82
10. 장어달걀말이(30분) ········· 83
11. 닭고기양념튀김(30분) ········· 84
12. 튀김두부(25분) ········· 85
13. 채소조림(30분) ········· 86
14. 도미산마찜(35분) ········· 87
15. 해산물모둠초회(40분) ········· 88
16. 냄비우동(30분) ········· 89
17. 민물장어구이덮밥(30분) ········· 90
18. 샤브샤브(30분) ········· 91
19. 생선모둠초밥(40분) ········· 92
20. 튀김덮밥(30분) ········· 93
21. 꼬치냄비(40분) ········· 94
22. 대합술찜(25분) ········· 95
23. 도미냄비(30분) ········· 96
24. 모둠냄비(50분) ········· 97
25. 모둠튀김(40분) ········· 98
26. 생선모둠회(30분) ········· 99
27. 소고기양념튀김(30분) ········· 100
28. 전골냄비(스끼야끼)(40분) ········· 101
29. 튀김두부(25분) ········· 102

[일식조리산업기사 과정평가형 예상문제]

과정평가형 2차 평가 제1과제 원형문제 예시 ·········· 105
  01. 도미된장냄비 ·········· 110
  02. 도미엷은생선회 ·········· 112
  03. 도미초밥 ·········· 114

과정평가형 2차 평가 제2과제 원형문제 예시 ·········· 116
  01. 오이와 매실장아찌롤 초밥 ·········· 122
  02. 참치타다키와 뿔소라회 ·········· 124
  03. 우엉장어말이구이 ·········· 126
  04. 닭고기양념튀김(가라아게) ·········· 128

과정평가형 원형문제(지필) 예시 ·········· 130

과정평가형 원형문제(면접) 예시 ·········· 134

PART 02   복어조리기능사 · 산업기사 실기시험

[복어조리 이론편]
01. 복어요리의 조리 이론 ·········· 138
02. 복어조리기능사 실기시험 기초 과정 ·········· 139

[복어조리기능사 실기시험 예상문제]
[1과제] 복어부위별 감별(1분) *검정볼펜 지참 ·········· 148
[2과제] 복어회, 복어껍질초회, 복어죽(조우스이)(55분)
  01. 복어회 ·········· 150
  02. 복어껍질초회 ·········· 152
  03. 복어죽(조우스이) ·········· 154

[복어조리산업기사 실기시험 예상문제]
  01. 복어회 ·········· 161
  02. 복어맑은탕 ·········· 163
  03. 복어껍질굳힘(니꼬고리) ·········· 165

▶▶ 이책의 차례

[복어조리산업기사 과정평가형 예상문제]
과정평가형 2차 평가 제1과제 원형문제 예시 ·· 169
01. 복어회 국화모양 ·· 173
02. 복어찜 ·· 175
03. 복어껍질굳힘(니꼬고리) ·· 178

과정평가형 2차 평가 제2과제 원형문제 예시 ·· 180
01. 복어회 학모양 ·· 183
02. 복어샤브샤브 ·· 185
03. 복어초밥 ·· 187

과정평가형 원형문제(지필) 예시 ·· 190

과정평가형 원형문제(면접) 예시 ·· 194

[복어기능장 예상문제]
01. 복어구이 ·· 196
02. 복어튀김(가라아게) ·· 198
03. 복어타다키 ··· 200

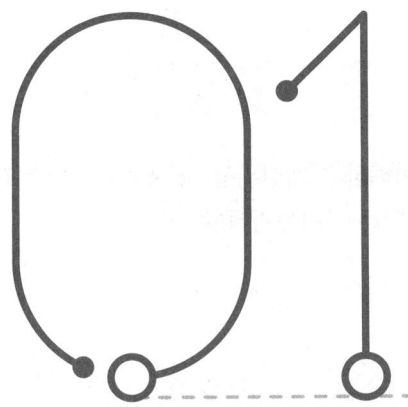

COOK CRAFTSMAN

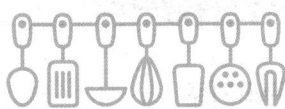

재료관리, 음식조리 및 위생관리
(일식·복어 공통)

Chapter 01 | 일식·복어 위생관리
Chapter 02 | 일식·복어 안전관리
Chapter 03 | 일식·복어 재료관리
Chapter 04 | 일식·복어 구매관리
Chapter 05 | 일식·복어 기초조리실무

🏛 출제경향이 반영된 예상문제

CHAPTER 01 일식·복어 위생관리

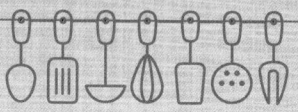

반드시 알아야 할 핵심개념

개인위생관리, 미생물의 종류와 특성, 식품과 기생충병, 살균 및 소독, HACCP, 감염병의 종류

위생관리는 음식 조리작업에 필요한 위생 관련 지식을 이해하고 개인위생, 식품위생, 주방(조리장)위생을 관리하여 조리작업을 위생적으로 수행할 수 있는 관리능력이다.

1 개인위생관리

(1) 위생관리기준

① 조리복, 조리모, 앞치마, 조리안전화 등을 항상 위생적으로 청결하게 착용
② 두발, 손, 손톱 등 신체 청결 유지 및 위생습관 준수
③ 손톱은 짧고 청결하게 유지하며, 매니큐어 칠하지 않기
④ 짙은 화장, 시계, 반지, 귀걸이 등의 장신구 착용금지
⑤ 조리 전, 중, 후에 항상 손을 깨끗이 세척(손 세척은 30초 이상)
⑥ 조리과정 중 머리, 코 등 신체부위를 만지지 않기
⑦ 조리과정 중 기침하지 않기(마스크 착용)
⑧ 작업장 근무수칙 준수(흡연, 음주, 취식 등 금지)

위생관리 능력단위 범위
개인위생관리, 식품유통기한 준수, 위생적 취급기준, 종사자 건강진단 실시, 원산지 표시, 식품위생법 준수, 시설·설비 청결상태 관리, 방충·방서 시설구비 및 관리, 유해물질 관리 등

종업원이 조리에 참여하지 않아야 할 경우
- 설사, 복통, 구토, 감기, 기침환자, 황달증상, 발진현상, 피부병 또는 화농성질환자, 베인 부위 등 손에 상처가 있는 자, 건강상태가 좋지 않은 자
- 콜레라, 장티푸스, 파라티푸스, 세균성이질, 장출혈성 대장균 감염증, A형 감염
- 결핵(비전염성인 경우 제외)
- B형간염(감염의 우려가 없는 비활동성 간염은 제외)
- 작업자로서 별도의 허가를 받지 않은 자
- 건강진단을 받지 않은 자
- ※ 식품영업자 및 그 종업원은 식품위생법 제40조에 따라 건강진단을 1년마다 받아야 한다(총리령).

올바른 손 씻기 10단계
- 흐르는 따뜻한 물에 손을 적신다.
- 손을 씻기 위해 충분한 양의 비누를 발라 거품을 낸다(세척력이 좋은 보통비누로 먼저 씻은 후 살균력이 좋은 역성비누 사용).
- 손바닥과 손바닥을 문지른다.
- 손가락을 마주잡고 문지른다.
- 손바닥과 손등을 마주보고 문지른다.
- 엄지손가락으로 다른 쪽 손바닥을 돌려주면서 문질러준다.
- 손바닥을 마주대고 손깍지를 끼고 문질러준다.
- 손깍지를 끼고 손바닥을 서로 비비면서 양 손바닥과 손톱 밑을 문지르면서 깨끗하게 씻는다.
- 비눗기를 완전히 씻어낸다.
- 1회용 핸드타올 또는 자동손건조기를 사용한다.

올바른 손 씻기로 질병의 60% 정도를 예방할 수 있기 때문에 30초 이상 비누 또는 세정제를 이용하여 손가락, 손등까지 깨끗하게 씻고 흐르는 물로 잘 헹궈야 한다.

★(2) 식품위생에 관련된 질병

대분류	중분류	소분류	원인균 또는 물질
미생물	세균성	감염형	살모넬라균, 장염비브리오균, 병원성대장균, 웰치균 등 음식물에서 증식한 세균
		독소형	포도상구균, 클로스트리디움 보툴리누스 등 음식물에서 세균이 증식할 때 발생하는 독소에 의한 식중독
	바이러스성	공기, 물 접촉 등	노로바이러스, 간염 A바이러스, 간염 E바이러스 등

화학물질	자연독	식물성	감자의 솔라닌, 독버섯의 무스카린 등
		동물성	복어의 테트로도톡신, 모시조개의 베네루핀 등
		곰팡이 독소	황변미의 시트리닌 등 식품을 부패, 변질 또는 독소를 만들어 인체에 해를 줌.
		알레르기성	꽁치, 고등어의 히스타민 등
	화학성	혼입독	잔류농약, 식품첨가물, 포장재의 유해물질(구리, 납 등), 오염식품의 중금속 등

2 식품위생관리

식품위생의 개념
① 세계보건기구(WHO) 식품위생에 대한 정의 : 식품위생이란 식품의 생육, 생산, 제조에서 최종적으로 사람에게 섭취될 때까지의 단계에 있어서 안전성, 건전성(보존성) 또는 악화 방지를 위해 취해지는 모든 수단들이다.
② 우리나라 식품위생에 대한 정의 : 식품위생은 식품, 첨가물, 기구 및 용기와 포장을 대상으로 하는 음식물에 관한 위생을 말한다(식품위생법).

> ★★
> • 식품 : 모든 음식물이며, 다만 의약으로 쓰이는 것은 제외
> • 기구 : 식품 또는 식품첨가물에 직접 닿는 기계·기구나 그밖의 물건(농업 및 수산업에서 식품의 채취에 사용되는 기계는 제외 탈곡기, 호미 등)

★식품위생의 목적(식품위생법)
① 식품으로 인한 위생상의 위해사고 방지
② 식품영양의 질적 향상 도모
③ 국민보건의 증진에 이바지함.

식품위생 행정기구

행정기구	기관	업무
중앙기구	보건복지부	식품위생에 관한 업무의 총괄·기획·조사 등 주관 지방의 위생행정기구 지휘·감독
	식품의약품안전처	식품위생행정에 관한 모든 업무 담당
	질병관리청 국립보건연구원	식품위생행정의 조사·연구 및 검사
지방기구	지방자치기관의 복지건강국 식품안전과	식품위생에 관한 지도·감독 업무 담당
	구청 위생과	식품위생감시원을 배치하고 식품위생 행정 업무 담당
	군·구 보건소	건강진단과 강습, 식중독의 역학조사 등 담당
	지방 식품의약품안전청	지역별 식품의약품 업무 관할

(1) 미생물의 종류와 특성

1) 식품과 미생물

미생물은 식품을 부패·변질·발효시키며, 식품의 섭취로 인체에 들어와 질병을 일으킨다.

2) 미생물의 종류와 특징

① 곰팡이(Filamentous Fungi) : 진균류 중에서 균사체를 발육기관으로 하는 것으로 발효식품이나 항생물질에 이용된다. 예 누룩, 푸른곰팡이, 털, 거미줄곰팡이

② 효모(Yeast) : 곰팡이와 세균의 중간크기(구형, 타원형, 달걀형)이며 출아법으로 증식한다.

③ 스피로헤타(Spirochaeta) : 단세포 식물과 다세포 식물의 중간으로 세균류로 분류된다.

④ 세균(Bacteria) : 구균, 간균, 나선균의 형태로 나누며 2분법으로 증식한다.

⑤ 리케차(Rickettsia) : 세균과 바이러스의 중간에 속하며 원형, 타원형으로 2분법으로 증식한다.

⑥ 바이러스(Virus) : 여과성 미생물로 크기가 가장 작다.

> **미생물의 크기**
> 곰팡이>효모>스피로헤타>세균>리케차>바이러스

3) 미생물에 의한 식품의 변질

식품의 변질은 영양소의 파괴, 식품 성분의 변화 등으로 향기나 맛이 손상되어 식용이 불가능한 상태를 말한다.

① 변질의 주원인
  ㉠ 식품 내 미생물의 번식, 식품 자체의 효소작용으로 발생
  ㉡ 공기 중의 산화로 인한 식품의 비타민 파괴 및 지방 산패

② 변질의 유형
  ㉠ 부패 : 부패는 단백질을 주성분으로 하는 식품의 혐기성 세균(공기 없는 것)의 번식에 의해 분해를 일으켜 악취를 내고 유해성 물질(암모니아, 트리메틸아민, 아민)이 생성되는 현상
  ㉡ 변패 : 탄수화물이나 지방이 미생물의 작용을 받아 변질되는 현상
  ㉢ 산패 : 지방(유지+산소)이 산화되어 불쾌한 냄새가 나고 식품의 빛깔이 변하는 현상

ⓔ 발효 : 식품 중 탄수화물이 미생물의 작용으로 분해된 부패산물로, 여러 가지 유기산 또는 알코올 등 사람에게 유익한 물질로 변화되는 현상

※ 후란 : 단백질 식품이 호기성 미생물의 작용을 받아 부패된 것으로, 악취 없음.

4) 미생물관리(미생물 생육에 필요한 조건)

미생물 생육에 필요한 3대 요소 : 영양소, 수분, 온도

① **영양소** : 당질, 아미노산 및 무기질소, 무기염류, 생육소(발육소) 등의 영양소가 미생물 발육과 증식에 필요하다.

② **수분** : 미생물의 발육과 증식에는 미생물의 종류에 따라 필요량은 다르나 40% 이상의 수분이 필요하며, 건조식품의 경우 수분함량이 대략 15% 정도라서 일반 미생물은 발육·증식이 불가능하나 곰팡이는 유일하게 건조식품에서도 발육할 수 있다.

수분량에 따른 미생물
세균＞효모＞곰팡이

③ **온도** : 온도에 따라 미생물을 분류하며 저온균·중온균·고온균으로 나눈다.

종류	발육가능온도	최적온도	내용
저온균	0~25℃	15~20℃	식품의 부패를 일으키는 부패균
중온균	15~55℃	25~37℃	질병을 일으키는 병원균
고온균	40~70℃	50~60℃	온천물에 서식하는 온천균

④ **pH(수소이온농도)**

㉠ 곰팡이와 효모의 최적 pH는 4.0~6.0이다(산성에서 잘 자람).

㉡ 세균의 최적 pH는 6.5~7.5이다(보통 중성 내지 약알칼리에서 잘 자람).

⑤ **산소** : 미생물은 산소를 필요로 하는 것과 필요치 않은 것으로 분류할 수 있다.

㉠ 호기성균 : 산소를 필요로 하는 균

㉡ 혐기성균 : 산소를 필요로 하지 않는 균

• 통성혐기성균 : 산소가 있거나 없거나 관계없는 균

• 편성혐기성균 : 산소를 절대적으로 기피하는 균

5) 미생물에 의한 감염과 면역

[물리적 처리에 의한 보존]

① 일광건조법

  ㉠ 자건법 : 식품을 한 번 데쳐서 건조시키는 방법(예 멸치 등)

  ㉡ 소건법(일광건조법) : 햇빛에 건조시키는 방법(예 김, 오징어, 다시마 등)

  ㉢ 동건법(냉동건조법) : 겨울철 낮과 밤의 온도차를 이용하여 낮에는 해동과 건조가 일어나고 밤에는 동결하는 원리로 건조되는 방법(예 한천, 당면, 북어 등)

  ㉣ 염건법 : 소금을 뿌려 건조시키는 방법(예 굴비, 조기 등)

② 인공건조법

  ㉠ 직화건조법(배건법) : 식품을 직접 불에 닿게 하여 건조시키는 방법으로, 식품의 향을 증가시킴(예 보리차, 차잎 등)

  ㉡ 분무건조법 : 액체를 분무하여 열풍으로 건조시키면 가루가 되는 원리를 이용(예 분유, 녹말가루, 인스턴트커피 등)

  ㉢ 냉동건조법 : 식품을 냉동시켜 저온에서 건조시키는 방법(예 한천, 건조두부, 당면 등)

  ㉣ 열풍건조법 : 가열한 공기를 송풍하여 건조시키는 방법(예 육류, 어류 등)

  ㉤ 고온건조법 : 식품을 90℃ 이상의 고온에서 건조시키는 방법(예 건조떡, 건조쌀 등)

  ㉥ 고주파건조법 : 식품이 타지 않게 균일하게 건조시키는 방법

③ 가열살균법

  ㉠ 저온살균법(LTLT) : 60~65℃에서 30분간 가열 후 급랭(예 우유, 술, 주스, 소스 등에 이용)

  ㉡ 고온단시간살균법(HTST) : 70~75℃에서 15~20초 내에 가열 후 급랭(예 우유, 과즙 등에 이용)

  ㉢ 초고온순간살균법(UHT) : 130~140℃에서 2~4초간 가열 후 급랭(예 과즙 등에 이용)

  ㉣ 고온장시간살균법 : 95~120℃에서 30~60분간 가열 살균(예 통조림 살균에 이용)

④ **냉장·냉동법** : 미생물은 생육온도보다 낮은 온도(10℃ 이하)에서는 활동이 둔해지며, 번식이 불가능하게 된다.

  ㉠ 움저장 : 10℃ 정도에서 감자, 고구마, 채소 등을 저장하는 것

  ㉡ 냉장 : 0~4℃에서 얼지 않을 정도로 채소, 과일, 육류 등을 저장하는 것

  ㉢ 냉동 : -40℃ 이하에서 급속 냉동시켜 -18℃ 이하에서 어패류 등을 저장하는 것

    ㉣ 냉동염법 : 젓갈 제조방법 중 큰 생선이나 지방이 많은 생선을 서서히 절이고자 할 때 생선을 일단 얼렸다가 절이는 방법

드립현상
① 냉동식품을 상온에 두면 냉동 중 파괴되었던 식품 조직에서 액이 분리되어 나오는데 이것을 드립현상이라고 한다.
② 과일, 채소류는 냉장과 병행하여 호흡 억제를 위한 가스저장법(CA저장법)을 실시한다(산소 제거 및 질소, 이산화탄소 등 주입).

(2) 식품과 기생충병

1) 감염병 발생의 3대 원인

① 감염원(병원체, 병원소) : 질병을 일으키는 원인이며 환자, 보균자, 오염식기구, 오염토양, 곤충, 생활용구 등을 말한다.

② 숙주의 감수성 : 숙주는 기생생물에게 영양이나 질병을 공급한 생물이며, 감수성이 높으면 면역성이 낮으므로 질병이 발병되기 쉽다.

③ 환경(감염경로) : 질병이 전파되는 과정이며 공기감염, 직접감염, 간접감염 등을 말한다.

※ 감수성 : 생물이 숙주에 의해 침입한 병원체에 대항하여 감염이나 발병을 저지할 수 없는 상태

감수성지수
두창, 홍역(95%)＞백일해(60~80%)＞성홍열(40%)＞디프테리아(10%)＞소아마비(0.1%)

2) 감염병의 분류

① 경구감염병(수인성 감염병, 소화기계 감염병)

㉠ 환자 발생이 폭발적으로 증가 가능성이 있다.

㉡ 음료수 사용지역과 유행지역이 일치한다(음료수 사용을 중지하면 환자발생률이 감소 및 중단됨).

㉢ 치명률이 낮다.

㉣ 계절에 관계없이 발생한다(주로 여름).

㉤ 성별, 연령, 직업, 생활수준에 따른 발생빈도에 차이가 없으므로 급수는 검수를 해서 먹는다.

경구감염병(수인성 감염병)

장티푸스, 파라티푸스, 콜레라, 세균성 이질 ─ 아메바성 이질, 소아마비(급성회백수염, 폴리오), 유행성 간염

① 병원체 : 세균
② 파리에 의해 감염

① 병원체 : 바이러스

② **인수공통감염병**

  ㉠ 사람과 동물이 같은 병원체에 의해 발생하는 질병을 말한다.

  ㉡ 위생 해충에 의한 감염

  - 결핵 → 소(브루셀라증)
  - 탄저·비저 → 양, 말
  - 광견병(공수병) → 개
  - 페스트 → 쥐
  - 살모넬라증, 돈단독, 선모충, Q열 → 돼지
  - 야토병 → 산토끼
  - 파상열(브루셀라) → 소(유산), 사람(열병)

③ **감염병 유행의 현상**

  ㉠ 장기변화(추세변화) : 10~40년 주기로 유행하는 감염병으로, 이질, 장티푸스, 디프테리아, 성홍열, 유행성 독감 등이 있다.

  ㉡ 단기변화(순환변화) : 2~5년 주기로 유행하는 감염병으로, 유행성 뇌염, 백일해, 홍역 등이 있다.

  ㉢ 계절적 변화 : 1년을 주기로 계절적으로 반복·유행하는 감염병으로, 소화기계 감염병(여름), 호흡기계 감염병(겨울) 등이 있다.

  ㉣ 불규칙 변화 : 돌발적인 발생으로 유행하는 수인성 감염병과 환경오염성 질병 등이 있다.

보균자

① 건강보균자(병균은 있으나 증상이 없음 → 가장 위험)
② 잠복기보균자
③ 병후보균자(증상과 병균이 있음)
※ 건강보균자는 병원체를 지니고 있으나 증상이 나타나지 않아 감염병을 관리하는 데 있어 가장 관리하기가 어렵다.

3) 식품과 기생충병

① 채소류를 매개로 하여 감염되는 기생충(중간 숙주 없음)

회충	분변으로 오염된 채소, 불결한 손을 통해 충란이 사람의 소장에서 75일 만에 성충이 됨. • 증상 : 복통, 간담 증세가 있고 구토, 소화장애, 변비 등의 전신 증세 • 예방법 : 분변의 위생적 처리, 청정채소의 보급, 위생적인 식생활, 환자의 정기적인 구충제 복용, 채소는 흐르는 물에 5회 이상 씻은 후 섭취함
구충 (십이지장충)	충란이 부화, 탈피한 유충이 경피침입 또는 경구침입하여 소장 상부에 기생함. • 증상 : 빈혈증, 소화장애 등 • 예방법 : 회충과 같으나 인분을 사용한 밭에 맨발로 들어가지 말아야 함.
요충	성숙한 충란이 사람의 손이나 음식물을 통하여 경구침입, 항문 주위 산란 • 증상 : 항문소양증, 집단감염(가족 내 감염률 높음) • 예방법 : 침구 및 내의의 청결함 유지함.
동양모양선충	경구감염 또는 경피감염, 내염성이 강해서 절임채소에서도 발견됨. • 증상 : 장점막에 염증, 복통, 설사, 피곤감, 빈혈 • 예방법 : 분변의 위생적 처리, 청정채소를 섭취함.
편충	경구 감염되어 맹장 부위에 기생함. • 따뜻한 지방에 많은데, 우리나라에서도 감염률이 높음. • 예방법 : 분변의 위생적 처리, 손 청결, 청정채소를 섭취함.

② 육류로부터 감염되는 기생충(중간숙주 1개)

유구조충 (갈고리촌충)	• 감염경로 : 돼지 → 사람 • 예방대책 : 돼지고기 생식 또는 불완전 가열한 것의 섭취금지, 분변에 의한 오염방지
무구조충 (민촌충)	• 감염경로 : 소 → 사람 • 예방대책 : 소고기의 생식금지, 분변에 의한 오염방지
선모충	• 감염경로 : 돼지 · 개 → 사람 • 예방대책 : 돼지고기를 75℃ 이상 가열 후 섭취
톡소플라스마	• 감염경로 : 돼지, 개, 고양이, 사람 • 예방대책 : 돼지고기 생식금지, 고양이 배설물에 의한 식품오염방지
만손열두촌충	• 감염경로 : 개구리, 뱀, 닭의 생식 • 예방대책 : 생식금지

※ 중간숙주가 없는 기생충 : 회충, 구충, 요충, 편충
※ 중간숙주가 1개인 기생충 : 무구조충(민촌충), 유구조충(갈고리촌충), 선모충, 만손열두촌충

③ 어패류로부터 감염되는 기생충(중간숙주 2개)

기생충	제1중간숙주	제2중간숙주
간흡충(간디스토마)	왜우렁이	담수어(붕어, 잉어)
폐흡충(폐디스토마)	다슬기	민물게, 민물가재
횡천흡충(요코가와흡충)	다슬기	담수어(은어)
아니사키스	갑각류	오징어
광절열두조충(긴촌충)	물벼룩	연어, 송어

※ 사람이 중간숙주 구실을 하는 기생충 : 말라리아원충

4) 식품과 위생동물

[위생동물의 특징 및 예방대책]

쥐	• 질환 : 기생충질환(선모충증, 아메바성 이질), 세균성 질환(살모넬라증, 서교열, 페스트, 와일씨병), 리케차성 질환(발진열, 쯔쯔가무시증), 바이러스성 질환(유행성 출혈열) 등이 있다. • 예방대책 : 서식처 제거, 방서장치 설치, 식당·식량창고·쓰레기장 등 환경개선 등이 있다.
파리	• 질환 : 소화기계 감염병(장티푸스, 파라티푸스, 콜레라, 이질, 식중독 등), 호흡기계 감염병(디프테리아, 결핵 등), 기생충질환(회충, 편충, 요충 등의 유발 가능), 기타 감염병(소아마비, 화농성 질환 등)이 있다. • 예방대책 : 서식처 제거, 발생원 제거 및 초기에 구제, 화학적으로는 접촉제·훈증제·분무제 등의 살충제를 사용한다.
바퀴벌레	• 질환 : 호흡기계 감염병(결핵, 디프테리아), 소화기계 감염병(콜레라, 장티푸스, 살모넬라, 세균성 이질, 소아마비, 유행성 간염 등), 기생충 질병(회충, 구충, 민촌충, 아메바성 이질 등)이 있다. • 예방대책 : 살충제 살포(페니트로티온), 훈증법, 연무법, 잔류분무 등이 있다.
모기	• 질환 : 일본뇌염(작은빨간집모기), 말라리아(중국얼룩날개모기), 사상충증, 황열, 뎅기열 등 유발, 흡혈로 인한 피해(피부교자, 수면 방해 등)를 일으킨다. • 예방대책 : 발생지 제거, 하수구, 고인물 등을 장시간 방치를 금하고, 유충과 성충 구제, 살충제 살포 등이 있다.
벼룩, 이, 빈대	• 질환 : 벼룩은 페스트로 재귀열의 원인이며, 이는 발진티푸스의 원인이 된다. 빈대는 재귀열의 원인이다. • 예방대책 : 세탁, 세발, 청결, 살충제 살포 등을 한다.
진드기	• 질환 : 유행성 출혈열, 양충병(쯔쯔가무시증), 재귀열, Q열 등이 있다. • 예방대책 : 청결(신체, 주거, 의복), 가열살충(의복, 침구), 건조(13% 이하의 수분) 등을 한다.

(3) 살균 및 소독의 종류와 방법

1) 살균·소독·방부의 정의

① 살균 또는 멸균 : 병원균, 아포, 병원미생물 등을 포함하여 모든 미생물 균을 사멸시키는 것이다.

② 소독 : 병원미생물을 죽이거나 또는 반드시 죽이지는 못하더라도 그 병원성을 약화시켜서 감염력을 없애는 것이다.

③ 방부 : 미생물의 성장·증식을 억제하여 식품의 부패와 발효 진행을 억제시키는 것이다.

미생물에 작용하는 강도
살균 또는 멸균 > 소독 > 방부

2) 소독방법의 구분

① 물리적 소독방법

㉠ 무가열에 의한 방법

자외선조사	자외선의 살균력은 파장범위가 2500~2800Å(옴스트롱) 정도일 때 가장 강하며 공기, 물, 식품, 기구, 용기 소독에 사용한다. ※ 일광소독(실외소독), 자외선소독(실내소독)에 사용한다.
방사선조사	식품에 방사선을 방출하는 코발트 60(^{60}CO) 등을 물질에 조사시켜 균을 죽이는 방법으로, 장기 저장을 목적으로 사용한다.
세균여과법	액체식품 등을 세균여과기로 걸러서 균을 제거시키는 것으로, 바이러스는 너무 작아서 걸러지지 않는다.
초음파 멸균법	전자파를 이용한 소독방법이다.

㉡ 가열에 의한 방법

저온살균법(LTLT, Low Temperature Long Time)	• 60~65℃에서 30분간 가열 후 급랭한다. • 우유, 술, 주스, 소스 등의 살균에 사용되며, 영양 손실이 적다.
고온단시간살균법(HTST, High Temperature Short Time)	• 70~75℃에서 15~20초 내에 가열 후 급랭한다. • 직접살균법 140~150℃에서 0.5~5초간 살균 • 직접살균법 125~135℃에서 0.5~5초간 살균 • 우유, 과즙 등의 살균에 사용된다.
초고온순간살균법(UHT, Ultra High Temperature)	130~140℃에서 3~4초간 가열 후 급랭한다. ① 직접 살균법 : 140~150℃에서 0.5~5초간 살균 ② 간접 살균법 : 125~135℃에서 0.5~5초간 살균
고압증기멸균법	고압증기멸균솥(오토클레이브)을 이용하여 121℃(압력 15파운드)에 15~20분간 살균하는 방법으로, 멸균 효과가 우수하다(통조림 살균).

② 화학적 소독방법

　㉠ 소독약의 구비조건
　　• 살균력이 강할 것
　　• 금속부식성이 없을 것
　　• 표백성이 없을 것
　　• 용해성이 높으며, 안정성이 있을 것
　　• 사용하기 간편하고 값이 저렴할 것
　　• 침투력이 강할 것
　　• 인축에 대한 독성이 적을 것

　㉡ 종류 및 용도
　　• 염소(차아염소산나트륨) : 수돗물, 과일, 채소, 식기 소독에 사용한다.

수돗물 소독 시 잔류 염소	0.2ppm
과일, 채소, 식기 소독 시 농도	50~100ppm

　　• 표백분(클로르칼키) : 수영장 소독 및 채소, 식기 소독에 사용한다.
　　• 석탄산(3%) : 화장실(분뇨), 하수도 등의 오물 소독에 사용하며, 온도 상승에 따라 살균력도 비례하여 증가한다.

장점	살균력이 안정(유기물에도 살균력이 약화되지 않음)
단점	독한 냄새, 강한 독성, 강한 자극성, 금속부식성 있음.

　　• 역성비누(양성비누) : 과일, 채소, 식기, 조리자의 손 소독에 사용한다.
　　　– 보통비누와 함께 사용 시 : 보통비누로 먼저 때를 씻어낸 후 역성비누를 사용한다.
　　　– 실제 사용농도는 과일, 채소, 식기 소독은 0.01~0.1%, 손 소독은 10%로 사용한다.

$$\text{석탄산계수} = \frac{\text{(다른) 소독약의 희석배수}}{\text{석탄산의 희석배수}} \text{ (살균력 비교 시 이용)}$$

　　• 크레졸비누(3%) : 화장실(분뇨), 하수도 등의 오물 소독에 사용하며, 석탄산보다 소독력과 냄새가 강하다.
　　• 과산화수소(3%) : 자극성이 약하여 피부상처 소독, 입안의 상처 소독에 사용된다.
　　• 포름알데히드(기체) : 병원, 도서관, 거실 등의 소독에 사용된다.
　　• 포르말린 : 포름알데히드를 물에 녹여서 만든 30~40%의 수용액으로 변소(분뇨), 하수도, 진개 등의 오물 소독에 이용된다.

- 생석회 : 저렴하기 때문에 변소(분뇨), 하수도, 진개 등의 오물 소독에 가장 우선적으로 사용한다.
- 승홍수(0.1%) : 비금속기구의 소독에 주로 이용(금속부식성)한다.
- 에틸알코올(70%) : 금속기구, 손 소독에 사용한다.
- 에틸렌 옥사이드(기체) : 식품 및 의약품 소독에 사용한다.
- 과망간산칼륨 : 분자식은 KMnO4으로 산화력에 가장 강한 소독 효과가 있으며, 0.2~0.5%의 수용액을 사용한다.

식기 세척 시 중성세제의 농도 : 0.1~0.2%
화장실 소독
① 석탄산 3%
② 크레졸 3%
③ 생석회(가장 우선 사용)

(4) 식품의 위생적 취급기준

[주방 식재료의 위생적 취급관리]

조리과정	내용
조리 전	• 유통기한 및 신선도를 확인 • 식품은 바닥에서 60cm 이상의 높이에 보관 및 조리 • 재료는 검수 후 신속하게 건냉소(30분 이내), 냉장(0℃~5℃), 냉동(-50℃~-18℃ 이하)보관 • 식재료 전처리 과정은 25℃ 이하에서 2시간 이내 처리 • 식재료는 내부온도가 15℃ 이하로 전처리 • 손 씻기, 칼, 도마, 칼 손잡이 등 청결하게 세척하여 교차오염방지
조리 중	• 채소, 과일은 세제로 1차 세척 후 차아염소산용액 50~75ppm 농도에서 5분간 침지 후 물에 헹구기(물 4ℓ 당 락스 유효염소 4%인 5~7㎖ 사용) • 해동된 식재료 재냉동 사용금지
조리 중	• 개봉한 통조림은 별도의 용기에 냉장보관(품목명, 원산지, 날짜 표시) • 식품 가열은 중심부 온도가 75℃(패류는 85℃)에서 1분 이상 조리 • 칼, 도마, 장갑 등은 용도별 구분 사용 • 채소 → 육류 → 어류 → 가금류 순서로 손질
조리 후	• 익힌 음식과 날 음식은 별도 냉장보관 또는 익힌 음식은 윗칸보관으로 교차오염방지 • 보관 시 네임텍 부착(품목명, 날짜, 시간 등 표시) • 조리된 음식은 5℃ 이하 또는 60℃ 이상에서 보관 • 가열한 음식은 즉시 제공 또는 냉각하여 냉장 또는 냉동보관

(5) 식품첨가물과 유해물질

1) 식품첨가물의 일반적인 개요

① 식품첨가물의 정의 : 식품첨가물은 식품의 제조·가공·보존할 때 필요에 따라 식품에 첨가 또는 혼합하거나 침윤하는 방법으로 식품에 사용되는 물질이다. 천연 첨가물로는 후추, 생강, 소금 등이 있고, 화학적 합성품으로 글루타민산나트륨, 사카린 등이 있다. 식품첨가물은 식품의약품안전처장이 지정한 것만 사용이 가능하다.

식품첨가물 공전
식품의약품안전처장이 지정한 식품첨가물의 종류와 규격, 기준 등이 수록된 것이다.

② 식품첨가물의 분류

㉠ 식품의 보존성을 높이는 첨가제

• 보존료(방부제) : 무독성으로 미량으로도 효과가 있으며, 가격이 저렴해야 한다.

데히드로초산나트륨	버터, 치즈, 마가린에 첨가
프로피온산나트륨, 프로피온산칼슘	빵, 과자류에 첨가
안식향산나트륨	과실·채소류, 청량음료수, 간장, 식초에 첨가
소르빈산나트륨, 소르빈산칼륨	육제품, 절임식품, 케첩, 된장에 첨가

※ 포름알데히드(메탄알), 염화제이수은(승홍), 불소화합물, 붕산 등은 독성이 강하여 사용이 금지된 보존료이다.

• 살균료 : 식품의 부패 병원균을 강력히 살균하는 것

차아염소산나트륨	소독, 살균, 탈취, 표백 목적으로 사용되며 물, 식기, 과일에 사용
표백분	표백작용
고도표백분	표백작용
에틸렌옥사이드	살균작용

• 산화방지제(항산화제) : 식품의 산화에 의한 변질현상을 방지하기 위해 사용한다.

BHA(부틸히드록시아니졸)	식용유, 마요네즈, 추잉껌 등
BHT(디부틸히드록시톨루엔)	식용유, 버터, 곡류 등(BHA와 유사 사용)
몰식자산프로필	식용유지, 버터류
에리소르빈산염(수용성)	색소 산화 방지작용으로 사용기준 없음.

Part 1 재료관리, 음식조리 및 위생관리 | 31

- 천연항산화제(천연산화방지제) : 비타민 E(토코페롤), 비타민 C(아스코르빈산), 참기름(세사몰), 목화씨(고시풀)

ⓒ 관능을 만족시키는 첨가제
- 정미료(조미료) : 식품에 감칠맛을 부여하기 위해 사용한다.

천연정미료	글루탐산나트륨(다시마, 된장, 간장), 이노신산(가다랭이 말린 것), 호박산(조개), 구아닐산(표고버섯)
화학정미료	글리신(향료), 5-구아닐산나트륨(표고버섯의 정미), 구연산나트륨(안정제), 1-글루탐산나트륨(다시마의 정미), d-주석산나트륨

- 감미료 : 식품에 감미(단맛)을 부여하기 위해 사용한다.

사카린나트륨	설탕의 300배(허용식품과 사용량에 대한 제한이 있음) • 사용가능 : 건빵, 생과자, 청량음료수 • 사용불가 : 식빵, 이유식, 백설탕, 포도당, 물엿, 벌꿀, 알사탕류
D-솔비톨	설탕의 0.7배(당 알코올로 충치예방에 적당), 과일 통조림, 냉동품의 변성방지제
글리실리진산나트륨	간장, 된장 외에 사용금지
아스파탐	설탕의 150배, 청량음료, 빵류, 과자류(0.5% 사용)

※ 사이클라메이트(Cyclamate), 둘신(Dulcil), 에틸렌글리콜(Ethylene glycol), 니트로아닐린(Nitroaniline) 등은 독성이 강하여 사용이 금지된 감미료이다.

- 산미료 : 식품에 산미(신맛 : 구연산, 살구, 감귤)를 부여하기 위해 사용한다.
  - 구연산, 젓산(청주, 장류), 초산(살균작용), 주석산(포도), 빙초산

- 착색료 : 식품의 가공공정에서 변질 및 변색되는 식품색을 복원하기 위해 사용한다.

천연착색료	천연색소, 식물에서 용해되어 나온 색소나 또는 식물·동물에서 추출한 색소
합성착색료	• 타르 색소 : 식용색소, 녹색, 황색, 적색 1, 2, 3 • 비타르계 : β-카로틴(치즈, 버터, 마가린), 황산품(과채류, 저장품), 구리클로로필린나트륨 ※ 타르 색소를 사용할 수 없는 식품 : 면류, 김치류, 다류, 묵류, 젓갈류, 단무지, 생과일주스, 천연식품

※ 아우라민(Auramin), 로다민(Rodamine) 등은 독성이 강하여 사용이 금지된 착색료이다.

- 발색제(색소고정제) : 자체 무색이어서 스스로 색을 나타내지 못하지만, 식품 중의 색소성분과 반응하여 그 색을 고정(보존)하거나 또는 발색하는 데 사용한다.

육류 발색제	아질산나트륨(아질산염) → 니트로사민(발암물질) 생성
과채류 발색제	황산제1철, 황산제2철, 염화제1철, 염화제2철

※ 아질산나트륨($NaNO_2$), 질산나트륨($NaNO_3$=질산소다), 질산칼륨(KNO_3)은 소시지, 햄 등의 육류 가공품과 명란젓, 연어알 등의 발색제로 사용된다.

※ 과량 복용하면 구토, 무기력, 호흡곤란 등을 유발하며 특히 아질산나트륨은 단백질과 위에서 함께 반응하여 나이트로사민(Nitrosamine)이라는 발암물질을 형성하므로 식품첨가제로서 엄격한 규제를 따른다.

- 착향료 : 식품의 냄새를 없애거나 강화하기 위하여 사용한다.
    - 멘톨(파인애플향, 포도맛향, 자두맛향)
    - 바닐린(바닐라향)
    - 벤질알코올
    - 계피알데히드(계피 : 착향 목적 외에 사용금지)
- 표백제 : 원래 색을 없애거나 퇴색을 방지, 흰 것을 더 희게 하기 위해 사용한다.

산화제	과산화수소
환원제	(아)황산염, 무수아황산

※ 롱가릿(Rongalite), (삼)염화질소($Cl3N$), 형광표백제(螢光漂白劑) 등은 독성이 강하여 사용이 금지된 표백제이다.

ⓒ 품질유지 또는 품질개량에 사용되는 첨가제
- 유화제(계면활성제) : 혼합이 잘 되지 않는 2종류의 액체를 유화시키기 위하여 사용하는 첨가물

합성유화제	글리세린지방산에스테르, 솔비탄지방산에스테르, 폴리소르베이트
천연유화제	레시틴

- 품질개량제(결착제) : 식품의 결착력을 증대시키고 식품의 변색 및 변질을 방지시키는 첨가물(맛의 조성, 식품의 풍미 향상, 식품조직의 개량)
    - 종류 : 복합인산염
- 소맥분 개량제 : 밀가루의 표백 및 숙성기간을 단축시켜 제빵 효과 및 저해물질을 파괴시키며, 살균 효과도 있는 첨가물
    - 종류 : 과산화벤조일(밀가루), 브롬화칼륨, 과황산암모늄, 이산화염소, 과붕산나트륨
- 증점제(호료) : 식품에 결착성(점착성)을 증가시켜 교질상 미각을 증진시키는 첨가물

천연호료	카제인, 구아검, 알긴산, 젤란검, 카라기난
합성호료	알긴산나트륨, 알긴산암모늄, 알긴산칼슘, 변성전분, 카제인나트륨

- 피막제 : 과일의 선도를 장시간 유지하게 하기 위하여 표면에 피막을 만들어 호흡작용을 적당히 제한하고, 수분의 증발을 방지하기 위하여 사용되는 첨가물

초산비닐수지	피막제 이외의 껌 기초제로도 사용
모르폴린지방산염	과채 표피(특히 감귤류)
천연피막제	밀납, 석유 왁스, 카나우바 왁스, 쌀겨 왁스

ㄹ 식품의 제조·가공과정에서 필요한 첨가제

식품제조용 첨가제	황산, 수산화나트륨(복숭아, 밀감 등의 통조림 제조 시 박피제)
소포제	거품을 없애기 위하여 사용되는 첨가물(규소수지, 실리콘수지)
팽창제	밀가루 제품 제조 시 반죽을 팽창시키는 목적으로 사용[효모(천연), 명반, 탄산수소나트륨, 탄산수소암모늄, 탄산암모늄]

ㅁ 영양강화제 및 기타 첨가물

- 영양강화제 : 식품의 영양강화를 목적으로 사용되는 첨가물(비타민, 무기질, 아미노산)
- 이형제 : 빵을 빵틀로부터 잘 분리해 내기 위해 사용(유동파라핀, 잔존량 0.1% 이하)하는 첨가물
- 껌 기초제 : 껌에 적당한 점성과 탄력성을 갖게 하여 그 풍미를 유지하기 위한 첨가물
  - 초산비닐수지(피막제로도 사용)
  - 에스테르껌, 폴리부텐, 폴리이소부틸렌(껌 기초제 이외로는 사용할 수 없음)
- 추출제 : 일종의 용매로서 천연식품 중에서 성분 용해·추출하기 위해 사용되는 첨가물(n-헥산)

2) 식품첨가물 규격기준

식품위생법 제7조에 근거하여 판매를 목적으로 하는 식품 또는 식품첨가물에 관한 사항은 식품의약품안전처장이 고시한다.

제조·가공·사용·조리·보존 방법에 관한 기준과 성분에 관한 규격 등이다.

3) 유해물질

① 중금속 유해물질과 중독증상

금속명	주요 중독경로	중독증상
납(Pb)	환약, 먹거리(통조림), 수도관, 기구	시력약화, 빈혈, 복통, 팔과 손의 마비, 뇌중독, 중추신경장애, 혈액장애, 만성중독
카드뮴(Cd)	공장폐수, 광산폐수, 쌀의 오염, 공해, 도기의 유약성분, 오염된 어패류	이타이이타이병, 보행곤란, 뼈의 변형, 골연화증, 신장기능 장애, 단백뇨

수은(Hg)	온도계, 체온계, 압력계, 화학공장 폐수, 물고기, 공해	복통, 구토, 설사, 무뇨, 피부염, 의식장애, 지각마비, 중추신경장애, 홍독성 홍분 미나마타병(메틸수은)
구리(Cu)	식품(코코아, 초코렛), 조리기구, 상수도관	복통, 구토, 설사, 간 손상(세포의 괴사) 신부전, 호흡곤란, 사망
아연(Zn)	공장 폐수, 합금, 식기, 용기	복통, 구토, 설사, 소화기 계통 염증
비소(As)	화학공장, 방부제, 살충제, 화장품, 의약품, 우유(분유)	구토, 설사, 호흡중추의 마비, 피부염, 빈혈
주석(Sn)	통조림 식품의 통조림관(통조림 캔)	구토, 복통, 설사, 급성 위장염, 진폐증(규폐)
안티몬(Sb)	식기(법랑제품), 약제의 오용	구토, 복통, 설사
크롬	전기도금 공장에서 크롬도금, 공업약품	피부염, 폐암의 원인, 비중격천공증

* 납 : 최대 허용량 : 0.5ppm, 구리 : 1회 500mg 이상 섭취 중독

② 식품의 조리 및 가공 중에 생기는 유해물질

㉠ 벤조피렌 : 불에 탄 고기에서 나오는 신종 발암물질로, 고온 또는 식품첨가물질이 원인으로, 식품을 가열하게 되면 식품성분이 변화하게 되면서 발암물질이 생성된다.

㉡ 니트로소 화합물 : 산성조건의 아질산과 2급 아민이 식품가공 중에 발암물질로 생성된다.

㉢ 아크릴아마이드 : 전분이 많은 감자류와 곡류 등을 높은 온도에서 가열할 때 생성되며 감자튀김, 과자, 피자 등을 만들 때 생성된다.

3 주방위생관리

주방위생 위해요소
개인위생, 식품위생, 시설위생

(1) 주방위생 위해요소

주방기구	위해요소관리
조리시설, 조리기구	• 살균소독제로 세척, 소독 후 사용 • 열탕 소독 또는 염소 소독으로 세척 및 소독
기계 및 설비	설비 본체 부품 분해 → 부품은 깨끗한 장소로 이동 → 뜨거운 물로 1차 세척 → 스펀지에 세제를 묻혀 이물질 제거 후 씻어내기 ※ 설비부품은 뜨거운 물 또는 200ppm의 차아염소산나트륨 용액에 5분간 담근 후에 세척

싱크대	약알칼리성 세제로 씻고, 70% 알코올로 분무 소독
도마, 칼	뜨거운 물로 1차 세척 → 스펀지에 세제를 묻혀 이물질 제거 후 씻어내기 → 뜨거운 물(80℃) 또는 200ppm의 차아염소산나트륨 용액에 5분간 담근 후에 세척
칼, 행주	끓는 물에서 30초 이상 열탕 소독
기타	• 바닥의 균열 및 파손 시 즉시 보수하여 오물이 끼지 않도록 관리 • 출입문, 창문 등에는 방충시설을 설치. • 방충, 방서용 금속망의 굵기는 30매시(mesh)가 적당

※ 조리대는 중성세제 또는 염소소독제로 200배 희석하여 소독
- 염소소독제(4%) 200배 희석방법(1,000㎖ 제조 시) : 물 995㎖ + 염소소독제 5㎖

★(2) 식품안전관리인증기준(HACCP)

1) HACCP(Hazard Analysis and Critical Control Point, 식품안전관리인증기준)

① HACCP은 위해분석(HA, Hazard Analysis)과 중요관리점(CCP, Critical Control Point)으로 구성되는데 HA는 위해 가능성이 있는 요소를 전체적인 공정 과정의 흐름에 따라 분석·평가하는 것이며, CCP는 확인된 위해한 요소 중에서 중점적으로 다루어야 하는 위해 요소를 뜻한다. 식품안전관리인증기준의 목적은 사전에 위해한 요소들을 예방하며 식품의 안전성을 확보하는 것이다.

② 우리나라는 식품위생법에 HACCP제도를 1995년 12월 29일에 도입하였으며, 이것은 식품의 생산, 유통, 소비의 전 과정에서 식품관리의 예방차원에서 지속적으로 식품의 안전성(Safety) 확보와 건전성 및 품질을 확보함은 물론 식품업체의 자율적이고 과학적 위생관리방식의 정착과 국제기준 및 규격과의 조화를 도모하고자 신설하였다.

③ 2014년 11월 29일부터 위해요소중점관리기준에서 식품안전관리인증기준으로 명칭이 변경되었다.

2) 식품안전관리인증기준 준수대상 영업

냉동수산식품 중 어류·연체류·조미가공품, 어묵류, 냉동식품 중 피자·만두·면류, 빙과류, 비가열음료, 레토르트식품, 김치류 중 배추김치

(3) 작업장 교차오염 발생요소

교차오염 발생요소	발생 원인	방 안
식재료 입고, 전처리 과정	많은 양의 식재료를 원재료 상태로 들여와 준비하는 과정(교차오염 발생 가능성 높음)	원 식재료의 전처리 과정에서 더욱 세심한 청결상태 유지와 식재료의 관리 필요
채소·과일준비코너, 생선 취급코너	칼, 도마, 장갑 등에서 교차오염 발생	칼, 도마, 장갑 등 용도별 구분 사용 필요

| 행주, 나무도마 등 | 행주, 나무도마 등에서 교차오염 발생 | 집중적인 위생관리 및 교체, 세척, 살균 요함. |
| 주방바닥, 트렌치 등 | 주방바닥, 트렌치 등에서 교차오염 발생 | 집중적인 위생관리 및 세척, 살균, 건조 요함. |

※ 작업 종료 후 지정한 인원은 매일 작업 시작 전에 작업장의 모든 장비, 용기, 바닥을 물로 청소하고, 식품 접촉표면은 염소계 소독제 200ppm을 사용하여 살균한 후 습기를 제거한다.

주방 내에서 교차오염방지를 위하여 구역을 구분하여 사용
① 일반작업구역 : 식재료 검수구역, 식재료 저장구역, 식재료 전처리구역, 식기세정구역
② 청결작업구역 : 조리구역, 배선구역, 식기보관구역
※ 도마와 칼은 용도별로 구분하여 사용하고 달걀, 육류 등 조리 전 식재료는 냉장고에 분리하여 저장 또는 하단에 보관한다.

4 식중독관리

(1) 세균성 식중독

식중독(Food poisoning)은 유독·유해한 물질이 음식물과 함께 입을 통해 섭취되어 생리적인 이상을 일으키는 것을 말하며, 6~9월에 주로 발생한다.

1) 감염형 식중독

식품 내에 병원체가 증식하여 인체에 식품 섭취로 들어와 일으키는 식중독이다.

① 살모넬라 식중독

㉠ 특징 : 쥐, 파리, 바퀴에 의해 식품을 오염시키는 균이다.
㉡ 원인균 : 살모넬라균
㉢ 증상 : 두통, 심한 위장 증상, 38~40℃의 급격한 발열
㉣ 원인식품 : 육류 및 어패류 및 가공품, 우유 및 유제품, 채소샐러드 등
㉤ 잠복기 : 12~24시간
㉥ 예방대책 : 열에 약하여 60℃에서 30분이면 사멸된다.

② 장염비브리오 식중독

㉠ 특징 : 해안지방에 가까운 바닷물(3~4% 식염농도) 등에 사는 호염성 세균으로 그람음성간균이다.

ⓒ 원인균 : 비브리오균

　　ⓒ 증상 : 위장의 통증과 설사(혈변), 구토, 약간의 발열

　　ⓔ 원인식품 : 어패류(생것으로 먹을 때나 칼, 도마, 식기에 의해 2차적으로 오염)

　　ⓜ 잠복기 : 10~18시간

　　ⓑ 예방대책 : 5℃ 이하에서 음식을 보존하고, 60℃에서 5분간 가열하면 균이 사멸된다. 조리할 때 청결하게 하고 2차 오염을 막기 위해 칼, 도마, 식기, 용기 등의 소독을 철저히 한다.

③ 병원성 대장균 식중독

　　㉠ 사람이나 동물의 장 관내에 살고 있는 균으로 물이나 흙 속에 존재하며 식품과 함께 입을 통해 체내에 들어오면 장염을 일으키는 식중독이다.

　　ⓒ 원인균 : 병원성 대장균

　　ⓒ 증상 : 급성 대장염

　　ⓔ 원인식품 : 우유가 주원인, 가정에서 만든 마요네즈

　　ⓜ 잠복기 : 13시간 정도

　　ⓑ 예방대책 : 동물의 분변오염방지

④ 웰치균 식중독

　　㉠ 특징 : 웰치균은 편성혐기성균으로 아포(내열성균으로 열에 강함)를 형성하며, 조리 중에 잘 죽지 않는다.

　　ⓒ 원인균 : 웰치균(식중독의 원인균은 A형)

　　ⓒ 증상 : 설사, 복통

　　ⓔ 원인식품 : 육류 및 어패류의 가공품

　　ⓜ 잠복기 : 8~22시간

　　ⓑ 예방대책 : 분변오염방지, 조리 후 식품을 급히 냉각시킨 다음 저온(10℃ 이하)에서 보존하거나 60℃ 이상으로 보존한다.

2) 독소형 식중독

식품 내에 병원체의 증식으로 생성된 독소에 의한 식중독으로 잠복기가 가장 짧은 것이 특징이다.

① 포도상구균 식중독

　　㉠ 특징 : 화농성질환자에 의해 감염되며, 120℃에서 20분간 열을 가해도 균이 사멸되지 않는다.

ⓛ 원인균 : 포도상구균
ⓒ 원인독소 : 엔테로톡신(Enterotoxin 장독소)은 열에 강하여 가열하여도 파괴되지 않으며, 균이 사멸되어도 독소는 남는다.
ⓔ 증상 : 구토, 복통, 설사
ⓜ 원인식품 : 우유, 유제품, 떡, 도시락, 김밥
ⓗ 잠복기 : 잠복기가 가장 짧은 식후 3시간
ⓢ 예방대책 : 손에 상처나 화농(고름)이 있는 사람은 식품 취급을 금지한다.

② 클로스트리디움 보툴리누스 식중독
  ⓠ 원인균 : 보툴리늄균(A, B, C, D, E, F, G형 중 A, B, E형이 원인균)
  ⓛ 원인독소 : 뉴로톡신(Neurotoxin 신경독소)은 열에 의해 파괴
  ⓒ 증상 : 신경마비증상
  ⓔ 원인식품 : 살균이 불충분한 통조림, 햄, 소시지 등 가공품
  ⓜ 잠복기 : 식후 12~36시간
  ⓗ 예방대책 : 통조림 및 소시지 등의 위생적 보관과 가공처리 철저

세균성 식중독과 소화기계 감염병의 차이

세균성 식중독	소화기계 감염병(경구 감염병)
• 식중독균에 오염된 식품을 섭취하여 발병 • 식품에 많은 양의 균 또는 독소에 의해 발병 • 살모넬라 외에는 2차 감염이 없음. • 짧은 잠복기 • 면역이 되지 않음.	• 감염병균에 오염된 식품과 물의 섭취로 경구감염 • 식품에 적은 양의 균으로 발병 • 2차 감염됨. • 긴 잠복기 • 면역이 됨.

(2) 자연독 식중독

1) 동물성 식중독

① 복어 중독
  ⓠ 원인독소 : 테트로도톡신(Tetrodotoxin)
  ⓛ 치사량 : 2mg
  ⓒ 독성시기 : 봄철 5~6월 산란기에 가장 강함
  ⓔ 독성이 있는 부위 : 난소>간>내장>피부
    ※ 복어독은 끓여도 파괴되지 않음.

ⓜ 증상 : 식후 30분~5시간 만에 발병하여 지각마비, 근육마비, 구토, 호흡곤란, 의식불명되어 사망에 이르며, 치사율은 50~60%이다.
ⓑ 예방대책 : 복어는 전문 조리사만이 요리하도록 하고 유독부위를 완벽히 제거 후 섭취한다.

② 검은 조개, 섭조개(홍합) 중독
㉠ 원인독소 : 삭시톡신
㉡ 증상 : 신체마비, 호흡곤란, 치사율 10%

③ 모시조개, 굴, 바지락
㉠ 원인독소 : 베네루핀
㉡ 증상 : 구토, 복통, 변비, 치사율 44~50%

2) 식물성 식중독

① 감자 중독
㉠ 독성물질 : 감자의 발아한 부분 또는 녹색 부분에 솔라닌(Solanine)
※ 부패한 감자에는 셉신이란 독성물질이 생성되어 중독을 일으킨다.
㉡ 예방대책 : 감자의 싹트는 부분과 녹색 부분은 제거해야 하며, 감자보관 시 서늘한 곳에 보관한다.

② 독버섯 중독
㉠ 독소 및 증상
- 무스카린(Muscarine) : 강한 독성으로 구토, 설사, 현기증, 시력장애, 의식불명광대버섯, 파리버섯, 땀버섯
- 무스카리딘(Muscaridine) : 교감신경 자극, 뇌 증상, 불안정
- 아마니타톡신(Amanitatoxin), 팔린(Phaline) : 콜레라 증세, 혈변, 청색증 알광대버섯, 흰알광대버섯, 독우산광대버섯
- 뉴린(Neurine), 콜린(Choline) : 구토, 설사, 호흡곤란, 혼수상태
- 파실로신(Phaline), 파실리오시빈(Psilocybin) : 환각작용의 뇌 증상
- 아가리시시산(Agaricic acid) : 위장형 중독
- 필지오린(Pilzhyioin) : 위장 증상
㉡ 독버섯 중독의 종류
- 위장형 중독 : 무당버섯, 화경버섯(증상 : 구토, 설사, 복통 등의 위장장애)

- 콜레라형 중독 : 마귀곰보버섯, 알광대버섯(증상 : 경련, 헛소리, 혼수상태)
- 신경계 장애형 중독 : 파리버섯, 광대버섯, 미치광이버섯(증상 : 중추신경장애, 광증, 근육경련)
- 혈액형 중독(증상 : 콜레라형 위장장애, 용혈작용, 황달)

③ 기타 유독물질

ⓐ 청매, 살구씨, 복숭아씨 : 아미그달린(Amygdalin)
ⓑ 독미나리 : 시큐톡신(Cicutoxin)
ⓒ 목화씨 : 고시폴(Gossypol)
ⓓ 피마자 : 리신(Ricin)
ⓔ 독보리 : 테무린(Temuline)
ⓕ 오디 : 아코니틴(Aconitine)
ⓖ 대두 : 사포닌(Saponins)
ⓗ 두류 : 파세오루나틴(Phaseolunatin)

(3) 화학적 식중독

1) 농약에 의한 식중독

① 유기인제(신경독)

ⓐ 증상 : 신경장애, 혈압상승, 근력감퇴, 정신경련
ⓑ 종류 : 파라티온, 말라티온, 다이아지논, 테프(TEPP)
ⓒ 예방 : 농약 살포 시 흡입주의, 수확 15일 전 살포금지, 과채류의 산성액 세척 등

② 유기염소제

ⓐ 증상 : 복통, 설사, 두통, 구토, 전신권태, 신경계 독성
ⓑ 종류 : DDT, BHC
ⓒ 예방 : 농약 살포 시 흡입주의, 수확 15일 전 살포금지 등

③ 유기수은제

ⓐ 증상 : 시야 축소, 언어장애, 정신착란
ⓑ 종류 : 메틸염화수은, 메틸요오드화수은, EMP, PMA

④ 비소화합물

ⓐ 증상 : 목구멍과 식도의 수축현상, 위통, 설사, 혈변, 소변량 감소

ⓑ 종류 : 비산칼슘

ⓒ 예방 : 농약 살포 시 흡입주의, 수확 15일 전 살포금지 등

메탄올(메틸알코올)
- 주류의 메탄올 함유 허용량은 0.5mg/㎖ 이하(예외 : 과실주, 포도주 1.0mg/㎖ 이하)
- 중독량은 5~10㎖, 치사량 30~100㎖
- 증상 : 두통, 구토, 설사, 실명, 심할 경우 호흡곤란으로 사망

통조림 식품의 유해성 금속물질
납, 주석(허용치는 150ppm 이하이고, 산성 통조림 식품에 한하여 250ppm 이하)

PCB물질(중독)에 대한 대책
PCB 중독은 미강유 정제과정 중 유입되는 중독으로 PCB의 공업적 사용 자제

(4) 곰팡이 식중독(독소)

① 아플라톡신 중독

ⓐ 원인곰팡이 : 아스퍼질러스 플라브스

ⓑ 원인식품 : 재래식 된장, 곶감, 땅콩, 곡류

ⓒ 독소 : 아플라톡신(간장독)

※ 아플라톡신은 열에 강하여 가열 후에도 식품에 존재할 수 있다.

아플라톡신은 간을 타깃으로 하여 작용하며, 초기 증상으로는 발열, 무기력증, 신경성식욕부진증 등을 일으키며 복통과 구토, 간염을 유발한다. 만성적인 독성은 면역력 저하와 암을 발생시키게 된다.

② 맥각 중독

ⓐ 원인균 : 맥각균

ⓑ 원인식품 : 보리, 밀, 호밀

ⓒ 독소 : 에르고톡신(Ergotoxine, 간장독), 에르고타민(Ergotamine)

③ 황변미 중독
- ㉠ 원인곰팡이 : 푸른곰팡이(페니실리움)
- ㉡ 원인식품 : 저장미
- ㉢ 독소 : 시트리닌(신장독), 시트리오비리딘(신경독), 아이슬랜디톡신(간장독)

> **참고**
> 14~15% 이상의 수분을 함유하는 저장미에서 푸른곰팡이가 번식하여 적홍색 또는 황색으로 되는 현상으로 동남아시아 지역에서 곡류 저장 시 문제가 많은 편이다.

④ 알레르기성 식중독(부패성 식중독)
- ㉠ 원인균 : 프로테우스 모르가니(Proteus morganii)균
- ㉡ 원인식품 : 꽁치나 고등어 등 붉은 색 생선의 가공품을 섭취했을 때 발생

5 식품위생 관계법규

(1) 식품위생법 및 관계법규

1) 식품위생법의 목적
① 식품으로 인한 위생상의 위해를 방지한다.
② 식품영양의 질적 향상을 도모한다.
③ 식품에 관한 올바른 정보를 제공하여 국민보건의 증진에 이바지한다.

2) 식품위생 관련 용어의 정의
① **식품** : 모든 음식물을 포함(의약으로 섭취하는 것은 제외)
② **식품첨가물** : 식품을 제조·가공·조리 또는 보존하는 과정에서 감미(甘味), 착색(着色), 표백(漂白) 또는 산화방지 등을 목적으로 식품에 사용되는 물질을 말한다. 이 경우 기구(器具)·용기·포장을 살균·소독하는 데 사용되어 간접적으로 식품으로 옮아갈 수 있는 물질을 포함
③ **화학적 합성품** : 화학적 수단에 의하여 원소 또는 화합물에 분해반응 외의 화학반응을 일으켜 얻은 물질

★④ 기구 : 식품 또는 식품첨가물에 직접 닿는 기계·기구나 그밖의 물건으로 음식을 먹을 때 사용하거나 담는 것과 식품 또는 식품첨가물의 채취·제조·가공·조리·저장·소분·운반·진열할 때 사용하는 것

⑤ 용기·포장 : 식품 또는 식품첨가물을 넣거나 싸는 것으로서 식품 또는 식품첨가물을 주고받을 때 함께 건네는 물품

⑥ 위해 : 식품, 식품첨가물, 기구 또는 용기·포장에 존재하는 위험요소로서 인체의 건강을 해치거나 해칠 우려가 있는 것

⑦ 영업 : 식품 또는 식품첨가물을 채취·제조·가공·조리·저장·소분·운반 또는 판매하거나 기구 또는 용기·포장을 제조·운반·판매하는 업을 말함(농업과 수산업에 속하는 식품 채취업은 제외).

⑧ 영업자 : 영업허가를 받은 자나 영업신고를 한 자 또는 영업등록을 한 자를 말함(농업과 수산업에 속하는 식품 채취업은 제외).

★⑨ 식품위생 : 식품, 식품첨가물, 기구 또는 용기·포장을 대상으로 하는 음식에 관한 위생

★⑩ 집단급식소 : 영리를 목적으로 하지 아니하면서 특정 다수인에게 계속하여 음식물을 공급하는 기숙사·학교·병원·사회복지시설·산업체·국가·지방자치단체 및 공공기관·그 밖의 후생기관 등의 어느 하나에 해당되는 곳의 급식시설로서 대통령령으로 정한 곳

⑪ 식품이력추적관리 : 식품을 제조·가공단계부터 판매단계까지 각 단계별로 정보를 기록·관리하여 그 식품의 안전성 등에 문제가 발생할 경우 그 식품을 추적하여 원인을 규명하고 필요한 조치를 할 수 있도록 관리하는 것

★⑫ 식중독 : 식품 섭취로 인하여 인체에 유해한 미생물 또는 유독물질에 의하여 발생하였거나 발생한 것으로 판단되는 감염성 질환 또는 독소형 질환

⑬ 집단급식소에서의 식단 : 급식대상 집단의 영양섭취기준에 따라 음식명, 식재료, 영양성분, 조리방법, 조리인력 등을 고려하여 작성한 급식계획서

※ 식품 등의 취급 : 누구든지 판매를 목적으로 식품 또는 식품첨가물을 채취·제조·가공·사용·조리·저장·소분·운반 또는 진열을 할 때에는 깨끗하고 위생적으로 하여야 하며, 영업에 사용하는 기구 및 용기·포장은 깨끗하고 위생적으로 다루어야 하고, 식품, 식품첨가물, 기구 또는 용기·포장(식품 등)의 위생적인 취급에 관한 기준은 총리령으로 정한다.

★3) 식품 및 식품첨가물

① 위해식품 등의 판매 등 금지 : 누구든지 다음의 어느 하나에 해당하는 식품 등을 판매하거나 판매할 목적으로 채취·제조·수입·가공·사용·조리·저장·소분·운반 또는 진열하여서는 안 된다.

㉠ 썩거나 상하거나 설익어서 인체의 건강을 해칠 우려가 있는 것

㉡ 유독·유해물질이 들어 있거나 묻어 있는 것 또는 그러할 염려가 있는 것으로, 식품의

약품안전처장이 인체의 건강을 해칠 우려가 없다고 인정하는 것은 제외

ⓒ 병을 일으키는 미생물에 오염되었거나 그러할 염려가 있어 인체의 건강을 해칠 우려가 있는 것

ⓔ 불결하거나 다른 물질이 섞이거나 첨가된 것 또는 그 밖의 사유로 인체의 건강을 해칠 우려가 있는 것

ⓜ 안전성 평가 대상인 농·축·수산물 등 가운데 안전성 평가를 받지 아니하였거나 안전성 평가에서 식용으로 부적합하다고 인정된 것

ⓗ 수입이 금지된 것 또는 수입신고를 하지 아니하고 수입한 것

ⓢ 영업자가 아닌 자가 제조·가공·소분한 것

② **병든 동물 고기 등의 판매 등 금지** : 총리령으로 정하는 질병에 걸렸거나 걸렸을 염려가 있는 동물이나 그 질병에 걸려 죽은 동물의 고기·뼈·젖·장기 또는 혈액을 식품으로 판매하거나 판매할 목적으로 채취·수입·가공·사용·조리·저장·소분 또는 운반하거나 진열하여서는 안 된다.

★ ※ 총리령으로 정하는 질병 : 축산물가공처리법 규정에 도축이 금지되는 가축감염병, 리스테리아병, 살모넬라병, 파스튜렐라병, 선모충증

③ **기준·규격이 정하여지지 아니한 화학적 합성품 등의 판매 등 금지** : 기준·규격이 정하여지지 아니한 화학적 합성품인 첨가물과 이를 함유한 물질을 식품첨가물로 사용하거나 이 식품첨가물이 함유된 식품을 판매하거나 판매할 목적으로 제조·수입·가공·사용·조리·저장·소분·운반 또는 진열하는 행위를 해서는 안 된다.

※ 다만, 식품의약품안전처장이 식품위생심의위원회의 심의를 거쳐 인체의 건강을 해칠 우려가 없다고 인정하는 경우에는 그러하지 아니하다.

④ **식품 또는 식품첨가물에 관한 기준 및 규격**

★ ㉠ 식품의약품안전처장은 국민보건을 위하여 필요하면 판매를 목적으로 하는 식품 또는 식품첨가물에 관한 제조·가공·사용·조리·보존 방법에 관한 기준과 성분에 관한 규격의 사항을 정하여 고시한다.

※ 다만, 식품첨가물 중 기구 및 용기·포장을 살균·소독하는 데에 쓰여서 간접적으로 식품으로 옮아갈 수 있는 물질은 그 성분명만을 고시할 수 있다.

★ ㉡ 식품의약품안전처장은 ㉠에 따라 기준과 규격이 고시되지 아니한 식품 또는 식품첨가물의 기준과 규격을 인정받으려는 자에게 ㉠의 사항을 제출하게 하여 「식품·의약품분야 시험·검사 등에 관한 법률」에 따라 식품의약품안전처장이 지정한 식품전문 시험·검사기관 또는 총리령으로 정하는 시험·검사기관의 검토를 거쳐 ㉠에 따른 기준과 규격이 고시될 때까지 그 식품 또는 식품첨가물의 기준과 규격으로 인정할 수 있다.

ⓒ 수출할 식품 또는 식품첨가물의 기준과 규격은 ㉠ 및 ㉡에도 불구하고 수입자가 요구하는 기준과 규격을 따를 수 있다.

㉣ ㉠ 및 ㉡에 따라 기준과 규격이 정하여진 식품 또는 식품첨가물은 그 기준에 따라 제조·수입·가공·사용·조리·보존하여야 하며, 그 기준과 규격에 맞지 아니하는 식품 또는 식품첨가물은 판매하거나 판매할 목적으로 제조·수입·가공·사용·조리·저장·소분·운반·보존 또는 진열하여서는 아니 된다.

⑤ 권장규격 예시 등

★㉠ 식품의약품안전처장은 판매를 목적으로 하는 식품 또는 식품첨가물, 기구 및 용기·포장에 관한 기준 및 규격에 따른 기준 및 규격이 설정되지 아니한 식품 등이 국민보건상 위해 우려가 있어 예방조치가 필요하다고 인정하는 경우에는 그 기준 및 규격이 설정될 때까지 위해 우려가 있는 성분 등의 안전관리를 권장하기 위한 규격을 예시할 수 있다.

㉡ 식품의약품안전처장은 ㉠에 따라 권장규격을 예시할 때에는 국제식품규격위원회 및 외국의 규격 또는 다른 식품 등에 이미 규격이 신설되어 있는 유사한 성분 등을 고려하여야 하고 심의위원회의 심의를 거쳐야 한다.

ⓒ 식품의약품안전처장은 영업자가 ㉠에 따른 권장규격을 준수하도록 요청할 수 있으며 이행하지 아니한 경우 그 사실을 공개할 수 있다.

4) 기구와 용기·포장

① 유독기구 등의 판매·사용금지 : 유독·유해물질이 들어 있거나 묻어 있어 인체의 건강을 해칠 우려가 있는 기구 및 용기·포장과 식품 또는 식품첨가물에 직접 닿으면 해로운 영향을 끼쳐 인체의 건강을 해칠 우려가 있는 기구 및 용기·포장을 판매하거나 판매할 목적으로 제조·수입·저장·운반·진열하거나 영업에 사용하여서는 안 된다.

② 기구·용기·포장의 기준과 규격

★㉠ 식품의약품안전처장은 국민보건을 위해 필요한 경우에는 판매하거나 영업에 사용하는 기구 및 용기·포장에 관하여 다음 사항을 정하여 고시한다.
- 제조 방법에 관한 기준
- 기구 및 용기·포장과 그 원재료에 관한 규격

㉡ 식품의약품안전처장은 ㉠에 따라 기준과 규격이 고시되지 아니한 기구 및 용기·포장의 기준과 규격을 인정받으려는 자에게 ㉠의 사항을 제출하게 하여 식품의약품안전처장이 지정한 식품전문 시험·검사기관의 검토를 거쳐 ㉠에 따라 기준과 규격이 고시될 때까지 해당 기구 및 용기·포장의 기준과 규격으로 인정할 수 있다.

ⓒ 수출할 기구 및 용기·포장과 그 원재료에 관한 기준과 규격은 ㉠ 및 ㉡에도 불구하고 수입자가 요구하는 기준과 규격을 따를 수 있다.

ⓔ ㉠ 및 ㉡에 따라 기준과 규격이 정하여진 기구 및 용기·포장은 그 기준에 따라 제조하여야 하며, 그 기준과 규격에 맞지 아니한 기구 및 용기·포장은 판매하거나 판매할 목적으로 제조·수입·저장·운반·진열하거나 영업에 사용하여서는 안 된다.

5) 유전자변형식품 등의 표시

① 다음 각 호의 어느 하나에 해당하는 생명공학기술을 활용하여 재배·육성된 농산물·축산물·수산물 등을 원재료로 하여 제조·가공한 식품 또는 식품첨가물(유전자변형식품 등)은 유전자변형식품임을 표시하여야 한다. 다만, 제조·가공 후에 유전자변형 디엔에이(DNA, Deoxyribonucleic acid) 또는 유전자변형 단백질이 남아 있는 유전자변형식품 등에 한정한다.

㉠ 인위적으로 유전자를 재조합하거나 유전자를 구성하는 핵산을 세포 또는 세포 내 소기관으로 직접 주입하는 기술

㉡ 분류학에 따른 과(科)의 범위를 넘는 세포융합기술

② ①에 따라 표시하여야 하는 유전자재조합식품 등은 표시가 없으면 판매하거나 판매할 목적으로 수입·진열·운반하거나 영업에 사용하여서는 안 된다.

★③ ①에 따른 표시의무자, 표시대상 및 표시방법 등에 필요한 사항은 식품의약품안전처장이 정한다.

6) 식품 등의 공전

★식품의약품안전처장은 다음 각 호의 기준 등을 실은 식품 등의 공전을 작성·보급하여야 한다.

㉠ 식품 또는 식품첨가물의 기준과 규격
㉡ 기구 및 용기·포장의 기준과 규격

7) 검사 등

① 위해평가

㉠ 식품의약품안전처장은 국내외에서 유해물질이 함유된 것으로 알려지는 등 위해의 우려가 제기되는 식품 등이 위해식품 판매 등 금지 식품 등에 해당한다고 의심되는 경우에는 그 식품 등의 위해요소를 신속히 평가하여 그것이 위해식품인지를 결정하여야 한다.

ⓒ 식품의약품안전처장은 위해평가가 끝나기 전까지 국민건강을 위하여 예방조치가 필요한 식품 등에 대하여는 판매하거나 판매할 목적으로 채취·제조·수입·가공·사용·조리·저장·소분·운반 또는 진열하는 것을 일시적으로 금지할 수 있다. 다만, 국민건강에 급박한 위해가 발생하였거나 발생할 우려가 있다고 식품의약품안전처장이 인정하는 경우에는 그 금지조치를 하여야 한다.

　　ⓒ 식품의약품안전처장은 ⓒ에 따른 일시적 금지조치를 하려면 미리 심의위원회의 심의·의결을 거쳐야 한다. 다만, 국민건강을 급박하게 위해할 우려가 있어서 신속히 금지조치를 하여야 할 필요가 있는 경우에는 먼저 일시적 금지조치를 한 뒤 지체 없이 심의위원회의 심의·의결을 거칠 수 있다.

　　ⓔ 심의위원회는 ⓒ의 본문 및 단서에 따라 심의하는 경우 대통령령으로 정하는 이해관계인의 의견을 들어야 한다.

　　ⓜ 식품의약품안전처장은 ⓐ에 따른 위해평가나 ⓒ의 단서에 따른 사후 심의위원회의 심의·의결에서 위해가 없다고 인정된 식품 등에 대하여는 지체 없이 ⓒ에 따른 일시적 금지조치를 해제하여야 한다.

　　ⓗ ⓐ에 따른 위해평가의 대상, 방법 및 절차, 그 밖에 필요한 사항은 대통령령으로 정한다.

★ 8) 식품위생감시원

① 관계 공무원의 직무와 그 밖에 식품위생에 관한 지도 등의 관리를 위해 식품의약품안전처(대통령령으로 정하는 그 소속 기관을 포함), 특별시·광역시·특별자치시·도·특별자치도 또는 시·군·구에 식품위생감시원을 둔다.

② ①에 따른 식품위생감시원의 자격·임명·직무범위, 그 밖에 필요한 사항은 대통령령으로 정한다.

★★★ ③ 식품위생감시원의 직무

　　ⓐ 식품 등의 위생적 취급에 관한 기준의 이행지도

　　ⓑ 수입·판매 또는 사용 등이 금지된 식품 취급 여부에 관한 단속

　　ⓒ 규정에 따른 표시 또는 광고기준의 위반 여부에 관한 단속

　　ⓓ 출입·검사에 필요한 식품 등의 수거

　　ⓔ 시설기준의 적합 여부의 확인·검사

　　ⓕ 영업자 및 종업원의 건강진단 및 위생교육의 이행 여부의 확인·지도

　　ⓖ 조리사·영양사의 법령 준수사항 이행 여부의 확인·지도

　　ⓗ 행정처분의 이행 여부의 확인

ⓩ 식품 등의 압류·폐기 등

㉰ 영업소의 폐쇄를 위한 간판 제거 등의 조치

㉱ 그 밖에 영업자의 법령 이행 여부에 관한 확인·지도

★**식품위생감시원의 임명**
식품의약품안전처장, 시·도지사 또는 시장·군수·구청장

9) 영업

① 시설기준

다음의 영업을 하려는 자는 총리령으로 정하는 시설기준에 적합한 시설을 갖추어야 한다.

㉠ 식품·식품첨가물의 제조업, 가공업, 운반업, 판매업 및 보존업

㉡ 기구 또는 용기·포장의 제조업

㉢ 영업의 세부 종류와 그 범위는 대통령령으로 정한다.

② 허가를 받아야 하는 영업 및 허가관청

㉠ 식품조사처리업 : 식품의약품안전처장의 허가

㉡ 단란주점영업, 유흥주점영업 : 특별자치시장·특별자치도지사 또는 시장·군수 또는 구청장의 허가

③ 영업신고를 해야 하는 업종 : 특별자치시장·특별자치도지사 또는 시장·군수·구청장에게 신고를 하여야 하는 영업은 다음과 같다.

㉠ 즉석판매제조·가공업

㉡ 식품운반업

㉢ 식품소분·판매업

㉣ 식품냉동·냉장업

㉤ 용기·포장류 제조업(자신의 제품을 포장하기 위하여 용기·포장류를 제조하는 경우는 제외)

㉥ 휴게음식점영업, 일반음식점영업, 위탁급식영업 및 제과점영업

④ **영업등록을 해야 하는 업종** : 특별자치시장·특별자치도지사 또는 시장·군수·구청장에게 등록을 하여야 하는 영업은 다음과 같다. 다만, 식품제조·가공업 중 「주세법」의 주류를 제조하는 경우에는 식품의약품안전처장에게 등록하여야 한다.

㉠ 식품제조·가공업

㉡ 식품첨가물제조업

식품접객업의 종류와 정의
① 휴게음식점영업 : 다류, 아이스크림 등을 조리·판매하거나 패스트푸드점, 분식점 형태의 영업 등 음식류를 조리·판매하는 영업으로 음주행위가 허용되지 않는 영업
② 일반음식점영업 : 음식류를 조리·판매하는 영업, 식사와 함께 음주행위가 허용되는 영업
③ 단란주점영업 : 주류를 조리·판매하는 영업으로 손님이 노래하는 행위가 허용되는 영업
④ 유흥주점영업 : 주류를 조리·판매하는 영업으로서 유흥종사자를 두거나 유흥시설을 설치할 수 있고 손님이 노래를 부르거나 춤을 추는 행위가 허용되는 영업
⑤ 위탁급식영업 : 집단급식소를 설치·운영하는 자와의 계약에 의하여 그 집단급식소 내에서 음식류를 조리하여 제공하는 영업
⑥ 제과점영업 : 빵, 떡, 과자 등을 제조·판매하는 영업으로서 음주행위가 허용되지 않는 영업

⑤ 건강진단대상자

㉠ 식품 또는 식품첨가물(화학적 합성품 또는 기구 등의 살균·소독제 제외)을 채취, 제조, 가공, 조리, 저장, 운반 또는 판매하는 데 직접 종사하는 영업자 및 그 종업원(다만, 영업자 또는 종업원 중 완전 포장된 식품 또는 식품첨가물을 운반 또는 판매하는 데 종사하는 자를 제외)

㉡ 영업자 및 종업원은 영업 시작 전 또는 영업에 종사하기 전에 미리 건강진단을 받아야 한다.

⑥ 영업에 종사하지 못하는 질병의 종류

㉠ 콜레라, 장티푸스, 파라티푸스, 세균성이질, 장출혈성 대장균 감염증, A형 간염

㉡ 결핵(비감염성인 경우 제외)

㉢ 피부병 또는 그 밖의 화농성질환

㉣ 후천성 면역결핍증(성병에 관한 건강진단을 받아야 하는 영업에 종사하는 자에 한함)

⑦ 식품위생교육

㉠ 영업자 및 유흥종사자를 둘 수 있는 식품접객업 영업자의 종업원은 매년 식품위생에 관한 교육을 받아야 한다.

㉡ 영업을 하려는 자는 미리 식품위생교육을 받아야 한다. 다만, 부득이한 사유로 미리 식품위생교육을 받을 수 없는 경우에는 영업을 시작한 뒤에 식품의약품안전처장이 정하는 바에 따라 교육을 받을 수 있다.

ⓒ ㉠ 및 ㉡에 따라 교육을 받아야 하는 자가 영업에 직접 종사하지 아니하거나 두 곳 이상의 장소에서 영업을 하는 경우에는 종업원 중 식품위생에 관한 책임자를 지정하여 영업자 대신 교육을 받게 할 수 있다. 다만, 집단급식소에 종사하는 조리사 및 영양사가 식품위생에 관한 책임자로 지정되어 교육을 받은 경우에는 해당 연도의 식품위생교육을 받은 것으로 본다.

㉣ ㉡에도 불구하고 조리사 또는 영양사, 위생사의 면허를 받은 자가 식품접객업을 하려는 경우에는 식품위생교육을 받지 않아도 된다.

㉤ 영업자는 특별한 사유가 없는 한 식품위생교육을 받지 아니한 자를 그 영업에 종사하게 하여서는 안 된다.

㉥ ㉠ 및 ㉡에 따른 교육의 내용, 교육비 및 교육 실시기관 등에 관하여 필요한 사항은 총리령으로 정한다.

⑧ 위생교육시간

㉠ 영업자(식품자동판매기영업자는 제외) : 3시간

㉡ 유흥주점영업의 유흥종사자 : 2시간

ⓒ 집단급식소를 설치·운영하는 자 : 3시간

㉣ 식품제조·가공업, 즉석판매제조·가공업, 식품첨가물제조업 : 8시간

㉤ 식품운반업, 식품소분·판매업, 식품보존업, 용기·포장류제조업에 해당하는 영업을 하려는 자, 해당하는 영업을 하려는 자 : 4시간

㉥ 식품접객업영업을 하려는 자 : 6시간

㉦ 집단급식소를 설치·운영하려는 자 : 6시간

⑨ 우수업소 및 모범업소의 지정

㉠ 식품제조·가공업 및 식품첨가물제조업 : 우수업소와 일반업소로 구분한다.

㉡ 집단급식소 및 일반음식점영업 : 모범업소와 일반업소로 구분한다.

ⓒ 우수업소 및 모범업소의 지정권자

- 우수업소의 지정 : 식품의약품안전처장 또는 특별자치시장·특별자치도지사, 시장·군수·구청장
- 모범업소의 지정 : 특별자치시장·특별자치도지사, 시장·군수·구청장

10) 조리사 및 영양사

① 조리사를 두어야 하는 영업 등

㉠ 식품접객업 중 복어를 조리·판매하는 영업을 하는 자

ⓒ 다음의 집단급식소 운영자
　　　• 국가 및 지방자치단체
　　　• 학교, 병원 및 사회복지시설
　　　• 공기업 중 보건복지부장관이 지정하여 고시하는 기관
　　　• 지방공사 및 지방공단
　　　• 특별법에 따라 설립된 법인

> **참고**
> • 영업자·운영자 자신이 조리사로 직접 음식물을 조리하는 경우는 따로 두지 않아도 된다.
> • 영양사가 조리사 면허를 받은 자인 경우에는 조리사를 따로 두지 않을 수 있다.
>   – 복어를 조리·판매하는 영업자
>   – 영양사를 두어야 하는 집단급식소를 설치·운영하는 자

　② 영양사를 두어야 하는 영업 : 상시 1회 50인 이상에게 식사를 제공하는 집단급식소
　　　※ 운영자 자신이 영양사로서 직접 영양지도를 하는 경우에는 따로 두지 않아도 된다.

　③ 영양사의 직무
　　ⓐ 식단 작성, 검식 및 배식관리
　　ⓑ 구매식품의 검수 및 관리
　　ⓒ 급식시설의 위생관리
　　ⓓ 집단급식소의 운영일지 작성
　　ⓔ 종업원에 대한 영양지도 및 식품위생교육

　④ 조리사 및 영양사의 면허
　　ⓐ 조리사의 면허신청 : 특별자치시장·특별자치도지사, 시장·군수·구청장
　　ⓑ 영양사의 면허신청 : 보건복지부장관

　⑤ 조리사 또는 영양사 면허의 결격사유
　　ⓐ 정신질환자(정신병, 인격장애, 알코올 및 약물중독 기타 비정신병적 정신장애 등). 다만, 전문의가 조리사로서 적합하다고 인정하는 자는 제외
　　ⓑ 감염병환자(B형간염환자 제외)
　　ⓒ 마약이나 그 밖의 약물중독자
　　ⓓ 조리사 면허의 취소처분을 받고 취소된 날로부터 1년이 지나지 아니한 자

⑥ **면허취소** : 식품의약품안전처장 또는 특별자치시장·특별자치도지사 및 시장·군수·구청장은 조리사가 다음의 어느 하나에 해당하면 그 면허를 취소하거나 6개월 이내의 기간을 정하여 업무정지를 명할 수 있다. 다만, 조리사가 ㉠ 또는 ㉤에 해당할 경우 면허를 취소하여야 한다.

㉠ 결격사유(정신질환자, 감염병환자, 마약이나 그 밖의 약물 중독자, 조리사 면허의 취소처분을 받고 그 취소된 날부터 1년이 지나지 아니한 자) 중 하나에 해당하게 된 경우

㉡ 식품위생 수준 및 자질향상에 따른 교육을 받지 아니한 경우

㉢ 식중독이나 그 밖에 위생과 관련한 중대한 사고 발생에 직무상의 책임이 있는 경우

㉣ 면허를 타인에게 대여하여 사용하게 한 경우

㉤ 업무정지기간 중에 조리사 또는 영양사 업무를 한 경우

11) 시정명령·허가취소 등 행정제재

① **시정명령**

㉠ 식품의약품안전처장과 시·도지사 또는 시장·군수·구청장은 제3조에 따른 식품 등의 위생적 취급에 관한 기준에 맞지 아니하게 영업하는 자와 이 법을 지키지 아니하는 자에게는 필요한 시정을 명하여야 한다.

㉡ 식품의약품안전처장과 시·도지사 또는 시장·군수·구청장은 ㉠의 시정명령을 한 경우에는 그 영업을 관할하는 관서의 장에게 그 내용을 통보하여 시정명령이 이행되도록 협조를 요청할 수 있다.

㉢ ㉡에 따라 요청을 받은 관계 기관의 장은 정당한 사유가 없으면 이에 응해야 하며, 그 조치결과를 지체 없이 요청한 기관의 장에게 통보하여야 한다.

② **허가취소 등**

㉠ 식품과 식품첨가물 판매금지 규정, 정해진 기준·규격에 맞지 않는 식품 및 식품첨가물의 판매 등 금지 규정, 유독기구 등 판매금지 규정, 정해진 규격에 맞지 않는 기구 및 용기·포장의 판매 등 사용금지 규정 등을 위반한 경우

㉡ 육류, 쌀, 김치류의 원산지 등 표시의무 규정, 허위표시(허위표시, 과대광고, 과대포장) 등의 금지 규정을 위반한 경우

㉢ 위해식품 등의 제조·판매금지 규정을 위반한 경우

㉣ 자가품질검사 의무 규정을 위반한 경우

㉤ 영업장 등 시설기준을 위반한 경우

ⓗ 영업의 허가·신고의무, 허가·신고 받은 사항 또는 경미한 사항의 변경 시 허가·신고 의무 등을 위반한 경우

ⓐ 피성년후견인이거나 파산선고를 받고 복권되지 아니한 자의 영업인 경우

③ 조리사의 면허취소 등의 행정 처분 ★★

위반사항	행정처분		
	1차 위반	2차 위반	3차 위반
조리사의 결격사유 중 하나에 해당하게 된 경우	면허취소	-	-
교육을 받지 아니한 경우	시정명령	업무정지 15일	업무정지 1개월
식중독이나 그밖에 위생과 관련된 중대한 사고 발생에 직무상 책임이 있는 경우	업무정지 1개월	업무정지 2개월	면허취소
면허를 타인에게 대여하여 사용하게 한 경우	업무정지 2개월	업무정지 3개월	면허취소
업무정지기간 중에 조리사의 업무를 한 경우	면허취소	-	-

12) 보칙

① 식중독에 관한 조사 보고

㉠ 다음의 어느 하나에 해당하는 자는 지체없이 관할 특별자치시장·시장(「제주특별자치도 설치 및 국제자유도시 조성을 위한 특별법」에 따른 행정시장을 포함한다. 이하 이 조에서 같다)·군수·구청장에게 보고하여야 한다. 이 경우 의사나 한의사는 대통령령으로 정하는 바에 따라 식중독 환자나 식중독이 의심되는 자의 혈액 또는 배설물을 보관하는 데에 필요한 조치를 하여야 한다.

- 식중독 환자나 식중독이 의심되는 자를 진단하였거나 그 사체를 검안(檢案)한 의사 또는 한의사
- 집단급식소에서 제공한 식품 등으로 인하여 식중독 환자나 식중독으로 의심되는 증세를 보이는 자를 발견한 집단급식소의 설치·운영자

㉡ 특별자치시장·시장·군수·구청장은 보고를 받은 때에는 지체 없이 그 사실을 식품의약품안전처장 및 시·도지사(특별자치시장은 제외)에게 보고하고, 대통령령으로 정하는 바에 따라 원인을 조사하여 그 결과를 보고하여야 한다.

㉢ 식품의약품안전처장은 ㉡에 따른 보고의 내용이 국민보건상 중대하다고 인정하는 경우에는 해당 시·도지사 또는 시장·군수·구청장과 합동으로 원인을 조사할 수 있다.

㉣ 식품의약품안전처장은 식중독 발생의 원인을 규명하기 위하여 식중독 의심환자가 발생한 원인시설 등에 대한 조사절차와 시험·검사 등에 필요한 사항을 정할 수 있다.

② 집단급식소

㉠ 집단급식소(1회 50명 이상에게 식사를 제공하는 급식소)를 설치·운영하려는 자는 총리

령으로 정하는 바에 따라 특별자치시장·특별자치도지사·시장·군수·구청장에게 신고하여야 한다. 신고한 사항 중 총리령으로 정하는 사항을 변경하려는 경우에도 또한 같다.

ⓒ 집단급식소를 설치·운영하는 자는 집단급식소 시설의 유지·관리 등 급식을 위생적으로 관리하기 위하여 다음의 사항을 지켜야 한다.

- 식중독 환자가 발생하지 아니하도록 위생관리를 철저히 할 것
- 조리·제공한 식품의 매회 1인분 분량을 총리령으로 정하는 바에 따라 144시간 이상 보관할 것
- 영양사를 두고 있는 경우 그 업무를 방해하지 아니할 것
- 영양사를 두고 있는 경우 영양사가 집단급식소의 위생관리를 위하여 요청하는 사항에 대하여는 정당한 사유가 없으면 따를 것
- 그 밖에 식품 등의 위생적 관리를 위하여 필요하다고 총리령으로 정하는 사항을 지킬 것

★★ (2) 제조물책임법(PL, Product Liability, 제조물 책임)

제조물 책임은 제품의 안전성이 결여되어 소비자가 피해를 입을 경우 제조사가 부담해야 할 손해배상책임을 말한다. 제조물 책임은 제품의 결함으로 인해 발생한 인적, 물적, 정신적 피해까지 공급자가 부담하는 차원 높은 손해배상제도로, 우리나라는 제조물의 결함으로 한하여 발생한 손해로부터 피해자를 보호하기 위해 2002년 1월 12일 법률 6109호로 제정하였다.

(3) 농수산물의 원산지 표시에 관한 법규(약칭 : 원산지표시법)

1) 농수산물의 원산지 표시에 관한 법규의 목적(제1조)

농산물·수산물이나 그 가공품 등에 대하여 적정하고 합리적인 원산지 표시를 하도록 하여 소비자의 알권리를 보장하고, 공정한 거래를 유도함으로써 생산자와 소비자를 보호하는 것

2) 농수산물의 원산지 표시에 관한 법규의 용어 정의(제2조)

① **농산물** : 「농업·농촌 및 식품산업 기본법」 제3조 제6호 가목에 따른 농산물을 말함.

② **수산물** : 「수산업·어촌 발전 기본법」 제3조 제1호 가목에 따른 어업활동으로부터 생산되는 산물을 말함.

③ **농수산물** : 농산물과 수산물을 말함.

★④ **원산지** : 농산물이나 수산물이 생산·채취·포획된 국가·지역이나 해역을 말함.

⑤ **식품접객업** : 「식품위생법」에 따른 식품접객업을 말함.

⑥ **집단급식소** : 「식품위생법」에 따른 집단급식소를 말함.

⑦ 통신판매 : 「전자상거래 등에서의 소비자보호에 관한 법률」 중 대통령령으로 정하는 판매를 말함.

3) 다른 법률과의 관계(제3조)

이 법은 농수산물 또는 그 가공품의 원산지 표시에 대하여 다른 법률에 우선하여 적용함.

4) 농수산물의 원산지 표시의 심의(제4조)

이 법에 따른 농산물·수산물 및 그 가공품 또는 조리하여 판매하는 쌀·김치류, 축산물 및 수산물 등의 원산지 표시 등에 관한 사항은 농수산물품질관리심의회(이하 "심의회"라 한다)에서 심의함.

5) 원산지 표시(제5조)

① 대통령령으로 정하는 농수산물 또는 그 가공품을 수입하는 자, 생산·가공하여 출하하거나 판매(통신판매를 포함한다. 이하 같다)하는 자 또는 판매할 목적으로 보관·진열하는 자는 다음 각 호에 대하여 원산지를 표시하여야 함.
  ㉠ 농수산물
  ㉡ 농수산물 가공품(국내에서 가공한 가공품은 제외)
  ㉢ 농수산물 가공품(국내에서 가공한 가공품에 한정)의 원료

② 다음 각 호의 어느 하나에 해당하는 때에는 제1항에 따라 원산지를 표시한 것으로 본다.
  ㉠ 「농수산물 품질관리법」 제5조 또는 「소금산업 진흥법」 제33조에 따른 표준규격품의 표시를 한 경우
  ㉡ 「농수산물 품질관리법」에 따른 우수관리인증의 표시, 품질인증품의 표시 또는 「소금산업 진흥법」에 따른 우수천일염인증의 표시를 한 경우
    ㉡의2. 「소금산업 진흥법」에 따른 천일염생산방식인증의 표시를 한 경우
  ㉢ 「소금산업 진흥법」에 따른 친환경천일염인증의 표시를 한 경우
  ㉣ 「농수산물 품질관리법」에 따른 이력추적관리의 표시를 한 경우
  ㉤ 「농수산물 품질관리법」 또는 「소금산업 진흥법」에 따른 지리적표시를 한 경우
    ㉤의2. 「식품산업진흥법」에 따른 원산지인증의 표시를 한 경우
    ㉤의3. 「대외무역법」에 따라 수출입 농수산물이나 수출입 농수산물 가공품의 원산지를 표시한 경우
  ㉥ 다른 법률에 따라 농수산물의 원산지 또는 농수산물 가공품의 원료의 원산지를 표시한 경우

③ 식품접객업 및 집단급식소 중 대통령령으로 정하는 영업소나 집단급식소를 설치·운영하는 자는 대통령령으로 정하는 농수산물이나 그 가공품을 조리하여 판매·제공하는 경우(조리하여 판매 또는 제공할 목적으로 보관·진열하는 경우를 포함)에 그 농수산물이나 그 가공품의 원료에 대하여 원산지(쇠고기는 식육의 종류를 포함)를 표시한다. 다만,「식품산업진흥법」에 따른 원산지인증의 표시를 한 경우에는 원산지를 표시한 것으로 보며, 쇠고기의 경우에는 식육의 종류를 별도로 표시한다.

④ ①이나 ③에 따른 표시대상, 표시를 하여야 할 자, 표시기준은 대통령령으로 정하고, 표시방법과 그 밖에 필요한 사항은 농림축산식품부와 해양수산부의 공동 부령으로 정한다.

★6) 거짓 표시 등의 금지(제6조)

① 누구든지 다음 각 호의 행위를 하여서는 안 된다.
  ㉠ 원산지 표시를 거짓으로 하거나 이를 혼동하게 할 우려가 있는 표시를 하는 행위
  ㉡ 원산지 표시를 혼동하게 할 목적으로 그 표시를 손상·변경하는 행위
  ㉢ 원산지를 위장하여 판매하거나, 원산지 표시를 한 농수산물이나 그 가공품에 다른 농수산물이나 가공품을 혼합하여 판매하거나 판매할 목적으로 보관이나 진열하는 행위

② 농수산물이나 그 가공품을 조리하여 판매·제공하는 자는 다음 각 호의 행위를 하여서는 안 된다.
  ㉠ 원산지 표시를 거짓으로 하거나 이를 혼동하게 할 우려가 있는 표시를 하는 행위
  ㉡ 원산지를 위장하여 조리·판매·제공하거나, 조리하여 판매·제공할 목적으로 농수산물이나 그 가공품의 원산지 표시를 손상·변경하여 보관·진열하는 행위
  ㉢ 원산지 표시를 한 농수산물이나 그 가공품에 원산지가 다른 동일 농수산물이나 그 가공품을 혼합하여 조리·판매·제공하는 행위

③ ①이나 ②를 위반하여 원산지를 혼동하게 할 우려가 있는 표시 및 위장판매의 범위 등 필요한 사항은 농림축산식품부와 해양수산부의 공동 부령으로 정한다.

④「유통산업발전법」에 따른 대규모점포를 개설한 자는 임대의 형태로 운영되는 점포(임대점포)의 임차인 등 운영자가 ① 또는 ②의 어느 하나에 해당하는 행위를 하도록 방치하여서는 아니 된다.

⑤「방송법」에 따른 승인을 받고 상품소개와 판매에 관한 전문편성을 행하는 방송채널사용사업자는 해당 방송채널 등에 물건 판매중개를 의뢰하는 자가 ① 또는 ②의 어느 하나에 해당하는 행위를 하도록 방치하여서는 아니 된다.

7) 과징금(제6조의 2)

① 농림축산식품부장관, 해양수산부장관, 관세청장, 특별시장·광역시장·특별자치시장·도지사 또는 특별자치도지사(시·도지사)는 제6조 제1항 또는 제2항을 2년간 2회 이상 위반한 자에게 그 위반금액의 5배 이하에 해당하는 금액을 과징금으로 부과·징수할 수 있다. 이 경우 제6조 제1항을 위반한 횟수와 같은 조 제2항을 위반한 횟수는 합산한다.

② ①에 따른 위반금액은 제6조 제1항 또는 제2항을 위반한 농수산물이나 그 가공품의 판매금액으로서 각 위반행위별 판매금액을 모두 더한 금액을 말한다. 다만, 통관단계의 위반금액은 제6조 제1항을 위반한 농수산물이나 그 가공품의 수입 신고 금액으로서 각 위반행위별 수입 신고 금액을 모두 더한 금액을 말한다.

③ ①에 따른 과징금 부과·징수의 세부기준, 절차, 그 밖에 필요한 사항은 대통령령으로 정한다.

④ 농림축산식품부장관, 해양수산부장관, 관세청장, 시·도지사는 ①에 따른 과징금을 내야 하는 자가 납부기한까지 내지 아니하면 국세 또는 지방세 체납처분의 예에 따라 징수한다.

8) 원산지 표시 등의 조사(제7조)

① 농림축산식품부장관, 해양수산부장관, 관세청장이나 시·도지사는 제5조에 따른 원산지의 표시 여부·표시사항과 표시방법 등의 적정성을 확인하기 위하여 대통령령으로 정하는 바에 따라 관계 공무원으로 하여금 원산지 표시대상 농수산물이나 그 가공품을 수거하거나 조사하게 한다. 이 경우 수거 또는 조관세청장사 업무는 원산지 표시 대상 중 수입하는 농수산물이나 농수산물 가공품(국내에서 가공한 가공품은 제외)에 한정한다.

② ①에 따른 조사 시 필요한 경우 해당 영업장, 보관창고, 사무실 등에 출입하여 농수산물이나 그 가공품 등에 대하여 확인·조사 등을 할 수 있으며 영업과 관련된 장부나 서류의 열람을 할 수 있다.

③ 수거·조사·열람을 하는 때에는 원산지의 표시대상 농수산물이나 그 가공품을 판매하거나 가공하는 자 또는 조리하여 판매·제공하는 자는 정당한 사유 없이 이를 거부·방해하거나 기피하여서는 안 된다.

④ 수거 또는 조사를 하는 관계 공무원은 그 권한을 표시하는 증표를 지니고 이를 관계인에게 내보여야 하며, 출입 시 성명·출입시간·출입목적 등이 표시된 문서를 관계인에게 교부하여야 한다.

⑤ 농림축산식품부장관, 해양수산부장관, 관세청장이나 시·도지사는 ①에 따른 수거·조사를 하는 경우 업종, 규모, 거래 품목 및 거래 형태 등을 고려하여 매년 인력·재원 운영계획을 포함한 자체 계획을 수립한 후 그에 따라 실시하여야 한다.

⑥ 수거·조사를 실시한 경우 다음의 사항에 대하여 평가를 실시하여야 하며, 그 결과를 자체 계획에 반영하여야 한다.

　㉠ 자체 계획에 따른 추진 실적

　㉡ 그 밖에 원산지 표시 등의 조사와 관련하여 평가가 필요한 사항

⑦ ⑥에 따른 평가와 관련된 기준 및 절차에 관한 사항은 대통령령으로 정한다.

9) 영수증 등의 비치(제8조)

발급받은 원산지 등이 기재된 영수증이나 거래명세서 등을 매입일부터 6개월간 비치·보관해야 한다.

10) 원산지 표시 등의 위반에 대한 처분 등(제9조)

① 농림축산식품부장관, 해양수산부장관, 관세청장 또는 시·도지사는 제5조나 제6조를 위반한 자에 대하여 다음 각 호의 처분을 할 수 있다. 다만, 제5조 제3항을 위반한 자에 대한 처분은 ㉠에 한정한다.

　㉠ 표시의 이행·변경·삭제 등 시정명령

　㉡ 위반 농수산물이나 그 가공품의 판매 등 거래행위 금지

11) 원산지 표시 위반에 대한 교육(제9조의2)

① 농림축산식품부장관, 해양수산부장관, 관세청장 또는 시·도지사는 제9조 제2항 각 호의 자가 제5조 또는 제6조를 위반하여 제9조 제1항에 따른 처분이 확정된 경우에는 농수산물 원산지 표시제도 교육을 이수하도록 명하여야 한다.

② ①에 따른 이수명령의 이행기간은 교육 이수명령을 통지받은 날부터 최대 3개월 이내로 정한다.

③ 농림축산식품부장관과 해양수산부장관은 ① 및 ②에 따른 농수산물 원산지 표시제도 교육을 위하여 교육시행지침을 마련하여 시행하여야 한다.

④ ①부터 ③까지의 규정에 따라 교육내용, 교육대상, 교육기관, 교육기관 및 교육시행지침 등 필요한 사항은 대통령령으로 정한다.

12) 농수산물의 원산지 표시에 관한 정보제공(제10조)

① 농림축산부장관 또는 해양수산부장관은 농수산물의 원산지 표시와 관련된 정보 중 방사성 물질이 유출된 국가 또는 지역 등 국민이 알아야 할 필요가 있다고 인정되는 정보에 대하여는 「공공기관의 정보공개에 관한 법률」에서 허용하는 범위에서 이를 국민에게 제공하도록 노력하여야 한다.

② ①에 따라 정보를 제공하는 경우 제4조에 따른 심의회의 심의를 거칠 수 있다.

③ 농림축산식품부장관 또는 해양수산부장관은 ①에 따라 국민에게 정보를 제공하고자 하는 경우 「농수산물 품질관리법」에 따른 농수산물안전정보시스템을 이용할 수 있다.

13) 보칙

★① 명예감시원(제11조)

  ㉠ 농림축산식품부장관, 해양수산부장관 또는 시·도지사는 「농수산물 품질관리법」의 농수산물 명예감시원에게 농수산물이나 그 가공품의 원산지 표시를 지도·홍보·계몽과 위반사항의 신고를 하게 할 수 있다.

  ㉡ 농림축산식품부장관, 해양수산부장관 또는 시·도지사는 ①에 따른 활동에 필요한 경비를 지급할 수 있다.

② 포상금 지급 등(제12조)

  ㉠ 농림축산식품부장관, 해양수산부장관, 관세청장 또는 시·도지사는 제5조 및 제6조를 위반한 자를 주무관청이나 수사기관에 신고하거나 고발한 자에 대하여 대통령령으로 정하는 바에 따라 예산의 범위에서 포상금을 지급할 수 있다.

  ㉡ 농림축산식품부장관 또는 해양수산부장관은 농수산물 원산지 표시의 활성화를 모범적으로 시행하고 있는 지방자치단체, 개인, 기업 또는 단체에 대하여 우수사례로 발굴하거나 시상할 수 있다.

  ㉢ ②에 따른 시상의 내용 및 방법 등에 필요한 사항은 농림축산식품부와 해양수산부의 공동 부령으로 정한다.

③ 권한의 위임 및 위탁(제13조) : 이 법에 따른 농림축산식품부장관, 해양수산부장관, 관세청장 또는 시·도지사의 권한은 그 일부를 대통령령으로 정하는 바에 따라 소속 기관의 장, 관계 행정기관의 장 또는 시장·군수·구청장(자치구의 구청장을 말함)에게 위임 또는 위탁할 수 있다.

④ 행정기관 등의 업무협조(제13조의2)

  ㉠ 국가 또는 지방자치단체, 그 밖에 법령 또는 조례에 따라 행정권한을 가지고 있거나 위임 또는 위탁받은 공공단체나 그 기관 또는 사인은 원산지 표시제의 효율적인 운영을 위하여 서로 협조하여야 한다.

  ㉡ 농림축산식품부장관, 해양수산부장관 또는 관세청장은 원산지 표시제의 효율적인 운영을 위하여 필요한 경우 국가 또는 지방자치단체의 전자정보처리 체계의 정보 이용 등에 대한 협조를 관계 중앙행정기관의 장, 시·도지사 또는 시장·군수·구청장에게 요청할 수

있다. 이 경우 협조를 요청받은 관계 중앙행정기관의 장, 시·도지사 또는 시장·군수·구청장은 특별한 사유가 없으면 이에 따라야 한다.

ⓒ ① 및 ②에 따른 협조의 절차 등은 대통령령으로 정한다.

⑤ 벌칙 (제14조)

㉠ 제6조 제1항 또는 제2항을 위반한 자는 7년 이하의 징역이나 1억 원 이하의 벌금에 처하거나 이를 병과(倂科)할 수 있다.

㉡ ①의 죄로 형을 선고받고 그 형이 확정된 후 5년 이내에 다시 제6조 제1항 또는 제2항을 위반한 자는 1년 이상 10년 이하의 징역 또는 500만 원 이상 1억 5천만 원 이하의 벌금에 처하거나 이를 병과할 수 있다.

ⓒ 제9조 제1항에 따른 처분을 이행하지 아니한 자는 1년 이하의 징역이나 1천만 원 이하의 벌금에 처한다.

⑥ 양벌규정(제17조) : 법인의 대표자나 법인 또는 개인의 대리인, 사용인, 그 밖의 종업원이 그 법인 또는 개인의 업무에 관하여 제14조부터 제16조까지의 어느 하나에 해당하는 위반행위를 하면 그 행위자를 벌하는 외에 그 법인이나 개인에게도 해당 조문의 벌금형을 과(科)한다. 다만, 법인 또는 개인이 그 위반행위를 방지하기 위하여 해당 업무에 관하여 상당한 주의와 감독을 게을리 하지 아니한 경우에는 그러하지 아니하다.

★⑦ 과태료(제18조)

㉠ 다음의 어느 하나에 해당하는 자에게는 1천만 원 이하의 과태료를 부과한다.

  1. 제5조 제1항·제3항을 위반하여 원산지 표시를 하지 아니한 자
  2. 제5조 제4항에 따른 원산지의 표시방법을 위반한 자
  3. 제6조 제4항을 위반하여 임대점포의 임차인 등 운영자가 같은 조 제1항 각 호 또는 제2항 각 호의 어느 하나에 해당하는 행위를 하는 것을 알았거나 알 수 있었음에도 방치한 자
  3의2. 제6조 제5항을 위반하여 해당 방송채널 등에 물건 판매중개를 의뢰한 자가 같은 조 제1항 각 호 또는 제2항 각 호의 어느 하나에 해당하는 행위를 하는 것을 알았거나 알 수 있었음에도 방치한 자
  4. 제7조 제3항을 위반하여 수거·조사·열람을 거부·방해하거나 기피한 자
  5. 제8조를 위반하여 영수증이나 거래명세서 등을 비치·보관하지 아니한 자

㉡ 제9조의2 제1항에 따른 교육을 이수하지 아니한 자에게는 500만 원 이하의 과태료를 부과한다.

ⓒ 제1항 및 제2항에 따른 과태료는 대통령령으로 정하는 바에 따라 농림축산식품부장관, 해양수산부장관, 관세청장 또는 시·도지사가 부과·징수한다.

6 공중보건

(1) 공중보건의 개념

★1) 공중보건의 정의

① 세계보건기구(World Health Organization, WHO)에서 정의한 공중보건 : 질병을 예방하고 건강을 유지·증진시킴으로써 육체적·정신적인 능력을 발휘할 수 있게 하기 위한 과학적 지식을 사회의 조직적 노력으로 사람들에게 적용하는 기술이다(질병 치료는 해당되지 않음).

② 윈슬로(C.E.A Winslow)가 정의한 공중보건 : 지역사회가 조직적인 공동 노력을 통해 질병을 예방하고 생명을 연장시키며 신체적·정신적 효율을 증진시키는 기술과 과학이다.

★2) 건강의 정의

WHO에서 "건강은 단순한 질병이나 허약의 부재 상태만이 아니라 육체적·정신적·사회적 안녕의 완전한 상태"라고 정의한다(건강의 3요소 - 유전, 환경, 개인의 행동·습관).

> **세계보건기구(WHO, World Health Organization)**
> ① 창설시기 : 1948년 4월
> ② 우리나라 가입시기 : 1949년 6월
> ③ 본부 위치 : 스위스 제네바
> ④ 주요기능
>   • 국제적인 보건사업의 지휘 및 조정
>   • 회원국에 대한 기술지원 및 자료공급
>   • 전문가 파견에 의한 기술 자문활동

★3) 공중보건의 대상

공중보건의 대상은 개인이 아닌 지역사회의 전 주민이며 더 나아가서 국민 전체를 대상으로 한다.

4) 공중보건의 범위

감염병 예방학, 환경위생학, 식품위생학, 산업보건학, 모자보건학, 정신보건학, 학교보건학, 보건통계학 등을 다룬다.

5) 보건수준의 평가지표

① 한 지역이나 국가의 보건수준을 나타내는 지표 : 영아사망률(대표적 지표), 보통(조)사망률, 질병이환율

(2) 환경위생 및 환경오염관리

1) 환경의 구분

① 자연 환경 : 기온, 기습, 기류, 일광, 기압, 공기, 물 등

② 사회 환경

    ㉠ 인위적 환경 : 조명, 환기, 냉·난방, 상·하수도, 오물처리, 공해, 곤충의 구제 등

    ㉡ 사회적(문화) 환경 : 종교, 정치, 경제 등

2) 환경보건의 목적

환경보건은 인간의 신체·발육·건강 및 생존에 영향을 미치는 생활 환경(토양, 소음, 수질, 대기 등)을 개선·조정하여 쾌적하고 건강한 생활을 영위할 수 있게 한다.

3) 환경위생 및 환경오염

① 일광(日光)

    ㉠ 자외선(태양광선의 약 5%)

- 자외선은 일광의 3분류 중 파장이 가장 짧으며, 2,500~2,800Å(옴스트롬)일 때 살균력이 가장 강하여 소독에 이용한다.
- 도르노선(Dorno's ray ; 건강선)은 생명선이라고도 하며, 자외선 파장의 범위가 2,800~3,200Å(280~310nm 또는 290~320nm)일 때 인체에 유익하다.
- 비타민 D를 형성으로 구루병 예방과 관절염 치료 효과가 있다.
- 결핵균, 디프테리아균, 기생충 사멸에 효과적이다.
- 신진대사 촉진, 적혈구 생성을 촉진한다.
- 피부암을 유발할 수 있으며, 결막 및 각막에 손상을 줄 수 있다.

⭐ ⓒ 가시광선(태양광선의 약 34%) : 4,000~7,000Å(400~700nm)이며, 사람에게 색채를 부여하고 밝기나 명암을 구분하는 파장이다. 눈에 적당한 조도는 100~1,000Lux이다.

⭐ ⓒ 적외선(열선, 태양광선의 약 52%) : 파장범위는 7,800~30,000Å(780~3,000nm)으로 일광 3분류 중 파장이 가장 길며 지구상에 열을 주어 온도를 높여주는 것으로 피부에 닿으면 열이 생기므로 심하게 쬐이면 일사병과 백내장, 홍반을 유발할 수 있다.

> 참고
> - 파장의 단파순 : 자외선, 가시광선, 적외선
> - 자외선은 구루병 유발에 관여하고, 적외선은 일사병, 백내장에 관여한다.
> - 조도측정단위(Lux) : 조명이 밝은 정도를 말하는 조명도에 대한 실용단위

② 온열인자 : 온열인자는 기온, 기습, 기류, 복사열로 나뉜다.

⭐⭐ ㉠ 감각온도(온열인자)의 3요소 : 기온, 기습, 기류

※ 4요소일 때는 복사열을 포함함.

온열인자의 종류	설명
기온	지상 1.5m에서 측정하는 건구온도를 말하며 하루 중 최고온도는 오후 2시경, 최저온도는 일출 전이며, 쾌감온도는 18±2℃이다.
기습	쾌적한 습도는 40~70%(건조하면 호흡기 질환, 습하면 피부질환 유발)이다.
기류	1초당 1m 이동할 때가 건강에 좋다(쾌감기류).
복사열	대류를 통해서 열이 전달되지 않고 열이 직접 이동하는 열

ⓒ 기온역전현상 : 상부기온이 하부기온보다 높을 때 발생한다(예 LA스모그, 런던스모그).

ⓒ 실외의 기온 측정 : 지상 1.5m에서 건구온도를 측정한다.
- 최고온도 : 오후 2시경 측정
- 최저온도 : 일출 전 측정

㉣ 불감기류 : 공기의 흐름이 0.2~0.5m/sec로 약하게 이동하며, 사람들이 바람부는 것을 감지하지 못하는 것을 말한다.

㉤ 불쾌지수(Discomfort Index, DI) : 건구온도, 습구온도를 알아야 측정할 수 있다.
- DI 70 : 10% 정도 주민이 불쾌감을 느낌
- DI 75 : 50% 정도 주민이 불쾌감을 느낌
- DI 80 : 거의 모든 주민이 불쾌감을 느낌
- DI 86 이상 : 견딜 수 없는 불쾌감을 느낌

> **참고**
> **불쾌지수 측정에 필요한 요소**
> • 건구온도(건구온도계 : 실외의 기온 측정)
> • 습구온도(카타온도계 : 실내의 기온 측정)
>
> **카타온도계**
> 기류 측정의 미풍계로도 사용한다.

4) 공기의 조성

> **참고**
> ★★ **공기를 구성하는 기체의 비율(%)**
> 질소(N) > 산소(O_2) > 아르곤(Ar) > 이산화탄소(CO_2) > 기타 원소
> (78%)   (21%)   (0.9%)   (0.03%)   (0.07%)

① 질소(N) : 공기 중에 질소가 약 78%가 존재한다.

② 산소(O_2) : 공기 중에 약 21%(가장 원활함)가 존재하며 산소의 양이 10% 이하가 되면 호흡곤란, 7% 이하가 되면 질식사하게 된다.

③ 이산화탄소(CO_2) : 실내공기오염 측정지표로 이용되며, 위생학적 허용한계는 0.1%(1,000ppm)로 7% 이상은 호흡곤란, 10% 이상은 질식할 수 있다.

> **참고**
> **ppm(part per million)**
> ppm은 1/1,000,000을 나타내는 약호이다(100만분의 1을 나타낸다).
> 1ppm = 0.0001%, 1% = 10,000ppm

④ 일산화탄소(CO)
  ㉠ 탄소성분의 불완전 연소할 때 발생하는 무색, 무미, 무취, 무자극성 기체(연탄이 타기 시작할 때와 꺼질 때 자동차 배기가스 등에서 발생)
  ㉡ 혈중 헤모글로빈과의 결합력이 산소(O_2)에 비해 250~300배 강해 조직 내의 산소결핍을 유발하여 중독을 일으킨다.
  ㉢ 위생학적 허용한계 : 8시간 기준 - 0.01%(100ppm) / 1,000ppm 이상 - 생명의 위험

⑤ 아황산가스(SO_2)
  ㉠ 실외공기(대기)오염의 측정지표로 사용된다.

　　　　ⓒ 중유의 연소과정에서 발생한다(예 자동차의 배기가스).
　　　　ⓓ 호흡곤란과 호흡기계 점막의 염증, 농작물의 피해, 금속을 부식시킨다.

> • 실내공기오염 측정지표 : 이산화탄소(CO_2)
> • 실외공기오염 측정지표 : 아황산가스(SO_2)

> **군집독(실내공기 오염)**
> • 환기가 이루어지지 않는 밀폐된 실내(공연장, 강연장)에 다수인이 장시간 밀집되어 있을 경우 두통, 구토 등을 느끼는 증상
> • 원인 : 산소 부족, 구취, 체취, 공기의 이화학적 조성변화
> • 예방 : 실내공기 환기
> 공기 중 먼지에 의해 진폐증이 유발될 수 있다.

　　⑥ 공기의 자정작용
　　　　㉠ 공기의 희석작용
　　　　㉡ 강우, 강설에 의한 세정작용
　　　　㉢ 산소(O_2), 오존(O_3), 과산화수소 등에 의하여 산화작용
　　　　㉣ 자외선에 의한 살균작용(자외선)
　　　　㉤ 식물의 탄소동화작용

> 공기의 자정작용에 소독작용은 포함되지 않는다.

5) 대기오염
　　① 대기오염원 : 자동차의 배기가스, 공장의 매연, 연기, 먼지 등
　　② 대기오염물질 : 아황산가스, 일산화탄소, 질소산화물, 옥시탄트(광화학 스모그 형성)
　　③ 대기오염에 의한 피해 : 호흡기계 질병 유발, 식물의 고사, 건물의 부식 등

6) 상·하수도
　　① 상수도 : 상수를 운반하는 시설을 상수도라 한다.

정수과정
① 취수 : 강, 호수의 물을 침사지로 보냄.
② 침전
- 보통침전 : 유속을 조정하여 부유물을 침전시키는 방법
- 약품침전 : 황산알루미늄, 염화 제1철, 염화 제2철(응집제) 등 응집제를 주입하여 침전하는 방법

③ 여과
- 완속여과 : 보통침전 시(사면대치법)
- 급속여과 : 약품침전 시(역류세척법)

④ 소독 : 일반적으로 염소 소독을 사용하며, 잔류염소량은 0.2ppm을 유지해야 함(단, 제빙용수, 수영장, 감염병이 발생할 때는 0.4ppm 유지해야 함).
⑤ 급수 : 배수지에서 필요한 곳으로 살균·소독된 물이 용수로를 통해 공급됨.
취수 → 침전 → 여과 → 소독 → 급수

염소 소독
- 장점 : 강한 소독력, 우수 잔류 효과, 조작의 간편, 적은 소독 비용
- 단점 : 강한 냄새, THM(트리할로메탄) 생성에 의해 독성이 생김.

② 하수도 : 합류식, 분류식 및 혼합식 등의 종류가 있다.

㉠ 합류식 : 가정하수, 산업폐수와 천수(비, 눈)를 모두 함께 처리하는 방법으로, 우리나라에서 많이 이용하는 방법

장점	시설비가 적고, 하수관이 자연 청소되며, 수리와 청소가 용이
단점	악취 발생, 천수의 별도 이용불가, 범람 우려

㉡ 분류식 : 생활하수와 천수를 따로 처리하는 방법
㉢ 혼합식 : 생활하수와 천수의 일부를 같이 처리하는 방법

★★★ 하수처리과정
예비처리 → 본처리 → 오니처리
① 예비처리 : 침전과정으로, 보통침전과 약품침전(황산알루미늄, 염화 제1, 2철+소석회)을 이용한다.
② 본처리
- 혐기성 처리 : 부패조처리법, 임호프탱크법, 혐기성소화(메탄발효법)
- 호기성 처리 : 활성오니법(활성슬러지법, 가장 진보된 방법), 살수여과법, 산화지법, 회전원판법
③ 오니처리 : 소화법, 소각법, 퇴비법, 사상건조법 등이 이용

★③ 하수의 위생검사

㉠ BOD(생화학적 산소요구량)의 측정 : BOD는 하수의 오염도를 나타내며, BOD가 높다는 것은 하수 오염도가 높다는 의미로 BOD는 20ppm 이하여야 한다.

㉡ DO(용존산소량의 측정) : DO는 수중에 용해되어 있는 산소량으로, DO의 수치가 낮으면 오염도가 높음을 나타내며, DO는 4~5ppm 이상이어야 한다.

하수	수치가 높은 경우	수치가 낮은 경우
BOD	오염된 물	깨끗한 물
DO	깨끗한 물	오염된 물

※ BOD와 DO의 관계 : BOD↑, DO↓ (상반관계)

㉢ COD(화학적 산소요구량 측정) : COD는 화학적으로 분해 가능한 유기물을 산화시키기 위해 필요한 산소의 양으로, COD가 클수록 물오염도가 심하며 상수원수 1급수는 1ppm 이하, 상수원수 2급수에는 3ppm 이하이어야 한다.

일반적으로 공장폐수는 무기물을 함유하고 있어 BOD(생화학적 산소요구량) 측정보다는 COD(화학적 산소요구량)를 측정한다. BOD에 비해 측정기간도 짧다.

★7) 오물처리

① 진개처리 : 진개는 가정에서 나오는 주개 및 잡개 외 공장 및 공공건물의 진개 등이 있다.

㉠ 매립법 : 쓰레기를 땅속(저지대, 산골짜기, 웅덩이)에 묻고 흙으로 덮는 방법으로 진개의 두께는 2m를 초과하지 않아야 한다(복토의 두께는 0.6~1m가 가장 적당함).

㉡ 비료화법(고속 퇴비화) : 쓰레기를 발효시켜 비료로 이용한다.

㉢ 소각법 : 가장 위생적인 방법이나 대기오염의 원인 우려가 있다.

- 쓰레기 처리 비용 중 가장 많이 드는 비용 : 수거 비용
- 음식물을 태울 때 발열량은 낮아진다.

★★8) 수질오염

① 수은(Hg) 중독 : 공장폐수에 함유된 유기수은에 오염된 어패류를 사람이 섭취함으로써 발생한다. 수은 중독으로 미나마타병(증상 : 손의 지각이상, 언어장애, 시력약화 등)에 걸린다.

② 카드뮴(Cd) 중독 : 아연, 연(납)광산에서 배출된 폐수를 벼농사에 사용하여 카드뮴의 중독에 의해 오염된 농작물을 섭취함으로써 발생한다. 카드뮴 중독으로 이타이이타이병(증상 : 골연화증, 신장기능 장애, 단백뇨 등)이 발생한다.

③ PCB 중독(쌀겨유 중독) : 미강유 제조 시 가열매체로 사용하는 PCB가 기름에 혼입되어 중독되는 것으로 가네미유증이라고도 하며, 미강유 중독에 의해 발생한다. 증상은 식욕부진, 구토, 체중감소, 흑피증 등이 있다.

9) 물(H_2O)

① 물의 필요량 : 인체의 2/3(60~70%)를 차지하며, 1일 필요량 2~3ℓ이다.

㉠ 인체 내 물의 10% 상실 : 신체기능 이상

㉡ 인체 내 물의 20% 상실 : 생명 위험

② 물의 종류

경수(센물)	연수(단물)
칼슘염과 마그네슘염 다량 함유	칼슘염과 마그네슘염 거의 없음.
거품이 잘 일어나지 않음.	거품이 잘 일어남.
끈끈함.	미끄러움.

※ 경수를 연수로 바꾸는 방법 : 끓이기(염의 침전), 약품처리(소석회)

③ 음료수 수원 : 천수(눈, 비), 지하수, 지표수(하천수, 호수), 복류수(우물보다 깊이 땅을 파서 얻는 물)

④ 지하수(우물) 오염방지

㉠ 우물은 내벽 3m까지 물이 새어들지 않게 방수처리한다.

㉡ 화장실과의 거리는 20m 이상으로 한다.

⑤ 물로 인한 질병

㉠ 우치, 충치 : 불소가 없거나 적은 물을 장기 음용 시 발생

㉡ 반상치 : 불소가 과다하게 함유된 물을 장기 음용 시 발생

㉢ 청색아(Blue baby) : 질산염 많은 물을 장기 음용 시 소아가 청색증에 걸려 사망할 수 있음.

㉣ 설사 : 황산마그네슘($MgSO_4$)이 많이 함유된 물을 음용하면 설사를 일으킬 수 있음.

⑥ 음용수의 수질기준

㉠ 일반세균 : 1㎖ 중 100CFU(Colonly Forming Unit)를 넘지 아니할 것
㉡ 대장균 : 50㎖에서 검출되지 아니할 것
- 수질·분변오염의 지표, 위생지표세균으로 사용한다.
- 상수도 기준 시 대장균이 조금만 검출되어도 안 된다.
- 수질검사 시 오염의 지표로 사용한다.
- 다른 세균의 오염여부를 간접적으로 알 수 있다.

> **참고**
>
> **물의 소독법**
> ① 물리적 소독 : 자비(끓이는 것), 자외선, 오존(O_3)
> ② 화학적 소독 : 일반물 소독 – 표백분(클로르칼키)
>
> **음료수의 잔류염소량** : 0.2ppm
>
> **물의 자정작용(지표수가 자연히 정화되는 작용)**
> ① 물리학적 작용 : 희석(유해물의 농도를 낮춤), 분쇄·침전(빠른 물결은 부유물을 분쇄하고, 느린 물결은 부유 물질을 침하시킴)
> ② 화학적 작용
> - 공기와 접촉으로 악취를 제거시키며, 암모니아를 방산시켜 용존산소를 증가시키고, 호기성세균, 미생물에 대하여 양분을 주며, 병원균을 억지한다.
> - 철화합물이 산화해서 침전되고 자외선은 수심 1~5m까지 살균작용을 한다.
> ③ 생물학적 작용 : 수생균(水生菌)은 병원균의 발육을 억지한다.
>
> **부영양화(Eutrophication)**
> ① 강, 호수, 바다에 생활하수나 가축분뇨 등의 유기물과 영양소가 들어와 질소(N)와 인(P)과 같은 영양염류가 풍부해지는 것으로 녹조나 적조 등과 같은 수질 저하를 시킨다.
> ② 회복시키는 방법으로는 유입되는 영양소 특히 질소(N)와 인(P)의 양을 줄이는 것이다.
> ③ 질산염(NO_3)은 유기물 속의 유기질소화합물이 산화 분해되는 최종 산물이다.

10) 소음 및 진동

① 소음(Noise) : 소음은 듣기 싫은 소리이며 불쾌감을 주는 음으로 원치 않는 소리이다. 소음의 음압을 데시벨(dB)로 측정한다.

② 소음에 의한 장애 : 청력장애(난청), 신경과민, 불면, 작업방해, 소화불량, 불안과 두통, 작업능률저하 등의 장애가 발생한다.

※ 직업성 난청 : 소음이 심한 곳에서 근무하는 사람들에게 나타나는 직업병으로 4,000Hz에서 조기 발견할 수 있다.

> 참고
>
> dB(데시벨, decibel)은 사람이 들을 수 있는 음압의 범위와 강도 범위를 상용대수를 사용하여 만든 음의 강도 단위로 음압 밀도가 높은 부분과 낮은 부분의 변화를 말한다.
> - 인간이 불쾌함을 느끼는 소음을 측정할 때 단순히 dB 단위를 사용해서는 정확히 그 크기를 반영할 수 없다. 때문에 소음을 측정할 때는 인간이 주로 들을 수 있는 주파수 특성을 보완한 단위인 dB(A)를 사용한다.
> - 일반적으로 50dB(A) 정도 그 이상의 음이 발생하면 소음으로 간주한다(1일 8시간 기준 소음허용 기준은 90dB(A) 이하이다).
> - 직업적인 소음으로 난청이 생기면 작업능률이 저하되기 때문에 작업방법 개선, 음벽 설치, 귀마개 사용 등이 필요하다.

④ 진동
  ㉠ 일정한 점을 중심으로 하여 양쪽으로 흔들려 움직이는 운동(물체의 위치나 전류의 세기, 전기장, 자기장 등)을 진동이라 하며, 신체의 전체나 일부가 떨림을 받을 때 피해가 나타난다.
  ㉡ 진동에 의한 질병으로는 레이노이드병이 대표적인 질병이다.

11) 구충·구서

① 구충·구서의 일반적 원칙
  ㉠ 가장 근본적인 대책 : 발생원인 및 서식처를 제거한다.
  ㉡ 광범위하게 동시에 실시해야 한다.
  ㉢ 생태, 습성에 따라 행한다.
  ㉣ 발생 초기에 구충·구서를 실시한다.

② 위생해충의 피해
  ㉠ 모기, 벼룩 등에 물렸을 때 병원체가 운반되어 피부를 통해 질병을 전파한다.
  ㉡ 흡혈, 영양분의 탈취, 체내의 기생 등으로 인한 질병을 유발한다.
  ㉢ 알레르기 현상, 피부염, 수면방해 등이 있다.

(3) 역학 및 감염병관리

1) 역학의 정의

인간 집단에 발생하는 모든 질병(유행병)을 집단현상으로 의학적·생태학으로서 보건학적 진단학을 연구하는 학문을 말한다.

2) 역학의 시간적 특성

종류	내용
추세변화 (장기변화)	수십 년(10~40년)에 걸쳐서 주기적으로 반복하여 유행하는 현상 예 장티푸스(30~40년), 유행성 독감(Influenza, 약 30년 주기), 성홍열(약 30년), 디프테리아(약 20년)
순환변화 (단기변화)	수년(2~5년)의 단기간을 주기로 하여 순환적으로 반복하여 유행하는 현상 예 홍역(2~3년), 백일해(2~4년), 유행성 뇌염(3~4년)
계절변화	1년을 주기로 계절적으로 반복되는 변화 예 소화기계 감염병(여름철), 호흡기계 감염병(겨울철)

불규칙변화
(돌연유행)
	• 감염병이 발생할 때 돌발적 유행으로 불시 침입하는 수계유행
	  예 콜레라(Cholera), 장티푸스(Typhoid fever), 이질(Shigellosis)
	• 외래 감염병이 국내에 발생할 때 돌발적 유행으로 불시 침입하는 현상
	  예 조류인플루엔자(Avian Influenza), 중증급성호흡기증후군(사스, Severe Acute Respiratory Syndrome), 신종코로나바이러스(2019-nCoV 중국우한폐렴의 원인 바이러스)

※ 인종별 특징 : 결핵(백인에 비하여 흑인이 많이 발생함), 성홍열(유색인종보다 백인에게 많이 발생함)

★ 3) 역학의 3대 요인

① 병인적 인자 : 감염원으로서 병원체가 충분하게 존재해야 한다.

② 숙주적 인자 : 성별, 연령, 종족, 직업, 결혼상태, 식습관 등이 있다.

③ 환경적 인자 : 감염원에 접촉기회나 감염경로가 있어야 한다.

★ ※ 감염병의 3대 요인 : 감염원(병원체, 병원소), 환경(감염경로), 숙주의 감수성

★★★ 4) 급만성 감염병관리

① 감염병 발생의 요인과 대책

㉠ 감염원(병원체, 병원소) : 병독이나 병원체를 직접 인간에게 가져오는 감염병의 원인이 될 수 있는 모든 것

- 병원체 : 세균, 바이러스, 리케차, 진균, 기생충 등
- 병원소 : 인간, 동물, 토양, 먼지 등
- 감염원에 대한 대책 : 환자, 보균자를 색출하여 격리시킨다.

㉡ 감염경로(환경)

- 병원체가 새로운 숙주(사람)에게 전파하는 과정이 있어야만 질병이 성립되므로 음식물 전파, 공기전파, 접촉전파, 매개전파, 개달물 전파로 인해 질병이 전파된다.

※ 개달물은 물, 우유, 식품, 공기, 토양을 제외한 모든 비활성 매체로 환자가 쓰던 의복, 침구, 완구, 책, 수건 등 모든 것

- 감염경로에 대한 대책 : 손을 자주 소독한다.

ⓒ 숙주의 감수성 및 면역성

- 자주 감염병이 유행하더라도 병원체에 대한 저항성 또는 면역성을 가지게 되면 감염병은 발생하지 않는다.
- 숙주의 감수성에 대한 대책 : 질병에 대한 저항력의 증진, 예방접종을 한다.

감수성 지수
두창, 홍역(95%)>백일해(60~80%)>성홍열(40%)>디프테리아(10%)>소아마비(0.1%)

5) 질병의 원인별 분류

① 양친에게서 감염되거나 유전되는 질병

  ㉠ 감염병 : 매독, 두창, 풍진

  ㉡ 비감염성 질환 : 혈우병, 당뇨병, 알레르기, 정신발육지연, 색맹, 유전적 농아 등

② 식사의 부적합으로 일어나는 질병

  ㉠ 과식이나 과다 지방식 : 비만증, 관상동맥, 심장질환, 고혈압, 당뇨병

  ㉡ 식염의 과다 및 자극성 식품 : 고혈압

  ㉢ 뜨거운 음식을 섭취 : 식도암, 후두암 및 위암의 발생률이 높음

  ㉣ 특수영양소(비타민, 무기질) 결핍증 : 각기병(비타민 B_1), 구루병(비타민 D), 빈혈(철분), 펠라그라증(피부병 : 나이아신 부족), 갑상선종(요오드 부족 : 다시마, 해조류, 갈조류에 많음), 충치(불소 결핍), 반상치(불소 과다)

6) 병원체에 대한 면역력 증강

질병이 체내에 침입하면 방어할 수 있는 능력을 길러주는 것으로 선천적 면역과 후천적 면역이 있다.

① **선천적 면역** : 종속면역, 인종면역, 개인차 특이성에 따른 면역이다.

② **후천적 면역** : 능동면역, 수동면역으로 나뉜다.

후천적 면역	능동 면역	자연능동면역	질병 감염 후 획득된 면역	예 홍역, 수두, 유행성 이하선염, 백일해, 성홍열, 발진티푸스, 장티푸스, 페스트, 황열, 콜레라
		인공능동면역	예방접종으로 획득된 면역	예 결핵(BCG 접종 후 생긴 면역), 두창, 탄저, 장티푸스, 백일해, 일본뇌염, 파상풍, 콜레라, 파라티푸스
	수동 면역	자연수동면역	모체로부터 받는 면역	예 태반이나 수유로 받는 면역
		인공수동면역	혈청제제의 접종으로 획득되는 면역	예 인체 감마글로불린주사

7) 감염병의 분류

① 병원체에 따른 감염병의 분류

바이러스(Virus)	• 호흡기 계통 : 인플루엔자, 홍역, 유행성 이하선염, 풍진 • 소화기 계통 : 급성회백수염(소아마비, 폴리오), 유행성 간염
세균(Bacteria)	• 호흡기 계통 : 한센병, 디프테리아, 성홍열, 폐렴, 결핵, 백일해 • 소화기 계통 : 장티푸스, 파라티푸스, 콜레라, 세균성 이질
리케챠(Rickettsia)	발진티푸스, 발진열, 양충병
스피로헤타성	와일씨병, 서교증, 재귀열, 매독
원충성	말라리아, 아메바성 이질, 트리파노소마(수면병)

② 예방접종을 하는 감염병의 종류

	연령	예방접종의 종류
기본접종	4주 이내	BCG(결핵 예방접종)
	2개월	경구용 소아마비, DPT(디프테리아-D, 백일해-P, 파상풍-T)
	4개월	경구용 소아마비, DPT
	6개월	경구용 소아마비, DPT
	15개월	홍역, 볼거리, 풍진(13~15세 여아만 접종해도 된다)
	18개월	결핵, 두창, 폴리오
	3~15세	일본뇌염

정기예방접종
결핵(BCG), 디프테리아(D), 백일해(P), 파상풍(T), 홍역, 소아마비, 유행성 이하선염, 풍진, B형 간염
※ 디피티(DPT) : 디프테리아(Diphtheria), 백일해(Pertussis), 파상풍(Tetanus)

임시예방접종
일본뇌염, 장티푸스, 인플루엔자, 유행성 출혈열

③ 잠복기에 따른 감염병의 분류

㉠ 잠복기간이 긴 것 : 한센병, 결핵(잠복기가 가장 길며 일정하지 않음), 매독, AIDS
㉡ 잠복기간이 짧은 것 : 콜레라(잠복기가 가장 짧음), 이질, 성홍열, 파라티푸스, 디프테리아, 뇌염, 황열, 인플루엔자

④ 감염경로에 따른 감염병의 분류

감염경로		감염병 종류
직접 접촉감염(성매개 감염)		매독, 임질, AIDS(에이즈), 피부병
간접 접촉감염	비말감염(기침, 재채기)	디프테리아, 인플루엔자, 성홍열
	진애감염(먼지)	결핵, 천연두, 디프테리아
개달물 감염(물, 음식, 공기를 제외한 완구, 식기, 의복, 수건		결핵, 트라코마, 천연두
수인성 감염병		이질, 콜레라, 파라티푸스, 장티푸스
음식물 감염병		이질, 콜레라, 파라티푸스, 장티푸스, 소아마비, 유행성 간염
★절족동물 매개 감염병	모기	말라리아(학질모기), 일본뇌염(작은빨간모기), 황열, 뎅기열, 사상충증(토고숲모기)
	이	발진티푸스, 재귀열
	벼룩	페스트, 발진열, 재귀열
	빈대	재귀열
	바퀴	이질, 콜레라, 장티푸스, 소아마비
	파리	장티푸스, 파라티푸스, 이질, 콜레라, 결핵, 디프테리아
절족동물 매개 감염병	진드기	쯔쯔가무시증, 양충병, 재귀열, 유행성 출혈열, 옴
	개	광견병(공수병)
	쥐	페스트, 서교증, 재귀열, 와일씨병, 발진열, 유행성 출혈열, 쯔쯔가무시증
토양 감염병		파상풍, 보툴리즘, 구충증
★경태반 감염병	태반을 거쳐 태아에게 감염되는 것	매독, 두창, 풍진
만성 감염병	결핵	환자 발견 시 격리 및 치료, 예방접종
	한센병	환자 발견 시 격리 및 치료, 접촉자의 관리, 소독 실시, 예방 접종
	매독(성병)	매독, 임질, 크라코마 등이 있으며, 면역성이 없음.

※ 재귀열 : 이, 쥐, 빈대, 진드기, 벼룩에 의해 감염

⑤ 인체 침입구에 따른 감염병의 분류

　㉠ 호흡기계 침입

　　• 세균 병원체 : 디프테리아, 성홍열

　　• 바이러스 병원체 : 백일해, 홍역, 유행성 이하선염(볼거리), 풍진

　㉡ 소화기계 침입

　　• 세균 병원체 : 장티푸스, 파라티푸스, 콜레라, 세균성 이질

　　• 바이러스 병원체 : 소아마비, 유행성 간염

8) 우리나라의 검역 감염병의 종류와 시간

감시기간은 다음의 시간을 초과할 수 없다.

① 콜레라 : 120시간 ② 페스트 : 144시간

③ 황열 : 144시간

※ 검역 : 감염병이 유행하는 지역에서 입국하는 사람·동물·식품을 대상으로 실시

★우리나라 법정 감염병의 종류

① 제1급감염병
- 생물테러감염병 또는 치명률이 높거나 집단 발생의 우려가 커서 발생 또는 유행 즉시 신고하여야 하고, 음압격리와 같은 높은 수준의 격리가 필요한 감염병
- 에볼라바이러스병, 마버그열, 라싸열, 크리미안콩고출혈열, 남아메리카출혈열, 리프트밸리열, 두창, 페스트, 탄저, 보툴리눔독소증, 야토병, 신종감염병증후군, 중증급성호흡기증후군(SARS), 중동호흡기증후군(MERS), 동물인플루엔자 인체감염증, 신종인플루엔자, 디프테리아

② 제2급감염병
- 전파가능성을 고려하여 발생 또는 유행 시 24시간 이내에 신고하여야 하고, 격리가 필요한 감염병
- 결핵(結核), 수두(水痘), 홍역(紅疫), 콜레라, 장티푸스, 파라티푸스, 세균성이질, 장출혈성대장균감염증, A형간염, 백일해(百日咳), 유행성이하선염(流行性耳下腺炎), 풍진(風疹), 폴리오, 수막구균 감염증, b형헤모필루스인플루엔자, 폐렴구균 감염증, 한센병, 성홍열, 반코마이신내성황색포도알균(VRSA) 감염증, 카바페넴내성장내세균속균종(CRE) 감염증

③ 제3급감염병
- 그 발생을 계속 감시할 필요가 있어 발생 또는 유행 시 24시간 이내에 신고하여야 하는 감염병
- 파상풍(破傷風), B형간염, 일본뇌염, C형간염, 말라리아, 레지오넬라증, 비브리오패혈증, 발진티푸스, 발진열(發疹熱), 쯔쯔가무시증, 렙토스피라증, 브루셀라증, 공수병(恐水病), 신증후군출혈열(腎症侯群出血熱), 후천성면역결핍증(AIDS), 크로이츠펠트-야콥병(CJD) 및 변종크로이츠펠트-야콥병(vCJD), 황열, 뎅기열, 큐열(Q熱), 웨스트나일열, 라임병, 진드기매개뇌염, 유비저(類鼻疽), 치쿤구니야열, 중증열성혈소판감소증후군(SFTS), 지카바이러스 감염증

④ 제4급감염병
- 제1급감염병부터 제3급감염병까지의 감염병 외에 유행 여부를 조사하기 위하여 표본감시 활동이 필요한 감염병
- 인플루엔자, 매독(梅毒), 회충증, 편충증, 요충증, 간흡충증, 폐흡충증, 장흡충증, 수족구병, 임질, 클라미디아감염증, 연성하감, 성기단순포진, 첨규콘딜롬, 반코마이신내성장알균(VRE) 감염증, 메티실린내성황색포도알균(MRSA) 감염증, 다제내성녹농균(MRPA) 감염증, 다제내성아시네토박터바우마니균(MRAB) 감염증, 장관감염증, 급성호흡기감염증, 해외유입기생충감염증, 엔테로바이러스감염증, 사람유두종바이러스 감염증

9) 감염병의 전파예방 대책

① 감염병 보고순서 : 의료기관의 장 → 보건지소장 → 시장·군수 → 시·도지사 → 보건복지부장관
② 보균자의 검색
③ 역학조사

> ※ 산업보건관리
>
> 1) 산업보건의 개념
>   ① 국제노동기구(ILO)와 세계보건기구(WHO)의 산업보건 정의
>   ㉠ 모든 산업장에서 일하는 근로자들의 신체적·정신적·사회적 건강상태를 최고도로 유지 증진
>   ㉡ 작업조건으로 인한 질병을 예방하며 건강에 유해한 취업을 방지
>   ㉢ 근로자들을 생리적으로나 심리적으로 적합한 작업환경에 배치하여 일하도록 하는 것
>
> 2) 직업병관리
>   ① 정의 : 근로자들이 작업환경 중에 노출되어 일어나는 특정 질병
>   ② 원인별 직업병의 구분
>
> | 원인 | | 직업병 |
> |---|---|---|
> | 물리적 요인 | 고열환경(이상고온) | 열중증(열피로, 열경련, 열허탈증, 열쇠약증, 열사병) |
> | | 저온환경(이상저온) | 동상, 참호족염, 동창 |
> | | 고압환경(이상고기압) | 잠함병(잠수병) – 물에서 발생되며 주로 잠수부, 해녀에게 발생 |
> | | 저압환경(이상저기압) | 항공병, 고산병 – 산에서 발생 |
> | | 소음 | 직업성 난청, 청력장애 |
> | | 분진 | 진폐증(먼지), 석면폐증(석면), 규폐증(유리규산), 활석폐증(활석) |
> | | 방사선 | 조혈기능 장애, 피부점막의 궤양과 암생성, 백내장, 생식기 장애 |
> | | 자외선 및 적외선 | 피부 및 눈의 장애 |
> | 화학적 요인 (공업중독) | 납(Pb) 중독 | 연중독, 소변 중에 코프로포피린 검출, 체중감소, 염기성 과입적 혈구의 수 증가, 요독증 증세 |
> | | 수은(Hg) 중독 | 구내염, 미나마타병의 원인물질, 언어장애, 지각이상 |
> | | 크롬(Cr) 중독 | 비염, 기관지염, 피부점막궤양 |
> | | 카드뮴(Cd) 중독 | 이타이이타이병의 원인물질, 단백뇨, 골연화증, 폐기증, 신장기능장해 |

※ **보건관리**

1) 보건행정

지역주민의 질병예방·생명연장과 육체적·정신적 안녕과 효율적인 건강을 증진시키기 위하여 행하여지는 행정을 말한다.

2) 보건행정의 종류

① 일반보건행정
  ㉠ 보건소의 설치 목적 : 보건행정을 합리적으로 운영하고 국민보건의 질을 향상하기 위한 것으로, 보건소는 시·군·구 단위로 하나씩 두도록 되어 있다.
  ㉡ 보건소의 업무내용
  - 지역보건의료정책의 기획, 조사·연구 및 평가 사항
    - 지역보건의료계획 등 보건의료 및 건강증진에 관한 중장기 계획 및 실행계획의 수립·시행 및 평가에 관한 사항
    - 지역사회 건강실태조사 등 보건의료 및 건강증진에 관한 조사·연구에 관한 사항
    - 보건에 관한 실험 또는 검사에 관한 사항
  - 보건의료기관 등에 대한 지도·관리·육성과 국민보건 향상을 위한 지도·관리 사항
    - 의료인 및 의료기관에 대한 지도 등에 관한 사항
    - 의료기사·보건의료정보관리사 및 안경사에 대한 지도 등에 관한 사항
    - 응급의료에 관한 사항
    - 「농어촌 등 보건의료를 위한 특별조치법」에 따른 공중보건의사, 보건진료 전담공무원 및 보건진료소에 대한 지도 등에 관한 사항
    - 약사에 관한 사항과 마약·향정신성의약품의 관리에 관한 사항
    - 공중위생 및 식품위생에 관한 사항

② 산업보건행정(근로보건) : 산업체에서 근무하는 근로자를 대상으로 작업환경의 질적개선, 산업재해 예방 및 근로자의 복지시설 관리와 안전교육 등의 문제를 담당하며 관할 부처는 노동부의 근로기준국 산업안전과에서 관할한다.

③ 학교보건행정 : 학생과 교직원을 대상으로 학교보건사업으로, 학교급식을 통한 영양교육, 건강교육 등을 담당하며, 관할 부처는 교육부의 의무교육과에서 관할한다.

※ 공중보건의 3대 요건 : 보건행정, 보건법, 보건교육

> **지방행정의 최고 말단 기구**
> 보건소

3) 학교보건

① 학교보건의 목적 : 학교의 보건관리에 필요한 사항을 규정하여 학생과 교직원의 건강을 보호·증진함을 목적으로 한다.

　※ 건강검사 : 신체의 발달상황 및 능력, 정신건강 상태, 생활습관, 질병의 유무 등에 대하여 조사하거나 검사하는 것

② 학교보건의 중요성

　㉠ 학교는 여러 가지 측면에서 지역사회의 중심역할을 한다.
　㉡ 학생들은 그 인구가 많아 보건교육대상자로 가장 효과적이다.
　㉢ 교직원의 보건에 관한 지식은 큰 효과를 발생한다.
　㉣ 학생은 가장 왕성한 성장시기이다.

③ 보건시설 등 : 학교의 설립자·경영자는 대통령령으로 정하는 바에 따라 보건실을 설치하고 학교보건에 필요한 시설과 기구(器具) 및 용품을 갖추어야 한다.

학교급식의 목적

학생들에게 올바른 영양을 보급하여 신체적·정신적 성장발달을 돕고, 좋은 식습관을 형성하여 적응하는데 목적이 있다.

① 건강면의 목적　　② 교육적 목적　　③ 경제적 목적　　④ 사회적 목적

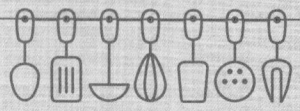

CHAPTER 02 일식·복어 안전관리

반드시 알아야 할 핵심개념
안전관리의 정의, 재난의 원인 4요소, 주방 내 안전사고 3요인, 안전교육의 목적, 응급상황 시 행동단계, 개인안전관리, 작업장 환경관리, 작업장 안전관리

안전관리는 개인안전관리, 장비·도구 안전작업, 작업환경 안전관리 등으로 조리사가 주방에서 일어날 수 있는 사고와 재해에 대하여 사전에 예측하여 안전기준 확인, 안전수칙준수 등으로 안전예방 활동을 하는 것이다.

① 주방에서 안전관리 대상은 개인안전, 주방환경, 조리장비 및 기구, 가스, 위험물(가열된 기름, 뜨거운 물), 소화기, 전기 등이다.
② 안전지침은 조리작업에 수반하는 장비 및 수작업 등에 대한 안전사고 예방·사고발생 시 대처 방법이다.

> **참고**
>
> ★① 재난의 원인 4요소 : 인간(Man), 기계(Machine), 매체(Media), 관리(Management)
> ★② 주방 내 안전사고 3요인 : 인적 요인, 물적 요인, 환경적 요인
>   • 인적 요인 : 정서적 요인, 행동적 요인, 생리적 요인
>   • 물적 요인 : 각종 기계, 장비, 시설물 등의 요인
>   • 환경적 요인 : 주방의 환경적 요인, 주방의 물리적 요인, 주방의 시설적 요인
> ③ 재해 발생의 원인
>   • 부적합한 지식
>   • 부적절한 태도와 습관
>   • 불충분한 기술
>   • 불안전한 행동
>   • 위험한 환경
> ★④ 안전교육의 목적 : 안전교육의 목적은 상해, 사망 또는 재산의 피해를 일으키는 불의의 사고를 예방하는 것이다.
> ⑤ 응급상황 발생 행동요령
>   • 호흡마비, 심장마비와 같은 응급상황은 5분이 생명과 직결되기 때문에 매우 중요(5분 내 응급조치 필요)
>   • 심각한 외상 발생 시 최초 1시간이 생명과 직결되기 때문에 상황이 발생한 현장에서 응급조치 필요
> ★⑥ 응급상황 시 행동단계 : 현장조사(check) → 119신고(call) → 처치 및 도움(care)

1 개인안전관리

(1) 개인 안전사고 예방 및 사후 조치

① 안전풍토 : 근로자들이 작업환경에서 안전에 대해 갖고 있는 통일된 인식을 말하는데, 조직 구성원들의 행동 및 태도, 구성원 상호간의 의사소통, 교육 및 훈련, 개인의 책임감, 안전행동 사고율 등에 영향을 준다.

② 재해 발생의 원인 : 부적합한 지식과 태도의 습관, 불안전한 행동, 불충분한 기술, 위험한 작업환경

③ 안전사고 예방 과정 : 위험요인 제거 → 위험요인 차단 → 위험사건 오류 예방 → 위험사건 오류 교정 → 위험사건 발생 이후 재발방지 조치 제한(심각도)

(2) 작업안전관리

안전관리는 조리작업의 수행에 있어서 작업자는 물론 시설의 안전을 유지하고 관리하기 위하여 필요로 한다.

칼	칼 사용의 방법
사용안전	• 칼을 사용할 때는 정신 집중과 안정된 자세로 작업 • 칼을 실수로 떨어뜨렸을 때는 잡지 말고 피할 것 • 본래 목적 이외에 사용하지 말 것
이동안전	• 주방에서 칼을 들고 다른 장소로 옮기지 않을 것 • 만약, 옮길 경우에는 칼끝을 정면으로 하지 말고 지면을 향하게 할 것 • 칼날을 뒤로 가게 하여 옮길 것
보관안전	• 칼은 정해진 장소의 안전함에 넣어서 보관할 것 • 칼을 보이지 않는 곳, 싱크대 등에 두지 말 것

※ 주방에서의 안전장비는 조리복, 조리안전화, 앞치마, 조리모, 안전장갑 등이다.

2 장비·도구 안전작업

(1) 조리장비·도구 안전관리 지침

안전관리의 대상은 개인안전, 조리장비 및 기구, 주방환경, 전기, 소화가스, 위험물(가열된 기름, 뜨거운 물) 등을 말한다.

① 조리장비·도구의 안전관리 지침
  ㉠ 사용방법을 숙지하고 전문가의 지시에 따라 사용해야 한다.
  ㉡ 조리장비, 도구에 무리가 가지 않도록 유의한다.
  ㉢ 이상이 생기면 즉시 사용을 중지하고 조치를 취한다.
  ㉣ 전기 사용 장비는 수분을 피하고 전기사용량, 사용법을 확인 후 사용한다.
  ㉤ 모터에 물, 이물질 등이 들어가지 않도록 하고 청결하게 관리한다.
  ㉥ 장비의 사용용도 이외에는 사용을 금한다.
  ㉦ 정기점검(년 1회 이상), 일상점검, 긴급(손상, 특별안전)점검을 한다.

② 조리도구

종류	준비도구	사용설명
준비도구	앞치마, 머릿수건(위생모), 채소바구니, 가위 등	재료손질과 조리준비에 필요
조리기구	솥, 냄비, 팬 등	준비된 재료를 조리하는 과정에 필요
보조도구	주걱, 국자, 뒤집개, 집게 등	준비된 재료를 조리하는 과정에 필요

3 작업환경 안전관리

(1) 작업장 환경관리

① 조리작업장의 권장 조도는 220Lux 이상으로 하여 식재료 검수와 조리 시 섬세하고 철저한 위생관리를 한다.

② 작업장 온도는 여름철에는 20~23℃ 정도, 겨울철에는 18℃~21℃ 정도를 유지하며 적정습도는 40~60% 정도를 유지한다. 특히 낮은 습도는 피부, 코 등의 건조를 일으키지만 높은 습도는 정신이상을 일으킬 수 있다.

③ 작업장 내 적정한 수준의 조명유지, 온도, 습도, 바닥의 물기 제거, 미끄럼 및 오염이 발생되지 않도록 한다.

> 참고
> • 산업안전보건법에서 표준조도는 초정밀작업(750Lux), 정밀작업(300Lux), 보통작업(150Lux) 및 그 밖의 작업(75Lux)으로 기준을 정하고 있다.
> • 조리장의 조도는 급식실의 조도를 기준(검수대 기준 540Lux, 조리장 220Lux 이상)해 식재료 검수와 조리 시 섬세하고 철저한 위생관리를 하여야 한다.
> ※ NCS 안전관리 학습모듈에서는 조리작업장의 권장 조도는 161~143Lux이다.

(2) 작업장 안전관리

① 작업장 안전관리는 주방에서 조리작업을 수행하는 데 있어서 작업자와 시설의 안전기준을 확인하고, 안전수칙을 준수, 예방활동을 수행하는 데 있다.
② 안전관리시설 및 안전용품을 관리한다.
③ 작업장 주변의 정리정돈을 점검한다.
④ 작업장 안전관리 지침서를 작성한다.
⑤ 유해, 위험, 화학물질을 처리기준에 따라 관리한다.
⑥ 안전관리 책임자는 법정 안전교육을 실시한다.
⑦ 관리감독자의 지위에 있는 사람은 반기마다 8시간 이상 또는 연간 16시간 이상의 정기교육을 필한다.

(3) 화재예방 및 조치방법

① 화재의 원인이 될 수 있는 곳을 사전에 점검하고 화재진압기를 배치, 사용한다.
② 인화성물질 적정보관 여부를 점검한다.
③ 소화기구의 화재안전기준에 따른 소화기 비치 및 관리, 소화전함 관리 상태 등을 점검한다.
⑤ 비상조명의 예비전원 작동상태를 점검한다.
⑥ 비상구, 비상통로 확보 상태를 확인한다.
⑦ 출입구, 복도, 통로 등의 적재물 비치 여부를 점검한다.
⑧ 자동확산 소화용구 설치의 적합성 등에 대하여 점검한다.

> **화재대비 소화기 구별법**
> ① 일반(A급)화재용 : 가연성 고체, 연소 후 재를 남기는 종류의 화재(목재, 종이, 섬유 등)
>   예 흰색 바탕에 A 표시
> ② 유류(B급)화재용 : 인화성 액체, 연소 후 아무것도 남기지 않은 종류의 화재(식용유, 석유, 가스 등)
>   예 노란색 바탕에 B 표시
> ③ 전기(C급)화재용 : 전기적 원인 전기 기계, 기구로 인한 화재(누전, 과열, 전기불꽃 등)
>   예 청색 바탕에 C 표시
> ④ 금속(D)화재용 : 마그네슘과 같은 금속화재
> ※ A, B C 화재에 모두 사용 가능한 소화기를 ABC소화기라 한다.

CHAPTER 03 일식·복어 재료관리

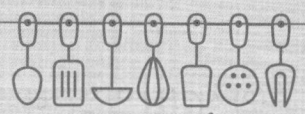

반드시 알아야 할 핵심개념

식품 재료의 성분, 자유수와 결합수, 식품의 색, 식품의 갈변, 식품의 유독성분

재료관리는 조리작업 수행에 필요한 재료의 특성을 고려하여 저장, 재고관리, 선입선출하여 재료를 효율적으로 관리하는 것이다.

저장 및 재료관리 요령

구분	내용
저장관리	• 식재료 원산지 표기, 식재료 위생법규 준수, 식재료 사용방법 준수 • 재료의 유통기한 준수 및 관리 • 재료의 신선도와 숙성상태 관리 • 제조일자, 시간에 따라 품목명과 네임텍 작성 관리 • 냉장고 용량의 70~80%만 재료를 보관 및 적정온도 유지 • 보관창고(15~21℃, 습도 50~60%), 냉장고(0~10℃), 냉동고(-18℃ 이하), 급냉동고(-50℃ 정도) • 적정온도는 1일 3회 이상 확인 및 관리 • 조리된 음식은 상단에 생 재료, 달걀은 하단에 저장관리(교차오염 방지) • 시장에서 들어온 비닐은 벗겨내고 투명한 비닐이나 규격 그릇에 보관 • 필요에 따라서 사용하기 편리하게 재료를 소분하여 저장관리 • 재료의 유실방지 및 보안관리
재고관리	• 큰 그릇의 남은 음식은 작은 그릇으로 옮기고, 반드시 뚜껑을 덮는다. • 공산품은 유통기한을 충분히 고려하여 구매하고 고춧가루, 통깨 등은 오래 보관하지 않고 필요에 따라 소분하여 냉장, 냉동실에 보관하는 것이 좋다. • 선입선출(First-In, First-Out : FIFO method)에 의한 출고 : 재고 물품의 손실, 신선도 유지를 위해 먼저 입고된 재료는 먼저 출고하여 사용하고 보관 시에는 나중에 입고된 것은 먼저 입고된 물품 뒤쪽에 보관한다. • 흐르는 물에 냉동품 해동 및 육수를 식히거나 고기의 핏물을 제거하기 위하여 물을 흘려 놓을 때에는 표시 또는 담당자에게 사전에 알린다. • 저장 시에는 품목별로 위치를 정해 입고관리하면 재고조사가 용이하다.
냉장·냉동관리	• 냉장·냉동고는 정기적으로 청소하고 성에가 생기지 않도록 관리 • 냉동고는 내용물 확인을 위하여 품목을 네임텍으로 구분 표시 또는 품목별로 위치를 정하여 관리한다. • 선입선출 및 장시간 저장하지 않도록 한다.

냉장·냉동관리	• 노로바이러스는 영하 20℃ 이하의 낮은 온도에서도 오래 생존하고 단 10개의 입자로도 감염될 수 있으므로 식품이 감염되지 않도록 주의 필요 • 1차 조리된 음식은 반드시 뚜껑, 랩을 덮어 관리(교차오염방지) • 냉장고에 식품을 보관 시에는 뚜껑을 덮거나 래핑(wrapping)을 하여 바람이나 냉기에 마르지 않고, 위생적으로 안전하게 보관한다.

1 식품 재료의 성분

식품의 구성성분은 크게 일반성분과 특수성분으로 구분된다. 식품의 일반성분에는 식품의 영양적 가치가 있는 탄수화물, 단백질, 지방, 무기질, 비타민, 섬유소 등이 속하며, 식품의 특수성분에는 식품의 기호적 가치라 할 수 있는 식품의 색성분, 맛성분, 냄새, 효소, 유독성분 등이 포함된다.

식품 중에 함유된 영양소
① 몸의 활동에 필요한 에너지 공급(열량소) : 탄수화물(당질), 지방, 단백질
② 몸의 발육을 위하여 몸의 조직을 만드는 성분 공급(구성소) : 단백질, 무기질, 지방
③ 체내의 각 기관이 순조롭게 활동하고 섭취된 것이 몸에 유효하게 사용되기 위해 보조적인 작용(조절소) : 무기질, 비타민, 물

(1) 수분

① 건강한 사람은 대개 1일 2~3ℓ 정도의 물이 배출되기 때문에 성인의 1일 권장섭취량 2~4ℓ 정도의 보충이 필요하며, 체중 비율로 보아 성인들보다 아이들이 보다 많은 수분을 필요로 한다.

② **기능** : 영양소 운반, 장기보호, 노폐물 방출, 소화액 구성요소, 체온조절, 윤활작용 등

③ **수분 부족 증상** : 체내의 정상적인 수분 양보다 10% 이상 줄어들면 열, 경련, 혈액순환장애 증상이 발생하며, 수분이 20% 이상 손실되면 사망에 이르게 된다.

④ 생물체나 식물체에 들어 있는 물은 유리수와 결합수 형태로 존재한다.

유리수(자유수, 일반적인 보통 물의 성분)	결합수
용질에 대해 용매로 작용	용매로 작용하지 않음.
건조에 의해서 쉽게 제거 가능	압력을 가해도 쉽게 제거되지 않음.
0℃ 이하에서 쉽게 동결	0℃ 이하의 낮은 온도(-30℃~-20℃)에서도 얼지 않음.
미생물의 생육번식에 이용	미생물의 번식에 이용하지 못함.
융점이 높고, 표면장력과 점성이 큼.	유리수보다 밀도가 큼.

ⓐ 유리수(자유수, Free Water) : 식품 중에 유리상태로 존재하고 있는 물
ⓑ 결합수(Bound Water) : 식품 중에 탄수화물이나 단백질 분자의 일부분을 형성하는 물

⑤ 수분활성도(Water Activity, Aw) : 어떤 임의의 온도에서 식품이 나타내는 수증기압(P)을 그 온도의 순수한 물의 최대 수증기압으로 나눈 것이다.

$$AW = \frac{P(\text{식품의 수증기})}{P_0(\text{순수한 물의 최대 수증기압})}$$

ⓐ 순수한 물의 활성도는 1이다(물의 AW=1).
ⓑ 수분활성도가 작다는 것은 그 식품 중에 미생물이 사용할 수 있는 자유수의 함량이 낮다는 것을 의미하므로, 미생물이 성장하기 힘든 조건이 되어 식품의 저장성을 높일 수 있다.
ⓒ 일반식품의 수분활성도는 항상 1보다 작다(일반식품의 AW<1).

- 과일, 채소, 신선한 생선 : Aw=0.98~0.99
- 육류의 Aw=0.80 ~ 0.88
- 곡류·두류의 Aw=0.60 ~ 0.64

(2) 탄수화물

① 탄수화물의 특성

구성요소	C(탄소), H(수소), O(산소)
1g당 열량	4kcal
1일 총 섭취 열량/소화율	65%/98%
최종분해산물	포도당
소화효소	말타아제, 락타아제, 프티알린, 아밀롭신, 사카라아제

※ 탄수화물 과잉 섭취 시 간과 근육에 글리코겐으로 저장된다.

칼로리(열량)
① 식품의 성분 중 당질, 지방, 단백질(3대 열량소)이 칼로리의 급원이 되며, 이들이 체내에서 연소되어 열을 발생하여 체온을 유지한다.
② 칼로리는 열량을 재는 단위로서, 1kcal는 1ℓ의 물을 1℃ 높이는 데 필요한 열량이다.
③ 단백질·탄수화물 4kcal, 지방 9kcal, 알코올 7kcal의 열량을 낸다.

② 탄수화물의 분류 : 가수분해하여 생성된 당의 분자수에 따라 분류된다.

★ ㉠ 단당류 : 탄수화물의 가장 간단한 구성단위로 더 이상 가수분해 또는 소화되지 않는다.

포도당 (Glucose)	탄수화물의 최종분해산물로 포유동물의 혈액에 0.1% 함유되어 있다.
과당 (Fructose)	특히 벌꿀에 많이 함유되어 있고 단맛이 가장 강하다.
갈락토오스 (Galactose)	단독으로 존재하지 못하고 유당에 함유되어 결합상태로만 존재하며, 젖당의 구성성분으로 포유동물의 유즙에 존재한다(우뭇가사리의 주성분).

※ 올리고당 (소당류) : 단맛이 나며, 충치를 만들지 않는다는 점이 일반당류와 다른 특징이다.

㉡ 이당류 : 단당류 2개가 결합된 당이다.

맥아당 (Maltose, 엿당)	• 포도당 2분자가 결합된 것 • 엿기름에 많으며, 물엿의 주성분
서당 (Sucrose, 자당, 설탕)	• 설탕은 자당이라고도 부르며, 포도당과 과당이 결합된 것 • 서당을 160℃ 이상으로 가열하면 캐러멜화하여 갈색 색소인 캐러멜이 됨 (예 과일, 사탕수수, 사탕무에 함유).
유당 (Lactose, 젖당)	• 갈락토오스와 포도당으로 구성됨. • 포유류의 유즙에 존재하는 것으로 감미가 거의 없음. • 유산균과 젖산균의 정장작용 • 칼슘(Ca)의 흡수를 도움.

㉢ 다당류 : 단당류가 2개 이상 또는 그 이상이 결합된 것으로 분자량이 큰 탄수화물이며, 물에 용해되지 않고 단맛도 없다.

전분(Starch)	주로 곡류에 함유되어 있는 전분(식물성 전분)
글리코겐(Glycogen)	동물의 저장 탄수화물로 간이나 근육, 조개류에 함유되어 있음.
섬유소(Cellulose)	• 인간의 소화액 중에는 섬유소를 분해하는 효소가 없으므로 이를 소화하지 못함. • 장 점막을 자극해서 소화운동을 촉진시켜 변비를 예방함.
팩틴(Pectin)	• 소화되지 않는 다당류로 세포막과 세포막 사이에 있는 층에 주로 존재함. • 뜨거운 물에 풀리며 설탕과 산의 존재로 겔(gel)화될 수 있음(예 잼과 젤리). • 각종 과실류와 감귤류의 껍질 등에 그 함량이 많음.
이눌린(Inulin)	과당의 결합체로 다알리아에 많이 함유되어 있음(예 도라지).
갈락탄	한천에 들어 있는 소화되지 않는 다당류임.
덱스트린	• 뿌리나 채소즙에 많음. • 전분의 가수분해 과정에서 얻어지는 중간산물임.
아가(Agar)	우뭇가사리와 한천에 함유되어 있음.

- 백색 전분은 아밀로오즈가 20%, 아밀로팩틴이 80%이고, 찹쌀 전분은 아밀로팩틴이 100%이다.
- 전화당 : 설탕을 가수분해할 때 얻어지는 포도당과 과당의 혼합물이며, 벌꿀에 많다.

③ 탄수화물의 기능

　ⓐ 에너지 공급원(1g당 4kcal의 에너지가 발생함)으로 전체 열량의 65%를 당질에서 공급한다(지방 20%, 단백질 15% 공급하는 것이 가장 이상적임).
　ⓑ 단백질 절약작용을 한다.
　ⓒ 장내 운동성을 돕는다.
　ⓓ 지방의 완전연소에 관여한다.

④ 탄수화물의 과잉증과 결핍증

　ⓐ 과잉증 : 비만증, 소화불량 등
　ⓑ 결핍증 : 체중감소, 발육불량 등

당질의 감미도
과당 > 전화당 > 설탕 > 포도당 > 맥아당 > 갈락토오즈 > 젖당(유당)

(3) 지질

① 지질의 특성

구성요소	C(탄소), H(수소), O(산소)
1g당 열량	9kcal
1일 총 섭취 열량/소화율	20%/95%
최종분해산물	지방산과 글리세롤
소화효소	리파아제, 스테압신

② 지방산의 분류

　ⓐ 포화지방산 : 융점이 높아 상온에서 고체로 존재하며 이중결합이 없는 지방산을 말하며, 동물성 지방에 많이 함유되어 있고 팔미트산, 스테아르산이 있다.
　ⓑ 불포화지방산 : 융점이 낮아 상온에서 액체로 존재하며 이중결합이 있는 지방산을 말하며, 식물성 지방에 많이 함유되어 있고 올레산, 리놀레산, 리놀렌산, 아라키돈산 등이 있다.

ⓒ 필수지방산 : 정상적인 건강을 유지하기 위해서 반드시 필요한 것으로 체내에서 합성되지 않으므로 식사를 통해 공급되어야 한다. 불포화지방산의 리놀레산, 리놀렌산, 아라키돈산으로 비타민 F라고 부르고 대두유, 옥수수유 등 식물성 기름에 다량 함유되어 있다.

요오드가(Iodine Value)
식품의 유지 중에 불포화지방산의 양을 비교하는 값으로 유지 100g이 흡수하는 요오드의 g수

건조피막의 정도에 따른 분류

건성유(요오드가 130 이상)	들깨기름, 아마인유, 호두기름, 잣기름
반건성유(요오드가 100~130 이상)	대두유, 면실유, 채종유, 해바라기씨유, 참기름
불건성유(요오드가 100 이하)	땅콩기름, 동백기름, 올리브유

③ 지질의 종류

　ⓐ 단순지질 : 지방산과 글리세롤의 에스테르로써 중성지방이라고 하며, 지질 중에서 양이 제일 많다.
　ⓑ 복합지질 : 지방산과 글리세롤의 에스테르에 다른 화합물이 더 결합된 지질이다.

- 인지질=인+단순지질
- 당지질=당+단순지질

　ⓒ 유도지질 : 단순지질, 복합지질의 가수분해로 얻어지는 지용성 물질

스테로이드, 콜레스테롤, 에르고스테롤, 스쿠알렌

④ 지방의 영양 효과

　ⓐ 지용성 비타민의 흡수를 돕는다(지용성 비타민 : 비타민 A, D, E, K, F).
　ⓑ 발생하는 열량이 높다(1g당 에너지원 : 9kcal).
　ⓒ 고온 단시간 조리할 수 있으므로 영양분의 손실이 적다.
　ⓓ 콜레스테롤(세포막의 주성분)에 대한 효과가 있다.
　ⓔ 당질과 마찬가지로 활동력이나 체온을 발생하게 하는 에너지원이다.

⑤ 지방의 과잉증과 결핍증

    ㉠ 과잉증 : 비만증, 심장기능 약화, 동맥경화

    ㉡ 결핍증 : 신체쇠약, 성장부진

⑥ 지방의 산패 방지

    ㉠ 저온 저장하고 자외선을 피하고 산화방지제를 첨가한다.

    ㉡ 산소의 접촉을 막고 금속이나 금속화합물을 제거한다.

    ㉢ 저장온도를 너무 낮지 않게 한다(자동산화가 되어 산패가 발생함).

(4) 단백질

① 단백질의 특성

구성요소	C(탄소), H(수소), O(산소), N(질소)
1g당 열량	4kcal
1일 총 섭취 열량/소화율	15%/92%
최종분해산물	아미노산
소화효소	펩신, 트립신, 에렙신

② 아미노산의 종류

    ㉠ 필수 아미노산 : 체내에서 생성할 수 없어 음식물로 섭취해야 하는 아미노산

- 종류(8가지) : 발린, 루신, 이소루신, 트레오닌, 페닐알라닌, 트립토판, 메티오닌(황 함유), 리신
- 필수 아미노산(8가지)+성장기의 어린이는 아르기닌, 히스티딘이 추가해서 10가지

    ㉡ 불필수 아미노산 : 체내에서도 합성이 되는 아미노산

③ 단백질의 분류

    ㉠ 화학적 분류

단순단백질	아미노산으로 구성(알부민, 글로불린, 글루테닌, 프롤라민 등)
복합단백질	아미노산에 인, 당, 색소 등이 결합되어 구성(인단백질, 당단백질, 색소단백질, 지단백질)
유도단백질	변성단백질(젤라틴, 응고단백질), 분해단백질(펩톤)

ⓒ 영양학적 분류

완전단백질	동물의 성장과 생명유지에 필요한 모든 필수 아미노산 8가지를 가지고 있는 단백질(우유의 카제인, 달걀의 알부민, 글로불린)
부분적 불완전단백질	필수 아미노산을 모두 가지고는 있으나 그 양이 충분치 않거나 각 필수 아미노산들이 균형 있게 들어있지 않은 단백질로, 생명유지는 되지만, 성장은 되지 않는 아미노산(곡류의 리신)
불완전단백질	생명을 유지하거나 어린이들이 성장하기에 충분한 양의 필수 아미노산을 갖고 있지 못한 단백질로 불완전 단백질만 섭취해서는 동물의 성장과 유지가 어려움[옥수수(제인) → 트립토판 부족]

④ 단백질의 기능

㉠ 몸의 근육이나 혈액 생성의 주성분이다.

㉡ 성장 및 체조직의 구성에 관여한다(예 피부, 효소, 항체, 호르몬 구성, 저항력, 열량 유지 등).

단백질의 아미노산 보강
식품에서 부족한 아미노산을 다른 식품을 통해 보강함으로써 완전단백질로 영양가를 높이는 것
예 쌀(리신 부족)+콩(리신 풍부)=콩밥(완전한 단백질 공급)

⑤ 단백질 결핍증

㉠ 쿼시오커(Kwashiorkor)증 : 어린이가 단백질이 장기간 부족되면 발생하는 병으로 성장 지연, 부종, 피부염 등의 증상이 발생한다.

(5) 무기질

① 무기질의 기능

㉠ 산과 염기의 평형 유지

㉡ 필수적 신체 구성성분

㉢ 신경의 자극 전달

㉣ 체조직의 성장

㉤ 생리적 반응을 위한 촉매

㉥ 수분의 평형 유지

㉦ 근육 수축성의 조절

② 무기질의 종류와 특성

칼슘(Ca)	• 기능 : 무기질 중 가장 많고 골격과 치아를 구성, 비타민 K와 함께 혈액응고에 관여 • 급원식품 : 멸치, 우유 및 유제품, 뼈와 함께 먹는 생선 • 결핍증 : 골다공증, 골격과 치아의 발육 불량 • 비타민 D와 함께 섭취 시 칼슘의 흡수 촉진 • 수산은 칼슘 흡수를 방해하는 인자로 칼슘과 결합하여 결석 형성
인(P)	• 기능 : 인의 80%가 골격과 치아에 함유 • 급원식품 : 곡류 • 결핍증 : 골격과 치아의 발육 불량
철분(Fe)	• 기능 : 헤모글로빈(혈색소)을 구성하는 성분, 혈액 생성 시 중요 영양소 • 급원식품 : 간, 난황, 육류, 녹황색 채소류 • 결핍증 : 철분 결핍성 빈혈(영양 결핍성 빈혈)
구리(Cu)	• 기능 : 철분 흡수에 관여 • 성인남자 1일 2mg, 성인여자 18mg, 임산부 20mg • 결핍증 : 빈혈
마그네슘(Mg)	• 기능 : 신경의 자극 전달, 효소작용의 촉매 • 급원식품 : 견과류, 코코아, 대두, 통밀 • 결핍증 : 떨림증, 신경불안정, 근육의 수축
나트륨(Na)	• 기능 : 근육수축에 관여, 수분균형 유지 및 삼투압 조절, 산·염기 평형유지 • 급원식품 : 소금, 식품첨가물의 나트륨(Na) • 과잉증 : 고혈압, 심장병 유발(우리나라는 나트륨 과잉증이 문제)
칼륨(K)	• 기능 : 근육수축, 삼투압 조절과 신경의 자극전달에 작용, 세포내 액에 존재 • 급원식품 : 채소류(예 감자, 토마토류) • 결핍증 : 근육의 긴장 저하, 식욕 부진
코발트(Co)	• 비타민 B_{12}의 구성요소 • 급원식품 : 채소, 간, 어류 • 결핍증 : 악성빈혈
불소(F)	• 기능 : 골격과 치아를 단단하게 함. • 급원식품 : 해조류 • 부족증은 충치(우치), 과잉증은 반상치 • 음용수에 1ppm 정도 불소가 있으면 충치예방
요오드(I)	• 기능 : 갑상선 호르몬을 구성, 유즙 분비 촉진 • 급원식품 : 해조류(예 미역·갈조류), 어육 • 결핍증 : 갑상선종, 발육정지 • 과잉증 : 갑상선 기능항진증
아연(Zn)	• 기능 : 적혈구와 인슐린(부족 시 당뇨병)의 구성성분 • 급원식품 : 해산물, 달걀, 두류

> **참고**
>
> **무기질의 종류에 따른 산성 식품과 알칼리성 식품**
> ① 산성 식품 : 무기질 중 인(P), 황(S), 염소(Cl) 등은 체내에서 분해되어 산성이 되므로 이들 무기질을 많이 함유한 식품(곡류, 어류, 육류)
> ② 알칼리성 식품 : 무기질 중 칼슘(Ca), 나트륨(Na), 칼륨(K), 마그네슘(Mg), 철(Fe), 구리(Cu), 망간(Mn) 등은 체내에서 분해되어 알칼리성이 되므로 이들 무기질을 함유한 식품(과일, 채소, 해조류)
> **우유** : 동물성 식품이지만, Ca(칼슘)이 다량 함유되어 있어 알칼리성 식품에 분류된다.

(6) 비타민

① 비타민의 기능과 특성

  ㉠ 유기물질로 되어 있음.

  ㉡ 필수물질이 있으며, 인체에 미량이 필요함.

  ㉢ 에너지나 신체구성 물질로 사용하지 않음.

  ㉣ 대사작용 조절물질(보조효소의 역할)

  ㉤ 여러 가지 비타민 결핍증을 예방 또는 방지

  ㉥ 대부분 체내에서 합성되지 않으므로 음식물을 통해서 섭취

② 비타민의 분류

  ★★ ㉠ 지용성 비타민(비타민 A, D, E, F, K)

  • 기름과 유지용매에 용해되는 비타민
  • 섭취량이 필요량 이상이 되면 체내에 저장
  • 섭취 시 배설되지 않음.
  • 결핍증세가 천천히 나타남.
  • 매일 식사에서 공급되지 않아도 됨.

구분	특징	급원식품	결핍증
비타민 A (레티놀)	• 상피세포 보호 • 눈의 작용을 좋게 함.	간, 난황, 버터, 당근, 시금치	야맹증, 안구건조증, 안염, 각막연화증, 결막염
비타민 D (칼시페롤)	• 칼슘의 흡수를 촉진 • 자외선에 의해 인체 내에서 합성	건조식품(말린 생선류, 버섯류)	구루병, 골연화증, 유아 발육 부족
비타민 E (토코페롤)	• 항산화성·항불임성 비타민 • 생식세포의 정상작용 유지	곡물의 배아, 푸른잎 채소, 식물성 기름, 상추	노화 촉진, 불임증, 근육 위축증

비타민 F	신체성장, 발육	식물성 기름	피부병, 피부건조, 성장지연
비타민 K (필로퀴논)	• 혈액응고에 관여(지혈작용) • 장내세균에 의해 인체 내에서 합성	녹색채소, 콩, 달걀	혈액응고지연(혈우병)

★★
ⓒ 수용성 비타민

- 물에 용해되는 비타민
- 필요량만 체내에 보유
- 필요한 부분의 여분은 뇨로 배설됨.
- 결핍증세가 빠르게 나타남.
- 매일 식사에서 공급되어야 함.

구분	특징	급원식품	결핍증
비타민 B_1 (티아민)	• 탄수화물 대사에 필요 • 마늘의 알리신의 흡수율을 높인다.	돼지고기, 곡류의 배아	각기병, 식욕부진
비타민 B_2 (리보플라빈)	성장촉진, 피부점막 보호	우유, 간, 고기, 달걀	구순구각염, 설염, 백내장
비타민 B_6 (피리독신)	• 항피부염인자 • 장내세균에 의해 합성	간, 효모, 배아	피부병
비타민 B_{12} (시아노코발라민)	성장촉진, 조혈작용	살코기, 선지, 고등어	악성빈혈
비타민 C (아스코르브산)	• 체내 산화, 환원작용 • 알칼리에 약하고, 산화, 열에 불안정	신선한 과일, 채소	괴혈병
나이아신 (니코틴산)	탄수화물의 대사촉진	닭고기, 생선, 땅콩, 쌀겨	펠라그라 피부병

> **참고**
>
> **비타민이 열에 강한 순서**
> 비타민 E > 비타민 D > 비타민 A > 비타민 B > 비타민 C
>
> **비타민 C 파괴효소 - 아스코르비나제**
> 당근과 호박 오이 등에 비타민 C를 파괴하는 아스코르비나제라는 효소가 함유되어 있다. 당근에는 아스코르비나제가 많이 들어 있어서 무와 같이 섞어 방치하면 비타민 C를 파괴한다.

(7) 식품의 색

식품의 색은 크게 동물성 색소와 식물성 색소로 나뉜다.

식물성 색소	클로로필 색소	• 일반 녹색채소의 색, 마그네슘(Mg)을 함유하고 있다. • 열과 산(식촛물 : 녹갈색)에 불안정하며, 알칼리(소다 첨가 : 진한 녹색)에 안정하다. 예) 쑥을 데친 후 즉시 찬물에 담근다. 오이를 볶은 후 즉시 펼쳐놓는다. 시금치 데칠 때 뚜껑을 열고 데친다.
	안토시안 색소	• 꽃, 과일 등의 적색, 자색 등의 색소이다(사과, 딸기, 포도, 가지). • 산성(촛물)일 때 → 적색 • 알칼리(소다 첨가)일 때 → 청색 • 중성일 때 → 보라색 • 수용성 색소로 가공 중에 쉽게 변색된다.
	플라보노이드 색소	• 색이 엷은 채소의 색소(예) 무, 옥수수, 연근, 감자, 밀가루) • 산에 대해서는 안정하나 알칼리에 대해서는 불안정하다. • 산 : 흰색, 알칼리 : 진한 황색
	카로티노이드 색소	• 식물계에 널리 분포하며, 동물성 식품에도 일부 존재한다. • 황색, 적색, 주황색의 채소(예. 당근, 늙은 호박, 토마토에 함유되어 있는 색소) • 비타민 A의 기능도 있다. • 산이나 알칼리에 의하여 변화를 받지 않으나 광선에 민감하다.
동물성 색소	미오글로빈(육색소)	육류의 근육 속에 함유되어 있는 적자색, 철(F) 함유
	헤모글로빈(혈색소)	육류의 혈액 속에 함유되어 있는 적색
	일부 카로티노이드	연어나 송어살의 분홍색
	아스타산틴 (카로티노이드계)	새우, 가재, 게에 포함되어 있는 색소이다.
	헤모시아닌	연체동물에 포함되어 있는 색소로 익혔을 때 적자색으로 변함. 예) 문어, 오징어를 삶으면 적자색으로 변한다.

(8) 식품의 갈변

① 효소적 갈변(페놀 화합물 → 멜라닌으로 전환) : 효소에 의해 식품이 갈변하는 것

　예) 사과(폴리페놀 산화효소, Polyphenol oxidase), 감자(티로시나아제, Tyrosinase) 절단면의 갈변

갈변현상의 방지
① 열처리(Blanching, 데치기)에 의한 효소의 불활성화
② 산소 제거하고 공기대신 질소, 이산화탄소로 대체
③ -10℃ 이하로 하여 효소의 작용 억제
④ 철(Fe), 구리(Cu)로 된 용기나 기구의 사용
⑤ 설탕, 소금물에 담궈 보관
⑥ 효소의 최적 조건을 변화시키기 위해서 pH를 낮춤.

② 비효소적 갈변

㉠ 캐러멜화(Caramel) : 당류를 180℃로 가열하면 점조성을 띠는 적갈색 물질로 변하는 현상

㉡ 아미노-카르보닐(Amino-carboyl) 반응 : 마이야르 반응, 식빵, 간장, 된장의 갈변

㉢ 아스코르빈산(Ascorbic acid) 산화반응 : 오렌지, 감귤류 과일 쥬스(pH 낮을수록 갈변 현상 큼)

(9) 식품의 맛과 냄새

① 식품의 맛

㉠ 헤닝(Henning)의 기본적인 맛

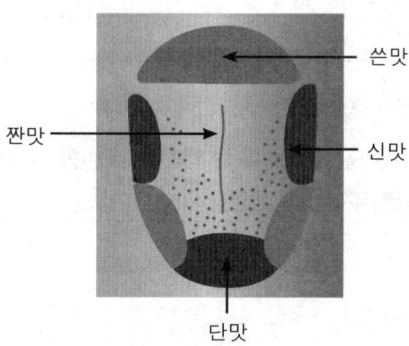

- 단맛
  - 천연감미료 : 포도당, 과당, 젖당, 전화당, 유당, 맥아당
  - 인공감미료 : 사카린, 솔비톨, 아스파탐
- 신맛(산미료)
  - 산이 해리되어 생성된 수소이온의 맛으로 생성
  - 초산(식초), 젖산(요구르트), 사과산(사과), 주석산(포도), 구연산(딸기, 감귤류), 호박산(조개)

- 짠맛 : 식염(염화나트륨)
- 쓴맛 : 소량의 쓴맛은 식욕을 촉진한다.
  - 카페인 : 커피, 초콜릿
  - 모르핀 : 양귀비
  - 휴물론 : 맥주
  - 니코틴 : 담배
  - 데오브로민 : 코코아
  - 헤스페리딘 : 귤껍질
  - 큐커비타신 : 오이껍질
  ※ **쿠쿠르비타신 : 오이꼭지의 성분**

ⓒ 기타의 맛

맛난맛	이노신산 : 가다랭이 말린 것, 멸치, 소고기 글루탐산 : 다시마, 된장, 간장 시스테인, 리신 : 육류, 어류 호박산 : 조개류 타우린 : 새우, 오징어, 문어, 조개류
매운맛	캡사이신 : 고추
떫은맛	탄닌 : 감
아린맛 (쓴맛+떫은맛)	두릅, 죽순, 고사리, 고비, 우엉, 토란(사용 전에 물에 담가 이 맛을 제거한 후 사용함)
금속맛	철, 은, 주석 등 금속이온의 맛(수저, 포크)

ⓒ 맛의 현상

- 맛의 대비(강화) : 서로 다른 정미성분을 섞었을 때 주정미성분의 맛이 강화되는 현상 (단맛에 소량의 짠맛이, 짠맛에 소량의 신맛이 존재할 경우 주성분이 강하게 느껴지는 현상)

  예 설탕용액에 소금을 넣으면 단맛이 증가한다.

  예 단팥죽에 소금을 넣었더니 팥의 단맛이 증가한다.

- 맛의 억제(손실현상) : 서로 다른 정미성분을 섞었을 때 주정미성분의 맛이 약화되는 현상

  예 커피에 설탕을 넣어주면 쓴맛이 단맛에 의해 억제된다.

- 맛의 변조 : 한 가지 정미성분을 맛본 직후 다른 정미성분이 정상적으로 느껴지지 않는 경우

예 쓴 한약을 먹은 후 물을 마시면 물맛이 달게 느껴진다.

예 오징어 먹은 후 귤을 먹으면 쓰게 느껴진다.

※ **미맹현상** : PTC는 극히 쓴 물질인데 이 용액의 쓴맛을 전혀 느끼지 못하는 사람을 지칭한다.

- 맛의 순응(피로) : 같은 정미성분을 계속 맛볼 경우 미각이 둔해져 역치가 높아지는 현상
- 맛의 상쇄 : 두 종류의 정미 성분이 섞여 있을 경우 각각의 맛보다는 조화된 맛을 느끼는 현상

   예 김치의 짠맛과 신맛, 청량음료의 단맛과 신맛의 조화

- 맛의 온도 : 일반적으로 혀의 미각은 10~40℃에서 잘 느낄 수 있고 30℃ 전후에서 가장 예민하게 느끼며, 온도의 상승에 따라 매운맛은 증가하고, 온도 저하에 따라 쓴맛은 심하게 감소한다.

종류	온도(℃)
단맛	20~50℃
짠맛	30~40℃
쓴맛	40~50℃
신맛	25~50℃
매운맛	50~60℃

② 기타 특수성분

 ㉠ 생선 비린내 성분 : 트리메틸아민(동물성 냄새)

 ㉡ 참기름 성분 : 세사몰

 ㉢ 고추의 매운맛 : 캡사이신

 ㉣ 후추의 매운맛 : 차비신, 피페린

 ㉤ 와사비의 매운맛 : 아릴이소티오시아네이트

 ㉥ 마늘의 매운맛 : 알리신

 ㉦ 생강의 매운맛 : 진저론, 쇼가올

 ㉧ 겨자의 매운맛 : 시니그린

③ 식품의 냄새(향)

식물성 식품의 냄새	알코올 및 알데히드류	주류, 감자, 복숭아, 오이, 계피
	에스테르	주로 과일류
	황화합물	마늘, 양파, 파, 무, 고추, 부추
	테르펜류	녹차, 차잎, 레몬, 오렌지
※ 미르신 : 미나리 / 멘톨 : 박하 / 푸르푸릴알코올 : 커피향 성분 / 디아세틸 : 버터의 향미성분		
동물성 식품의 냄새	트리메틸아민	생선 비린내
	암모니아	홍어, 상어
	피페리딘	어류
	아민류, 인돌	아민류, 인돌식육

(10) 식품의 물성

① 식품의 물성이란 식품의 조리 및 가공으로 외부에서 힘이 가해졌을 때 물질이 반응하는 성질이다.

② 식품의 기호에 영향을 미치는 요인으로 냄새, 색감, 맛 이외에도 입안에서 느껴지는 청각, 촉감이 중요한데, 이것이 식품의 물리적 성질이다.

③ 식품과 관계된 물성은 교질성과 텍스처이다.

④ 교질의 종류

분산매	분산질(분산상)	분산계(교질상)	식품의 예
고체	고체	고체 졸	사탕
	액체	겔(Gel)	밥, 두부, 양갱, 젤리, 치즈
	기체	거품(포말질)	빵, 과자, 케이크
액체	고체	졸(Sol)	된장국, 달걀흰자, 수프, 전분액
	액체	유화액(에멀전)	우유, 마요네즈, 버터, 마가린, 크림
	기체	거품(포말질)	난백의 기포, 맥주

⑤ 교질의 특성

종류	특성
졸(Sol)	• 졸은 분산매가 액체이고 분산질이 고체이거나 액체로 전체적인 분산계가 액체 상태일 때를 졸(Sol)이라고 한다. 즉, 액체 중에 콜로이드 입자가 분산하고 유동성을 가지고 있는 계를 말한다. • 대표적인 졸(Sol) 상태의 식품에는 된장국, 달걀흰자, 수프 등이 있다.

겔(Gel)	• 졸(Sol)이 냉각하여 응고되거나 물의 증발로 분산매가 줄어 반고체 상태로 굳어지는 것을 겔(Gel)이라고 한다. 즉, 콜로이드 분산계가 유동성을 잃고 고화된 상태이다. • 대표적인 겔(Gel) 상태의 식품에는 밥, 두부, 묵, 어묵, 삶은 달걀 등이 있다.
유화(Emulsion)	유화는 분산질인 액체가 분산매인 다른 액체에 녹지 않고 미세하게 균형을 이루며, 잘 섞여있는 상태를 의미한다. • 유중수적형 : 버터, 마가린 등 • 수중유적형 : 우유, 아이스크림, 마요네즈 등
거품(Foam)	분산매인 액체에 기체가 분산되어 있는 교질 상태이다. 거품은 기체의 특성상 액체 속에서 위로 떠오르기 때문에 기포제와 흡착되어야 안정화가 된다. 대표적인 거품의 상태의 식품에는 난백의 기포가 있다.

⑥ 리올로지(Rheology)

　㉠ 흐름, 물질의 변형에 관한 학문으로 외부의 힘에 의한 물질의 변형 및 흐름의 특성을 규명하고, 그 정도를 정량으로 표현하는 학문이다.

　㉡ 식품의 물리학적 미각을 연구하는 학문을 리올로지라 한다.

⑦ 리올로지의 특성

종류	리올로지의 특성
탄성(Elasticity)	• 외부에서 힘을 받으면 모습이 변형되고, 외부에서 받은 힘이 사라지면 원래의 모습으로 되돌아가는 성질이다. • 탄성을 지닌 식품은 묵, 양갱, 어묵, 두부, 곤약 등이 있다.
소성(Plasticity)	• 외부에서 힘을 가하면 모양은 변하지만, 힘이 사라져도 원상복구가 불가능한 것을 의미한다. • 소성을 지닌 식품은 생크림, 버터, 마가린, 쇼트닝 등이 있다.
점성(Viscosity)	• 보통 액상음식을 저을 때 느껴지는 저항감을 점성이라고 한다. • 액체의 경우는 온도가 높아지면 점성이 감소하고, 압력이 늘어나면 점성이 상승한다. • 점성을 지닌 식품은 토마토퓨레, 수프, 꿀, 물엿 등이 있다.
점탄성(Viscoelasticity)	• 점탄성은 점성과 탄성의 성질을 모두 가지고 있고 동시에 점성과 탄성의 성질이 같이 나타나는 것을 의미한다. 대체적으로 음식에 점탄성 성질에 관한 예시가 많지만 점탄성을 측정하는 것은 어렵다. • 점탄성 지닌 식품은 인절미, 밀가루 반죽, 껌 등이 있다.

⑧ 텍스처(Texture) : 식품의 텍스처는 식품을 입에 넣었을 때 식품의 질감이 물리적 자극에 대한 촉각의 반응으로 느껴지는 식품의 물리적 성질을 의미한다.

(11) 식품의 유독성분

자연식품의 독성물질	① 식물성 식품의 독성물질 • 프로테아제(Protease) 저해물질(원인물질 : 대두) : 대두에 함유된 트립신 저해제(Trypsin Inhibitor)가 있지만, 이 물질은 가열처리로 무독화 가능 • 청산 배당체(원인물질 : 덜 익은 청매실, 살구씨, 복숭아씨) : 아미그달린(Amygdalin)이 있으며, 효소에 의해 가수분해되면 시안산(청산, HCN)을 생성하여 독작용을 나타내기 때문에 미리 가열 처리해서 불활성화하는 것이 좋다. • 헤마글루티닌(Hemmaglutinin, 원인물질 : 콩과 식물) : 두류에 함유된 유해 단백질이며, 적혈구를 응집시키는 독작용이 있지만 가열에 의해서 무독화 가능 • 솔라닌(Solanine, 원인물질 : 감자의 순) : 감자의 속보다는 껍질 쪽에 많으며, 특히 싹이 튼 감자나 햇빛을 받아서 녹색을 띠는 감자 등에 함량이 많다. 예방대책으로 감자의 순 제거와 서늘한 곳에 보관이 있다. • 고시폴(Gossypol, 원인물질 : 목화씨) : 목화씨(Cotton Seed) 중에 존재하는 독성물질이며, 유지의 산패를 억제하는 항산화 작용이 있으나 독작용으로 인하여 정제 과정에서 제거된다. • 시쿠톡신(Cicutoxin, 원인물질 : 독미나리) : 독미나리는 식용미나리와 비슷하여 잘못 섭취하여 독작용이 일어날 수 있다. 주로 지하경(地下莖)에 들어 있으며, 예방대책으로 가열처리 후 조리한다. ② 동물성 식품의 독성물질 • 테트로도톡신(Tetrodotoxin, 원인물질 : 복어 내장의 난소, 간장, 피 등) : 복어의 독성분으로 테트로도톡신은 5~6월의 산란기에 함량이 많아져 복어 내장의 난소, 간장, 피 등에 강한 독성을 가지게 된다. 숙련된 복어자격증 취득 전문가만이 손질을 해야 한다. • 조개류의 독성물질 : 모시조개의 독성물질 베네루핀(Venerupin)은 가열하면 파괴되고, 대합조개의 독성물질인 삭시톡신(Saxitoxin)은 마비성 조개중독으로 중독되면 입술, 혀, 얼굴 등이 마비되고 곧 전신마비로 사망한다.
가공 처리 중 생성된 독성물질	① 유지의 산패 생성 : 체내 지방의 산화를 촉진하며, 또 일부의 산화·분해 생성물은 동물의 성장을 억제하는 독성을 나타낸다. ② 발색제 아질산과의 반응 생성물 : 아질산은 식품 중의 아민과 반응해서 발암물질인 니트로소아민을 생성하여 독작용을 일으킨다.
미생물에 의한 독성물질	① 곰팡이에 의한 독성물질 미코톡신(Mycotoxin) • 맥각독 : 맥류에 존재하는 곰팡이의 균핵(Sclerotium)을 맥각(麥角, Ergot)이라고 한다. 맥각은 의약품으로 사용되기도 하지만, 사용량이 많으면 독성을 일으킨다. 이 맥각에 의한 중독을 맥각병(Ergotism)이라고 하며, 맥각의 독성분 중 주성분은 알칼로이드에 속하므로 맥각 알칼로이드라고 부른다. • 아플라톡신(Aflatoxin) : 곡류와 두류에 번식한 Aspergillus Oryzae가 생산한 독성 대사산물로 강력한 발암물질이며, 특히 간암을 유발한다. 이 곰팡이는 토양균이어서 널리 분포되어 있고 약 13종의 아플라톡신이 알려져 있으며, 모두 발암성이 강하다. • 황변미독(黃變米毒) : 저장 중의 쌀에 곰팡이가 기생하여 발생하며, 독성물질은 신경세포 기능 억제를 일으킨다. ② 식중독 세균의 독소 • 포도상구균 : 이 식중독의 원인식품은 대부분이 살균처리된 우유이며, 식품 중에 증식하여 독소(Enterotoxin)를 생성하여 식중독을 일으킨다. 120℃에서 20분간 가열하여도 완전히 파괴되지 않는 독소이다. • 보툴리너스균(Botulinus) : 혐기성 세균이고 내열성이며, 맹독성의 독소를 생산한다. 주로 햄, 소시지, 과일의 병조림, 생선 가공식품 등에 발생한다.

환경 오염물에 의한 독성물질	① 중금속 : 중금속들이 식품에 오염되는 것은 산업폐수, 대기오염, 농약 살포로 인한 토양오염 등의 환경오염이 원인이다. 무기염의 형태로 존재할 때는 수용성이어서 체외로 배설되기 쉬우나 유기염의 형태일 때는 지용성이기 때문에 체내의 중요 지방조직에 축적되어 강한 독성을 나타낸다. • 유기수은(CH_3Hg) : 미나마타(Minamata)병은 바로 유기수은(Methyl Mecury) 중독으로, 공장폐수에서 흘러나온 무기수은이 물고기의 체내에서 유기수은으로 변하여 축적되고 이 물고기를 먹은 사람에게 발생한다. • 카드뮴(Cd) : 카드뮴은 광산의 폐수, 토양에 의해 농산물과 축산물에 유입된다. 축적성이 매우 큰 독성물질로 중독증상은 골다골증, 골연화증, 빈혈, 발암 등이다. • 납(Pb) : 자동차 배기가스, 공장폐수로 인해서 과일, 채소, 음용수 등이 오염되어 사람에게 중독을 일으킨다. 성인은 흡수율은 10%이지만, 어린이는 50%까지 흡수되어 어린이 피해가 크고 성인의 경우 불면증, 빈혈, 경련, 혼수, 사망까지 일으킨다.

2 효소

(1) 식품과 효소

1) 소화

체내로 흡수되기 쉬운 상태로 음식물을 분해하는 과정을 소화라고 한다.

① 입에서의 소화효소 : 프티알린(아밀라아제) $\xrightarrow{\text{전분}}$ 맥아당

② 위에서의 소화효소

    ㉠ 말타아제 : 맥아당 → 포도당

    ㉡ 레닌 : 우유단백질(카제인) → 응고

    ㉢ 리파아제 : 지방 → 지방산+글리세롤

    ㉣ 펩신 : 단백질 → 펩톤

③ 췌장에서 분비되는 소화효소

    ㉠ 트립신 : 단백질과 펩톤 → 아미노산

    ㉡ 스테압신 : 지방 → 지방산+글리세롤

④ 장에서의 소화효소

    ㉠ 수크라아제 : 서당 → 포도당+과당

    ㉡ 말타아제 : 엿당 → 포도당+포도당

    ㉢ 락타아제 : 젖당 → 포도당+갈락토오스

    ㉣ 리파아제 : 지방 → 지방산+글리세롤

2) 흡수

소화된 영양소들은 작은창자(소장)에서 인체 내로 흡수되고, 큰창자(대장)에서는 물 흡수가 일어난다.

① 탄수화물 : 단당류로 분해되어 흡수

② 지방 : 지방산과 글리세롤로 분해되어 위와 장에서 흡수

③ 단백질 : 아미노산으로 분해되어 장에서 흡수

④ 지용성 영양소 : 림프관으로 흡수

⑤ 수용성 영양소 : 소장벽 융털의 모세혈관으로 흡수(물은 대장에서 흡수)

담즙(쓸개즙)은 지방을 소화되기 쉬운 형태로 유화시켜 준다.
※ 효소 반응에 온도(30~40℃ 정도), pH(4.5~8.0 정도)가 영향을 준다.

3 식품과 영양

※ **기초식품**

① 식품의 정의 : 사람에게 필요한 영양소를 한 가지 또는 그 이상 함유하고, 유해한 물질을 함유하지 않는 천연물 또는 가공품을 말한다.

※ 식품위생법상의 식품 : 모든 음식물을 말한다(다만, 의약으로 섭취하는 것은 제외).

② 영양 : 생물체가 필요한 물질을 외부로부터 섭취해서 건강을 유지하는 모든 현상을 말한다.

③ 영양소 : 영양을 유지하기 위하여 외부로부터 섭취하는 물질을 말한다.

  ㉠ 3대 영양소 : 탄수화물(당질), 단백질, 지방(지질)
  ㉡ 5대 영양소 : 탄수화물, 단백질, 지방, 무기질, 비타민
  ㉢ 6대 영양소 : 탄수화물, 단백질, 지방, 무기질, 비타민, 물(수분)

④ 식품의 구비조건

  ㉠ 영양적 가치 : 식품을 섭취하는 목적은 영양을 공급하는 데 있다.
  ㉡ 위생적 가치 : 인체에 위해가 되지 않도록 안전하게 공급되어야 한다.
  ㉢ 기호적 가치 : 식욕을 증진시켜 소화율을 높일 수 있어야 한다.
  ㉣ 경제적 가치 : 영양이 우수한 식품을 저렴하게 구입할 수 있어야 한다.

⑤ 기초식품군 : 식생활에서 균형 잡힌 식생활을 위하여 먹어야 하는 식품들을 구분하여 식품에 들어 있는 영양소의 종류를 중심으로 6가지 기초식품군을 정하고 있다.
  ㉠ 곡류 및 전분류
  ㉡ 고기, 생선, 달걀, 콩류
  ㉢ 채소류
  ㉣ 과일류
  ㉤ 우유 및 유제품
  ㉥ 유지, 견과 및 당류

(1) 영양소의 기능 및 영양소 섭취기준

① 영양소(5가지 기초 식품군)

구별	구성	주요 식품군	급원식품
1군	단백질	육류, 어류, 알류, 콩류	쇠고기, 돼지고기, 닭고기, 생선, 조개, 콩, 두부, 달걀 등
2군	칼슘	우유 및 유제품, 뼈째 먹는 생선	멸치, 뱅어포, 잔생선, 새우, 우유, 분유 등
3군	비타민, 무기질	채소류 및 과일류	시금치, 쑥갓, 당근, 상추, 배추, 사과, 딸기, 김 등
4군	탄수화물	곡류 및 감자류	쌀, 보리, 콩, 팥, 밀, 감자, 고구마, 토란, 과자, 빵 등
5군	지방	유지류	면실유, 참기름, 들기름, 쇼트닝, 버터, 마가린, 호두 등

② **영양섭취기준** : 한국인의 건강을 최적의 상태로 유지하고 질병을 예방하는 데 도움이 되도록 필요한 영양소 섭취 수준을 제시하는 기준이다. 한국인 영양섭취기준에서는 만성질환이나 영양소의 과다 섭취에 관한 우려와 예방의 필요성을 고려하여 다음 4가지의 섭취기준을 제시하였다.

㉠ 평균필요량(EAR) : 대상집단을 구성하는 건강한 사람들의 절반에 해당하는 사람들의 일일필요량을 충족시키는 영양소의 값이다.

㉡ 권장섭취량(RI) : 평균필요량에 표준편차의 2배를 더하여 정한 영양소의 값이다.

㉢ 충분섭취량(AI) : 영양소 필요량에 대한 정확한 자료가 부족하거나 필요량의 중앙값 및 표준편차를 구하기 어려워 권장섭취량을 산출할 수 없는 경우 제시한다.

㉣ 상한섭취량(UL) : 인체 건강에 유해영향이 나타나지 않는 최대 영양소 섭취 수준으로서, 과량 섭취 시 건강에 악영향의 위험이 있다는 자료가 있는 경우에 설정이 가능하다.

[한국인 영양섭취기준(KDRIs)의 에너지 적정 비율]

영양소	1~2세	3~19세	20세
탄수화물	50~70%	55~70%	55~70%
단백질	7~20%	7~20%	7~20%
지방	20~35%	15~30%	15~25%
n-3 불포화지방산	0.5~1.0%	0.5~1.0%	0.5~1.0%
n-6 불포화지방산	4~8%	4~8%	4~8%

③ 식단 작성

㉠ 식단 작성의 의의와 목적

의의	사람에게 필요한 영양을 균형적으로 보급하며, 영양의 필요량에 알맞은 음식을 준비하여 합리적인 식습관과 영양지식을 기초로 한 식사의 계획
목적	• 알맞은 영양의 공급　• 시간과 노력의 절약 • 식품비의 조절과 절약　• 바람직한 식습관의 형성 • 기호의 충족

㉡ 식단 작성의 필요조건

영양면	식사 구성안의 식품군을 고루 이용하고, 영양필요량에 알맞은 식품과 양을 정한다.
경제면	신선하고 값이 저렴한 식품 등의 선택으로 각 가정의 경제사정을 참작한다.
기호면	편식 교정을 위하여 광범위한 식품 또는 조리를 선택하고 적당한 조미료를 사용한다.
능률면	음식의 종류, 조리법은 주방의 시설과 설비 및 조리기구 등을 고려해서 선택하고, 인스턴트식품이나 가공식품을 효율적으로 이용한다.
지역적인 면	지역 실정에 맞추어 그 지역에서 생산되는 재료를 충분히 활용한다.

CHAPTER 04 일식 · 복어 구매관리

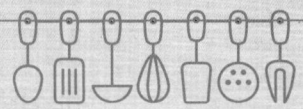

반드시 알아야 할 핵심개념
시장조사, 구매관리, 원가의 3요소, 원가의 종류, 원가의 계산법

구매관리는 조리에 필요한 고품질의 조리기구, 장비, 식재료를 적절한 시기에 공급하고 최소한의 비용으로 효율적으로 구입하는 것이다.

1 시장조사 및 구매관리

(1) 시장조사

① 구매활동에 필요한 자료를 수집하고 품목의 공급선 파악, 재료의 종류와 품질, 수량 산정 가능
② 재료수급이나 가격변동에 의한 신자재 개발 및 공급처 대체 가능
③ 구매방침결정, 비용절감, 이익증대 도모 가능

시장조사의 원칙
조사 계획성의 원칙, 비용 경제성의 원칙, 조사 적시성의 원칙, 조사 탄력성의 원칙, 조사 정확성의 원칙

시장조사의 목적
- 시장가격을 기초로 구매예정가격의 결정 가능
- 합리적인 구매계획의 수립 가능
- 신제품의 설계 가능
- 제품개량 가능

시장조사의 내용
품목, 품질, 가격, 수량, 시기, 구매조건, 구매거래처

(2) 식품구매관리

1) 식품 구입 시 고려할 점

① 예정된 재료를 경제적인 가격으로 구입(예 대량구입, 공동구입)
② 가식부(식용이 가능 한 부분)가 많고 연하며, 맛이 좋은 식품으로 선택
③ 지방별 특산물을 활용하고, 구입이 용이한 것으로 선택
④ 우량식품군표와 대치식품군표 활용
⑤ 재고량을 확인하고 필요량 구입
⑥ 계량과 규격에 유의하고, 가공식품은 제조일과 유통기한 확인
⑦ 상품에 대한 지식 및 식품 생산과 유통정보 수집

2) 식품 구입 시 유의할 점

① 식품구입을 계획할 때 특히 고려해야 할 점 : 식품의 가격과 출회표
② 소고기(육류) 구입 시 유의할 점 : 중량과 부위
③ 곡류, 건어물 등 부패성이 적은 식품 : 일정 한도 내 일시 구입을 원칙으로 1개월분을 한꺼번에 구입
④ 생선, 과채류 등은 필요에 따라 수시로 구입
⑤ 소고기는 냉장시설이 갖추어져 있으면 1주일분을 한꺼번에 구입

> ※ 식품 단가는 1개월에 2회 점검한다.
>
> **식품구매 담당자의 업무**
> 시장조사, 식품구매관리 업무총괄, 구매방법 결정, 구매 식재료 결정, 원가관리, 공급업체관리(업체등록, 발주, 대금지급 등), 고객관리 등

(3) 식품재고관리

재고관리를 위한 결정요인으로 저장시설의 규모와 최대 가능 용량, 발주빈도와 평균사용량, 재고가치 및 공급자의 최소 공급량 등을 들 수 있다.

2 검수관리

(1) 식재료의 품질 확인 및 선별

식품군	식품명	감별점(외관)
농산물	쌀	• 완전히 건조된 것(손바닥에 붙는 쌀의 양을 기입) • 착색되지 않는 쌀 • 쌀 고유의 냄새 이외 곰팡이 냄새나 이상한 냄새가 없을 것 • 백색이면서 광택이 나며, 형태는 타원형이고 굵고 입자가 고른 것
과일류	생과일	• 제철의 것으로 신선하고 청결한 것이 좋다. • 반점이나 해충 등이 없고 과일의 색과 향이 있는 것이 좋다. • 상처가 없는 것으로 건조되지 않고 신선할 것
난류	달걀	• 무게나 중량으로 신선함을 판단하기는 어려움. • 껍질(표면)이 까칠하고 광택이 없는 것(외관법) • 빛을 쬐었을 때 안이 밝게 보이는 것(투시법) • 알의 뾰족한 끝은 차갑게 느껴지고 둥근 쪽은 따뜻하게 느껴지는 것 • 6%의 소금물에 담가 가라앉는 것 • 난백은 점괴성이고, 난황은 구형으로 불룩하며 냄새가 없는 것 • 난황계수 0.375 이상, 난백계수 0.14~0.16 사이의 것이 신선한 것
유제품	우유	• 용기 뚜껑이 위생적으로 처리된 것, 제조일이 오래되지 않은 것 • 고유의 크림색일 것(유백색, 독특한 향) • 중탕 시 윗부분이 응고되는 것 • 비중은 1.028~1.034(물보다 무거운 것)으로 침전현상이 없을 것
저장식품	통조림, 병조림	• 병뚜껑이 돌출되거나 들어가지 않는 것 • 두드렸을 때 맑은 소리가 나는 것 • 통조림의 상·하면이 부풀어 있는 것은 내용물이 부패한 것 • 통이 변형되거나 가스가 새어나오는 것은 불량
어패류 및 가공품	생어류	• 생선의 눈이 맑고 눈알이 외부로 약간 나와 있는 것(돌출) • 비늘은 광택이 있고 육질은 탄력이 있는 것 • 뼈에 단단히 붙어 있고 이상한 냄새가 나지 않는 것 • 사후경직 중의 생선은 탄력성이 있어서 꼬리가 약간 올라가 있으며, 시간이 경과함에 따라 차차 누그러진다. • 아가미가 선홍색이며 닫혀 있을 것
	패류	• 산란 시기가 지난 겨울철이 더 맛이 좋다. • 입을 벌리고 있는 것은 죽어 있는 것이므로 주의
	어육 연제품	• 표면에 점액물질이 발생된 것은 좋지 않음. • 살균 불충분에 의해 부패하므로 반으로 잘라 외측부와 내측부에 대하여 탄력성, 색, 조직 등을 관찰·비교할 것 • 어두운 곳에서 인광을 발하는 것은 발광균이 발육한 것으로 불량

> **참고**
>
> **식품의 발주와 검수**
> ① 발주 : 재료는 식단표에 의하여 1~10단위로 발주를 한다.
> ② 검수 : 납품 시 식품의 품질, 양, 형태 등이 주문한 것과 일치하는 지를 엄밀히 검수하여야 한다.
> - 가식률 = 100 − 폐기율
> - 총발주량 = $\dfrac{정미중량 \times 100}{100 - 폐기율} \times 인원수$
> - 필요비용 = 식품필요량 $\times \dfrac{100}{가식부율} \times$ 1kg당 단가

(2) 조리기구 및 설비 특성과 품질 확인

① 필러(Peeler) : 감자, 당근, 무 등의 껍질을 벗기는 기기

② 절단기

   ㉠ 커터(Cutter) : 식재료를 자르는 기기

   ㉡ 초퍼(Chopper) : 식재료를 다지는 기기

   ㉢ 휘퍼(Whipper) : 거품을 내는 기기

   ㉣ 슬라이서(Slicer) : 일정한 두께로 잘라내는 기기

   ㉤ 혼합기(Mixer) : 식품의 혼합, 교반 등에 사용되는 기기

   ㉥ 그리들(Griddle) : 두꺼운 철판 밑으로 열을 가열하여 철판을 뜨겁게 달구어 조리하는 기기로, 전이나 햄버거, 부침요리에 사용

   ㉦ 살라만다(Salamander) : 가스 또는 전기를 열원으로 하는 구이용 기기(생선구이, 스테이크 구이용)

   ㉧ 브로일러(Broiler) : 복사열을 직·간접으로 이용하여 구이요리를 할때 적합하며 석쇠에, 구운 모양을 나타내는 시각적 효과로 스테이크 등의 메뉴에 이용

   ㉨ 인덕션(Induction) : 자기전류가 유도코일에 의하여 발생하여 상부에 놓은 조리기구와 자기마찰에 의해 가열이 되는 기기(상부에 놓이는 조리기구는 금속성 철을 함유한 것이어야 함)

   ※ 배식하기 전 음식이 식지 않도록 보관하는 온장고 내의 유지 온도 : 65~70℃

(3) 검수를 위한 설비 및 장비 활용 방법

① 검수대의 조도는 540Lux 이상을 유지한다.

② 검수공간을 충분하게 확보한다.

③ 검수대에 공산품, 육류, 농산물, 수산물 등을 구분할 수 있도록 설비한다.

④ 냉장, 냉동품을 바로 보관할 수 있도록 설비한다.

⑤ 검수대는 위생적으로 안전하도록 청결하게 관리하고 세척, 소독을 실시한다.

⑥ 검수에 필요한 저울, 계량기, 칼, 개폐기 등 검수를 위한 필요한 장비 및 기기를 구비하여 활용한다.

3 원가

(1) 원가의 의의 및 종류

1) 원가의 정의

① 원가는 제품의 제조·판매·봉사의 제공을 위해서 소비된 경제가격이며, 음식에 있어서의 원가란 음식을 만들어 제공하기 위해 소비된 경제가격을 말한다.

② 원가계산의 기간

　㉠ 정의 : 원가계산 실시의 시간적 단위를 말한다.

　㉡ 원칙 : 1개월을 원칙으로 하나, 경우에 따라 3개월 또는 1년에 한 번씩 실시하기도 한다.

③ 원가계산의 목적 : 적정한 판매가격을 결정하고 경영능률을 증진시키는 데 목적이 있다.

　㉠ 가격결정의 목적 : 제품의 판매가격을 결정할 목적으로 원가를 계산한다.

　㉡ 원가관리의 목적 : 원가의 절감을 위해 원가관리의 기초자료 제공을 위하여 원가를 계산한다.

　㉢ 예산편성의 목적 : 예산편성에 따른 기초자료 제공을 위하여 원가를 계산한다.

　㉣ 재무제표의 작성 : 기업의 외부 이해관계자에게 보고하기 위한 기초자료 제공을 위하여 원가를 계산하여 재무제표를 작성한다.

2) 원가의 3요소

① **재료비** : 제품의 제조를 위해 소비되는 물품의 원가(예 집단급식에서는 급식 재료비를 의미)

② **노무비** : 제품의 제조를 위해 소비되는 노동의 가치(예 임금, 급료, 잡금, 상여금)

③ 경비 : 제품의 제조를 위해 소비되는 경비 중 재료비와 노무비를 제외한 가치(예 수도 광열비, 전력비, 감가상각비, 보험료)

3) 원가의 종류

① 직접원가=직접재료비+직접노무비+직접경비(특정 제품에 직접 부담시킬 수 있는 것)
② 간접원가(제조간접비)=간접재료비+간접노무비+간접경비(여러 제품에 공통적·간접적으로 소비되는 것으로 각 제품에 인위적으로 적절히 부담)
③ 제조원가=직접원가+제조간접비
④ 총원가=제조원가+판매관리비
⑤ 판매원가=총원가+이익

				원가
			판매관리비	
		제조간접비		총원가
간접재료비	직접재료비		제조원가	
간접노무비	직접노무비	직접원가		
간접경비	직접경비			
제조간접비	직접원가	제조원가	총원가	판매원가(판매가격)

제조원가 요소
① 직비
- 직접재료비 : 주요 재료비
- 직접노무비 : 임금 등
- 직접경비 : 외주가공비 등

② 간접비
- 간접재료비 : 보조재료비(집단급식 시설에서는 조미료, 양념 등)
- 간접노무비 : 급료, 급여수당, 상여금 등
- 간접경비 : 감가상각비, 보험료, 가스비, 수도·광열비, 수리비, 통신비 등

4) 실제원가, 예정원가, 표준원가

① 실제원가 : 제품이 제조된 후 실제 소비된 원가를 산출한 것
② 예정원가 : 제품의 제조 이전에 제품제조에 소비될 것으로 예상되는 원가
③ 표준원가 : 기업이 이상적으로 제조활동을 할 경우에 예상되는 원가로 경영능률을 최고로 올렸을 때의 최소원가 예정을 말하며, 실제원가는 통제하는 기능을 가짐.

5) 원가계산의 3단계

① 요소별 원가계산

② 부문별 원가계산

③ 제품별 원가계산

(2) 원가 분석 및 계산

① 원가관리의 개념 : 원가를 통제함으로서 가능한 원가를 합리적으로 절감하려는 경영기법이다.

② 표준원가계산 : 과학적이고 통계적인 방법에 의하여 미리 표준이 되는 원가를 설정하고 이를 실제원가와 비교·분석하기 위하여 실시하는 원가계산의 가장 효과적인 방법이다.

③ 고정비와 변동비

고정비	제품의 제조·판매 수량의 증감에 관계없이 고정적으로 발생하는 비용
변동비	제품의 제조·판매 수량의 증감에 따라 비례적으로 증감하는 비용

④ 손익분기점(수입=총비용) : 손익분기도표에 의한 수익과 총비용이 일치하는 점으로, 이점에서는 이익도 손실도 발생하지 않는다. 손익분기점을 기준으로 수익이 그 이상으로 증대하면 이익, 반대로 그 이하로 감소되면 손실이 발생하게 된다.

> **참고**
>
> **감가상각**
> 고정자산은 감가를 일정한 내용연수에 일정 비율로 할당하여 비용으로 계산하는 절차로 이때 감가된 비용을 감가상각비라고 한다.
>
> **감가상각의 3요소**
> ① 기초가격 : 구입가격(취득원가)
> ② 내용연수 : 취득한 고정자산이 유효하게 사용될 수 있는 기간(사용한 연수)
> ③ 잔존가격 : 고정자산이 내용연수에 도달했을 때 매각 시 얻을 수 있는 추정가격(기초가격의 10%)
>
> **감가상각의 계산법**
> ① 정액법 : 고정자산의 감가총액을 내용연수에 균등하게 할당하는 방법이다.
> ② 정률법 : 기초가격에서 감가상각비 누계를 차감한 미상각액에 대하여 매년 일정률을 곱하여 산출한 금액을 상각하는 방법이다.
>
> $$\text{감가상각액} = \frac{\text{기초가격} - \text{잔존가격}}{\text{내용연수}}$$

CHAPTER 05 일식·복어 기초조리실무

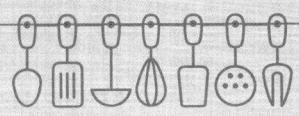

반드시 알아야 할 핵심개념

전분의 호화, 전분의 노화, 달걀의 신선도 판정법, 식품의 저장법

기초조리실무는 기본적으로 칼을 다루는 기술과 주방에서 업무수행에 필요한 조리의 기본기능, 기본 조리방법을 습득하고 활용하는 것이다.

1 조리준비

(1) 조리의 정의 및 기본 조리조작

① 조리의 정의 : 식품을 위생적으로 처리한 후 식품의 특성을 살려 먹기 좋고 소화되기 쉽도록 하고, 식욕이 나도록 만드는 가공 조작과정을 말한다.

★★ ② 조리의 목적

  ㉠ 기호성 : 식품 맛과 외관을 좋게 하여 식욕을 돋게 한다.
  ㉡ 영양성 : 소화를 용이하게 하여 식품의 영양효율을 증가시킨다.
  ㉢ 안전성 : 안전한 음식을 만들기 위해 조리한다.
  ㉣ 저장성 : 식품의 저장성을 높인다.

1) 조리의 준비조작

① 계량

  ㉠ 조리를 합리적이고 능률적으로 하기 위해서는 적절한 계량이 필요하다. 즉, 분량을 정확히 재어야 하고 조리시간과 가열온도를 정확히 측정하여야 한다.
  ㉡ 사용해야 하는 조리 계량기구는 저울, 온도계, 시계, 계량컵, 계량스푼 등으로 양, 부피, 온도, 시간의 측정을 한다. 반드시 비치하여 정확한 식품 및 조미료의 양, 조리온도와 시간 등을 측정하면 편하다.

② 계량단위

  ㉠ 1컵(C)=240cc(㎖)=8온스(oz)
    • 30cc×8온스=240cc(계량스푼)
    • 우리나라의 경우 : 1컵(C)=200cc(㎖)

ⓒ 1온스(oz, ounce)=30㎖ (참고로, 미국 29.57㎖, 영국 28.41㎖)
ⓒ 1국자=100㎖
ⓔ 1큰술(Ts, Table spoon)=15cc(㎖)=3작은술(ts)
ⓜ 1작은술(ts, tea spoon)=5cc(㎖)
ⓗ 1파인트(pint)=16온스(oz)
ⓢ 1쿼터(quart)=32온스(oz)

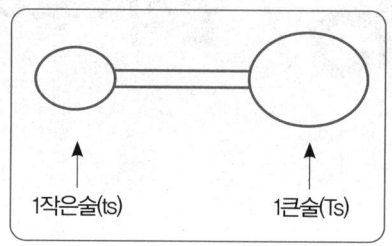

③ 정확한 계량법

ⓐ 액체 : 원하는 선까지 부은 다음 눈높이를 맞추어 측정 눈금을 읽는다.
ⓑ 지방 : 버터, 마가린, 쇼트닝 등의 고형지방은 실온에서 부드러워졌을 때 스푼이나 컵에 꼭꼭 눌러 담은 후 윗면을 수평이 되도록 하여 계량한다.
ⓒ 설탕 : 흰설탕을 측정할 때는 계량용기에 충분히 채워 담아 위를 평평하게 깎아 계량하고, 흑설탕은 설탕입자 표면이 끈끈하여 서로 붙어 있으므로 손으로 꼭꼭 눌러 담은 후 수평으로 깎아 계량한다.
ⓓ 밀가루 : 입자가 작은 재료로 저장하는 동안 눌러 굳어지므로 계량하기 전에 반드시 체에 1~2회 정도 쳐서 계량한다. 체에 친 밀가루는 계량용기에 누르지 말고 수북하게 가만히 부어 담아 스패츌러(Spatula)로 평면을 수평으로 깎아 계량한다.

④ 음식의 적온

음식의 종류	적정 온도	음식의 종류	적정 온도
전골	95~98℃	밥, 우유	40~45℃
커피, 국, 달걀찜	70~75℃	빵 발효	25~30℃
식혜, 발효술	55~60℃ (아밀라제 최적온도)	맥주, 물	7~10℃
청국장 발효, 겨자	40~45℃	청량음료, 음료수	2~5℃

2) 조리과학에 이용되는 기초단위

① 열효율

ⓐ 열량=발열량×열효율
ⓑ 연료의 경제성=발열량×열효율÷연료의 단가

열효율의 크기
전기(65%)＞가스와 석유(50%)＞연탄(40%)＞숯(30%)

② 효소 : 효소의 본체는 단백질로 각종 화학반응에 촉매작용을 한다.

③ 잠열 : 증발·융해 등 물질상태 변화에 의해 열을 흡수 또는 방출하는 작용이다.

④ 점성 : 식품이 액체 상태에서 가지고 있는 끈끈함의 정도를 말하며, 점성이 클수록 액체가 끈끈해지며, 온도가 낮아져도 점성이 높아진다.

⑤ 표면장력 : 액체가 스스로 수축하여 표면적을 가장 작게 가지려는 힘을 말한다.

　㉠ 온도가 감소할수록 표면장력은 증가한다.

　㉡ 표면장력을 증가시키는 것은 설탕이며, 낮추는 것은 지방·알코올·단백질이다.

　㉢ 표면장력이 작을수록 거품이 잘 일어난다(맥주 거품).

⑥ 콜로이드 : 어떤 물질에 0.1~0.001μ 정도의 미립자가 녹지 않고 분산되어 있는 상태이다.

　㉠ 졸(Sol) : 액체 상태로 분산(흐를 수 있는 것) 예 우유, 된장즙, 잣죽, 마요네즈 등

　㉡ 겔(Gel) : 반고체 상태로 분산(흐름성이 없는 것) 예 어묵, 두부, 도토리묵, 족편 등

⑦ 수소이온 : 농도 pH 7을 기준으로 하여 그보다 낮은 수는 산성이고 높은 수는 알칼리성이며, pH 7은 중성이다.

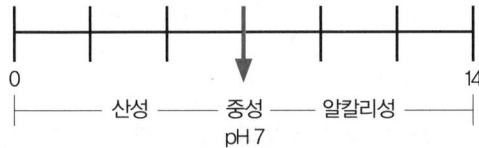

⑧ 삼투압

　㉠ 농도가 다른 두 액체, 즉 진한 용액과 엷은 용액 사이에는 항상 같은 농도가 되려는 성질이 있는데, 이때 생기는 압력이 삼투압이다.

　㉡ 농도가 낮은 곳에서 높은 곳으로 이동되는 현상을 말한다.

　㉢ 채소, 생선절임, 김치 등에 삼투압을 이용한다.

삼투압에 따른 조미순서
설탕>소금>간장>식초

⑨ 용해도

　㉠ 용액 속에 녹을 수 있는 물질의 농도

　㉡ 용해속도는 온도 상승에 따라 증가하고, 용질의 상태, 결정의 크기, 삼투, 교반 등에 영향 받음.

⑩ 팽윤·용출·확산
  ㉠ 팽윤 : 수분을 흡수하여 몇 배로 불어나는 현상
  ㉡ 용출 : 재료 중의 성분이 용매로 녹아 나오는 현상
  ㉢ 확산 : 용액의 농도가 부분에 따라 다르면 이동이 일어나서 자연히 농도가 같아지는 현상

⑪ 폐기량과 정미량
  ㉠ 폐기량 : 조리 시 식품에 있어서 버리는 부분의 중량
  ㉡ 폐기율 : 식품의 전체 중량에 대한 폐기량을 퍼센트(%)로 표시한 것
  ㉢ 정미량 : 식품에서 폐기량을 제외한 부분으로 가식부위(먹을 수 있는 부위)를 중량으로 나타낸 것
  ㉣ 폐기부 이용 : 생선의 내장 등은 살코기부분보다 단백질, 비타민 A, 비타민 B_1, 비타민 B_2가 많음.

(2) 기본조리법 및 대량조리기술

1) 기계적 조리

저울에 달기, 씻기, 담그기, 썰기, 갈기, 자르기, 누르기 등의 조리조작

① 생식품 조리 : 열을 사용하지 않고 식품 그대로의 감촉과 맛을 느끼기 위해 하는 조리법으로 채소나 과일을 생식함으로써 비타민과 무기질의 파괴를 줄일 수는 있으나 기생충에 오염될 우려가 있다.

② 생식품 조리의 특징
  ㉠ 성분의 손실이 적으며, 수용성 비타민의 이용률이 높다.
  ㉡ 식품을 생으로 먹을 때는 식품의 조직과 섬유가 부드럽고 신선해야 한다.
  ㉢ 조리가 간단하고 조리시간이 절약된다.

2) 가열적 조리

① 풍미(불미성분 제거, 조미료, 향신료, 지미성분의 침투), 소화흡수율이 증가한다.
② 병원균, 부패균, 기생충알을 살균하여 안전한 음식을 조리할 수 있다.
③ 지방이 융해, 단백질의 변성, 결합조직이 연화, 전분의 호화되어 식품이 조직이나 성분이 변화한다.

④ 가열적 조리방법의 종류

　㉠ 습열 조리 : 끓이기, 찜, 삶기, 조림(스튜)

　㉡ 건열 조리 : 굽기, 튀기기, 베이킹

　㉢ 전자레인지에 의한 조리 : 초단파를 이용한 조리

[습열에 의한 조리(물) : 끓이기, 삶기, 찜, 조림(스튜)]

끓이기 (Boiling)	액체에다 식품을 가열하는 동안 맛이 들며 재료가 연해지고 조직이 연화되어 맛이 증가한다.	
	장점	• 한 번에 많은 음식을 조리할 수 있어 편리하다. • 식품이 눌러 붙거나 탈 염려가 적고 고루 익는다.
	단점	• 수용성 성분이 녹아 나오므로 수용성 영양소가 손실될 염려가 있다. • 조리시간이 길다(뚜껑을 덮고 조리하면 연료와 시간을 절약할 수 있음).
	• 국 : 건더기가 1/3이고, 국물이 2/3이다(소금 농도 1%). • 찌개 : 건더기가 2/3이고, 국물이 1/3이다(소금 농도 2%). • 생선(구울 때) → 2~3%의 소금을 넣는다.	
삶기와 데치기 (Blanching)	• 식품의 불미성분을 제거한다. • 식품조직의 연화, 탈수는 색을 좋게 한다. • 단백질의 응고, 식품의 소독이 삶기의 목적이다. • 미생물의 번식 억제(살균 효과) • 효소의 불활성화(효소 파괴 효과) • 식품의 산화반응 억제 • 식재료의 부피 감소 효과	
	• 푸른 채소 데치기 : 1%의 소금물에 뚜껑 열고, 단시간에 데친다. • 갑각류 : 2%의 소금물에 삶기 → 적색으로 변한다(색소 : 아스타산틴).	
찜 (Steaming)	수증기의 잠열(1g당 539kcal)에 의하여 식품을 가열하는 조리법이다.	
	장점	• 식품의 모양이 흩어지지 않는다. • 식품의 수용성 물질의 용출이 끓이는 조작보다 적게 된다. • 식품이 탈 염려가 없다.
	단점	끓이는 것보다 조리시간이 많이 소요된다.
조림 (Stew)	재료에 소량의 물과 간장, 설탕을 넣고 국물이 거의 줄어들 때까지 조려 음식이 짭짤해지는 조리법이다.	

[건열에 의한 조리(불) : 볶기, 튀기기, 굽기]

볶기 (Roosting)	고온의 냄비나 철판에 적당량의 기름을 충분히 가열해서 물기가 없는 재료를 강한 불에 볶는 요리로 구이와 튀김의 중간 조리법에 해당한다. **장점** • 영양상 지용성 비타민(A, D, E, K, F)의 흡수에 좋다. • 고온 단시간의 처리로 비교적 식품의 비타민 손실이 적다.
튀기기 (Frying)	• 튀김용기는 얇으면 비열이 낮아 온도가 쉽게 변하므로 두꺼운 용기를 사용한다. • 기름의 비열은 0.47이며, 열용량이 적기 때문에 온도의 변화가 심하므로 재료의 분량, 불의 가감 등에 주의하여 적정온도를 유지하도록 해야 한다. • 튀김 시 기름의 적온은 160~180℃, 크로켓은 190℃에서 튀긴다. **장점** 식품을 고온에서 단시간 처리하므로 영양소(특히 비타민 C)의 손실이 가장 적다 ↔ 끓이기(비타민 C의 손실이 가장 크다) • 주의사항 : 오래된 기름은 산패·중합에 의해 점조도가 증가하여 튀길 때 깔끔하게 튀겨지지 않으며 설사 등의 중독증상을 일으킬 수도 있다. • 튀김옷은 냉수(얼음물)에 달걀을 넣고 잘 푼 다음 밀가루를 넣어 젓지 않고 젓가락으로 톡톡 찌르는 방법으로 가볍게 섞어 사용한다. • 튀김용 기름으로는 면실유, 콩기름, 채종유, 옥수수유 등의 발연점이 높은 식물성 기름이 좋다. • 동물성 기름은 융점이 높아 튀김에 부적당하다. • 튀김옷으로는 글루텐 함량이 적은 박력분이 적당하다. • 박력분이 없으면 중력분에 전분을 10~13% 정도 혼합하여 사용한다.
굽기 (Grilling)	• 식품에 수분 없이 열을 가하여 굽는 것으로 식품 중의 전분은 호화되고, 단백질은 응고하여 수분을 침출시키고 동시에 식품조직이 열을 받아 익으므로 식품이 연화된다. • 직접구이 : 재료에 직접 화기를 닿게 하여 복사열이나 전도열을 이용하여 굽는 방법(석쇠구이, 산적구이) • 간접구이 : 프라이팬이나 철판 등의 매체를 이용하여 간접적인 열로 조리하는 방법(베이킹)

※ 전자레인지에 의한 조리 : 초단파(전자파) 이용한 간편한 조리방법

⑤ 화학적 조리 : 효소(분해)작용, 알칼리 물질(연화 및 표백작용), 알코올(탈취 및 방부작용), 금속(응고작용)을 이용한 조리

※ 빵, 술, 된장 등은 3가지 조리조작을 병용하여 만드는 것이다.

(6) 조리장의 시설 및 설비관리

1) 조리장의 시설

① 조리장의 위치

㉠ 통풍, 채광 및 급수와 배수가 용이하고 소음, 악취, 가스, 분진, 공해 등이 없는 곳

ⓒ 화장실 쓰레기통 등에서 오염될 염려가 없을 정도로 떨어져 있는 곳

　　　ⓒ 물건 구입 및 반출입이 편리하고 종업원의 출입이 편리한 곳

　　　ⓔ 음식을 배선, 운반하기 쉬운 곳

　　　ⓜ 비상시 출입문과 통로에 방해되지 않는 곳

　② 조리장의 면적 및 형태

　　　㉠ 조리장의 면적 : 식당 면적의 1/3

> **취식자 1인당 취식 면적**
> - 일반 급식소 : 취식자 1인당 1.0㎡
> - 병원 급식소 : 침대 1개당 0.8~1.0㎡
> - 학교 급식소 : 아동 1인당 0.3㎡
> - 기숙사 : 1인당 0.3㎡
> - 호텔 : 연회석 수와 침대 수의 합에 1.0㎡를 곱한 것

　　　ⓒ 식기 회수공간 : 취식면적의 10%

　　　ⓒ 1인당 급수량

　　　　・일반급식소 : 6~10ℓ

　　　　・병원 : 10~20ℓ

　　　　・학교 : 4~6ℓ

　　　　・기숙사 : 7~15ℓ

　　　ⓔ 조리장의 구조 : 직사각형 구조가 능률적임.

　　　ⓜ 조리장의 길이 : 조리장 폭의 2~3배가 적당

　③ 작업대 배치 순서

　　　㉠ 준비대 – 개수대 – 조리대 – 가열대 – 배선대

　　　ⓒ 작업대 높이 : 신장의 52%, 높이 80~85cm, 너비 55~60cm

> **작업대의 종류**
> ① ㄷ자형 : 동선이 짧으며, 넓은 조리장에 사용
> ② ㄴ자형 : 동선이 짧으며, 조리장이 좁은 경우에 사용
> ③ 병렬형 : 180℃ 회전을 필요로 하므로, 피로하기 쉬움.
> ④ 일렬형 : 조리장이 굽은 경우 사용되며, 비능률적임.

2) 설비관리

① 조리 설비의 3원칙

㉠ 위생 : 식품의 오염을 방지할 수 있어야 하고 환기와 통풍, 배수와 청소가 용이해야 한다.

㉡ 능률 : 식품의 구입, 검수, 저장 등이 쉽고 기구, 기기 등의 배치가 능률적이어야 한다.

㉢ 경제 : 내구성이 있고 경제적이어야 한다.

② 조리장의 설비 조건

㉠ 충분한 내구력이 있는 구조일 것

㉡ 객실 및 객석과는 구획의 구분이 분명할 것

㉢ 통풍, 채광, 배수 및 청소가 쉬울 것

㉣ 조리장의 바닥과 바닥으로부터 1m까지의 내벽은 타일, 콘크리트 등 내수성 자재를 사용할 것

㉤ 조명시설은 식품위생법상 기준 조명은 객석은 30lux, 조리실은 50lux 이상이어야 한다.

㉥ 객실면적이 $33m^2$(10평) 미만의 대중음식점, 간이주점, 찻집은 별도로 구획된 조리장을 갖추지 않을 수 있다.

㉦ 환기시설 : 팬과 후드를 설치하여 환기를 하고, 후드의 경우 4방형이 가장 효율이 좋다.

㉧ 트랩(Trap) : 하수도로부터 악취, 해충의 침입을 방지하는 장치이다.

※ 수조형 트랩이 효과적이고, 지방이 하수관 내로 들어가는 것을 막을 때는 그리스(Grease) 트랩이 좋다.

㉨ 방충망 : 30메시 이상[mesh : 가로, 세로 1인치(inch) 크기의 구멍 수]

2 식품의 조리원리

전분의 조리원리

① 전분의 호화(α화)
  ㉠ 가열하지 않은 천연상태의 날녹말에 물을 넣고 가열하여 α전분의 상태로 변하는 현상이다.
    예) 쌀이 떡이나 밥되는 것, 밀가루가 빵이 되는 현상
  ㉡ 호화되어진 전분은 소화가 잘 됨.
  ㉢ 전분의 호화에 영향을 끼치는 인자
    • 온도 : 가열온도가 높을수록 빨리 호화
    • 수분 : 물이 많을수록 빨리 호화
    • pH : pH가 높을수록(알칼리성일 때) 빨리 호화
    • 전분입자 : 전분입자의 크기가 작을수록 빨리 호화
    • 당류 설탕의 농도가 높아지면 빨리 호화
    • 도정률 : 쌀의 도정이 높을수록 빨리 호화
      ※ 전분은 물보다 비중이 무거워 침전하는 성질이 있다.
    • 아밀로오스는 호화되기 쉬우며 아밀로펙틴은 호화되기 어렵다

> **전분의 호화**(α화, Gelatinization)
> 보통 생 전분을 β–전분이라고 하고 미셀이 파괴된 상태의 호화된 전문을 α–전분이라고 하는데, β–전분이 α–전분으로 변화되는 현상을 호화라고 한다.
>
>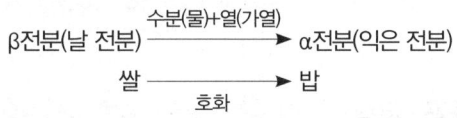

② 전분의 노화(β–화, Retrogradation)
  ㉠ α화된 전분, 즉 호화된 전분(밥, 떡, 빵, 찐 감자 등)을 그냥 내버려두면 단단하게 굳어지고 딱딱해지는 현상(예) 밥이 식으면 굳어지는 것, 빵이 딱딱해지는 것)
  ㉡ 전분의 노화 촉진에 관계하는 요인
    • 온도 : 2 ~ 5℃
    • 수분함량 : 30~60%
    • 수소이온 첨가 : 다량
    • 전분입자의 종류 : 아밀로오스>아밀로펙틴

멥쌀	아밀로펙틴(80%)+아밀로오스(20%) 예) 주식
찹쌀	아밀로펙틴(100%)+아밀로오스(0%) 예) 찰떡, 인절미

③ 전분의 노화 억제방법
  ㉠ α전분을 80℃ 이상으로 유지하면서 급속 건조시킴.
  ㉡ 0℃ 이하로 얼려 급속 탈수한 후 수분함량을 15% 이하로 유지

ⓒ 설탕이나 환원제, 유화제를 다량 첨가

> **전분의 노화(β-화, Retrogradation)**
> α-전분이 β-전분으로 변하는 것
>
> α-전분(익은 전분) —냉장온도, 실온→ β-전분(날 전분)
> 밥, 떡 —노화→ 굳어짐

④ **전분의 호정화(덱스트린화)**
  ㉠ 전분에 물을 넣지 않고 160~170℃ 정도 고온에서 익힌 것으로서 물에 녹일 수도 있고 오랫동안 저장 가능(예 볶은 곡류, 미숫가루, 팝콘, 뻥튀기 등)
  ㉡ 호화와 호정화의 차이 : 호화는 물리적 상태의 변화이지만, 호정화는 물리적 상태의 변화에 화학적 변화가 수반되는 것이다.

> **전분의 호정화(덱스트린화, Dextrinization)**
> 보전분에 물을 가하지 않고 160~170℃ 정도로 가열하면 여러 단계의 가용성 전분을 거쳐 호정(糊精, Dextrin)으로 분해되는 현상
>
> β전분(날 전분) —160℃ 이상 가열→ 호정(덱스트린, Dextrin)

※ 반응온도 : 아미노카르보닐화 반응(155℃), 캐러멜화 반응(160~180℃), 전분의 호정화(160℃)

(1) 농산물의 조리 및 가공·저장

1) 쌀

① 벼의 구조 : 벼의 낱알 비율은 현미 80%, 왕겨 20%로써 현미는 벼를 탈곡하여 왕겨층을 벗겨낸 것으로 호분층, 종피, 과피, 배아, 배유로 구성되어 있고, 호분층과 배아에 단백질, 지질, 비타민이 많이 함유되어 있다.

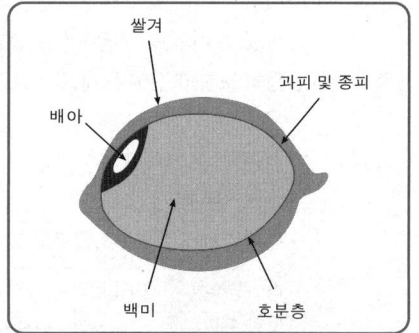

② 쌀의 종류
  ㉠ 현미 : 쌀에서 왕겨만 벗겨낸 것으로 영양은 좋으나 섬유소를 포함하고 있어 소화·흡수율이 낮다.

ⓒ 백미 : 우리가 주로 사용하는 일반쌀로 현미를 도정하여 배유만 남은 것을 말하며, 섬유소의 제거로 소화율은 높지만 배아의 손실로 영양가는 낮다.
- 백미의 소화율 : 현미의 소화율이 90%인데 비해 백미는 98%로 소화율이 더 높다.
- 백미의 분도 : 쌀에서 깎여지는 부분(단백질, 지방, 섬유 및 비타민 B_1, B_2 감소됨)

[도정에 의한 분류]

도정도	도정률(%)	도감률(%)	소화율(%)
현미	100	0	90
5분 도미(쌀겨층의 50% 제거)	96	4	90
7분 도미(쌀겨층의 70% 제거)	94	6	97
10분 도미(백미)	92	8	98

※ 현미에서 10분 도미로 도정도가 높아질수록 영양가는 낮아지고 소화율, 당질의 양은 증가한다.

③ 쌀의 수분함량 : 쌀의 수분함량은 14~15%이며, 최대흡수율은 20~30%로 밥을 지었을 경우 수분 함량은 65% 정도이다.

※ 밥 짓기 : 밥맛을 좋게 하기 위하여 0.03% 정도의 소금을 넣으며 밥맛이 좋아진다.

④ 쌀 종류에 따른 물의 분량 : 물의 분량은 쌀의 종류와 수침 시간에 따라 다르며 잘된 밥의 양은 쌀의 2.5배 정도가 된다.

쌀의 종류	쌀의 중량에 따른 물의 양	쌀의 부피에 따른 물의 양
백미(보통)	쌀 중량의 1.5배	쌀 부피의 1.2배
햅쌀	쌀 중량의 1.4배	쌀 부피의 1.1배
찹쌀	쌀 중량의 1.1~1.2배	쌀 부피의 0.9~1.0배
불린 쌀	쌀 중량의 1.2배	쌀 부피와 1.0배 동량

※ 쌀 불리는 시간 : 찹쌀 50분, 멥쌀 30분
※ 밥 뜸들이는 시간 : 5~15분(15분 정도가 가장 좋다)

⑤ 쌀의 가공품

ⓐ 건조쌀(Alpha Rice) : 뜨거운 쌀밥을 고온건조시켜 수분함량을 10% 정도로 한 것으로 여행 시나 비상식량으로 사용한다.

ⓑ 팽화미(Popped Rice) : 고압의 용기에 쌀을 넣고 밀폐시켜 가열하면 용기 속의 압력이 올라간다. 이때 뚜껑을 열면 압력이 급히 떨어져서 수배로 쌀알이 부풀게 되는데 이것을 튀긴쌀 또는 팽화미라고 한다(튀밥, 뻥튀기).

ⓒ 인조미 : 고구마 전분, 밀가루, 쇄미 등을 5 : 4 : 1의 비율로 혼합한 것이다.

ⓔ 종국류 : 감주, 된장, 술 제조에 쓰이고, 그 밖에 증편, 식혜, 조청 등을 만드는 데 사용한다.

ⓕ 주조미 : 미량의 쌀겨도 남기지 않고 도정한 쌀이다.

※ 쌀의 저장 정도 : 백미 → 현미 → 벼(저장하기가 가장 좋음)

⑥ 정맥

ⓐ 압맥 : 보리쌀의 수분을 14`~`16%로 조절하여 예열통에 넣고 간접적으로 60~80℃로 가열시킨 후 가열증기나 포화증기로써 수분을 25`~`30%로 하고 롤러로 압축한 쌀

ⓑ 할맥 : 보리의 골에 들어 있는 섬유소를 제거한 쌀

ⓒ 맥아

단맥아	고온에서 발아시켜 싹이 짧은 것(맥주 양조용에 사용)
장맥아	비교적 저온에서 발아시킨 것[식혜나 물엿(소포제) 제조에 사용]

2) 서류

① 감자

ⓐ 감자의 갈변 : 감자에 함유되어 있는 티로신(Tyrosin)이 티로시나아제(Tyrosinase)에 의해 산화되어 멜라닌을 생성하기 때문에 감자를 썰어 공기 중에 놓아두면 갈변한다.

ⓑ 티로신은 수용성이므로 물에 넣어두면 감자의 갈변을 억제할 수 있다.

ⓒ 전분함량에 따른 감자의 전분

점질감자	감자를 찌거나 구울 때 부서지지 않고, 기름을 써서 볶는 요리에 적당하다(조림, 샐러드).
분질감자	감자를 굽거나 찌거나 으깨어 먹는 요리에 적당하다(매시드 포테이토).

※ 매시드 포테이토 : 감자를 삶아서 으깨어 우유, 버터, 소금으로 맛을 낸 요리

② 고구마 : 단맛이 강하며 수분이 적고 섬유소가 많다.

③ 토란 : 주성분은 당질로 특유의 토란 점질물이 있으며, 토란의 점질물은 열전달을 방해하고, 조미료의 침투를 어렵게 하므로 물을 갈아가면서 삶아야 이를 방지할 수 있다.

④ 마 : 마의 점질물은 글로불린(Globulin) 등의 단백질과 만난(Manan)이 결합된 것으로, 마를 가열하면 점성이 없어진다. 생식하면 효소를 많이 함유하고 있으므로 소화가 잘 된다.

3) 두류

① 두류의 성분

㉠ 대두, 낙화생
- 단백질과 지방의 함량이 많아 식용유지의 원료로 이용
- 대두는 단백질 함량이 40% 정도로 두부 제조에 이용
- 대두의 주 단백질은 완전 단백질인 글리시닌(Glycinin)임.
- 비타민 B군 다량 함유
- 무기질로는 칼륨과 인이 많음.

㉡ 팥, 녹두, 강낭콩, 동부(강두)
- 단백질과 전분 함량이 많음.
- 떡이나 과자의 소·고물로 이용

㉢ 풋완두, 껍질콩
- 채소의 성질을 갖음.
- 비타민 C의 함량이 비교적 높음.

② 두류의 가열에 의한 변화

㉠ 독성물질의 파괴 : 대두와 팥에는 사포닌(Saponin)이라는 용혈 독성분이 있지만 가열하면 파괴된다.

㉡ 단백질 이용률과 소화율의 증가 : 날콩 속에는 단백질의 소화액인 트립신(Trypsin)의 분비를 억제하는 안티트립신(Antitrypsin ; 단백질의 소화를 방해하는 효소)이 들어있어서 소화가 잘 되지 않지만 가열하면 파괴된다.

㉢ 콩을 삶을 때 알칼리성 물질인 중조(식용소다)를 첨가하면 빨리 무르게 되지만 비타민 B_1(티아민)의 손실이 커지게 된다.

③ 두부의 제조

㉠ 제조 : 콩을 갈아서 70℃ 이상으로 가열하고 응고제를 첨가하여 단백질(주로 글리시닌)을 응고시키는 방법

㉡ 응고제 : 염화마그네슘($MgCl_2$), 황산칼슘($CaSO_4$), 염화칼슘($CaCl_2$), 황산마그네슘($MgSO_4$)

ⓒ 제조방법

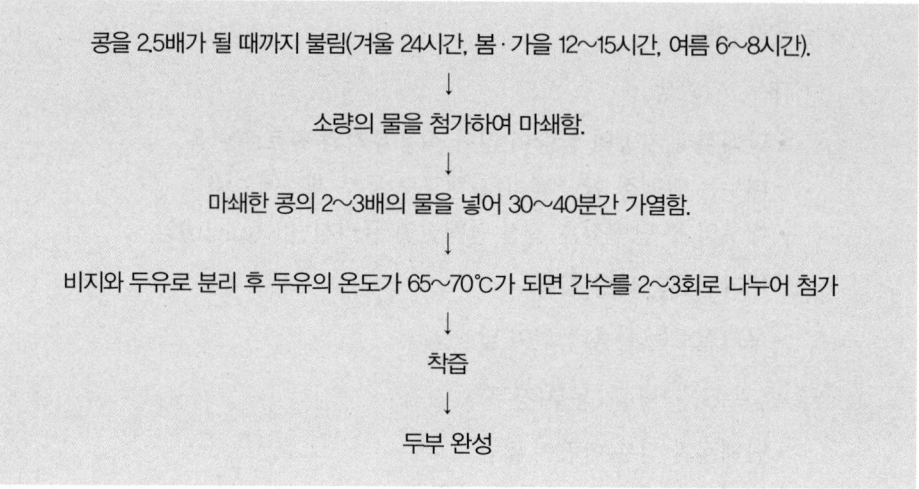

ⓔ 유부 : 두부의 수분을 뺀 뒤 기름에 튀긴 것이다.

④ 장류의 제조방법

㉠ 된장 제조

재래식 된장	간장을 담가서 장물을 떠내고 건더기를 쓰는 것
개량식 된장	메주에 소금물을 알맞게 부어 장물을 떠내지 않고 먹는 것

㉡ 간장 제조 : 콩과 볶은 밀을 마쇄하여 혼합시키고 황국균을 뿌려 국균을 만든 후 소금물에 담가 발효시켜 짠 것

㉢ 청국장 제조 : 콩을 삶아서 60℃까지 식힌 후 납두균을 40~45℃에서 번식시켜 양념을 가미한 것

※ 두류를 이용한 발효식품으로는 간장, 된장, 고추장 등이 있다.

참고

- 코지(Koji) : 곡물, 콩 등에 코지 곰팡이를 번식시킨 것
- 간장 달이는 목적 : ① 농축, ② 살균, ③ 미생물을 불활성화시킴.
- 간장색깔이 변하는 이유 : 아미노카르보닐 반응(착색현상)
- 납두균 : 청국장의 끈끈한 점질물로 내열성이 강한 호기성균

4) 소맥분(밀가루) 조리

① 소맥(밀) : 밀알 그대로는 소화가 어렵고 정백해도 소화율이 80% 정도로서 백미의 소화율이 98%인 것에 비해 아주 나쁜 편이며, 밀을 제분하면 소화율이 백미와 거의 비슷하다.

② 글루텐의 형성 : 밀가루에 물을 조금씩 넣어가며 반죽을 하게 되면 글리아딘과 글루테닌이 물과 결합하여 글루텐을 형성한다.

㉠ 밀가루의 숙성 : 만들어진 제분을 일정기간 동안 숙성시키면 흰 빛깔을 띠게 된다.

㉡ 소맥분 계량제 : 과산화벤조일, 브롬산칼륨, 과붕산나트륨, 이산화염소, 과황산암모늄 등

㉢ 글루텐 : 밀에는 다른 곡류에는 없는 특수한 성분인 글루텐이 있는데, 이것은 단백질로서 점탄성이 있기 때문에 빵이나 국수 제조에 적당하다.

㉣ 밀가루의 종류(글루텐 함량에 의해 결정)

종류	글루텐 함량	사용 용도
강력분	13% 이상	식빵, 마카로니. 스파게티면
중력분	10~13%	만두피, 국수
박력분	10% 이하	케이크, 과자류, 튀김

③ 제빵

㉠ 밀가루
- 밀가루는 가루가 곱고 흰색일수록 좋다.
- 밀가루를 체에 치는 이유 : 불순물 및 밀기울 제거, 산소의 공급, 가루입자의 균일화

㉡ 팽창제

발효법	이스트의 발효로 생긴 이산화탄소(CO_2)를 이용하여 만드는 법(발효빵)
비발효법	베이킹파우더에 의해서 생긴 이산화탄소(CO_2)를 이용하여 만드는 법(무발효빵)

㉢ 설탕 : 첨가하면 단맛이 나며 효모의 영양원이며, 캐러멜화 반응으로 갈색이 된다.

㉣ 소금 : 단것에 소금을 첨가하면 단맛을 강하게 하며, 점탄성 증가, 노화 억제 및 잡균 번식을 억제한다.

㉤ 지방, 우유 : 제빵 시 빵을 부드럽게 해준다(연화작용).

㉥ 달걀 : 기포성을 좋게 한다.

④ 제면

㉠ 국수에 소금을 첨가하는 것은 프로테아제(Protease, 단백질 분해 효소)의 작용을 억제시켜 국수가 절단되는 것을 방지한다.

㉡ 당면 : 전분(고구마, 녹두 등)을 묽게 반죽해서 선상으로 끓는 물에 넣어 삶은 다음 동결건조한다.

⑤ 밀가루 반죽 시 글루텐에 영향을 주는 물질

㉠ 팽창제 : 탄산가스(CO_2)를 발생시켜 밀가루 반죽을 부풀게 한다.

이스트(효모)	밀가루의 1~3%, 최적온도 30℃, 반죽온도는 25~30℃일 때 이스트 작용을 촉진한다.
베이킹파우더(B.P)	밀가루 1C에 베이킹파우더 1ts가 적당하다.
중조(중탄산나트륨)	밀가루에는 플라보노이드 색소가 있어 중조(알칼리)를 넣으면 황색으로 변화되는 단점이 있고, 특히 비타민 B_1, B_2의 손실을 가져온다.

㉡ 지방 : 층을 형성하여 부드럽고 바삭하게 만든다(파이).

㉢ 설탕 : 열을 가했을 때 음식의 표면에 착색시켜 보기 좋게 만들지만 글루텐을 분해하여 반죽을 구웠을 때 부풀지 못하게 한다.

㉣ 소금 : 글루텐의 늘어나는 성질이 강해져 반죽이 잘 끊어지지 않게 한다.

㉤ 달걀 : 밀가루 반죽의 형태를 형성하는 것을 돕지만 달걀을 지나치게 많이 사용하면 음식이 질겨지므로 주의하고, 튀김 반죽할 때는 심하게 젓거나 오래두고 사용하지 않도록 한다.

5) 과채류 가공과 저장

① 채소 및 과일 가공 시 주의점

㉠ 과채류의 비타민 C 손실과 향기성분의 손실이 적도록 주의한다.

㉡ 과채류 가공 시 조리기구에 의한 풍미와 색 등의 변화에 주의한다.

② 과일 가공품 : 과일의 펙틴(Pectin)의 응고성을 이용하여 만든다.

㉠ 젤리화의 3요소 : 펙틴(1.0~1.5%), 산(pH 3.2) 0.3%, 당분 62~65%

㉡ 펙틴과 산이 많은 과일 : 사과, 포도, 딸기 등

※ 감, 배는 펙틴의 함량이 적어서 응고되지 않으므로 잼을 만드는 원료로 적당하지 않다.

㉢ 잼의 온도는 103~104℃, 수분 27%, 당도 70%가 적당하다.

㉣ 가공품

잼(Jam)	과육을 그대로 설탕 60%를 첨가하여 농축한 것
젤리	과즙에 설탕 70%를 첨가하여 농축한 것
마멀레이드	과육 · 과피(껍질)에 설탕을 첨가하여 가열 · 농축한 것(오렌지, 레몬 껍질)
프리저브	시럽에 넣고 조리하여 연하고 투명하게 된 과일

㉤ 과일의 저장 : 가스저장법(CA 저장 : 과채류의 호흡 억제작용), 냉장 보존

ⓑ 건조과일 : 건조 정도는 수분 24%로 말린다(곶감, 건포도, 건조사과 등).

※ 건조과일 과정 : 원료 조제 → 알칼리 처리 또는 황 훈증 → 건조

[과채류 저장 시 적온]

종류	저장온도	종류	저장온도	종류	저장온도
바나나	13~15℃	토마토	4~10℃	양파	0℃
고구마	10~13℃	귤	4~7℃	양배추	0℃
호박	10~13℃	사과	-1~11℃	당근	0℃
파인애플	5~7℃	복숭아	4℃	-	-

후숙과일
수확한 후 호흡작용이 특이하게 상승되므로 미리 수확하여 저장하면서 호흡작용을 인공적으로 조절할 수 있는 과일류(예 바나나, 키위, 파인애플, 아보카도, 사과 등)

과일의 갈변 방지
과일의 갈변은 효소적 갈변으로 방지하는 방법에는 가열처리, 염장법, 당장법, 산장법, 아황산 침지 등이 있다.

③ 토마토 가공품

 ㉠ 토마토퓨레(Tomato Puree) : 토마토를 으깨어 걸러서 씨와 껍질을 제거한 후 과육과 과즙을 농축한 것

 ㉡ 토마토페이스트 : 토마토퓨레를 고형물이 25% 이상이 되도록 농축시킨 것

 ㉢ 토마토케첩 : 토마토퓨레에 여러 조미료를 넣어 조린 것

④ 채소 및 과일 조리 : 채소는 수분 함량이 70~90% 정도이며, 알칼리성 식품으로 비타민·무기질이 풍부하다.

 ㉠ 채소류의 분류

종류	사용방법	예
엽채류	잎을 식용으로 하는 채소	상추, 시금치, 쑥갓, 근대, 양배추, 부추, 미나리
경채류	줄기를 식용으로 하는 채소	아스파라거스, 샐러리, 죽순
과채류	열매를 식용으로 하는 채소	오이, 가지, 호박, 풋고추, 토마토, 오크라
근채류	뿌리를 식용으로 하는 채소	우엉, 무, 당근, 감자, 고구마, 비트
화채류	꽃을 식용으로 하는 채소	브로콜리, 콜리플라워, 아티초크

ⓒ 조리 시 채소의 변화

• 채소를 데칠 때는 충분한 양의 물과 높은 온도에서 짧은 시간에 데쳐야 한다.

물을 많이 넣어 데치는 경우	채소의 푸른색을 유지할 수 있다.
물을 적게 넣어 데치는 경우	채소의 영양소 파괴를 줄일 수 있다.

• 푸른색 채소는 반드시 뚜껑을 열고 고온 단시간에 데치며, 특히 시금치, 근대, 아욱은 수산이 존재하므로 반드시 뚜껑을 열고 데쳐서 수산을 날려 보낸다. 수산은 체내의 칼슘 흡수를 저해하며, 신장 결석을 일으킨다.
• 우엉, 연근, 토란, 죽순 등은 쌀뜨물이나 식촛물에 데쳐야 채소의 빛깔이 깨끗하다.
• 인삼, 더덕, 도라지는 사포닌 같은 쓰고 떫은맛이 있는데 이들 성분은 수용성 성분이라 물에서 삶던가 물에 충분히 담갔다 조리를 하면 떫은맛을 적게 할 수 있다.
• 녹색 채소를 데치면 채소의 색이 더욱 선명해지는데 이것은 채소의 조직에서부터 공기가 제거되므로 밑에 있는 엽록소가 더 선명하게 보이기 때문이다.
• 엽채류 중 녹색이 진할수록 비타민 A, C가 많다.
• 김치에 달걀껍질을 넣어두면 달걀껍질의 칼슘이 산을 중화시켜 김치가 시어지는 것을 방지할 수 있다.

※ 연부현상 : 김치의 호기성 미생물이 작용하여 펙틴 분해효소를 생성하기 때문에 김치가 짓물러진 것처럼 된다. 김치가 국물에 잠겨 있으면 연부현상이 잘 일어나지 않는다.

• 신 김치로 찌개를 했을 때 배춧잎이 단단해지는 것은 섬유소가 산에 의해 단단해지기 때문이다.

천일염
굵은 소금이라고 하며, 김장배추를 절이는 용도로 사용한다.

ⓒ 조리에 의한 색 변화

구분	사용방법
클로로필 (Chlorophyll, 엽록소)	• 녹색 채소에 들어 있는 녹색 색소이다. • 산에 약하므로 식초를 사용하면 누런 갈색이 된다(예 시금치에 식초를 넣으면 누런색). • 알칼리 성분인 황산 등이나 중탄산소다로 처리하면 안정된 녹색을 유지한다.
안토시안 (Anthocyan) 색소	• 식품의 꽃, 과일의 색소로, 산성에서는 적색, 중성에서는 보라색, 알칼리에서는 청색을 띤다. • 비트, 적양배추, 딸기, 가지, 포도, 검정콩에 함유되어 있다. • 가지를 삶을 때 백반을 넣으면 안정된 청자색을 보존할 수 있다.

플라보노이드 (Flavonoid) 색소	• 쌀, 콩, 감자, 밀, 연근 등의 흰색이나 노란색 색소이다. • 산에 안정하여 흰색을 나타내고, 알칼리에서는 불안정하여 황색으로 변한다.
카로티노이드 (Carotenoid) 색소	• 황색이나 오렌지색 색소로 당근, 고구마, 호박, 토마토 등 등황색, 녹색 채소에 들어 있다. • 조리과정이나 온도에 크게 영향을 받지 않지만 산화되어 변화한다. • 카로티노이드는 지용성이므로 기름을 사용하여 조리하면 흡수율이 높다 (예 당근볶음).
베타시아닌 (Betacyanin)	• 붉은 사탕무, 근대, 아마란스의 꽃 등에서 발견되는 수용성의 붉은 색소 • 베타닌(betanin)은 열에 불안정, PH 4~6에 안정
갈변 색소	무색이나 엷은색을 띠는 식품을 조리하는 과정에서 갈색으로 변색되는 반응

(2) 축산물의 조리 및 가공·저장

1) 육류의 가공과 저장

① 축육의 도살 후 사후 변화 순서

사후강직 → 자기소화 → 부패

㉠ 사후강직 : 축육은 도살 후 젖산이 생성되기 때문에 pH가 저하된다. 근육 수축이 일어나 질긴 상태의 고기가 된다. 미오신이 액틴과 결합된 액토미오신이 사후강직의 원인 물질이다.

㉡ 자기소화(숙성) : 근육 내의 효소작용에 의해서 근육조직이 분해되는 과정으로 육질이 연해지고 풍미가 향상된다.

※ 소고기 : 5℃에서 7~8일, 10℃에서 4~5일, 15℃에서 2~3일이 소요

㉢ 부패 : 오랫동안 숙성을 시키면 고기 근육에 존재하던 미생물과 외부의 미생물에 의해 변질이 일어난다.

육류의 사후강직 시간
닭고기 : 6~12시간, 소고기 : 72시간, 말고기 : 12~24시간, 돼지고기 : 3시간

② 육류의 저장

㉠ 건조 : 조직 내 수분활성의 감소 예 육포

㉡ 냉장 : 0~4℃에서 단시일 동안 저장

ⓒ 냉동 : -18℃ 이하에서 저장하면, 소고기 6~8개월, 돼지고기 3~4개월 저장이 가능하며, 냉동 시 급속냉동은 근섬유의 수축과 변형을 적게 함.

③ 육류의 가공품

ⓐ 햄(Ham) : 돼지고기의 뒷다리를 사용하여 식염, 설탕, 아질산염, 향신료 등을 섞어 훈제한 것

ⓑ 베이컨(Bacon) : 돼지고기의 기름진 배 부위(삼겹살)의 피를 제거한 후 햄과 같은 방법으로 만든 것

ⓒ 소시지 : 햄과 베이컨을 가공하고 남은 고기에 기타 잡고기를 섞어 조미한 후 동물의 창자나 인공 케이싱(Casing)에 채운 다음 가열이나 훈연 또는 발효시킨 것

가공육 제품 내포장재인 케이싱(Casing)의 종류
- 가식성 콜라겐 케이싱(동물의 콜라겐을 가공하여 만든 인조 케이싱)
- 셀룰로오스·파이브로스(식물성 섬유로 만든 인조 케이싱)
- 플라스틱 케이싱(비가식성 인조 케이싱)

2) 육류의 조리 특징

① 고기는 근육의 결대로 썰면 근수축이 크고 질기나 근육결을 꺾어서 썰면 근수축이 적고 연하다.

② 고기의 맛은 단백질의 응고점(75~80℃) 부근에서 익혀야 맛이 좋다.

③ 소고기나 양고기는 기름의 융점이 높아 뜨거운 요리에 적합하고 돼지고기, 닭고기, 오리고기는 융점이 낮아 햄이나 소시지 같은 가공품으로 제조할 수 있다.

④ 편육은 끓는 물에 삶고, 생강은 고기가 익은 후에 넣는 것이 좋다.

3) 육류의 연화법

① 기계적 방법 : 고기를 근육결 반대로 썰거나, 칼로 다지거나, 칼집을 넣는 방법

② 단백질 분해효소(연화효소) 첨가 : 배즙, 생강의 프로테아제(Protease), 파인애플의 브로멜린(Bromelin), 무화과의 피신(Ficin), 파파야의 파파인(Papain)

③ 육류 동결 : 고기를 얼리면 세포의 수분이 단백질보다 먼저 얼어서 팽창하여 세포가 터지게 되어 고기가 부드러워진다.

④ 육류의 숙성 : 숙성기간을 거치면 단백질 분해효소의 작용으로 고기가 연해진다.

⑤ 설탕 첨가 : 설탕을 첨가 시 육류 단백질을 연화시킨다.

⑥ 육류의 가열 : 결체조직이 많은 고기는 장시간 물에 끓이면 연해진다.

※ 상강육(Marbling) : 고기의 근육 속에 지방이 서리가 내린 것처럼 얼룩 형태로 산재한 것(예 안심, 등심, 채끝살)

> **육류의 숙성**
> ① 저온숙성(Aging) : 0~3℃ 온도, 85~100% 상대습도에서 6~11일간 저장 숙성하면 근육 내 단백질 분해 효소들에 의한 자가소화 과정을 통해, 14~22%의 연도향상 효과(도축 및 냉장유통 시스템이 열악하면 장기간의 저장성 숙성이 어려움)
> ② 고온숙성(지연냉장) : 10~20℃ 온도에서 도살 후 10시간까지 숙성하면 저온단축을 방지하고, 단백질 분해효소들에 의한 자가소화를 통해, 7~47%의 연도 향상 효과(도축장 시설 및 작업자의 철저한 위생관리가 필요)
> ※ 소 도체의 경우 냉도체 등급판정으로 적용 어려움

4) 가열에 의한 고기의 변화

① 단백질의 응고, 고기의 수축 분해

② 결합조직의 연화 : 장시간 물에 넣어 가열했을 때 고기의 콜라겐·젤라틴으로 변화된다.

③ 지방의 융해 : 지방에 열이 가해지면 융해된다.

④ 색의 변화 : 가열에 의해 미오글로빈은 공기 중의 산소와 결합하여 옥시미로글로빈이 된다(고기의 선홍색 → 회갈색).

⑤ 맛의 변화 : 고기를 가열하면 구수한 맛을 내는 전구체가 분해되어 맛을 낸다.

⑥ 영양의 변화 : 열에 민감한 비타민들은 가열 중에 손실이 크다.

5) 육류의 조리방법

습열 조리	찜, 국, 조림(장정육, 양지육, 사태육, 업진육, 중치육)
건열 조리	구이, 산적(등심, 갈비, 안심, 홍두깨살, 대접살, 채끝살)

6) 고기의 가열정도와 내부 상태

가열 정도	내부 온도	내부 상태
레어(Rare)	55~65℃	고기의 표면을 살짝 구워 자르면 육즙이 흐르고, 내부는 생고기에 가깝다.
미디움(Medium)	65~70℃	고기 표면의 색깔은 회갈색이나 내부는 연한 붉은색 정도이며, 자른 면에 약간의 육즙이 있다.
웰던(Well-done)	70~80℃	고기의 표면과 내부 모두 갈색으로 육즙은 거의 없다.

7) 축산 가공학

① 우유의 가공과 저장

    ㉠ 우유를 데울 때 : 뚜껑을 열고 저어가며 이중냄비에 데우기(중탕)

    ㉡ 크림 : 우유에서 유지방만을 분리해낸 것

    ㉢ 버터 : 우유에서 유지방을 모아 굳힌 것으로 지방 85% 이하, 수분 18% 이하, 유당 무기질 등으로 구성된 것(크림성)

    ㉣ 분유 : 우유를 농축하여 건조(분무식 건조법)시킨 것(전지분유, 탈지분유, 조제분유)

    ㉤ 치즈 : 우유를 젖산균에 의하여 발효시키고 레닌(Rennin)을 가하여 응고시킨 후, 유청을 제거한 것

    ㉥ 요구르트 : 우유가 젖산 발효에 의하여 응고된 것

    ㉦ 아이스크림 : 우유 및 유제품에 설탕, 향료와 버터, 달걀, 젤라틴, 색소 등 기타 원료를 넣어 저어가면서 동결시켜 만든 것

8) 달걀의 조리

① 달걀의 구성 : 달걀은 껍질, 난황(노른자), 난백(흰자)으로 구성되어 있으며, 난백은 90%가 수분이고 나머지는 단백질이 많다. 난황은 단백질, 다량의 지방과 인(P)과 철(Fe)이 들어 있으며 약 50%가 고형분이다. 난백은 농후난백과 수양난백으로 나뉘며, 달걀의 1개 무게는 50~60g 정도이다.

② 녹변현상 : 달걀은 너무 오래 삶거나 뜨거운 물속에 담가두면 달걀노른자 주위가 암녹색 띠를 형성하게 되는데, 이러한 현상을 녹변현상이라고 한다. 이것은 난백에서 유리된 황화수소(H_2S)가 난황 중의 철분(Fe)과 결합하여 황화제1철(FeS)을 만들기 때문에 나타나는 현상이다.

> **참고**
>
> **달걀의 녹변현상이 잘 일어나는 조건**
> - 달걀 가열시간이 길수록
> - 달걀 가열온도가 높을수록
> - 신선한 달걀이 아닐 경우
> - 삶은 후 찬물에 담그지 않은 경우

③ 난백의 기포성

    ㉠ 오래된 달걀(농후한 난백보다 난백이 수양성인 것이 거품이 잘 일어남)일수록 기포가 잘 일어난다.

   ⓒ 난백은 30℃에서 거품이 잘 일어난다(실온에서 보관한 달걀).
   ⓒ 약간의 산(오렌지주스, 식초, 레몬즙)을 첨가하면 기포 형성에 도움을 주지만 기름과 우유는 기포력을 저해한다(설탕은 거품을 완전히 낸 후 마지막 단계에서 넣어주면 거품이 안정됨).
   ㉣ 밑이 좁고 둥근 바닥을 가진 그릇이 기포력을 돕는다.
   ㉤ 달걀의 기포성을 이용한 조리 : 스펀지케이크, 머랭, 케이크의 장식

④ 난황의 유화성
   ㉠ 난황의 레시틴(Lecithin)이 유화제로 작용
   ㉡ 달걀의 유화성을 이용한 음식 : 마요네즈(대표적인 음식), 프렌치드레싱, 크림스프, 케이크반죽, 잣 미음
   ※ 마요네즈 : 분리된 마요네즈를 재생시킬 때는 노른자를 넣어가며 저어준다.

⑤ 달걀의 신선도 판정방법
   ㉠ 비중법 : 신선한 달걀의 비중은 1.06 ~ 1.09이다. 물 1C에 식염 1큰술(6%)을 녹인 물에 달걀을 넣었을 때 가라앉으면 신선한 것이고, 위로 뜨면 오래된 것이다.

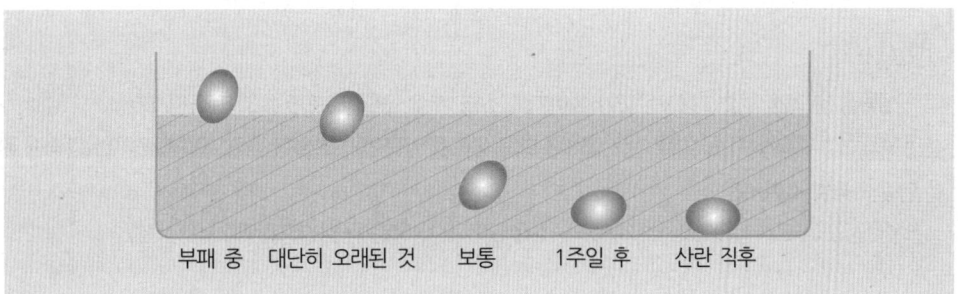

   ㉡ 난황계수와 난백계수 측정법
     • 난황계수 : 0.36 이상이면 신선한 달걀
     • 난백계수 : 0.14 이상이면 신선한 달걀

• 난황계수 = $\dfrac{\text{평판상 난황의 높이}}{\text{평판상 난황의 직경}}$ = 0.375 이상(신선한 것)

• 난백계수 = $\dfrac{\text{난백의 높이}}{\text{난백의 직경}}$ = 0.14~0.16(신선한 것)

ⓒ 할란 판정법 : 달걀을 깨어 내용물을 평판 위에 놓고 신선도를 평가한다. 달걀의 노른자와 흰자의 높이가 높고 적게 퍼지면 좋은 품질이다.
ⓓ 투시법 : 빛에 쬐였을 때 안이 밝게 보이는 것은 신선하다.
ⓔ 기타
- 껍질이 거칠수록 신선하고, 광택이 나는 것은 오래된 것이다.
- 알의 뾰족한 끝이 혓바닥으로 차갑게 느껴지고 둥근 쪽은 따뜻하게 느껴지면 신선한 것이며, 오래된 것은 양쪽 다 따뜻하게 느껴진다.
- 난백은 점괴성이고, 난황은 구형으로 불룩하며 냄새가 없는 것이 신선한 것이다.
- 오래된 달걀일수록 난황·난백계수는 작아지고, pH는 높아지며, 기실은 커져서 달걀을 흔들었을 때 소리가 난다.

④ 달걀의 가공과 저장

ⓐ 달걀의 열에 의한 응고
- 달걀흰자 : 58℃에서 응고되기 시작하여 80℃에서 완전히 굳어진다.
- 달걀노른자 : 70℃에서 응고되기 시작하여 100℃에서 완전히 굳어진다(반숙 65~68℃).

> **참고**
> - 설탕을 넣으면 달걀의 응고온도가 높아지고 소금, 우유, 산을 넣으면 응고를 촉진시킨다.
> - 달걀은 100℃에서 3분 가열하면 난백만 응고되고, 5~7분이면 반숙이 되고, 10~15분이면 완숙이 된다.
>
> **달걀 조리별 소화시간**
> 반숙(1시간 30분) → 완숙(2시간 30분) → 생달걀(2시간 45분) → 달걀프라이(3시간 15분)

ⓑ 달걀가공품
- 건조달걀 : 달걀흰자와 노른자의 수분을 증발시켜 건조하여 만든 것
- 마요네즈 : 달걀노른자에 샐러드유를 넣어가며 저어서 식초 및 여러 가지 조미료와 향신료를 첨가하여 만든 것
- 피단(송화단) : 소금 및 알칼리 염류를 달걀 속에 침투시켜 저장을 겸한 조미달걀(침투작용, 응고작용, 발효작용을 이용)

ⓒ 달걀의 성질
- 달걀흰자의 기포성 : 빵 제조 시 팽창제로 사용한다.
- 달걀노른자의 유화력 : 마요네즈 제조 시 난황의 레시틴(Lecithin)이 유화성분으로 사용된다.

② 달걀의 저장 : 냉장법, 가스저장법, 표면도포법, 침지법(소금물), 간이저장법, 냉동법, 건조법

(3) 수산물의 조리 및 가공·저장

1) 어류의 종류

붉은살생선은 흰살생선보다 자기소화가 빨리 오고(쉽게 부패되고), 담수어(민물고기)는 해수어(바닷고기)보다 낮은 온도에서 자기소화가 일어난다.

흰살생선	붉은살생선
지방이 적다	지방이 많다.
바다 하층	바다 상층
도미, 민어, 광어, 조기	꽁치, 고등어, 정어리, 참치
전유어	구이, 조림

2) 어취(비린내) 및 제거방법

① 어취 : 생선의 비린내는 어체 내에 있는 트리메틸아민 옥사이드(Trimethylamine Oxide, TMAO)라는 성분이 생선에 붙은 미생물에 의해 환원되어 트리메틸아민(Trimethylamine, TMA)으로 되어 나는 냄새를 말한다.

② 어취 제거방법

㉠ 물로 씻는다.
㉡ 간장, 된장, 고추장류를 첨가한다.
㉢ 파, 생강, 마늘, 고추, 술(청주), 후추 등 향신료를 강하게 사용한다.
㉣ 식초, 레몬즙 등의 산을 첨가한다.
㉤ 우유에 재워두었다가 조리하면 우유에 든 단백질인 카제인이 트리메틸아민을 흡착하여 비린내를 약하게 한다.
㉥ 생선을 조릴 때 처음 수분간은 뚜껑을 열어 비린내를 날려 보낸다.

3) 어패류의 특징

① 고기는 자기소화된 상태가 연하고 맛이 좋지만, 생선은 사후강직일 때 신선하고 맛이 좋다.
② 생선은 고기와 마찬가지로 사후강직을 일으키고 자기소화와 부패가 일어나는데 생선의 경우 자기소화와 부패가 동시에 일어나기도 한다.
③ 생선은 산란기에 접어들기 바로 직전일 때가 맛과 영양이 풍부하다.

④ 생선은 80%의 불포화지방산, 20%의 포화지방산으로 구성되어 있다.

⑤ 생선 비린내(어취)는 담수어가 강하고 생선껍질의 점액에서 많이 난다.

4) 어패류의 조리법

① 생선의 단백질은 가열하면 콜라겐이 젤라틴으로 되므로 조리 시 칼집을 넣어주어야 한다.

② 생선을 조릴 때는 처음 몇 분간은 뚜껑을 열고 비린내 휘발성 물질을 날려버리는 것이 효과적이다.

③ 신선하지 않은 생선은 양념을 강하게 조미하는 것이 좋다.

④ 생선의 단백질은 열, 소금, 간장, 산(식초)에 의해 응고한다.

⑤ 생선을 소금에 절이는 경우 생선 무게의 2% 정도 소금에 절이는 것이 적당하다.

⑥ 조개류는 물을 넣어 가열하면 호박산에 의해 시원한 맛을 낸다.

⑦ 새우, 게, 가재 등의 갑각류는 가열하여 익으면 변색한다.

5) 어패류의 가공

① 연제품
  ㉠ 생선묵과 같이 겔(Gel)화가 되도록 전분, 조미료 등을 넣고 으깨서 찌거나 굽거나 튀긴 것
  ㉡ 소금 농도 3%로 흰살생선(동태, 명태, 광어, 도미 등) 이용
  ㉢ 어묵의 제조 원리 : 미오신(Myosin), 근육의 구조 단백질이 소금(탄력성)에 용해되는 성질이 있어 풀과 같이 되므로 가열하면 굳어짐.

② 훈제품 : 어패류를 염지하여 적당한 염미를 부여한 후 훈연한 것

③ 건제품 : 어패류와 해조류를 건조시켜 미생물이 번식하지 못하도록 수분함량을 10~14% 정도로 하여 저장성을 높인 것

④ 젓갈 : 소금농도는 20~25%로 젓갈을 절인 것

6) 해조류의 가공

① 해조류의 분류
  ㉠ 녹조류 : 청태, 청각, 파래
  ㉡ 갈조류 : 미역, 다시마, 톳
  ㉢ 홍조류 : 우뭇가사리, 김

② 김

   ㉠ 탄수화물인 한천이 가장 많이 들어 있고 비타민 A를 다량 함유하고 있다.

   ㉡ 감미와 지미를 가진 아미노산의 함량이 높아 감칠맛을 낸다.

   ㉢ 저장 중에 색소가 변화되는 것은 피코시안(Phycocyan, 청색)이 피코에리트린(Phycoerythrin, 홍색)으로 되기 때문이며, 햇빛에 의해 더욱 영향을 받는다.

③ 한천

   ㉠ 우뭇가사리 등 홍조류를 삶아서 그 즙액을 젤리모양으로 응고·동결시킨 후 수분을 용출시켜서 건조한 해조 가공품이다.

   ㉡ 양갱이나 양장피의 원료로 사용된다.

   ㉢ 장의 연동운동을 높여 정장작용 및 변비를 예방한다.

   ㉣ 한천의 응고온도 : 38~40℃

   ㉤ 조리 시 한천의 농도 : 0.5~3%

   ㉥ 물에 담그면 흡수·팽윤하며, 팽윤한 한천을 가열하면 쉽게 녹는다.

   ㉦ 한천에 설탕을 넣으면 탄력과 점성, 투명감이 증가한다. 또한 설탕 농도가 높을수록 겔의 농도가 증가한다.

> **젤라틴**
> - 동물의 가죽, 뼈에 다량 존재하는 단백질인 콜라겐(Collagen)의 가수분해로 생긴 물질이다.
> - 조리에 사용한 젤라틴의 응고 온도는 13℃ 이하(냉장고와 얼음을 이용), 농도는 3~4%이다.
> - 젤라틴을 이용하여 만든 음식은 젤리, 족편, 마시멜로, 아이스크림이 있다.

(4) 유지 및 유지가공품

1) 유지의 종류와 특징

① 상온에서 액체인 것 : 참기름, 대두유, 면실유

② 상온에서 고체인 것 : 쇠기름, 돼지기름(라드), 버터

③ 튀김 시 온도는 160~185℃가 일반적이고, 튀김할 때 기름의 흡유량은 15~20%이다.

   예 양념튀김(가라아게) : 150~160℃ 정도, 채소류 175~185℃ 정도, 어패류 180~190℃ 정도

④ 튀김은 높은 온도에서 단시간에 조리가 가능하므로 비타민류의 손실이 적다.

⑤ 튀김용 기름은 발연점이 높은 식물성 기름이 좋으며 튀김할 때 온도는 기름 그릇의 한가운데서 측정하도록 한다(바닥면이나 기름에 적게 접하는 면보다 기름이 충분한 곳에서 측정하는 것이 좋다).

> **참고**
>
> **발연점(열분해 온도)**
> ① 기름을 끓는점 이상으로 계속 가열할 때 청백색의 연기(아크롤레인)가 나기 시작하는 온도를 말한다.
> ② 정제된 기름일수록 발연점이 높으며 발연점이 높은 식물성 기름이 튀김에 적당하다.
>
> **유지의 발연점**
> 옥수수기름(265℃) > 콩기름(257℃) > 포도씨유(250℃) > 땅콩기름(225℃) > 면실유(215℃) > 올리브유(190℃) > 라드(190℃)
>
> **아크롤레인**
> 유지의 고온가열에 의해서 발생하며 튀김할 때 기름에서 나오는 자극적인 냄새 성분의 하나이다.
>
> **튀김용 기름의 요건**
> ① 발연점이 높아야 한다.
> ② 유리지방산 함량은 낮아야 한다(유리지방산 함량이 높은 기름은 발연점이 낮음).
> ③ 기름 이외에 이물질이 없어야 한다(기름이 아닌 다른 물질이 섞여있으면 발연점이 낮아짐).
> ※ 튀김 그릇의 표면적이 좁아야 한다(넓은 그릇은 발연점이 낮아진다).

2) 유지의 산패에 영향을 끼치는 인자

① 온도가 높을수록 반응속도 증가
② 광선 및 자외선은 산패를 촉진
③ 수분이 많으면 촉매작용 촉진
④ 금속류는 유지의 산화 촉진
⑤ 불포화도가 심하면 유지의 산패 촉진

3) 유지 채취법

압착법	원료에 기계적인 압력을 가하여 기름을 채취하는 방법으로 식물성 원료의 착유에 이용된다(올리브유, 참기름).
용출법	원료를 가열하여 유지를 녹아 나오게 하는 방법으로 동물성 원료의 착유에 이용된다.
추출법	원료를 휘발성 유지 용매에 녹여서 그 용매를 휘발시켜 유지를 채취하는 방법으로 불순물이 많이 섞인 물질에서 기름을 채취할 때 이용된다(식용유).

4) 유화성 이용

수중유적형(O/W)	물속에 기름이 분산된 형태(예 우유, 아이스크림, 마요네즈, 크림스프, 프렌치드레싱)
유중수적형(W/O)	기름에 물이 분산된 형태(예 버터, 마가린)

5) 연화작용

① 밀가루 반죽에 지방을 넣으면 글루텐 표면을 둘러싸서 음식이 부드럽고 연해지는 현상을 말하며, 쇼트닝화라고도 한다.
② 지방을 너무 많이 넣어서 반죽을 하게 되면 글루텐이 형성되지 못하여 튀길 때 풀어지게 된다.

6) 크리밍성

교반에 의해서 기름 내부에 공기를 품는 성질을 말한다.

7) 가공유지(경화유) 제조원리

불포화지방산에 수소(H)를 첨가하고 촉매제로 니켈(Ni), 백금(Pt)을 사용하여 액체유를 포화지방산 형태의 고체유로 만든 유지(예 쇼트닝, 마가린)

우유의 조리
① 우유의 주성분 : 단백질과 칼슘
② 우유의 단백질 : 카제인(Casein)은 산(Acid)이나 레닌(Rennin)에 의해 응고된다. 이를 이용해 만든 것이 치즈이다.

> **가공치즈(Processed Cheese)**
> 자연치즈(Natural Cheese)를 이용하여 만든 것으로 식품위생법이 인정하는 식품첨가물을 첨가하여 분쇄, 혼합, 가열한 후 녹여서 유화한 것을 말한다.

③ 조리
- 우유의 미세한 지방구와 카제인은 여러 가지 냄새를 흡착한다.
- 단백질의 겔(Gel) 강도를 높이므로 커스터드푸딩을 만들 때 이용된다.
- 유당은 열에 약하여 갈변반응을 쉽게 일으킨다(예 빵, 케이크, 과자의 표면의 갈색).
  ※ 우유를 데우는 방법 : 낮은 온도(60℃)에서 이중냄비(중탕)에 가끔씩 저으면서 데운다.

> **유청단백질**
> 60~65℃에서 우유를 가열하면 단백질과 지질, 무기질이 서로 흡착되어 엷은 피막이 생겨 용기바닥이나 옆면에 눌어붙는다.

> **강화우유**
> 우유에 비타민 D나 기타 영양소를 첨가한 우유를 말한다.

④ 유제품의 종류
- 버터 : 우유의 지방분을 모아 가열·살균한 후 젖산균을 넣어 발효시키고 소금으로 간을 한 것을 말한다(크림성).
- 크림 : 우유를 장시간 방치하여 생긴 황백색의 지방층을 거두어 만든 것이다(커피크림, 휘핑크림).
- 치즈 : 우유 단백질 카제인을 레닌으로 응고시킨 것으로 우유보다 단백질과 칼슘이 풍부하다.
- 분유 : 우유의 수분을 제거하여 분말상태로 한 것이다(전지분유, 탈지분유, 가당분유, 조제분유).
- 연유(농축유) : 우유에 16%의 설탕을 첨가하여 약 1/3의 부피로 농축시킨 가당연유와 우유를 그대로 1/3의 부피로 농축시킨 무당연유가 있다.
- 요구르트 : 탈지유를 1/2로 농축시켜 8%의 설탕에 넣고 가열·살균한 후 젖산 발효시킨 것으로, 정장작용을 한다.
- 탈지유 : 우유에서 지방을 뺀 것이다.

(5) 냉동식품의 조리

1) 냉동식품의 저장방법

냉동식품의 저장은 -18℃ 이하의 저온에서 주로 축산물과 수산물의 장기저장에 이용이 되며, 식품의 품질 저하를 막기 위해서는 급속동결법을 주로 사용한다.

2) 해동방법

① 육류, 어류 : 높은 온도에서 해동하면 조직이 상해서 드립(Drip)이 많이 나오므로 냉장고에서 자연해동하는 것이 가장 좋다. 또는 비닐봉지에 담아 냉수에 녹인다.

② 채소류 : 냉동 전에 가열처리되어 있으므로 조리 시 지나치게 가열하지 말고 동결된 채로 단시간에 조리한다.

③ 과일류 : 먹기 직전에 포장된 채로 흐르는 물에서 해동하거나 반동결된 상태로 먹는다.

④ 튀김 : 동결된 상태로 높은 온도에서 튀기거나 오븐에 데운다.

⑤ 빵, 케이크 : 자연해동이나 오븐에 데운다.

⑥ 조리 냉동식품 : 플라스틱 필름으로 싼 것은 끓는 물에서 그대로 약 10분간 끓이고, 알루미늄에 넣은 것은 오븐에서 약 20분간 데운다.

(6) 조미료와 향신료

1) 조미료

① 소금 : 음식의 맛을 내는 기본 조미료로서 음식의 간을 맞추고 식품을 절이는 데 쓰인다.

② 간장 : 간장의 성분은 아미노산과 당이 있고 유기산이 들어 있어 향미를 준다.

③ 식초

　㉠ 입맛을 돋우고 생선의 살을 단단하게 하기도 한다.

　㉡ 작은 생선에 소량 첨가하면 뼈까지 부드러워진다.

　㉢ 생강에 넣으면 적색이 되고, 난백의 응고를 돕는다(수란).

④ 설탕 : 음식에 단맛을 주고 고농도에서는 방부성이 있고 근육섬유를 분해하는 성질이 있어 고기의 육질을 부드럽게 한다.

⑤ 기름 : 기름은 음식에 고소함과 부드러운 맛을 준다.

조미료의 첨가 순서
설탕 → 소금 → 간장 → 된장 → 식초 → 참기름

2) 향신료

① 후추 : 후추의 매운맛을 내는 조미료로 차비신(Chavicine) 성분이 생선의 비린내와 육류의 누린내를 감소시킨다.

② 고추 : 매운맛을 내는 캡사이신(Capsaicin)이 소화와 혈액순환을 촉진하며 방부작용도 한다.

③ 겨자 : 매운맛 성분인 시니그린(Sinigrin)이 분해되어 자극성이 강하며 특유의 향을 가지고 있고, 40℃에서 매운맛을 내므로 따뜻한 곳에서 발효를 시키는 것이 좋다.

④ 생강 : 생강의 매운맛은 진저론(Zingerone)으로 생선과 고기의 비린내, 누린내를 없애는 데 많이 사용되며, 살균효과도 있어 생선회와 함께 곁들이기도 한다. 생선요리 시에는 생선살이 익은 후에 생강을 넣어야 어취 제거 효과가 있다.

⑤ 파 : 파의 매운맛은 황화아릴로서 휘발성 자극의 방향과 매운맛을 갖고 있다.

⑥ 마늘 : 알리신(Allicin) 성분이 독특한 냄새와 매운맛을 내며 자극성과 살균력이 강하다.

⑦ 기타 : 깨소금, 계피, 박하, 카레, 월계수잎 등이 사용된다.

염장법
소금에 절이는 방법으로 삼투압 작용을 이용한다(소금 농도 10% 이상으로 20~25% 적당 예 해산물, 채소, 육류

당장법
진한 설탕 용액 중에 담그는 방법(설탕 농도 50% 이상)으로, 약간의 산을 첨가해 주면 저장이 더 잘 된다. 예 젤리, 잼, 가당연유

산저장법
초산, 젖산, 구연산 등을 이용하여 식품을 저장하는 방법으로, 미생물의 생육에 필요한 pH 범위를 벗어나게 하는 것이다. 예 보통 식초(초산 농도 3~4% 함유)

가스저장법(CA저장)
식품을 탄산(CO_2)가스나 질소(N_2)가스 속에 보관하여 호흡작용을 억제하고, 호기성 부패세균의 번식을 저지하는 저장법이다(예 과일, 채소, 알류 등의 저장).

방사선 조사에 의한 저장
방사선 조사는 코발트 60(^{60}CO), 세슘 137(^{137}CS) 등 방사선 동위원소에서 나오는 감마선·X-선·전자선 등을 각종 농수축산물과 가공식품에 쬐어 변질 또는 부패를 일으키는 미생물, 효소, 곤충 등을 사멸 또는 불활성화해서 식품을 보존하는 저장법이다. 예 코발트 60(^{60}CO), 세슘 137(^{137}CS), 선

종합처리에 의한 조리방법
① 훈연법
- 훈연에서 사용하는 나무 : 수지가 적은 나무(떡갈나무, 참나무, 벚나무)
- 훈연에 사용 부적절한 나무 : 전나무, 향나무, 소나무
- 훈연법 시 발생하는 연기성분 : 페놀, 포름알데히드, 개미산
- 대표적 식품 : 소세지, 햄, 베이컨, 훈제연어

② 염건법 : 소금 첨가 후 건조한 식품(굴비)
③ 조미법 : 소금이나 설탕을 첨가하여 가열처리한 조미 가공품
④ 밀봉법 : 수분 증발, 수분 흡수, 해충의 침범, 공기(산소)의 차단(통조림, 레토르트파우치, 진공포장)

발효처리에 의한 방법
- 세균, 효모에 의한 응용 : 김치, 요구르트, 청국장, 식초, 주류, 빵 등
- 곰팡이의 응용 : 간장, 된장

통조림 저장법
① 통조림의 특징
  ㉠ 오래 저장할 수 있다.
  ㉡ 저장과 운반, 수송이 편리하며 대량 생산이 가능하다.
  ㉢ 위생적이며 값이 저렴하다.
  ㉣ 내용물을 조리·가공하지 않고 그대로 먹을 수 있다.

② 통조림 깡통의 특징
  ㉠ 철판에 3%의 주석을 도금해서 만든다[깡통 : 납, 주석/옹기독(항아리) : 납, 카드뮴].

ⓒ 내용물을 쉽게 식별할 수 없어서 외관상의 변질만 알아볼 수 있다.
　　ⓒ 용기와 식품 간의 화학적 반응이 있을 수 있다.
　　ⓔ 수송이 간편하며 땜질로 완전차단하기 때문에 식품의 변질없이 오랫동안 보관이 가능하다.
　　ⓜ 한 번 사용하면 재사용할 수 없다.
　③ 통조림 가공순서
　　㉠ 탈기용기 : 용기 안의 공기를 제거하는 방법
　　ⓒ 밀봉용기 : 용기 안을 진공으로 유지시켜 내용물의 변질 방지
　　ⓒ 살균 : 클로스트리디움 보툴리누스균을 고온 장시간 살균법으로 살균
　　　• 저온살균 : 60~85℃에서 15~30분간 살균(예 잼, 주스, 소스, 맥주, 가당우유)
　　　• 가압살균 : 100℃ 정도에서 살균(예 닭고기, 쇠고기, 소라, 고등어)
　　ⓔ 냉각 : 물에 넣어 40℃ 정도로 냉각시키어 내용물의 품질과 빛깔의 변화를 방지한다.
　　ⓜ 포장 : 내용물이 든 통조림을 포장한다.
　④ 통조림의 검사법
　　㉠ 외관검사 : 외상이나 녹이 슬었는지 확인한다.
　　ⓒ 타관검사 : 타검봉으로 두드렸을 때 맑은 소리가 나는 것이 좋다.
　　ⓒ 가온검사 : 세균의 증식상태와 화학변화를 확인한다.
　　ⓔ 세균검사 : 식품을 100배 희석해서 세균의 발육상태를 본다.
　⑤ 통조림의 변질
　　㉠ 외관상 변질
　　　• 팽창 : 살균 부족으로 미생물이 번식하면서 발생하는 가스로 통조림 외관이 팽창하는 현상
　　　　– 하드 스웰(Hard Swell) : 통조림의 양면이 강하게 팽창되어 손가락으로 눌러도 전혀 들어가지 않는 현상
　　　　– 소프트 스웰(Soft Swell) : 통조림의 부푼 상태를 힘으로 누르면 다소 원상에 복귀되기는 하나 정상적인 상태를 유지할 수 없는 상태
　　　• 스프링거(Springer) : 내용물이 과다한 양일 때 통조림의 뚜껑 한쪽이 팽창되는 현상으로 손가락으로 누르면 반대쪽이 튀어나오는 현상
　　　• 플리퍼(Flipper) : 탈기가 불충분할 때 통조림의 끝이 약간 팽창하여 누르면 되돌아오지 않는 상태로 팽창의 정도가 스프링거보다 작은 상태
　　　• 리커(Leaker) : 깡통이 불안전하여 침식된 것으로 액즙이 유출되는 현상
　　ⓒ 통조림 내용물의 변질 : 플랫사우어(Flat sour) : 불충분한 가열 등으로 남아 있던 미생물이 번식하여 통은 팽창시키지 않고 내용물만 신맛이 나게 하는 현상(예 채소 통조림)

> **레토르트 파우치(Retort Pouch) 식품**
> 플라스틱 주머니에 밀봉·가열한 식품으로 통조림, 병조림과 같은 저장성을 가진 식품이다. 예 즉석밥
> • 냉동할 필요가 없다.
> • 방부제 없이 장기간 저장이 가능하다.
> • 통조림보다 살균시간이 단축된다.
> • 색깔, 조직, 풍미 및 영양가의 손실이 적다.

⑥ 통조림의 제조연월일 표기
  (단, 10월은 O, 11월은 N, 12월은 D로 표시하며, 1~9월은 01~09로 표시)

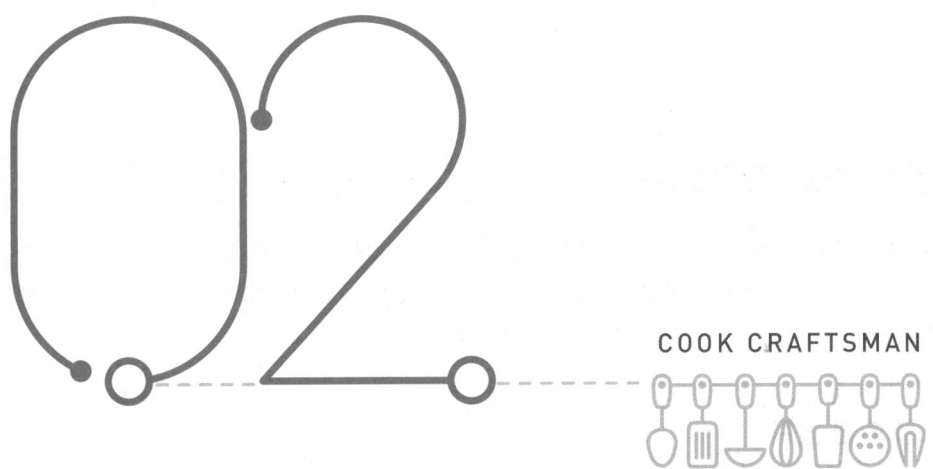

재료관리, 음식조리 및 위생관리
(일식·복어)

Chapter 01 | 일식
Chapter 02 | 복어

CHAPTER 01 일식

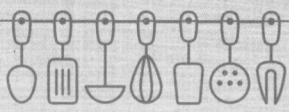

반드시 알아야 할 핵심개념

일식칼의 종류, 숫돌의 종류, 기본 썰기, 모양 썰기, 1번다시, 곁들임 재료, 조림용 뚜껑(오토시부타), 초밥 비빔용통(한기리), 초간장(폰즈), 양념장(야꾸미)

01 일식 기초 조리실무

일식 기초 조리실무는 일식 기초 조리작업 수행에 필요한 기본 칼 기술 습득, 조리기구의 종류와 용도, 식재료 계량방법, 조리장의 시설 및 설비관련, 곁들임 만들기, 일식 조리용어, 조리방법 등 기본적인 지식을 이해하고 기능을 익혀 조리업무에 활용하는 것이다.

(1) 기본 칼 기술 습득

 참고

일식 조리도(칼)의 특징
일식에 사용되는 조리도는 다른 분야에 비해 폭이 좁고 긴 것이 많고 종류도 다양하다. 생선회용 칼, 뼈자름용 칼 등 생선을 손질하기에 예리하여야 되기 때문에 칼날을 세울 때는 반드시 숫돌을 사용해야 한다.

★★★
① 칼의 종류와 용도
　★
　　㉠ 생선회용 칼(刺身包丁, さしみぼうちょう, 사시미보쵸)
- 생선회용 칼은 27~33cm로, 27~30cm 정도의 칼이 일반적으로 사용에 편리하다.
- 최근에는 칼끝이 뾰족한 버들잎 모양의 야나기보쵸를 사용하는 추세인데, 예전에는 관동지방에서는 긴 사각의 다코비키를 관서지방에서는 야나기보쵸를 주로 사용했다.
- 생선회를 뜨거나 세밀한 요리를 할 때 사용한다.
- 재료를 당겨서 절삭하며, 칼이 가늘고 길기 때문에 안전한 사용을 위해 주의해야 한다.
- 칼은 선택할 때 자기 손에 잘 맞고, 수평이 잘 맞아야 사용하기에 좋다.

　★
　　㉡ 뼈자름용 칼(出刃包丁, でばぼうちょう, 데바보쵸)
- 절단칼이나 토막용 칼이라고 하는데, 주로 생선의 밑손질에서 뼈에 붙은 살을 발라낼 때와 뼈를 자를 때 사용한다. 칼 등이 두껍고 무거운 편이며 크기도 다양하다.
- 칼의 앞부분은 생선의 포를 뜰 때 사용하고, 중앙과 뒷부분은 뼈를 자를 때 사용한다.

ⓒ 채소용 칼(薄刃包丁, うすばぼうちょう, 우스바보쵸)
- 주로 채소를 자르거나 손질 또는 돌려깎기 할 때 사용한다.
- 채소를 자를 때는 자기 몸 바깥쪽으로 밀면서 자르는 것이 일반적이다.
- 칼의 종류로 오사카 등에서 주로 사용하는 관서식 칼(關西式包丁)은 끝이 약간 둥글고, 도쿄 등에서 주로 사용하는 관동식 칼(關東式包丁)은 칼끝에 각이 있다.

ⓓ 장어손질용 칼(鰻包丁, うなぎぼうちょう, 우나기보쵸)
- 미끄러운 바닷장어, 민물장어 등을 손질할 때 사용한다.
- 장어칼은 칼끝이 45° 정도 기울어져 있고 뾰족하여 장어 손질에 적합하며, 사용에 주의가 필요하다.
- 장어칼은 모양에 따라 오사카형, 교토형, 도쿄형으로 나눌 수 있다.

※ 이 외에 호네기리보쵸, 스시기리보쵸, 니기리보쵸, 소바기리보쵸 등이 있다.

칼을 선택하는 방법
자신에게 적당한 크기와 무게의 칼로 손에 쥐었을 때 밸런스가 좋아야 한다.

칼을 쥐는 방법과 용도

쥐는 방법	용도
손가락질형 (指差型, ゆびさがた, 유비사가다)	'지주식'이라고 하며, 칼끝을 이용한 정교한 작업이나 생선을 자를 때 주로 이용한다.
쥐는 형 (握リ型, にぎりがた, 니기리가다)	'전악식'이라고 하며, 편안하게 채소 등을 잘게 자를 때 주로 밀면서 이용한다.
누르는 형 (押え型, おさえがた, 오사에가다)	'단도식'이라고 하며, 생선의 껍질을 벗길 때 주로 이용한다.

칼 사용의 바른 자세
- 도마를 마주하여 양쪽 도마 끝에서 수직선상에 편안하게 선다.
- 어깨넓이 정도로 다리를 벌린 후 오른발을 뒤로 약간 벌린다.
- 상체를 15° 정도 숙여 안정된 자세를 유지한다.
- 도마와 몸 사이는 보통 주먹 하나 간격으로 한다.
- 일반적으로 채소는 밀면서, 생선은 잡아당기면서 자르는 것을 기본으로 한다.

② 칼 연마 및 관리
  ㉠ 숫돌(砥石, といし, 토이시)의 종류
   - 거친 숫돌(荒砥石, あらといし, 아라토이시) : 인공 숫돌 입자 200~400번(#) 정도로,

두꺼운 칼을 처음 갈거나 칼날이 손상되어 원상태로 만들기 위해 갈아낼 때 사용하는 입자가 아주 거친 숫돌이다.

- 중간 숫돌(中砥石, なかといし, 나카토이시) : 인공 숫돌 입자 1,000~2,000번(#) 정도로 생선회용 칼을 처음 갈거나 일반적으로 칼의 날을 세울 때 사용하는 입자가 중간 정도의 숫돌이다.
- 마무리 숫돌(仕上げ荒石, しあげといし, 시아게도이시) : 인공 숫돌 입자 3,000~5,000번(#) 정도로, 생선회용 칼이나 채소용 칼 등의 표면에 숫돌로 갈아낸 자국 등을 없애는 표면입자가 아주 미세한 숫돌로 마무리 단계에 사용한다.

※ 숫돌은 전면을 수평을 유지하면서 사용하여야 한다.

칼을 올바르게 가는 법
- 숫돌을 미리 물에 한 시간 전에 담가 물이 흡수되도록 한다.
- 칼판 위에 숫돌을 움직이지 않게 받침대에 고정시키거나 신문지, 수건 등으로 고정시킨다.
- 숫돌의 표면에 있는 이물질을 제거하고 물을 적신다.
- 오른손 둘째손가락을 칼등에 대고 숫돌에 수평으로 놓는다.
- 왼손 가운데 세 손가락을 갈고 싶은 부위에 얹어 누르고, 오른손과 왼손을 동시에 당겼다 밀었다를 반복한다(칼날이 자기 쪽을 향하게 하여 갈 때는 앞으로 밀 때 힘을 주고, 칼날이 바깥쪽을 향하게 하여 갈 때는 잡아당길 때 힘을 주어 칼날과 숫돌이 직접적인 마찰이 없도록 한다).
- 양면 칼을 갈 때에는 양면을 같은 횟수로 간다.
  ※ 생선회용 칼, 채소용 칼, 뼈자름용 칼 등의 혼야끼는 양면의 쇠가 같지만, 일반적으로는 양면의 쇠가 다르고 칼의 사용방법이 다르기 때문에 강한 쇠로 되어 있는 우측(칼 앞면) 쇠를 10~20번 정도 갈고 연한 쇠로 되어 있는 좌측(칼 뒷면)은 2~5번 정도 갈아야 한다.
- 칼을 갈고 나면 세척을 잘하고 물기를 잘 닦아 보관한다.

숫돌의 사용 방법
숫돌은 항상 평평하게 유지하고, 숫돌을 사용하기 전 최소한 30분~1시간 전에는 물을 충분히 흡수시켜 놓는다. 칼을 갈면서 나오는 흙탕물로 인해 칼이 갈아지는 것이므로 물은 가끔씩 뿌리고 많이 뿌리지 않도록 한다.

조리도의 관리 방법
- 조리도는 하루에 한 번 이상 가는 것을 원칙으로 한다.
- 칼을 간 후 숫돌 특유의 냄새를 제거할 때는 자른 무 끝에 헝겊을 감은 후 아주 가는 돌가루를 묻혀 칼을 닦지만, 일반적으로는 수세미를 이용해 비눗물 등으로 닦은 후 씻어 물기를 완전히 제거한 다음 마른종이에 싸서 칼집에 넣어 보관한다.
- 각자 자신의 조리도를 직접 관리하고 작업할 때에도 자신의 조리도를 사용한다.
- 조리도는 자신의 몸과 같이 관리하며, 다른 사람이 절대로 손댈 수 없도록 한다.

③ 기본 썰기(基本切り, きほんきり, 기혼키리) : 채소의 기본 썰기는 시각적으로 식욕이 있고, 모양과 색감을 살려 부서지지 않도록 잘라야 한다.

둥글게 썰기 (輪切り, わぎり, 와기리)	원통형 썰기라고도 하는데, 무, 당근, 오이, 레몬 등 둥근 재료를 끝에서부터 일정한 두께로 자르는 방법이다.
반달썰기 (半月切り, はんげつぎり, 항게쓰기리)	무, 당근, 레몬 등을 세로로 이등분하여 끝에서부터 일정한 두께 반달모양으로 자르는 방법이다.
★은행잎 썰기 (銀杏切り, いちょうぎり, 이쵸기리)	둥근 원통형을 세로로 4등분하여 끝에서부터 적당한 두께로 은행잎 모양을 만들어 썰어주는 방법으로, 국물 조리에 주로 이용된다.
부채꼴모양 썰기 (地紙切り, じがみぎり, 지가미기리)	부채꼴 모양으로 자르는 방법이다.
어슷하게 썰기 (斜め切り, ななめぎり, 나나메기리)	엇비슷 썰기라고도 하는데, 길쭉하고 가는 재료인 당근, 파, 오이 등을 어슷하게 써는 방법이다.
곱게 썰기 (小口切り, こぐちぎり, 고구지기리)	잘게 썰기라고도 하는데, 대파, 실파 등을 끝에서부터 0.1~0.3cm 정도 두께로 곱게 자르는 것을 말한다.
색종이모양 썰기 (色紙切り, しきしぎり, 시키시기리)	잘린 부분이 직사각형이 되도록 횡단면에서 얇게 자른다.
얇게 사각채 썰기 (短冊切り, たんざくぎり, 단자쿠기리)	무, 당근 등을 길이 4~5cm, 두께 1~2cm로 자르는 것을 말한다.
채썰기 (千六本切り, せんろっぽんぎり, 센록퐁기리)	성냥개비 정도 굵기로 썰어 성냥개비 두께로 썰기라고도 하며, 5~6cm 길이의 재료를 얇게 써는 것을 말한다.
채썰기(千切り, せんぎり, 셍기리)	무, 당근 등을 5~6cm로 썬 후 다시 세로로 얇고 가늘게 써는 것을 말한다.
★얇게 돌려 깎기 (桂剝き, かつらむきぎり, 가쯔라무끼)	무, 당근, 오이 등을 길이 8~10cm로 잘라 감긴 종이를 풀듯이 얇게 돌려깎기하는 것을 말한다.
★바늘처럼 곱게 썰기 (針切り, はりぎり, 하리기리)	생강, 김 등을 가능한 얇게 돌려깎은 후 이것을 바늘모양으로 가늘게 채 썰어 사용한다.
★용수철 모양 썰기 (縒り独活切り, よりうどぎり, 요리우도기리)	꼬아썰기라고도 하는데, 무·당근·오이 등을 얇게 돌려깎기 한 후 비스듬히 7~8mm 폭으로 자른 다음, 물에 넣으면 꼬아지는 것을 말한다.
멋대로 썰기 (乱切り, らんぎり, 란기리)	난도질 썰기라고도 하는데, 우엉·당근·무·연근 등의 재료를 돌려가며 엇비슷하게 썬 것을 말한다.
대나무(조릿대) 썰기 (笹がき, ささがき, 사사가키)	얇게 엇비슷 썰기라고도 하는데, 재료를 굴려 가면서 연필을 깎듯이 얇고 길게 깎는다. 주로 우엉을 썰 때 많이 사용한다.
잘게 썰기 (微塵切り, みじんぎり, 미징기리)	곱게 다져썰기라고도 하는데, 가느다랗게 채친 재료를 횡단면에서도 잘게 자른다.
그외	• 사각 기둥 모양 썰기(拍子木切り, ひょうしぎぎり, 효시키기리) • 주사위 모양 썰기(賽の目切り, さいのめぎり, 사이노메기리) • 작은 주사위 썰기(霰切, あられぎり, 아라레기리) • 양파 다지기(玉ねぎみじんぎり, 다마네기미징기리)

④ 모양썰기(飾り切り, かざりきり, 가쟈리기리)

각 없애는 썰기 (面取り, めんとり, 멘도리)	각돌려깎기, 모서리깎기라고도 한다. 무, 당근, 우엉 등 조림이나 끓임 요리를 할 때 모서리 부분을 매끄럽게 잘라준다.
국화꽃잎 모양 썰기 (菊花切り, きくかぎり, 키쿠카기리)	• 맨 밑 부분을 조금 남기고 가로·세로로 잘게 칼집을 넣어 3% 소금 물에 담가 모양내어 펼친다. • 죽순을 길이 3~5cm로 잘라 지그재그로 껍질을 파도 모양처럼 얇게 썰어 모양을 만든다. • 무를 1.5~2.5cm 두께로 둥글게 잘라 껍질을 벗겨 칼끝을 바닥에 붙이고 칼 중앙 부분을 사용해 밑바닥을 조금 남기고 가로·세로로 조밀하게 칼집을 넣는다.
매화꽃 모양 썰기 (ねじ梅切り, ねじうめぎり, 네지우메기리)	매화꽃 모양 썰기는 당근을 정오각형으로 만든 후 오각형의 기둥면 가운데에 칼집을 넣은 후 벚꽃잎 모양으로 깎아주는 썰기이다.
꽃 연근 만드는 썰기 (花蓮根切り, はなれんこんぎり, 하나랭콩기리)	구멍과 구멍 사이에 두꺼운 부분에 칼집을 넣어 구멍을 따라서 둥글게 만들면서 깎아낸다. 횡단면부터 자른다.
오이 뱀뱃살 썰기 (蛇腹胡瓜切り, じゃばらきゅうりぎり, 쟈바라큐리기리)	자바라 모양 썰기라고도 하며, 오이 등의 재료 아래를 1/3 정도 남겨 잘려나가지 않게 하고, 얇고 엇비슷하게 썰어 적당한 길이로 자른 후 반대로 돌려 다시 자른다.
말고삐 썰기 (手綱切り, たづなぎり, 다즈나기리)	곤약 등을 1cm 두께로 잘라 중앙에 칼집을 넣어서 한 단을 접어 돌린다.
그외	• 연근 돌려깎아 썰기(蛇籠蓮根切り, じゃかごれんこんぎり, 쟈카고랭콩기리) • 꽃 모양 썰기(花形切り, はなかたぎり, 하나카타기리) • 솔잎 모양 썰기(松葉切り, まつばぎり, 마쓰바기리) • 그물 모양 무 썰기(大根の網切り, ダイコンのあみぎり, 다이콩노아미기리)

기본 기능 습득하기

① 일식 기본양념 준비 : 각종 조미료는 요리의 맛을 더해 주는 재료로 감칠맛을 내는 재료, 단맛을 내는 재료, 신맛을 내는 재료, 촉감을 좋게 하는 재료, 풍미를 좋게 하는 재료 등으로 나눌 수 있다.

㉠ 간장(醬油, しょうゆ, 쇼유) : 간장은 일본요리에서는 빼놓을 수 없는 간을 맞추는 기본양념으로, 조미의 기초 재료로 대두콩과 보리에 누룩(麴)과 식염수를 가하여 숙성시킨 것이다. 짠맛, 단맛, 신맛, 감칠맛이 어우러져 특유의 맛과 향이 있으며, 그 색 때문에 보랏빛(むらさき, 무라사키)이라고도 하고, 종류 또한 다양하다. 간장은 소금보다 맛과 향기가 좋은데, 특히 진한 간장은 향기가 좋아 조림요리에 적당하고 2~3회 나누어 넣는 것이 좋다.

- ★ 진간장(濃口醬油, 코이구치쇼유) : 진간장은 밝은 적갈색으로 특유의 좋은 향이 있다. 일본요리에 가장 많이 사용되는 간장으로 향기가 좋기 때문에 가미 없이 찍어 먹는 용도로 주로 사용되며, 뿌리거나 곁들여서 먹는 간장이다. 진간장은 향기가 강해 생선, 육류의 풍미를 좋게 하고 비린내를 제거하는 효과가 있으며, 재료를 단단하게 조이는 작용이 있어 끓임요리에는 간장을 넣는 시기에 주의해야 한다.
- ★ 엷은 간장(薄口醬油, 우스구치쇼유) : 엷은 간장은 색이 엷고 독특한 냄새가 없으며, 재료가 가지고 있는 색·향·맛을 잘 살리는 요리에 이용된다. 염도는 다른 간장보다 강하지만, 색은 연하고 소금의 맛이 강한 편으로, 국물요리에 적합하다.
- ★ 타마리 간장(たまりしょうゆ, 타마리쇼유) : 타마리 간장은 흑색으로 부드럽지만 진하다. 단맛을 띠고 특유의 향이 있어 사시미, 구이요리, 조림요리의 마지막 색깔을 낼 때 사용하며, 깊은 맛과 윤기를 낸다.
- 생간장(生醬油, 나마쇼유) : 나마쇼유는 열을 가하지 않은 간장으로, 풍미가 좋고 특히 향기가 매우 좋다. 오랜 시간 끓여도 향기가 날아가지 않는 것이 특징이며, 냉장고 또는 서늘한 곳에 보관한다.
- 흰(백)간장(白醬油, 시로쇼유) : 시로쇼유는 투명하고 황금에 가까운 색을 띠며, 향기가 매우 좋다. 킨잔지된장(金山寺味噌)의 액즙에서 채취한 것으로, 재료의 색을 살리는 데 훌륭한 역할을 한다. 색이 변하기 쉬우므로 장기간 보관이 어려운 단점이 있다.
- 감로간장(甘露醬油, 간로쇼유) : 간로쇼유는 단맛과 향기가 우수하기 때문에 일본 관서지방에서는 신선한 재료와 사시미(刺身)를 찍어 먹는 간장이나 곁들임용으로 이용된다. 일본 야마구찌껭(山口縣)의 야나이시(柳井市)의 특산물로, 열을 가하지 않고 진간장을 거듭 양조한 것을 말한다.
- ⓒ 청주(酒, 사케) : 재료의 나쁜 냄새와 생선의 비린내를 없애 주고 재료를 부드럽게 하며, 요리에 풍미를 더해 주고 감칠맛과 풍미를 증가시킨다.
- ⓒ 맛술(味醂, 미림) : 맛술(미림)에는 포도당(당류), 수분, 알코올, 아미노산, 비타민 등이 함유되어 있다. 특히 당류(포도당)는 당분으로 인하여 고급스런 단맛을 형성하고 음식에 윤기를 내주는 특징이 있는 조미료다. 요리에 넣을 경우에는 가열하여 알코올을 날려 사용한다.

> **맛술의 주요 성분**
> 맛술의 주요 성분은 누룩곰팡이 효소의 작용으로 전분과 단백질을 분해하여 만들어진 생성물과 알코올이다.
> ① 당류 : 포도당, 올리고당, 이소말토오스 등
> ② 유기산 : 구연산, 젖산, 피로 글루타민산 등
> ③ 아미노산 : 로이신, 아스파라긴산, 글루타민산 등
> ④ 향기성분 : 훼루라산(페룰산) 에틸, 아세테이트, 페닐에틸 등

맛술의 유래

여러 가지 설이 있지만, 전국시대에 중국에서 미이린(蜜淋)이라는 달콤한 술이 일본에 전해진 후 그 술에 부패를 방지하기 위한 술(소주)이 더해져서 맛술이 되었다고 한다.

맛술의 제조 방법

맛술은 찐 찹쌀과 쌀누룩, 그리고 소주 또는 알코올을 원료로 40~60일 동안 당화 숙성시키면 쌀누룩의 효소가 작용하여 찹쌀 전분과 단백질이 분해되어 각종 당류, 유기산, 아미노산, 향기 성분이 생성되어 맛술 특유의 풍미가 만들어진다.

맛술의 장점

① 복수의 당류가 포함되어 있어 조리 시 재료의 표면에 윤기가 생긴다.
② 설탕과 비교하면 포도당과 올리고당이 다량 함유되어 있어 조리 시 식재료가 부드러워진다.
③ 조림요리에서 맛술 성분의 당분과 알코올이 재료의 부서짐을 방지한다.
④ 찹쌀에서 나온 아미노산과 펩타이드 등의 감칠맛이 다른 성분과 어울려 깊은 맛과 향을 낸다.
⑤ 단맛 성분인 당류, 아미노산, 유기산 등이 빠르게 재료에 담겨 맛이 밴다.

ⓔ 설탕(砂糖, 사토우) : 단맛을 내는 조미료로 사탕수수나 사탕무의 즙을 농축시켜 만드는데, 순도가 높을수록 단맛이 산뜻해진다. 설탕은 단맛이나 쓴맛을 부드럽게 하고 전체의 맛을 순하게 한다. 많은 양을 넣으면 본래의 재료가 갖고 있는 맛을 상실하기 때문에 적당량을 넣어 조리한다.

ⓜ 식초(酢, 스) : 신맛을 내는 조미료로 청량감, 소화흡수, 비린 맛 제거, 단백질 응고, 방부작용, 살균작용, 갈변방지, 식욕촉진을 돕는다.

  ※ 양조식초 : 곡류, 알코올, 과실 등을 원료로 초산을 발효시켜 만들고 풍미를 가지고 있으며, 가열해도 풍미가 살아 있다.

  ※ 합성식초 : 양조식초에 초산, 빙초산, 조미료를 희석해 만들어 조금 더 자극적이며, 가열하면 풍미는 날아가고 산미만 남는 특징이 있다.

ⓗ 소금(塩, 시오) : 소금은 염화나트륨을 주성분으로 다른 물질에 없는 짠맛을 가지고 있다. 조미역할, 부패방지(방부작용), 삼투압작용, 탈수작용, 단백질의 응고, 색의 안정, 단맛 증가 등의 역할을 한다.

  ※ 단팥죽에 설탕을 첨가한 후 소량의 소금을 첨가하면 단맛을 증가시킬 수 있다.

ⓢ 된장(味噌, 미소) : 일본요리의 맛을 증가시키는 된장은 각 지방마다 원료, 기후, 식습관에 맞게 만들어졌고, 종류도 다양하다. 된장은 색에 따라 크게 2종류로 나누는데, 먼저 붉은 된장(赤味噌, 아카미소)은 담백한 맛이 좋은 반면, 흰 된장(白味噌, 시로미소)은 단맛과 순한 맛을 내는 것이 특징이다.

종류	특징
센다이미소(仙台味噌)	• 염분이 많고, 장기간 숙성시켜 맛과 향기가 좋다. • 단맛의 된장은 염분이 많다(당분+12~13% 정도의 염분을 함유). • 효모의 발효량이 적다.
핫초미소(八丁味噌)	쓴맛, 떫은맛이 나는 콩된장은 맵고 특유의 풍미가 있는 것이 특징이다.
사이교미소(西京味噌)	크림색에 가까우며 향기가 좋고, 단맛이 나서 구이절임에 많이 사용된다.
신슈미소(信州味噌)	단맛과 짠맛이 있는 담황색 된장이다.

② 일식 곁들임(あしらい, 아시라이) 재료 준비 : 일식 곁들임 재료는 주재료에 첨가해서 시각적인 눈으로 보는 일식 조리와 주재료와의 조화로 맛을 한층 좋게 하며, 식욕을 돋우는 역할을 한다.

㉠ 무즙(大根おろし, 다이꽁오로시) : 무를 깨끗이 씻은 다음 강판에 갈아 물기를 짜 사용한다.

★ ㉡ 빨간무즙(紅葉おろし, 아카오로시, 모미지오로시) : 무즙에 고운 고춧가루나 홍 풋고추 간 것을 넣어 버무려 사용한다.

㉢ 칠미고춧가루(七味唐辛子, 시찌미도우가라시) : 고춧가루, 산초가루, 깨, 소금, 조미료, 파란 김, 새우 갈은 것 등을 혼합하여 사용하며, 우동 등에 사용한다.

㉣ 가루산초(粉山椒, 고나산쇼) : 가루산초는 생선의 구이요리, 국물요리 등에서 맛을 살리는 역할을 한다. 요리 위에 직접 뿌리는 경우와 재료 가운데 섞어서 사용하는 경우가 있다.

㉤ 와사비(山葵, 와사비) : 와사비는 생와사비를 깎아 강판에 갈아 사용하고, 가루와사비는 차가운 물을 조금씩 넣어가면서 젓가락으로 한참을 저으면 아주 맵게 된다.

㉥ 대파 가는 채(白髪ねぎ, 시라가네기) : 대파를 흰 부분만 길이 5cm 정도의 길이로 절반 정도 칼집을 아주 가늘게 채 썬다. 물에 담가 대파의 진액을 빼고 물기를 제거한 후 사용한다.

㉦ 생강 가는 채(針生姜, 하리쇼가) : 생강을 돌려깎기하여 아주 가늘게 채썰기 한다. 흐르는 물(さらし)에 전분을 뺀다.

★ ㉧ 김 가는 채(針海苔, 하리노리) : 김을 길이 5cm 정도로 아주 가늘게 채 썬다.

> ★ **초간장(ポン酢, 폰즈)**
> 등자나무(신맛이 나는 과일)에서 즙을 내서 만들거나 식초를 사용하며, 간장이나 다시물을 혼합하여 만든다.
>
> ★ **양념장(やくみ, 야쿠미) 만들기**
> 붉은 무즙, 실파, 레몬 등을 초간장(폰즈)에 곁들이는 양념이다.
> 계량하기 → 강판에 무 갈기 → 무의 매운맛 제거하기 → 고운고춧가루 버무리기 → 실파 곱게 썰기 → 레몬 자르기 → 양념 완성하기 → 담아내기

> **초생강(ガリ; 가리)**
> - 통 생강의 껍질을 벗기고 얇게 편으로 잘라 소금에 절인다.
> - 끓는 물에 데친 후 씻어 물기를 제거한다.
> - 생강초에 담가 절여 사용한다.

③ 일식 맛국물 조리

★ ㉠ 다시마(昆布, こんぶ, 곤부) : 다시마의 흰 가루에는 맛 성분인 글루탐산과 단맛을 내는 성분인 만니톨이 들어있으므로 마른 행주로 작은 모래알 등을 닦아낸 후 사용한다. 참다시마는 두께가 있고 폭이 넓으며, 가장 대표적인 품종이고 최상품이다. 단맛이 있고 맑고 깨끗한 국물을 얻어낼 수 있어 주로 국물요리와 조림요리 등에 사용된다.

- 다시마의 선택방법과 보존방법

선택방법	완전히 건조되어 있으며, 두껍고 하얀 염분(만닛또)이 밖에 노출되어 있는 것이 좋다.
보존방법	통풍이 잘 되고, 습기가 적은 곳에서 보존하는 것이 좋다.

- 다시마의 영양성분
  - 다시마의 주요 성분은 식이섬유, 단백질, 당질, 나트륨, 칼륨, 요오드, 지질, 수분, 마그네슘, 칼슘, 철분이다.
  - 다시마를 끓일 때 나오는 독특한 끈기 성분은 '알긴산과 후코이단'이라는 해초 특유의 수용성 식이섬유이다.
  - '알긴산과 후코이단'은 콜레스테롤의 상승을 억제해준다.
  - 후코이단은 장에서 면역력을 높여 항암식품으로 알려져 있다.
  - 다른 식품의 미네랄에 비해 다시마의 미네랄은 체내 소화흡수율이 높다.
  - 요오드는 신체의 신진대사를 활발하게 하는 작용이 있다.
  - 너무 많이 먹으면 갑상선 기능 저하를 일으키는 단점이 있다.
- 다시마의 색채 성분(후코키산틴) : 해초류에 들어 있는 갈색의 색소 성분 후코키산틴은 지방의 축적을 억제하고, 활성산소를 억제하여 노화를 방지하고 피부 재생에 도움을 준다. 또한 다시마의 끈적한 성분은 중성지방이 흡수되는 것을 예방한다.
- 다시마의 감칠맛 성분(글루타민산) : 다시마의 감칠맛은 맛있다고 느끼는 염분의 농도가 낮기 때문에 소금의 양을 줄이는 것이 가능하다. 또한 글루타민산은 위의 신경에 작용하여 위 기능을 좋게 하며, 과식을 방지하는 작용을 한다.

> **다시마 국물(昆布出し, こんぶ出し, 곤부다시) 만드는 방법**
> ① 다시마를 요리용 수건(면포)으로 깨끗이 닦아낸다.
>   ※ 다시마의 표면에 희게 묻은 만닛또를 씻으면 감칠맛의 본체인 글루타민산 글루타민이라는 아미노산이 사라진다.

② 준비한 양의 물과 닦은 다시마를 불에 올려 은근히 끓인다.
③ 끓으면 불을 끄고 거품과 다시마를 건져낸다.
※ 물 1L에 건다시마 20~30g 정도를 사용하며, 주로 맑은국과 지리냄비에 많이 이용된다.

★ⓒ 가다랑어포(鰹節, かつおぶし, 가쓰오부시) : 가다랑어를 손질 후 세장뜨기하여 고열로 쪄서 건조시킨 후 대팻밥처럼 깎아 놓은 것을 말한다. 큰 가다랑어포의 등쪽을 오부시(雄節), 배쪽을 메부시(雌節)라 하며, 작은 가다랑어포는 일반적으로 국물요리에 주로 이용된다. 통가다랑어는 말린 상태가 좋고 무게가 있으며, 두드렸을 때 맑은소리가 나는 것이 좋다. 깎아 놓은 가다랑어포는 깨끗하고 투명한 빛깔을 내는 것이 좋으며, 검은색이나 분홍색 피가 섞여 있는 것으로 피하는 것이 좋다.

- 얇게 썬 가다랑어포 : 하나가쓰오(花鰹節)라고도 하는데, 꽃 모양으로 폭넓게 깎은 가다랑어포이다. 향기가 좋고 감칠맛이 나며, 국물은 다양한 요리에 활용하여 요리의 맛을 돋보이게 한다. 조림, 된장국이나 찌개 국물 등에 주로 사용된다.
- 실 모양 가다랑어포 : 이토카키(絲かき)라고도 하는데, 실 모양으로 가느다란 가다랑어포이다. 요리의 마지막에 고명으로 주로 사용되고 샐러드, 무침요리, 조림요리, 볶음요리 등에 많이 사용된다.
- 가루 가다랑어 : 가다랑어를 깎을 때 나오는 가루이다. 단시간에 향기로운 국물을 낼 때 분말 그대로 사용하거나 조림이나 샐러드 소스 등에 넣어 가다랑어의 맛을 내는 데 주로 사용된다.

가다랑어포 깎는 방법과 보관법
① 일반적으로 마른행주나 종이타올을 준비하여 가다랑어포 표면에 있는 곰팡이를 닦아낸다(물기가 있는 행주로 닦으면 품질이 저하되고 장기보존이 어려워진다).
② 대패의 칼날을 종이 1장 정도가 닿을 정도로 맞춘다(칼날을 만질 때는 반드시 수직으로 맞춰준다).
③ 포를 낼 때는 꼬리는 앞을 향하고 머리 부분부터 깎는다(가다랑어포를 깎는 방향을 반대로 설정하면 가루가 된다).
④ 머리 부분부터 눌러 깎아내고, 작아지면 당겨서 깎는 방법이 좋다.
⑤ 가능하면 바로 깎아서 사용하고, 남은 재료는 밀폐된 용기에 넣어 건조한 냉장, 냉동실에 보존한다(깎은 채로 덮지 않고 냉장고에 넣어 두면 건조해지고 가루가 생겨 좋지 않다).
⑥ 보관용기는 습기가 없는 용기를 사용하는 것이 좋다.

★**가다랑어포 국물(鰹節出し, 가쓰오부시다시) 만드는 방법**
① 적당한 양의 가다랑어포를 준비하여 놓는다.
② 물이 끓으면 가다랑어포를 넣고 불을 끈다.
③ 떠오르는 거품은 건어낸다.
④ 10분 정도 지난 다음 가다랑어포가 가라앉으면 면포(소창)에 조심스럽게 맑게 거른 후 사용한다.

★1번 다시(一番出し ; 이찌반다시) 만드는 방법 – 주로 맑은국에 사용

① 깨끗한 수건(행주)으로 다시마에 묻어 있는 먼지나 모래를 닦아낸다.
② 냄비에 물과 준비된 다시마를 넣고 중불로 열을 가한다.
③ 끓기 직전의 온도가 약 95℃ 정도 되면 다시마를 손톱으로 눌러보아 손톱자국이 나면 맛이 우러나온 것이다(이때 다시마를 건져낸다).
④ 가다랑어포를 덩어리지지 않게 넣고 불을 끈다.
⑤ 위에 뜬 불순물(거품)을 걷어낸다.
⑥ 10~15분 정도 지나 가다랑어포가 바닥에 가라앉으면 면포(소창)에 맑게 가만히 거른다.

2번 다시(二番出し, 니반다시) – 주로 된장국에 많이 사용

① 냄비에 물과 사용하고 남은 다시마와 가다랑어포를 함께 넣고 가열한다.
② 끓어오르면 불을 줄여 약한 불에서 5분 정도 끓이고, 새 가다랑어포를 넣고 불을 끈다.
③ 위에 뜬 거품이나 이물질을 걷어낸다.
④ 5분 정도 지나면 면포(소창)에 거른다.
 ※ 불을 끄지 않고 약한 불에 올려놓았을 경우에는 새 가다랑어포를 넣고 1분 정도 끓인 후 곧바로 거른다.

기본 조리방법 습득하기

일본 요리 기본양념인 조미료의 사용 순서 : 생선 종류에 맛을 들일 때는 청주 → 설탕 → 소금 → 식초 → 간장 등의 순서로 맛을 낸다.

① 청주 : 알코올의 작용으로 냄새를 없애 주고, 재료를 부드럽게 해주므로 먼저 넣는다.
② 설탕 : 열을 가해도 맛의 변화가 별로 없기 때문에 먼저 사용한다.
③ 소금 : 설탕보다 먼저 사용하면 재료의 표면이 단단해져 재료의 속까지 맛이 스며들지 않는다.
④ 식초 : 다른 조미료와 합쳐졌을 경우 맛이 증가하기 때문에 나중에 넣는다.
⑤ 간장 : 색깔, 맛, 향기를 중요시하며, 재료의 색깔에 따라 엷은 간장, 진간장, 타마리 간장 등을 선택하여 사용한다.
⑥ 조미료 : 맛이 다소 부족하다고 느껴질 때 조금 넣어 사용한다.
※ 채소 종류에 맛을 들일 때는 청주는 제외하고, 설탕 → 소금 → 간장 → 식초 → 된장의 순서로 간을 한다.

> ★사(さ) ↔ 청주(さけ, 사케), 설탕(さとう, 사토우)
> 시(し) ↔ 소금(しお, 시오)
> 스(す) ↔ 식초(す, 스)
> 세(せ) ↔ 간장(しょうゆ, 쇼우)
> 소(そ) ↔ 된장(みそ, 미소)

(2) 조리기구의 종류와 용도

종류	용도
★달걀말이 팬 (卵燒鍋, たまごやきなべ, 타마고야키나베)	• 다시마끼 팬이라고도 하며, 사각으로 된 형태가 대부분이고 재질은 구리 재질이 좋다. • 사용 전에 기름으로 팬을 길들여 사용하고, 사용 후에도 기름을 얇게 발라 보관한다. • 안쪽에 도금이 되어 있으며, 고온에 약하므로 과열로 굽는 것을 피한다.
아게나베 (揚鍋, あげなべ, 아게나베)	• 튀김 전문용 냄비로, 두껍고 깊이와 바닥이 평평한 구리합금, 철이 좋다. • 바닥이 평평해야 기름의 온도가 일정하게 유지된다.
★덮밥냄비 (井鍋, どんぶりなべ, 돈부리나베)	알루미늄, 구리 등의 재질로 된 1인분 덮밥 전용 냄비로, 쇠고기덮밥(牛井), 닭고기덮밥(親子井) 등에 달걀을 풀어서 끼얹어 완성한다.
★찜통(蒸し器, むしき, 무시키)	증기를 통해서 재료에 열을 가하는 조리방법으로, 금속 제품보다는 목재 제품이 좋다.
★강판 (卸金, おろしがね, 오로시가네)	무, 생강, 고추냉이, 산마 등을 갈 때 사용한다.
조리용 핀셋 (骨拔き, ほねぬき, 호네누키)	연어, 고등어 등 생선의 잔가시나 뼈를 뽑을 때 사용하는 조리용 핀셋이다.
★굳힘 틀 (流し缶, ながしかん, 나가시캉)	스테인리스의 사각 형태로 굳힘요리, 찜요리 등에 굳힘을 할 때 이용된다.
장어 고정시키는 송곳 (目打ち, めうち, 메우치)	장어(바닷장어, 민물장어, 갯장어 등)를 손질할 때 도마에 고정시키는 송곳이다.
생선의 비늘치기(うろこ引き, うろこひき, 우로코히키, 鱗引き, こけひき, 고케히키)	생선의 비늘을 제거할 때 사용하는 기구이다.
요리용 붓(刷毛, はけ, 하케)	튀김 재료에 밀가루, 전분 등을 골고루 바를 때 및 생선구이요리 등의 다레(垂れ, たれ)를 바를 때 사용한다.
체(裏漉, うらごし, 우라고시)	체를 내리거나 가루, 국물 등을 거를 때 사용한다.
★절구통 (擂鉢, すりばち, 스리바치)	재료를 으깨어 잘게 하거나 끈기가 나도록 하는 데 사용한다.
엷은 판자종 (薄板, うすいた, 우스이타)	재질은 노송나무(檜, ひのき), 삼나무(杉, すぎ)를 얇게 깎아 만든 것으로, 튀김요리 장식 및 생선 보관용으로 사용한다.

(3) 식재료 계량방법

① 고체 식품

종류	계량방법
밀가루	• 무게(g) 또는 부피(㎖)로 계량한다. • 체에 친 다음 스패츌러 등으로 깎아서 수평으로 부피를 잰다. • 흔들거나 꼭꼭 눌러 담지 않도록 주의한다.
설탕	잘 섞어 스패츌러 등으로 깎아서 부피를 잰다.

소금, 향신료	• 덩어리가 지지 않게 한다. • 수북이 채운 후 스패츌러 등으로 깎아서 수평으로 잰다.
입자형 식품 (쌀, 콩, 팥 등)	수북이 담아 살짝 흔들어 윗면을 스패츌러 등으로 수평이 되도록 깎아서 잰다.
고춧가루	계량스푼에 수북이 담아서 좌우로 살살 흔들어서 잰다.

② 액체 식품

종류	계량방법
계량컵 눈금 보기	• 반듯하게 놓는다. • 액체 표면 아랫부분의 눈금을 눈과 수평으로 해서 읽는다.
점성이 높은 것 (고추장, 꿀, 기름 등)	계량 기구에 가득 담아서 잰다.
간장, 맛술, 청주, 물	계량스푼이 약간 볼록하게 표면장력이 될 때까지 잰다.

02 일식 무침 조리

일식 무침 조리는 주재료의 식재료에 다양한 양념을 첨가하여 용도에 맞게 무쳐내는 조리법이다. 무침은 대개 삶아서 간을 들여 무치는 경우가 많지만, 날 것 그대로를 사용하는 경우도 있다.

(1) 무침 재료 준비

식재료 기초손질 및 무침양념과 곁들임 재료를 준비한다.

(2) 무침 조리

전처리된 식재료에 무침양념을 사용하여 용도에 맞게 무쳐낸다. 싱싱한 재료는 날 것으로 무치며, 삶아서 간을 하여 무치는 경우도 있다.

무침 요리의 종류
참깨무침(고마아에), 된장무침(미소아에), 초무침(스아에), 초된장무침(스미소아에), 겨자무침(가라시아에), 산초순무침(기노메아에), 성게젓무침(우니아에), 해삼창자젓무침(고노와다아에), 흰두부무침(시라아에) 등이 있다.

(3) 무침 담기

용도에 맞는 기물을 선택하여 제공하기 직전에 무쳐서 색상에 맞게 담는다.

※ 무침요리 담기의 주의할 점
- 계절에 맞는 기물을 선택한다.
- 기물이 너무 화려하면 주요리를 어둡게 할 수 있기 때문에 음식이 화려할 수 있도록 색감을 고려한다.
- 무침요리 그릇은 양이 적고, 국물 또한 적기 때문에 작은 보시기 그릇 선택이 좋다.
- 기물선택은 3, 5, 7 등 홀수로 선택한다.
- 무침요리는 재료의 물기가 생기고 색이 변할 수 있기 때문에 제공 직전에 무치는 것이 매우 중요하다.

03 일식 국물 조리

일식 국물 조리는 제철에 생산되는 주재료를 준비된 맛국물에 맛과 향을 중요시하여 만든 조리법이다.

(1) 국물 재료 준비

주재료를 손질 및 다듬고 부재료, 향미재료를 손질한다.

국물요리의 종류

종류	특징
맑은 국물요리	회석요리에서 제공되며, 다시마 맛국물을 이용하고 도미 맑은국, 조개 맑은국 등이 있다.
탁한 국물요리	주로 식사와 함께 제공되며, 일본 된장을 이용한 된장국물이 대표적이다.

국물요리의 구성

종류	특징
주재료(완다네)	국물요리의 주재료로서 어패류, 육류, 채소류 등이 있다.
부재료(완쯔마)	국물요리의 부재료로서 채소류, 해초류 등을 사용하며, 주재료와 상생이 어울리는 재료를 사용한다.
향채(스이구치)	• 계절에 맞는 향미 재료를 사용하여 국물요리의 풍미를 더해 주는 중요한 역할을 한다. • 유자, 카보스, 레몬, 산초잎, 참나물 등을 사용한다.

(2) 국물 우려내기

국물 재료의 종류에 따라서 불의 세기를 조절하고 우려내는 시간을 조절하며, 재료의 특성에 따라 끓는 물(온도)에 넣는 시간을 다르게 한다.

맛국물의 종류

종류	특징
다시마 국물(昆布出し, こんぶ出汁, 곤부다시)	다시마는 차가운 물에 은근히 우려내 사용하기도 하지만, 최근에는 불에 올려 다시물이 끓으면 불을 끄고 다시마를 면포(소창)에 걸러내어 사용하는 것이 일반적이다.
★일번다시 (一番出汁, 이치반다시)	• 차가운 물에 다시마를 넣고 물이 끓으면 건져내고, 가다랑어포를 넣고 불을 끈 후 10~15분 후에 면포(소창)에 걸러 사용한다. • 다시마와 가다랑어포의 조화로 최고의 맛과 향을 지닌 국물로, 초회 및 국물요리, 냄비요리 등 일본요리의 전반에 주로 사용된다.
이번다시 (二番出汁, 니반다시)	일번다시에서 남은 재료에 가다랑어포를 조금 더 첨가하여 뽑아낸 국물로, 된장국이나 진한 맛의 조림요리 등에 사용된다.
니보시다시(煮干し出汁, 니보시다시)	니보시란, 쪄서 말린 것을 뜻하며 멸치, 새우 등 여러 가지 해산물을 이용하여 만든 맛국물로 조림, 찜, 된장국 등에 사용된다.

(3) 국물요리 조리

① 주재료, 부재료를 조리하고 맛국물을 조리한다.

② 향미 재료를 곁들여서 국물요리를 완성한다.

③ 맛국물의 종류에는 일번국물, 이번국물, 다시마국물, 가다랑어국물, 조미국물, 국물(즙류) 요리, 일본식 된장국, 조개맑은국, 도미맑은국 등이 있다.

※ 향미 재료의 종류 : 유자(유즈), 산초잎(기노메), 참나물(미쯔바), 레몬(레몬) 등

냄비의 종류

일식 냄비의 종류는 토기냄비, 알루미늄 냄비, 붉은 구리 냄비, 요철 냄비, 스테인리스 냄비, 철 냄비 등이 있다.

① 토기냄비(土鍋, どなべ, 도나베) : 양쪽에 잡는 손잡이가 있고 뚜껑이 있으며, 일반적으로 일식당에서 1~2인분의 탕을 제공할 때 사용된다. 열전도가 늦기 때문에 끓이는 데 시간이 걸리지만, 잘 식지 않기 때문에 음식을 따뜻하게 먹을 수 있는 장점이 있다.
- 천천히 끓이고 남은 열기에 의해서 재료의 맛이 충분히 우러나올 수 있는 요리에 적당하다.
- 깨어지기 쉽기 때문에 다루는 데 주의한다.
- 처음부터 센 불로 끓이지 말고, 처음에는 중간 불로 시작하여 강한 불로 가는 것이 좋다.
- 열기가 오래 지속되긴 하지만, 식으면 잘 닦아지지 않으므로 가능하면 끓어 넘치지 않도록 주의한다.

② 집게냄비(やっとこ鍋, 얏토코나베) : 냄비가 크지 않고, 일반적으로 알루미늄으로 되어 있어 열전도가 빠르고 손잡이가 없이 냄비의 바닥 표면이 평평하게 되어 있다. 보통 얏토코(やっとこ, 뜨거운 냄비를 집는 집게)라는 집게를 이용해서 얏토코나베라고 하며, 손잡이가 없어서 포개어 사용할 수 있기 때문에 수납이 용이하고 씻을 때도 편리한 장점이 있다.

③ 쇠 냄비(鉄鍋, てつなべ, 데쯔나베) : 전골냄비(鋤焼鍋, すきやきなべ, 스끼야끼나베)라고도 하며, 쇠로 만들어져 두껍고 무거우며 녹슬 수 있는 단점이 있다.
  - 무게가 있고 바닥이 두꺼워야 열이 균일하게 보온되어 온도가 일정하게 오래 유지된다.
  - 얇은 것은 바닥에 붙어 음식이 타기 쉽다.
  - 사용 후에는 물을 넣어 한 번 끓인 다음 깨끗이 씻어 수분을 완전히 닦고, 가볍게 기름을 발라 두면 녹이 슬지 않아 좋다.
  - 국물이 적은 스끼야끼, 튀김냄비, 철판구이 등에 많이 이용된다.

④ 알루미늄 냄비 : 알루미늄 냄비는 가볍고 취급하기 쉬우며, 열전도가 빠른 장점이 있기 때문에 국물요리를 빨리 끓이는 데 적절하지만 불꽃이 닿는 부분만 고온이 되어 균일하게 열이 전해지지 않는 단점이 있다.

⑤ 붉은 구리 냄비 : 일반적으로 구리 냄비는 붉은 냄비라고 하며, 샤브샤브요리에 주로 사용된다. 열전도가 균일하여 우수한 장점이 있지만, 공기 중의 탄산가스가 습기와 결합하여 녹청이 발생하므로 사용한 후에는 관리가 필요하다. 무겁고 가격이 비싼 단점이 있으며, 취급 또한 불편하기 때문에 수요가 적어지고 있다.

⑥ 요철 냄비 : 요철 냄비는 일반 냄비보다 열 흡수율이 높고 붉은 구리와 알루미늄 합금을 쇠망치로 두드려 성형하므로 냄비의 안쪽과 바깥쪽에 생기는 요철이 있다. 이 요철은 재료가 눌어붙는 것을 예방해 주기 때문에 일식 전문 레스토랑에서 많이 사용되고 있다.

⑦ 스테인리스 냄비 : 녹이 슬지 않아 좋고 구입하기 쉬우며, 취급하기도 쉬워 편리하다.
  - 음식을 요리할 때 바닥에 잘 달라붙는 단점이 있다.
  - 국물이 많은 요리인 오뎅 등이 잘 어울린다.

04 일식 조림 조리

일식 조림 조리는 계절에 맞는 다양한 식재료로 간장, 청주, 맛술, 설탕 등을 이용하여 조림을 하는 조리법이다. 조림은 신선한 재료를 가쓰오부시 국물이나 물을 사용하여 조미료와 함께 졸여서 맛을 내는 요리로, 원래 밥반찬용이었으나 근래에는 짜지 않도록 맛을 약하게 하여 술안주로도 많이 애용되고 있다.

> **조림(煮る, 니루)**
> 재료와 국물을 함께 끓여서 맛이 속으로 스며들게 하는 조리법이다. 밥반찬이 되고, 곤다테(こんだて, 식단)를 마무리 짓는 역할을 한다. 채소 니모노는 채소를 기본 다시만 넣어 색깔을 살려 살짝 조리는 담백한 요리이다. 대표적인 조림은 도미조림, 채소조림 등 다양하다.

(1) 조림 재료 준비

선류, 어패류, 육류, 채소류, 버섯류, 두부 등을 재료의 특성에 맞게 손질하고 메뉴에 맞는 양념장을 준비한다.

재료 자르는 방법
- 용도에 맞게 자르고 일정하게 잘라야 한다.
- 조리시간을 계산하여 두께 조절을 한다.
- 요리가 완성되었을 때 크기가 줄어든 만큼을 감안하여 자른다.

(2) 조림하기

재료에 따라 조림양념을 만들고, 불의 세기와 시간을 조절하여 재료의 색상과 윤기가 잘 나도록 조림을 한다.

조미료의 사용방법
- 사람에 따라 좋아하는 맛이 다르기 때문에 조미료의 경우 반드시 정해진 양을 사용해야 한다고 말할 수는 없다.
- 날씨가 더울 때는 약간 짠맛이 나게 한다.
- 날씨가 추울 때는 맛을 약간 옅게 하면서 단맛을 조금 보충해준다.
- 먹는 사람이 피로감이 있을 때는 약간 짠맛이 나게 한다.
- 조미료를 넣을 때에는 일반적으로 단것을 먼저 하고, 소금은 나중에 넣는다.

조림요리의 불 조절법

대부분 처음에는 강한 불로 시작한 후 끓어오르기 직전에 중간불로 조절

종류	불 조절
근채류, 생선류	중간 불
엽채류	약한 불
육류와 그 외 장시간 끓이는 것	약한 불

※ 조림(煮物)의 종류

종류	방법
국물을 조리는 것 (煮つけ, 니쯔께)	생선의 조리방법으로서 조리를 하면서 간을 맞추는 것으로 다시마국물(昆布だし, 곤부다시), 청주, 설탕, 맛술, 간장으로 조린다.
조각내어 조리기 (あら炊き, 아라다끼)	도미의 머리, 아가미 부분의 뼈가 붙어 있는 곳을 조린 것으로 맛을 진하게 조린다.
국물이 조금 있게 조리는 것 (煮しめ, 니시메)	연근, 곤약 등의 수분이 적은 것을 졸여 도시락, 연회에 사용한다.
바짝조리기(照り煮, 데리니)	재료에 색이 진하고 반짝하게 광택을 내는 조림으로 조림국물이 아주 작게 만든다.
된장조림(味曾煮, 미소니)	간장 대신 된장을 사용하여 생선의 비린내를 제거해 주며 독특한 맛이 있어 고등어, 전갱이 등 등푸른 생선을 사용한다.
흰조림(白煮, 시로니), 푸른조림(靑煮, 아오니)	색상을 살리기 위해 옅은 간장인 우수구치 간장을 조금 사용하거나 간장을 사용하지 않고 소금으로 간을 하여 단시간 조림.
보통조림	간장, 청주, 설탕을 적당히 조미하여 맛의 배합을 생각하며 조림.
단조림	맛술, 설탕, 청주를 넣어 조림.
초조림	재료를 조림한 다음 식초를 넣어 완성
짠조림	간장을 주로 이용하여 조림.
소금조림	소금을 주로 넣어 조림.

(3) 조림 담기

① 조림의 특성에 맞게 기물을 선택하고 조림의 형태를 유지하여 곁들임 재료를 함께 담는다.
② 곁들임 채소는 주로 표고버섯, 무, 당근, 우엉, 죽순, 꽈리고추, 두릅 등이 사용되며 용도로는 주재료의 맛을 부각시키기 위해서 사용된다.

> **일본요리의 기본 조리법**
> 일본요리는 오법(五法), 오색(五色), 오미(五味)의 조화와 계절 감각을 매우 중요시한다.
> • 오법 : 생, 구이, 튀김, 조림, 찜
> • 오색 : 흰색, 검은색, 노란색, 빨강색, 청색
> • 오미 : 단맛, 짠맛, 신맛, 쓴맛, 감칠맛

★★★
③ 조림용 뚜껑(落し蓋, おとしぶた, 오토시부타) : 조림요리에서 사용하는 냄비보다 약간 작고 나무로 된 뚜껑으로 냄비 안에 들어가는데, 국물이 끓어서 이 뚜껑에 닿았다가 다시 떨어져 맛이 골고루 스며들도록 하기 위한 것이다.

05 일식 면류 조리

일식 면류 조리는 우동(饂飩, うどん), 메밀국수[蕎麦, そば(소바)], 소면(素麵, 소멘), 라면(ラーメン, 라멘)] 등의 면 재료를 이용하여 양념과 국물을 함께 제공하는 조리법이다.

(1) 면 재료 준비

면류의 식재료를 용도에 맞게 손질하고, 면요리에 맞는 부재료와 양념을 준비한 후 면요리의 구성에 맞는 기물을 준비한다.

밀가루의 분류

밀가루는 밀의 낱알을 분쇄하여 만든 가루이다. 분류하는 방법으로는 반죽했을 때 어느 정도의 점탄성(粘彈性)을 가지고 있는가에 따라 점탄성이 가장 강한 것부터 강력분, 중력분, 박력분으로 나눈다.

구분	단백질량(%)	제조하는 밀의 종류	용도 및 특징	조리 종류
강력분	11.5~13.5% 정도	경질의 봄밀, 경질의 붉은 겨울밀	입자가 거칠고, 쫄깃한 식감의 빵 등에 적당함.	식빵, 마카로니, 바게트, 피자도우, 소보로 빵, 페이스트리 등
중력분	8.0~10.0% 정도	경질, 연질의 밀	• 면 제조에 적합한 점탄성을 지니고 있어 우동 등의 면용으로 적당함. • 쫄깃한 요리, 쫀득한 느낌의 요리에 사용 • 주로 다목적용으로 사용	면류(우동, 국수 등), 만두피, 쫀득한 느낌의 케이크, 크래커, 파이크러스트 등
박력분	6.0~8.5% 정도	흰 밀, 연질의 붉은 겨울밀	대단히 부드럽고 끈기가 약한 반죽이 되기 때문에 바삭한 튀김용으로 적당	튀김옷, 과자류, 카스텔라, 케이크류, 머핀, 마들렌, 바삭한 식감의 쿠키 등

※ 면 조리에 맞는 부재료는 표고버섯, 쑥갓, 팽이버섯, 실파, 대파, 오이, 당근, 김, 죽순, 무, 와사비, 과일 등이 있고, 양념으로는 다시마, 가다랑어포, 맛술, 청주, 연간장, 진간장, 소금 등이 있다.

(2) 면 조리

① 면 국물 조리는 면요리의 종류에 맞게 맛국물, 주재료, 부재료를 조리하고 향미 재료를 첨가하여 면 국물 조리를 완성한다.

② 면 조리는 면요리의 종류에 맞게 맛국물을 준비하고, 부재료는 양념하거나 익혀서 준비한 후 면은 용도에 맞게 삶아서 준비한다.

㉠ 맛국물의 종류

종류	방법
찬 면류 맛국물	• 메밀국수의 맛국물은 기본적으로 다시 7 : 진간장 1 : 맛술 1의 비율로 끓여서 만들어 식힌다. • 취향에 따라 맛술 대신 설탕의 양을 조절하여 만들기도 하며, 관동지역이 관서 지역보다 맛이 진하고 단맛이 강하다. • 찬 우동 맛국물은 면발이 두꺼운 경우 기본 맛국물을 다시 5~6 : 진간장 1 : 맛술 1의 비율로 끓여서 만들고 식힌다.
볶음류 맛국물	• 일식면의 볶음류는 대표적으로 볶음우동과 볶음메밀국수이다. • 볶음면류 요리는 편의상 간장을 기본으로 양념이 주로 사용되며, 간장 1 : 청주 1 : 맛술 1 : 물 2의 비율에 후추를 첨가하고, 마지막에 간장을 조금 이용하여 전체적인 색과 향을 체크하여 마무리한다.
따뜻한 면류 맛국물	• 일반적으로 다시 14 : 진간장 1 : 맛술 1의 비율로 끓여서 만든다. • 업소에 따라서 가다랑어포, 멸치, 도우가라시(고춧가루)를 추가하여 진한 맛을 내기도 한다.

㉡ 면요리의 종류에 맞는 맛국물

종류	특징
우동	다시물, 가다랑어포, 간장, 소금, 설탕, 맛술, 청주로 조미하여 우동다시를 만든다.
메밀국수(소바)	가께소바인지 자루소바인지에 따라 소바쯔유의 염도와 농도를 다르게 만든다.
소면	맑고 담백한 맛국물을 준비한다.
볶음우동(야끼우동), 볶음메밀국수(야끼소바)	국물이 없는 요리는 볶을 때는 진한 소스가 필요하다. 따라서 설탕과 간장을 1 : 3~1 : 4 정도로 혼합하여 끓여서 식혀두고 사용하는데, 이것을 모도간장이라고 한다.
라멘	• 보통 돼지 뼈를 삶아서 돈코쯔 국물을 준비하여 사용한다. • 일본라멘에는 돼지고기(챠슈), 파, 삶은 달걀 등의 토핑을 얹는다. - 쇼유라멘 : 일본식 간장으로 맛을 냄. - 시오라멘 : 소금으로 맛을 냄. - 미소라멘 : 된장으로 맛을 냄. - 돈코츠라멘 : 돼지 뼈로 맛을 냄.
면 조리	맛국물에는 다시마 맛국물, 가다랑어포 맛국물, 우동 맛국물, 메밀국수 맛국물 등이 있다.

(3) 면 담기

① 면요리의 종류에 따라 올바른 그릇을 선택하여 양념, 맛국물을 담아낸다.

② 면요리의 종류에는 찬 우동, 온 우동, 냄비우동, 튀김우동, 우동볶음, 찬 메밀국수, 온 메밀국수, 볶음메밀국수, 소면, 라멘 등이 있다.

③ 국물이 있는 면 종류의 그릇 선택 및 고명 올리기

메뉴명	올바른 그릇	고명 올리는 방법	고명의 종류
온 우동	깊이가 있고 넓이가 적당한 그릇	부재료의 색상과 양을 고려하여 보기 좋게 담는다.	대파(실파), 붉은어묵(가마보꼬), 덴까스 등
온 메밀국수	깊이가 있고 넓이가 적당한 그릇	부재료의 색상과 양을 고려하여 보기 좋게 담는다.	실파, 하리노리, 덴까스 등
냄비우동	토기냄비(질그릇)	쑥갓은 제공 직전에 올린다.	대파, 붉은어묵(가마보꼬), 달걀, 쑥갓
튀김우동	토기냄비(질그릇)	새우튀김은 제공 직전에 올린다.	대파, 붉은어묵(가마보꼬), 달걀, 새우튀김
소면	깊이가 있고 넓이가 적당한 그릇	달걀을 풀어서 올리는 경우가 많다.	붉은어묵(가마보꼬), 대파(실파), 곱게 자른 김(하리노리)
라멘	깊이가 있고 넓이가 적당한 그릇	부재료의 색상과 양을 고려하여 보기 좋게 담는다.	대파, 차슈 등

★ ※ 붉은어묵은 찐 어묵의 일종으로 '가마보꼬'라고 한다.

④ 국물이 없는 면 종류의 그릇 선택 및 고명 올리기

메뉴명	올바른 그릇	고명 올리는 방법	고명의 종류
볶음우동 (볶음 메밀국수)	넓고 얕은 접시	요리에 바로 올린다.	가다랑어포
찬 우동 (냉우동)	넓고 얕은 접시	요리에 바로 올린다.	생강, 덴까스, 실파, 김, 곱게 자른 김(하리노리)
찬 메밀구수 (자루소바)	물기가 빠질 수 있는 그릇에 면만 담아서 제공	별도의 그릇에 쯔유(소스)와 함께 제공한다.	실파, 무즙, 와사비, 덴까스, 곱게 자른 김(하리노리)

시찌미(七味)
- 일본의 시찌미는 지역에 따라서 배합, 배분이 다른 특징이 있다.
- 관서지방의 시찌미는 산초의 비율이 높아 향이 강하다.
- 관동지방의 시찌미는 산초의 배합이 없거나 적다.
- 지역의 특징이나 개개인의 식성을 맞춰 최근에는 다양한 배합 비율의 시찌미가 만들어지고 있다.
- 일반적으로 산초, 진피(귤껍질), 고춧가루, 삼씨(마자유), 파란김(青海苔, 아오노리), 검은깨, 생강의 7종류로 만들어진다.

06 일식 밥류 조리

일식의 밥류 조리는 식사로 사용되는 다양한 밥 종류와 덮밥류, 죽류 등을 조리하는 조리법이다.

(1) 밥 짓기

쌀을 씻어 불려서 조리법(밥, 죽)에 맞게 물을 조절한 후 밥을 지어 뜸들이기를 한다.

쌀의 특징
- 멥쌀(Nonglutinous Rice) : 광택이 있고 반투명하며, 점성이 많은 아밀로펙틴이 80% 정도, 아밀로오스가 20% 정도 함유되어 있어 밥을 지었을 때 끈기가 있어 주식으로 이용된다.
- 찹쌀(Glutinous Rice)은 광택이 없고 불투명하며, 아밀로오스가 없고 아밀로펙틴이 100%로 점성이 매우 강하여 찰떡이나 인절미 등에 이용된다.

(2) 녹차 밥(お茶漬け, おちゃずけ, 오챠즈게) 조리

맛국물을 내고 메뉴에 맞게 기물을 선택하여 밥에 맛국물을 넣고 고명을 선택한다.

녹차 밥 조리 준비 사항
- 쌀은 밥 짓기 30분~1시간 전에 불려 체에 밭쳐 놓는다.
- 녹차물과 맛국물을 1 : 1 정도로 한다.
- 녹차밥의 고명에 깨, 김, 와사비 등을 준비한다.
- 녹차덮밥의 종류에 따라 연어(사케), 매실(우메보시), 김(노리), 오차 등을 준비한다.

(3) 덮밥(丼物, どんぶりもの, 돈부리모노, 돈부리)류 조리

① 덮밥을 돈부리(どんぶり), 동(丼)으로 줄여 표기하기도 한다.
② 덮밥 소스는 덮밥용 맛국물과 양념간장, 재료에 맞게 준비한다.
③ 덮밥류 조리는 덮밥의 재료를 용도에 맞게 손질하고, 맛국물에 튀기거나 익힌 재료를 넣어 조리 또는 밥 위에 조리된 재료와 고명을 올려 완성한다.

덮밥의 종류
장어구이덮밥(鰻丼, 우나기동), 튀김덮밥(天丼, 덴동), 소고기덮밥(牛丼, 규동), 돈까스덮밥(カツ丼, 카츠동), 돼지고기구이덮밥(豚丼, 부타동), 참치회덮밥(鉄火丼, 뎃카동), 회덮밥(海鮮丼, 카이센동), 닭조림달걀덮밥(親子丼, 오야코동), 카레덮밥(カレ丼, 가레동) 등

★**덮밥냄비(丼鍋, どんぶりなべ, 돈부리나베)**
손잡이가 직각으로 되어 있는 작은 프라이팬 모양으로 밥 위에 올리는 과정에서 힘을 적게 주기 위해 턱이 낮고 가볍다.

(4) 죽(雜炊, 조우스이)류 조리

다시마 맛국물, 가다랑어포 맛국물 등을 내서 쌀 또는 밥에 맞게 주재료와 부재료를 사용하여 죽을 조리한다.

죽의 종류
- 죽은 복어냄비, 닭고기냄비, 샤브샤브냄비 등을 먹고 난 후 생긴 맛국물에 밥(쌀)을 넣고 끓여 부드럽게 만든(雜炊, 조우스이) 것이다.
- 팥이나 쌀(밥) 등의 곡류로 만든 죽(お粥, 오카유), 흰쌀로만 지은 죽(白粥, 시라가유), 녹두로 만든 죽(緑豆粥, 료쿠도우가유), 팥으로 만든 죽(小豆粥, 아즈키가유), 감자와 고구마를 넣은 죽(芋粥, 이모가유), 차를 넣은 죽(茶粥, 챠가유) 등이 있다.

07 일식 초회 조리

일식 초회 조리는 식욕촉진제 역할을 하며, 해산물, 오이, 미역 등 기초 손질한 식재료에 새콤달콤한 혼합초를 이용하여 만든 조리법이다. 조미료 중 초를 주로 하여 다른 조미료와 혼합한 것을 날로 또는 가열한 식품에 조미해서 먹는 요리로, 식초를 사용하기 때문에 비린내가 나는 재료도 상큼하게 먹을 수 있는 장점이 있다(문어초회, 해삼초회, 모둠초회, 껍질초회 등).

(1) 초회 재료 준비

식재료 기초 손질, 혼합초 재료 준비, 곁들임 양념을 준비한다.

(2) 초회 조리

식재료 전처리와 혼합초를 만들고, 식재료와 혼합초의 비율을 용도에 맞게 조리한다.

① 식재료 기초손질

　㉠ 채소류는 소금에 주물러 씻거나 소금물에 절여서 사용한다.

　㉡ 생선, 어패류는 소금으로 여분의 수분과 비린내를 제거한다.

　㉢ 불순물이 강한 것은 물 또는 식초물에 씻는다.

> **초회요리의 전 처리 방법**
> - 식초에 씻기(酢洗い, 스아라이) : 소금으로 한 재료를 물로 씻은 후 마지막으로 식초물에 살짝 씻기
> - 식초에 절임(酢じめ, 스지메) : 전어, 고등어, 청어 등과 같이 살이 부드럽고 비린내가 나는 생선은 소금에 절인 후 다시 식초에 잠시 재워서 사용
> - 데치거나 삶아내기
> - 살짝 굽거나 볶아내기
> - 건조된 재료 물에 불리기
> - 소금에 살짝 절이거나 소금물에 씻기
> - 식초를 소금과 함께 사용하면 소금에 의해 식초의 강한 산미가 부드러워져 깔끔하고 산뜻한 풍미가 살아남

② 혼합초의 종류 및 기본 분량

종류	기본분량
이배초(二杯酢, にばいず, 니바이스)	다시물 2 : 식초 1 : 간장 1
삼배초(三杯酢, さんばいず, 삼바이스)	다시물 3 : 식초 2 : 간장 1 : 설탕 1
초간장(ポン 酢, ぽんず, 폰즈)	다시물 1 : 간장 1 : 식초 1

※ 단초(甘酢, あまず, 아마즈), 도사초(土砂酢, どさず, 도사스), 남방초(남방즈), 매실초(바이니쿠즈), 고추냉이식초(와사비스), 깨식초(고마스), 생강식초, 사과식초, 겨자식초, 난황식초, 산초식초 등이 있다.

★③ 곁들임 재료

양념(薬味, やくみ, 야쿠미)	• 요리에 첨가하는 향신료나 양념을 말함. • 첨가하여 먹으면 잘 어울리며, 좋은 맛을 냄. • 향기를 발하여 식욕을 증진함.
빨간무즙(赤卸, あかおろし, 아카오로시)	• 모미지오로시(통무에 씨를 뺀 고추를 넣어서 강판에 갈아 만드는 것)라고도 함. • 고추즙(고춧가루)에 무즙을 개어 빨간색을 띤 무즙을 말함. • 붉은 단풍을 물들인 것처럼 아름다운 적색을 띠므로, 모미지라고도 함. • 초간장(ポン 酢, ぽんず, 폰즈), 초회에 곁들여 사용

올바른 초무침을 위한 방법
- 신선한 재료를 준비한다(특히 어패류).
  ※ 날것을 그대로 사용할 때는 재료의 신선도를 잘 선별해야 한다.
- 살균작용을 할 수 있도록 소금으로 잘 씻는다.
- 너무 빨리 무쳐 놓지 않는다.
- 재료는 충분하게 식혀서 사용한다.
- 그릇은 적으면서 약간 깊은 그릇을 선택한다.

(3) 초회 담기

① 용도에 맞는 기물을 선택하여 제공 직전에 무쳐 색상에 맞게 담아낸다.
② 미역, 오이, 채소를 바탕으로 어패류를 담아낸다.
③ 그릇은 계절감에 맞게 준비하고, 너무 화려하면 음식의 색감이 어두울 수 있다.
④ 큰 접시보다는 작으면서도 깊이가 조금 있는 것에 담는 것이 잘 어울린다.
⑤ 3, 5, 7 등 홀수로 기물을 선택한다.
⑥ 곁들임 재료로는 차조기 잎(시소), 무순 등이 있다.

08 일식 찜 조리

일식 찜 조리는 생선류, 조개류, 채소류 등 다양한 식재료를 이용하여 찜을 하는 조리법이다. 증기에서 수증기로 만든 요리로, 모양과 형태가 변하지 않고 본연의 맛이 날아가지 않게 하는 가열 조리법이다. 달걀찜(자완무시), 도미술찜, 대합술찜, 닭고기술찜, 모둠술찜 등이 있다.

찜 조리의 특징
- 찜요리는 재료가 갖고 있는 영양과 맛이 최대한 밖으로 흘러나오지 않도록 하여 재료의 영양과 본래의 상큼하고 깔끔한 맛이 특징이다.
- 어패류, 달걀, 두부, 채소류 등에 떫은맛이 없고 담백한 재료를 사용한다.
- 계절에 따라 시원한 맛과 따뜻한 맛으로 제공이 가능하다.
- 찜을 하기 때문에 식어도 수분이 충분하여 딱딱하지 않다.
- 재료를 부드럽게 해주고 형태와 맛을 유지한다.
- 압력을 이용하면 단시간에 부드럽게 만들 수 있다.
- 대량의 음식 조리도 가능하다.

- 재가열 시에도 형태를 유지할 수 있다.
- 찜통에 갇혀 있던 비린내와 냄새 제거가 어렵다(고등어, 정어리, 청어, 삼치 등).
- 찜 조리에서는 아주 섬세하게 냄새가 옮겨져 요리를 실패할 수 있다.

찜 조리의 종류

조미료에 따른 분류	• 술찜(酒蒸し, 사까무시) : 도미, 대합, 전복, 닭고기 등에 소금을 뿌린 뒤 술을 부어 찐 요리로, 폰즈(ポン酢)가 어울림. • 소금찜(鹽蒸し, 시오무시) : 술을 넣지 않고 소금을 뿌린 뒤 찐 요리 • 된장찜(味そ蒸し, 미소무시) : 재료에 으깬 된장 등을 넣어서 혼합하여 찜한 요리로, 된장은 냄새를 제거하고 향기를 더해 줘서 풍미를 살리므로 찜 조리에 많이 사용함(단, 빠른 시간 내에 쪄야 함).
재료에 따른 분류	• 순무찜(かぶら蒸し, 가부라무시) : 무청(순무)을 강판에 갈아 재료를 듬뿍 올려서 찐 요리로, 매운맛이 적고 싱싱한 것으로 풍미가 달아나지 않게 빨리 쪄야 함. • 신주찜(信州蒸し, 신슈무시) : 메밀국수를 삶아 재료 속에 넣고 표면을 흰살생선 등으로 다양하게 감싸서 찐 요리 • 상용찜(上用蒸し, 조요무시) : 강판에 간 산마를 곁들여 주재료에 감싸거나 위에 올려서 찐 요리 • 찐쌀찜(道明寺蒸し, 도묘지무시) : 찐 찹쌀을 물에 불려서 재료에 감싸거나 올려 찐 요리 • 벚꽃잎사귀찜(桜蒸し, 사꾸라무시) : 잘 불린 찹쌀을 벚꽃잎사귀에 싸거나 사이에 끼워서 찐 요리 • 섶나무찜(紫蒸し, 시바무시) : 당근, 버섯류 등을 채로 썰어서 마치 섶나무와 같이 보이게 하여 재료에 놓아 찐 요리 • 달걀노른자위찜(黃身蒸し, 기미무시) : 사용할 재료에 달걀노른자를 으깨거나 거른 후 찐 요리
형태에 따른 분류	• 질주전자찜(土瓶蒸し, 도빙무시) : 송이버섯, 닭고기, 장어, 은행 등을 찜 주전자에 넣고 다시국물을 넣어 찐 요리 • 부드러운 찜(柔らか蒸し, 야와라까무시) : 문어, 닭고기 등의 재료를 아주 부드럽게 찐 요리 • 호네무시(骨蒸し, 호네무시) : 치리무시(ちり蒸し)라고도 하며, 뼈까지 충분히 익혀서 다시물에 생선 감칠맛이 우러나오게 함(강한 불에 쪄야 함).

(1) 찜 재료 준비

메뉴에 따라 주재료의 특성을 살려 손질하고 부재료, 고명, 향신료를 조리법에 맞추어 손질한다. 찜요리의 적당한 재료로 어패류는 도미, 가자미, 삼치 등의 흰살생선이 잘 이용되며, 패류는 대합, 아사리 등이 이용되고, 가금류는 닭고기를 주로 이용한 후 양념재료를 준비한다.

★ 데쳐내기(시모후리)
- 끓는 물을 표면이 하얗게 될 정도로 재료에 붓거나, 재료를 끓는 물에 살짝 데쳐내면 표면을 응고시켜 본래의 맛이 달아나지 않도록 된다.
- 직접 불을 가하거나 가열 후 바로 찬물에 담가 차갑게 하여 표면의 비늘, 점액질, 피, 냄새, 지방, 여분의 수분 등을 제거하여 사용한다.

(2) 찜 조리

① 찜 소스는 메뉴에 따라 재료의 특성을 살려 맛국물을 준비하고, 찜의 종류와 특성에 맞게 조리 후 첨가되는 소스의 양을 조절한다.

② 찜통을 준비하고 식재료의 종류에 따라 불의 세기와 시간을 조절하여 양념(소스)과 찜을 완성한다.

찜통의 종류 및 특징

종류	특징
나무 찜통	• 찜통은 증기에 의해서 식품을 가열하기 위한 기구인데, 나무 찜통으로는 사각형과 둥근형이 있다. • 2~3단 정도 겹쳐서 증기를 올려 사용하며, 열효율이 좋고 수분 흡수가 좋아 뚜껑에도 물방울이 생기지 않는 장점이 있다. • 단점은 사용 후 곰팡이가 생기기 쉬워 햇빛에 말려 건조해야 한다.
스테인리스, 알루미늄 찜통	• 겹쳐서 사용이 가능하고 손질이 쉽고 사용 후 세척이 용이하다. • 높이가 다소 높고 바닥이 넓어 물의 양이 많이 들어가는 것이 열의 손실이 적어 좋다. • 나무 찜통과는 달리 찜통이 너무 뜨거워 주의가 필요하다.

③ 찜요리의 방법

　㉠ 찜통(蒸し器, 무시키)은 바닥이 넓고 높이가 낮은 것이 열의 손실이 적어 시간적, 경제적으로 좋다.

　㉡ 가능하면 높이는 높지 않으며, 바닥은 적당히 넓은 것이 좋다.

　㉢ 찜요리는 먼저 불을 붙여 증기를 올린 다음 재료를 넣어 요리를 완성하는 것이 좋다.

　㉣ 찜요리에서 찜통에 넣는 물의 양은 3/5 정도가 적당하다.

　㉤ 대부분의 찜요리는 재료에 따라 다르지만, 10~30분 전후면 거의 완성된다.

　㉥ 찜 준비 → 찜솥에 물 넣고 랙(Rack) 올리기 → 뚜껑을 덮고 물 끓이기 → 식재료를 랙 위에 올리고 뚜껑을 덮기(수증기가 빠지지 않도록 함) → 찜하기(부분적 찜 금지) → 소스와 함께 즉시 제공

찜요리의 화력 조절법
① 약한 불로 찌는 요리
• 뚜껑을 조금 열어 놓고 중간 정도의 온도로 찜.
• 달걀, 두부, 산마, 생선살 같은 것 등
• 달걀찜(茶碗蒸し, 자완무시), 달걀두부(卵豆腐, 다마고도후) 등

※ 강한 불로 찌면 달걀 자체가 끓기 때문에 익으면서 구멍이 남게 되어 보기 싫고, 맛도 없다.
※ 스다찌(すだち) 현상 : 달걀을 사용한 재료를 찔 때 강한 불에서 찜을 하여 구멍이 생기는 현상

② 중간 불로 찌는 요리 : 재료의 특징에 따라 중불과 센불로 온도조절을 잘 유지하며 찜[도미술찜(鯛酒蒸, 다이사까무시) 등].

③ 강한 불로 찌는 요리
- 뚜껑을 꼭 덮고 센불에서 찜.
- 생선찜의 경우 흰살생선, 연어는 열을 오래 가해도 단단해지지 않음(생으로 먹을 수도 있으므로 데친 정도로만 찜을 하고 열을 가하여 익히는 정도는 95%가 적당).
- 전복술찜(鮑酒蒸し, 아와비사까무시), 대합술찜(大蛤酒蒸し, 하마구리사까무시) 등
- 만두류, 새우, 조개류, 닭고기는 열을 오래 가하면 단단해지고 질겨져서 센불에서 빠르게 찜(대합, 중합은 입을 벌리면 되지만 닭고기, 돼지고기는 완전히 익힘).

④ 찜요리의 주의할 점
  ㉠ 뚜껑에 붙어 있는 증기가 요리에 떨어질 우려가 있으므로 주의한다.
  ㉡ 찌는 도중에 물을 보충할 때에는 끓는 뜨거운 물로 보충하여 온도를 유지하여야 한다.
  ㉢ 요리가 완성되어 들어낼 때에는 꼭 불을 끄고, 화상에 주의한다.

(3) 찜 담기

① 찜의 특성에 따라 기물을 선택하여 재료의 형태를 유지하고, 곁들임을 첨가하여 완성한다.
② 폰즈는 감귤류에서 짠 즙을 말하는데, 등자(스다치)를 주로 사용한다.
③ 야꾸미(실파찹, 빨간무즙, 레몬), 폰즈(간장 1 : 식초 1 : 다시물 1) 소스를 곁들인다.

09 일식 롤 초밥 조리

일식 롤 초밥 조리는 초밥용 김, 밥, 생선, 채소류 등 다양한 식재료를 이용하여 롤 초밥을 조리하는 조리법이다.

초밥용 쌀의 특성
① 초밥용 쌀의 조건
- 밥을 지었을 때 맛과 향기(풍미)가 좋을 것
- 수분(배합초)의 흡수성이 좋을 것
- 밥을 평상시보다 약간 되게 지을 것
- 적당한 탄력과 끈기(찰기)가 있을 것
- 전분의 구조가 단단하고 끈기가 있을 것
- 고시히카리 품종이 좋음.

② 초밥용 쌀의 선택
- 햅쌀보다는 묵은쌀이 좋음(햅쌀은 수분 흡수율이 낮아 좋지 않음).
- 햅쌀은 배합초를 뿌렸을 때 전분이 굳어지지 않고 남아 있어 질퍽한 밥이 됨.

③ 초밥용 쌀의 보관
- 현미 상태로 서늘한 곳
- 약 12℃ 정도의 냉장 보관
- 직전에 정미(도정)하여 사용

④ 밥 짓기(30~40분) : 초벌 씻기(재빨리 씻기) → 체에 거르기(1회) → 볼에 담기 → 비벼 씻기(1회) → 물에 씻기(2회) → 체에 거르기(2회) → 비벼 씻기(2회) → 물에 씻기(3회) → 체에 거르기(3회) → 체에 받치기 → 냉장고 보관(30분 정도) → 밥솥에 앉히기 → 물 조절하기(쌀 1 : 물 1) → 밥 짓기 → 뜸들이기(10분)

※ 쌀을 초벌 씻을 때는 재빨리 씻어야 잡맛이 스며들지 않음.

롤 초밥의 종류
① 김초밥(巻ずし, 마키즈시)
- 굵게 말은 김초밥(太巻き, 후도마키) : 1~1.5장의 김 사용
- 가늘게 말은 김초밥(細巻き, 호소마키) : 0.5장의 김 사용
- 참치김초밥(데카마키), 오이김초밥(갑파마키) 등

② 손말이 김밥(手巻き, 데마키)

※ 기타 초밥 : 생선초밥(니기리즈시), 상자초밥(하코즈시), 군함초밥(군캉마키), 유부초밥(이나리즈시), 알초밥 등

좋은 김의 선택 방법
- 잘 말려 있는 것
- 일정한 두께로 약간 두꺼운 것
- 광택이 나는 것
- 매끄럽고 감촉이 좋은 것
- 냄새가 좋은 것

(1) 롤 초밥 재료 준비

초밥용 밥을 준비하고, 용도에 맞는 주재료, 부재료와 고추냉이(생, 가루)를 준비한다.

스시 재료의 준비
배합 초(스시즈), 주재료(다네), 생선의 포 뜨기, 달걀, 유부의 조리, 박고지조림, 오보로 만들기, 참치(마구로) 해동 등

★**냉동 참치의 식염수 해동법**
- 여름철 식염수 해동은 18~25℃의 물에 3~5%의 식염수
- 겨울철 식염수 해동은 30~33℃의 물에 3~4%의 식염수
- 봄, 가을 식염수 해동은 27~30℃의 물에 3%의 식염수

(2) 롤 양념초 조리

초밥용 배합초의 재료를 준비하고, 배합초를 조리하여 용도에 맞게 다양한 배합초를 밥에 잘 뿌려 섞는다.

배합초 만들기
식초, 소금, 설탕 준비 → 은은한 불에서 식초에 소금, 설탕 넣기 → 천천히 저으면서 소금, 설탕 녹이기(식초, 소금, 설탕이 눌지 않게 녹이기) → 끓이지 않도록 주의(식초 맛이 날아감)

밥과 배합초의 비율
밥과 배합초의 비율은 밥 15 : 배합초 1 정도의 비율을 기본으로 하며, 김초밥은 배합초의 비율을 조금 더 적게 하고 생선초밥은 배합초의 비율을 조금 높게 하는 경우가 있다.

초밥을 고루 섞는 방법(배합초 뿌리기)
초 양념은 밥을 짓기 30분 전에 만들어 놓기(재료들이 잘 섞이기 때문) → 나무통(한기리)에 뜨거운 밥을 옮겨 담고 배합초를 뿌리기(밥이 식으면 흡수력이 떨어지므로) → 나무 주걱으로 살살 옆으로 자르는 식으로 밥알이 깨지지 않도록 섞기 → 한 번씩 밑과 위를 뒤집어 주면서 배합초가 골고루 섞이도록 함 → 밥에 배합초가 충분히 흡수되면 부채 등을 이용하여 밥에 남아있는 여분의 수분을 날려 보내기 → 초밥의 온도가 사람 체온(36.5℃) 정도로 식히기 → 보온밥통에 담아 사용(온도 유지)

(3) 롤 초밥 조리

롤 초밥의 모양과 양을 조절하여 신속한 동작으로 용도에 맞게 다양한 롤 초밥을 만든다.

초생강 만들기
- 통생강의 껍질을 벗기고 얇게 편으로 썰어 끓는 물에 데친 다음 배합초(식초, 소금, 설탕, 다시물)를 넣어 완성
- 껍질 벗기기 → 편 썰기 → 소금에 절이기 → 그릇에 담기 → 뜨거운 물에 데치기 → 찬물에 헹구어 체에 거르기 → 식초에 설탕, 소금 녹이기 → 다시물 넣고 식히기 → 볼에 담기 → 데친 생강에 배합초 붓기

초밥도구

① 초밥 버무리는 통(半切り, はんぎり, 한기리)
  - 초밥을 식히는 나무 통으로, 편백나무(ひのき)로 된 초밥 버무리는 통이 좋음. 작게 쪼갠 나무를 여러 개 이어서 둥글고 넓게 만들며, 높지 않게 만들어 초밥을 식히는 데 사용되는 조리기구
  - 사용할 때에는 물로 깨끗하게 씻어 물기를 행주로 닦고, 밥이 따뜻할 때 배합초를 버무려 사용
  - 마른 통을 사용할 경우에는 밥이 붙고 배합초를 섞기가 불편하기 때문에 꼭 수분을 축여서 사용하도록 한다.
② 김발(巻き簀, まきす, 마키스)
  - 재질은 대나무로 되어 있고, 강한 열에도 변형되지 않을 것
  - 오니스다레(おにすだれ)는 삼각형의 굵은 대나무를 엮어 만든 것으로, 면에 파도 모양을 살려 다테마키(伊達巻, だてまき)용으로 사용
③ 기타 : 강판(오로시가네), 눌림상자(오시바코), 뼈뽑기(호네누키), 초밥밥통(샤리비츠) 등

(4) 롤 초밥 담기

롤 초밥의 종류와 양에 따른 기물을 선택하고, 롤 초밥을 구성에 맞게 담은 후 곁들임을 첨가한다.

① 초밥의 곁들임 : 초생강, 락교, 단무지, 오차, 장국, 간장 등

② 초밥간장 : 일반간장보다 싱겁게 만듦.

10 일식 구이 조리

일식 구이 조리는 생선류, 육류, 가금류, 조개류 등 다양한 식재료를 이용하여 직접구이와 간접구이로 구워내는 조리법이다. 구이는 가열 조리방법 중 가장 오래된 조리법으로 불이 직접 닿는 직화구이와 오븐과 같은 대류나 재료를 싸서 직접 열을 차단하여 굽는 간접구이가 있다. 구이는 재료의 표면이 뜨거운 열에 노출되어 표면이 굳어 재료가 가지고 있는 감칠맛이 새어 나오지 않아 맛이 더욱 좋다.

(1) 구이 재료 준비

식재료를 용도에 맞게 손질 및 양념을 준비하고, 구이 용도에 맞는 기물을 준비한다.

> **맛있는 구이를 위한 준비**
> - 굽기 전에 반드시 간장, 소금 등 밑간을 한다.
> - 구이에서 아시라이(곁들임요리)는 구이를 돋보이게 하는 요리로 꼭 필요하다.
> - 구이에서 불 조절은 매우 중요한 기술이다. 일반적으로 기름기가 많은 생선류, 가금류는 낮은 온도에서 서서히 구워 기름기를 빼면서 굽지만, 조개류 등과 담백한 생선은 높은 온도에서 빠르게 구워야 딱딱하지 않다.
> - 꼬치(구시)구이를 할 때 꼬치를 돌려가면서 구워야 생선이 붙지 않아 부서지지 않는다.

(2) 구이 조리(굽기)

식재료의 특성에 따라 구이방법을 선택하여 불의 강약을 조절하면서 재료의 형태가 부서지지 않도록 구이를 한다.

일식 구이의 종류
일식 구이는 크게 조미양념과 조리기구에 따라 분류한다.

(1) 조미 양념에 따른 분류

소금구이 (시오야끼)	• 신선한 재료를 선택하여 소금으로 밑간을 하여 굽는 구이이다. 일반적으로 처음에는 밑간을 조금해 놓고 굽기 직전에 소금으로 간을 하여 굽는다(소금은 감미의 역할도 있지만, 열전도가 좋아 재료를 고루 익힌다). 예 도미구이, 삼치구이[삼치소금구이(사와라시오야끼)], 연어구이, 은어구이[은어소금구이(아우시오야끼)], 전복구이, 새우구이, 고등어[고등어소금구이(사바시오야끼)], 메로, 송이구이 등 • 생선이 갖고 있는 독특한 맛을 살리는 조리법으로, 신선한 재료를 이용한다. • 소금 양은 보통 생선의 2% 정도로, 양면에 골고루 뿌린 후 20~30분 후 굽는 것이 좋다(껍질이 얇은 생선은 5분 정도 간을 하는 것이 좋다). • 구울 때는 우선 껍질 쪽부터 구워 노릇노릇해지면 뒤집어 굽는다. 지느러미와 꼬리가 타는 것을 방지하기 위해서는 은박지로 감고, 살아 있는 듯한 멋을 내기 위해서는 소금을 듬뿍 묻혀 굽는다.
양념간장구이 (데리야끼)	• 구이 재료를 데리(양념간장)로 발라 가며 굽는 구이이다. 일반적으로 간장 1 : 청주 1 : 미림(맛술) 1의 비율로 기호에 따라 설탕을 가미하는데, 처음에는 간장을 조금 발라 굽고 어느 정도 익히면 3~4번 정도 더 발라가며 구워 완성한다. 예 장어, 방어, 연어, 소고기, 닭고기 등 • 생선에 양념장을 발라 구워서 광택이 나게 하는 조리법이다. • 양념장은 보통 간장 3 : 맛술 3 : 설탕 1 : 청주 1의 비율로 섞어 3분의 2가 될 때까지 졸여서 사용한다. 처음에는 양념을 바르지 않고 그냥 굽다가 4분의 3 정도 구워지면 양념을 3~4회 발라 가며 굽는다(처음부터 양념을 바르면 속이 익기 전에 겉 부분만 탄다). • 지방이 많고 살이 두꺼운 생선(갯장어, 방어, 참치)과 닭고기 등에 잘 사용된다. • 갯장어양념구이(하모데리야끼), 방어양념간장구이(부리데리야끼), 닭간양념간장구이(도리기모데리야끼) 등이 있으며, 연한 간장구이로는 꽃다랑어 산초구이(가쯔오기노메야끼), 도미머리산초구이(다이아다마산쇼야끼) 등이 있다.
된장절임구이 (미소쯔께야끼)	• 미소(된장)에 구이 재료를 재웠다가 굽는 구이이다. 된장(사이교미소) 500g : 맛술 50cc : 청주 50cc를 섞고 구이 재료를 12시간 정도 재워 간을 하며, 된장이 묻지 않도록 면포(소창)로 덮어서 재우거나 굽기 전에 된장을 잘 분리하여 굽는다. 구울 때 생선에 된장이 묻어 있으면 빨리 타고, 생선을 물에 씻으면 맛이 없다. 예 은대구, 메로, 옥도미, 병어, 고등어, 삼치, 소고기 등
된장절임구이 (미소쯔께야끼)	• 된장에 생선이나 육류를 넣어 된장 맛을 들인 다음 굽는 조리법이다. 된장구이용 된장은 대개 흰된장(시로미소) 1kg : 청주 360cc : 맛술 180cc : 설탕 300g을 잘 섞어서 사용한다. • 담그는 방법은 바로 된장을 혼합하는 방법과 된장과 된장 사이에 가재를 끼어 생선을 넣어서 담그는 방법이 있다. 된장에 담가 1~2일 정도 지나 맛이 들면 생선을 된장에서 건져 냉장고에 보관 후 사용한다.
유자향구이 (유안야끼)	일반적으로 간장 1 : 청주 1 : 맛술 1의 비율에 다시마, 유자를 넣어 50분 정도 재워 사용한다. 마지막 구울 때 남은 유안지 소스를 조금 발라서 완성하면 좋다. 예 도미, 메로, 삼치, 연어, 고등어, 전복 등

① 구이요리의 간 맞추는 방법
- 반찬으로 할 때에는 간장양념구이처럼 간을 세게 하며, 술안주로 할 때에는 담백하고 산뜻하게 하는 것이 좋다.
- 일본의 구이는 우리의 구이에 비해 마늘, 생강, 후추, 산초, 간장, 깨, 참기름 등의 양념을 가능한 적게 사용하고, 주재료의 맛을 살리는 데 중점을 두는 것이 특징이다.

② 구이요리의 올바른 불 조절
- 보통 구이는 강한 불로 멀리서 굽는다.
- 조개 종류와 새우는 강한 불로 빨리 굽는다.
- 된장절임구이나 간장구이 등은 타기 쉽기 때문에 불 조절을 약하게 해서 굽는다.
- 민물고기는 시간을 오래 걸려 서서히 굽는다.

③ 구이 굽는 법
- 생선을 구울 때 바다생선은 살 쪽으로부터 민물고기는 껍질 쪽부터라는 말이 있지만 대개 접시에 담을 때 겉으로 보이는 쪽부터 먼저 굽는 것이 정도라고 할 수 있다.
- 껍질 쪽부터 구워 색깔이 먹음직스럽게 되면 뒤집어서 살 쪽을 천천히 굽는다.
- 껍질과 살을 6 : 4의 비율로 굽는 것이 기본이다.
- 구시를 끼워서 구울 때는 3~4회 정도 빙글빙글 돌려 가면서 구워야 구시를 뺄 때 살이 깨지는 것을 막을 수 있다.
- 굽는 석쇠는 생선을 얹는 쪽을 충분히 열을 가한 다음 구워야 생선이 붙지 않는다.

(2) 조리기구에 따른 분류

샐러맨더	• 샐러맨더는 열원이 위에 있어 생선의 기름이나 육류의 기름이 아래로 떨어져 연기나 불이 나지 않아 작업이 용이한 조리기구이다. • 굽기 전에 샐러맨더 열원 위에는 아무 것도 없도록 하고, 밑에 있는 팬에는 물을 넣고 작업해야 열이 적고 청소가 용이하다. • 샐러맨더의 열원은 위에서 내려오는데, 오른쪽 레버를 위아래로 조절해서 구이 재료가 움직여 불의 강약을 조절하거나 가스밸브로 조절하여 굽는다. • 기름기가 많은 생선은 열원에서 멀리하여 기름기를 많이 빼주고, 새우, 전복, 조개류 등 기름기가 적고 빨리 익는 재료는 열원에서 가까이하여 빨리 구워 딱딱하지 않고 부드럽게 굽는다.
오븐	열원에 의해 가열된 공기가 재료에 균일하게 가열되어 뒤집지 않아도 되는 편리한 조리기구이다. 오븐은 밀폐된 기물 안에서 열원이 공기를 데워 굽는 방식이며, 온도조절은 전자방식과 가스밸브로 한다.
철판(번철)	열원이 철판을 데워 철판 위에 놓인 재료를 익히는 방법으로, 다양한 식재료를 조리할 수 있는 조리기구이다. 철판이 두꺼울수록 온도 변화가 적어 조리하기가 좋으며, 화로 위에 번철(철판)을 달구어 구이 재료를 굽고, 가스밸브로 불의 강약을 조절한다.
숯불구이 (스미야끼)	재료를 높은 직화로 굽는 조리방법이다. 재료가 타지 않게 거리를 조절하며 굽는데 숯의 향과 풍미가 더해져 맛이 좋다. 숯불에 구이를 올릴 때는 주로 석쇠나 쇠꼬챙이에 재료를 끼워 굽는데, 불의 강약조절은 재료를 직접 내렸다 올렸다를 해야 되기 때문에 조절하기에 불편함이 있다.

종류		방법
꼬치구이 (쿠시야끼)		모양을 내어 꼬치로 고정시킨 재료를 직화로 굽는 조리방법이 대부분이며, 꼬치를 꽂는 방법에 따라 이름이 달라진다.
	노보리 쿠시	은어(아유)처럼 작은 생선을 통으로 구울 때 쇠꼬챙이를 꽂는 방법으로 생선이 헤엄쳐서 물살을 가로질러 올라가는 모양으로 꽂는다.
	오우기 쿠시	자른 생선살을 꽂을 때 사용하는 방법으로, 2~3개의 꼬치(구시)를 이용하여 앞쪽은 폭이 좁고 꼬치 끝은 넓게 꽂아 부채 모양 같아서 붙은 이름이다. 부채 모양으로 되어야 꼬치(구시)를 손으로 잡고 구울 수 있다.
	가타즈마오레, 료우즈마오레 쿠시	2~3개의 꼬치(구시)를 이용하여 생선 껍질 쪽을 도마 위에 놓고 앞쪽 한쪽만 말아 꽂는 방법을 가타즈마오레, 양쪽을 말아 꽂는 방법을 료우즈마오레라고 한다. 갑오징어, 장어 등을 칼집을 내어 많이 사용한다.
	누이 쿠시	주로 갑오징어와 같이 구울 때 많이 휘는 생선에 사용되는 방법으로, 살 사이에 바느질하듯 꼬치(구시)를 꽂고 꼬치와 살 사이에 다시 꼬치를 꽂아 휘는 것을 방지하는 방법이다.

※ 쇠꼬챙이(鉄串, かねくし, 가네쿠시) : 생선구이에 필요한 쇠꼬챙이로, 스테인리스가 대부분인데, 간혹 대나무로 만든 제품도 있다.

(3) 구이 담기

모양과 형태에 맞게 담아내고, 구이 종류의 특성에 따라 양념, 곁들임(아시라이)을 곁들인다.

곁들임(아시라이) 만드는 방법

아시라이는 구이요리를 제공하면 반드시 함께 나오는 곁들임이다. 구이를 먹고 난 후 입안을 헹구는 역할을 하며, 입안의 비린내를 제거하는 데 효과적이다.
- 계절에 맞는 재료를 사용한다.
- 담을 때 구이와 색깔이 맞게 담는다.
- 단맛과 신맛이 나는 것을 조절하여 사용한다.
- 구이의 맛에 변화를 줄만큼 맛이 너무 강하면 좋지 않다.
- 일반적으로 된장구이는 매운맛이 나는 곁들임 재료를 사용하고, 데리야끼는 단맛이 나는 곁들임 재료를 사용하는 편이다.
- 신맛이 나는 곁들임 재료는 모든 구이에 다 사용한다.

곁들임(아시라이)의 종류

분류	종류
초절임류	무초절임, 초절임연근, 햇생강대초절임(하지카미) 등
단맛류	밤 단 조림, 고구마 단 조림, 단호박 단 조림, 금귤(낑깡) 단 조림 등
신맛류	레몬, 영귤, 유자 등
간장 졸임류	우엉, 머위, 꽈리고추, 다시마 채 등

복어

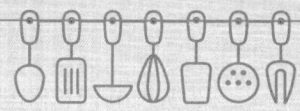

반드시 알아야 할 핵심개념

복어 기초 손질법, 복어의 독(테트로도톡신), 복어죽(오카유, 조우스이), 튀김의 종류, 튀김 조리 용어, 초간장(폰즈), 양념장(야꾸미)

01 복어 기초 조리실무

복어 기초 조리실무는 복어 조리작업에 필요한 칼 다루기, 곁들임 만들기, 조리방법, 복어 조리용어 등 기본적인 지식을 이해하고 기능을 익혀 조리업무에 활용하는 것이다.

(1) 기본 칼 기술 습득

① 복어(일식) 조리도(칼)의 특징

㉠ 복어, 일식(和食, わしょく)에 사용되는 조리도는 폭이 좁고 길며, 종류가 다양하다.

㉡ 생선회용 칼, 뼈자름용 칼 등은 생선을 손질하기 좋게 예리해야 하기 때문에 칼날을 세울 때는 반드시 숫돌을 사용해야 한다.

㉢ 복어회용 칼은 회를 얇게 잘라야 하기 때문에 생선회용 칼과 비교해서 길이는 같지만, 두께는 얇고 가볍다.

㉣ 혼야키(本燒)는 칼 전체가 쇠를 수작업으로 만든 최고급품으로 사용감이 좋고 고가이다.

㉤ 지쯔키(地付き)는 철과 쇠를 붙여서 만들기 때문에 공정이 간단하고 뒤쪽이 닳기도 하며, 형태가 변하기도 쉽다.

② 칼의 종류와 용도

㉠ 채소용 칼(薄刃包丁, うすばぼうちょう, 우스바보쵸) : 칼날 길이가 18~20cm 정도로 주로 채소를 자르거나 손질할 때 또는 돌려깎기할 때 사용한다.

㉡ 생선회용 칼(刺身包丁, さしみぼうちょう, 사시미보쵸) : 생선회용 칼은 27~33cm 정도이지만, 27~30cm 정도의 칼을 일반적으로 사용한다.

㉢ 뼈자름용 칼(出刃包丁, でばぼうちょう, 데바보쵸) : 길이 18~21cm 정도의 칼로, 뼈자름용 칼 또는 절단칼이라고 하며, 생선을 손질할 때 사용하고 뼈를 자르거나 뼈에 붙은 살을 발라낼 때 사용한다.

㉣ 장어손질용 칼(鰻包丁, うなぎぼうちょう, 우나기보쵸) : 미끄러운 장어를 손질할 때 사용하는데, 모양에 따라 오사카형, 교토형, 도쿄형이 있다.

ⓜ 기타 : 김초밥 자르는 칼(스시기리보쵸), 메밀국수 자르는 칼(소바기리보쵸) 등이 있다.

③ 생선회 자르는 법

자르는 법	특징	종류
평썰기 (히라즈쿠리, 平造リ)	• 가장 많이 사용하는 방법으로, 부드럽고 두꺼운 생선을 자를 때 사용 • 칼 손잡이 부분에서 그대로 잡아당기듯이 각이 있도록 자르는 방법	참치회, 연어회, 방어회
깎아썰기 (소기즈쿠리, 削造リ)	• 칼을 오른쪽으로 45° 각도로 눕혀서 깎아 내듯이 써는 방법 • 아라이(얼음물에 씻기)할 생선이나 모양이 좋지 않은 회를 자를 때 사용	농어(여름철)
각썰기 (가쿠즈쿠리, 角造リ)	• 붉은살생선을 직사각형, 사각으로 자르는 방법 • 생선살 위에 산마를 갈아서 얹어 주는 방법[예] 야마카케(山掛)]	참치, 방어
잡아당겨 썰기 (히키즈쿠리, 引造リ)	살이 부드러운 생선의 뱃살 부분을 써는 방법으로, 칼을 비스듬히 눕혀서 써는 방법	흰살생선의 뱃살
얇게 썰기 (우스즈쿠리, 薄造リ)	• 복어, 도미처럼 탄력 있는 생선을 최대한 얇게 모양내어 써는 방법 • 국화 모양, 학 모양, 장미 모양, 나비 모양 등	복어, 도미
가늘게 썰기 (호소즈쿠리, 細造リ)	• 칼끝을 도마에 대고 손잡이가 있는 부분을 띄어 위에서 아래로 가늘게 써는 방법 • 싱싱한 생선을 가늘게 썰어 씹는 맛을 느낌.	광어, 도미, 한치
실 굵기 썰기 (이토즈쿠리, 絲造リ)	• 실처럼 가늘게 써는 방법으로, 질긴 생선 또는 무침용으로 사용	갑오징어, 광어, 도미
뼈째썰기 (세고시, 背越)	• 작은 생선을 손질한 후 뼈째 썰어 회로 먹는 방법 • 살아 있는 생선만을 이용하며, 고소한 맛을 느낄 수 있음.	도다리, 전어, 병어, 쥐치

④ 썰기의 종류

썰기의 종류	방법	비고
밀어썰기	말랑말랑한 재료 : 안쪽으로 가볍게 칼을 넣고 단번에 자르는 방법	복떡, 두부, 김초밥
	단단하지 않은 재료 : 아래로 누르듯이 썰면 단면이 거칠어지기 때문에 가볍게 살짝 밀면서 자르는 방법	통배추, 오이
	크고 단단한 재료 : 칼을 넣고 반대편 손으로 칼의 앞뒤를 눌러주면서 자르는 방법	무, 단호박
잡아당겨썰기	재료에 칼끝을 비스듬히 댄 채 잡아당기듯 써는 방법	갑오징어 채, 대파 채
눌러썰기	다지기의 한 방법으로, 왼손으로 칼 앞쪽을 잡고 오른손으로 칼 손잡이를 움직여 재료를 누르듯이 써는 방법	통무
저며썰기	재료의 옆쪽에서 칼을 자르는 방법	표고버섯 큰 것, 배춧잎
별모양썰기	생표고버섯 중앙에 칼집을 3개 넣어준 후 그 칼집에 맞춰서 약간씩 파서 별모양을 만드는 방법	표고버섯

(2) 조리기구의 종류와 용도

① 냄비(なべ, 나베) : 일본에서의 나베는 냄비인데, 튀김, 조림, 삶기, 찌기 등 여러 가지 용도로 사용되는 가장 기본적인 도구이다.

　㉠ 편수 냄비(たてなべ, 가타테나베) : 일반적으로 가장 많이 사용되는 냄비로, 손잡이가 있어서 사용이 편리함.

　㉡ 양수 냄비(りょうてなべ, 료우테테나베) : 냄비 양쪽에 손잡이가 달려 있어 물을 끓이거나 많은 양의 요리를 사용하기 때문에 비교적 큰 냄비임.

　㉢ 집게 냄비(やっとこ鍋, 얏토코나베) : 냄비가 크지 않고 보통 알루미늄으로 되어 있어 열 전도가 빠르고, 손잡이가 없으며 냄비의 바닥 표면이 평평하게 되어 있어 얏토코(やっとこ, 뜨거운 냄비를 집는 집게)라는 집게를 이용해서 얏토코나베라고 함. 손잡이가 없기 때문에 포개어 사용할 수 있어 수납이 용이하고 씻을 때도 편리함.

② 도마(まないた, 마나이타) : 도마는 나무도마와 플라스틱도마가 있는데, 복어 조리에서는 비교적 미끄러지지 않는 목제도마를 주로 사용하며, 플라스틱도마는 색깔 구분이 쉬워 육류, 생선, 채소류를 구분하여 사용한다. 사용한 나무도마는 식초를 뿌려 소독한 후 햇빛에 말려 보관하고 플라스틱도마는 세제로 닦은 후 소독기나 건조기에 넣어 곰팡이가 슬지 않도록 보관한다.

　※ 유리도마는 칼자국이 남지 않아 위생적이고 음식의 색과 냄새가 배지 않지만, 미끄럽다는 단점이 있다.

③ 꼬치(구시串, 구시) : 꼬치는 복요리에서는 주로 복 떡을 굽는 데 사용하며, 생선구이에 사용하기도 한다.

④ 김발(巻きす, 마키스) : 김발은 복어요리에서 배추말이를 할 때의 도구로 쓰인다. 데친 배추를 말아서 고정하는 데에 쓰이며, 김초밥 등의 요리를 하는 것에도 사용한다. 대나무로 되어 있어 열에도 변형되지 않는 특징이 있다.

⑤ 석쇠(やきあみ, 야끼아미) : 석쇠는 가끔 복 떡을 구울 때 사용되며, 재료를 직화로 구울 때 사용하고, 여러 가지 종류가 있다.

⑥ 체(うらごし, 우라고시) : 체는 밀가루 등을 걸러 입자를 곱게 만들거나 다시물, 달걀 등을 걸러 이물질이 없게 해주는 기능을 한다. 망이 촘촘한 것부터 큰 것까지 용도에 맞게 사용한다.

⑦ 강판(おろしがね, 오로시가네) : 강판의 재질은 스테인리스, 구리, 알루미늄, 도기, 플라스틱 등 다양하며, 무나 생와사비, 통생강 등을 용도에 맞게 갈아서 사용한다.

⑧ 절구(擂り鉢, すりばち, 스리바치) : '아타리바치'라고도 하는데, 재료를 곱게 갈아 으깨거나 끈기를 낼 때 사용한다. 복어요리에서는 참깨소스(고마다래소스)를 만들 때 사용된다.

(3) 식재료 계량 방법

① **계량스푼** : 양념 등의 부피를 측정하는 데 사용되며, 조리할 때 가루나 조미료, 액체 따위의 용량을 잴 때 편리하다. 5㎖, 15㎖가 있고, 큰술(1Table spoon, 1T, 15㎖), 작은술(1tea spoon, 1t, 5㎖)이 있다.

영국에서는 1pt=0.57L, 1온스(oz, ounce)=28.35g, 1파운드(lb, pound)=16온스=450g이다.

② **계량컵** : 조리할 때 재료의 부피를 재는 데 사용하는 컵이다. 180㎖, 200㎖, 500㎖, 1ℓ, 2ℓ 등의 단위가 있으며, 미국 등 유럽에서는 1컵을 240㎖로 하고 있고 국내의 경우 1컵을 200㎖로 사용한다.

기본 기능 습득하기

① **복어 기본양념 준비** : 각종 조미료는 요리의 맛을 더해주는 재료로서 감칠맛을 내는 재료, 단맛을 내는 재료, 신맛을 내는 재료, 촉감을 좋게 하는 재료, 풍미를 좋게 하는 재료 등으로 나눌 수 있다.

㉠ **간장(醬油, しょうゆ, 쇼유)** : 간장은 짠맛, 단맛, 신맛, 감칠맛이 어우러져 특유의 맛과 향이 있어 복어요리에서 음식의 간을 맞추는 기본양념이다.

제조 방법에 따른 분류
- 양조간장 : 전통적인 방법은 메주를 사용하여 바실러스 서브틸러스(Bacillus subtilis) 세균에 발효해서 만든다.
- 개량간장 : 콩과 전분질을 혼합해 아스퍼질러스 오리제(Aspergillus oryzae) 곰팡이균을 이용해서 만든다.
- 화학간장 : 양조간장과 메주를 전혀 사용하지 않고 만든다.

간장의 종류
- 진간장(濃口醬油, 코이구치쇼유) : 염분이 18% 정도의 적갈색으로, 특유의 좋은 향이 있다. 일본요리에 가장 많이 사용되는 간장으로 향기가 좋기 때문에 그냥 그대로 찍어 먹는 용도로 주로 사용되며 뿌리거나 곁들여서 먹는 간장이다. 향기가 강해 생선, 육류의 풍미를 좋게 하고 비린내를 제거하는 효과가 있고, 재료를 단단하게 조이는 작용이 있으므로 끓임요리에 간장을 넣는 시기에 주의하여야 한다.
- 엷은 간장(薄口醬油, 우스구치쇼유) : 옅은색을 내기 위해 철분이 적은 물을 사용한다. 색이 엷고 독특한 냄새가 없으며, 재료가 가지고 있는 색·향·맛을 잘 살리는 요리에 이용된다. 염분은 진간장보다 2% 정도 높지만, 색이 연하고 맛이 담백하므로 색과 맛을 살리는 국물요리에 적합하다.

- 타마리 간장(たまりしょうゆ, 타마리쇼유) : 콩을 주원료로 하여 숙성 후 추출액을 끓이지 않고 그대로 제품화한다. 흑색으로 부드럽지만 진하며, 단맛을 띠고 특유의 향이 있어 사시미, 구이요리, 조림요리의 마지막 색깔을 낼 때 사용하여 깊은 맛과 윤기를 낸다.
- 흰(백)간장(白醬油, 시로쇼유) : 투명하고 황금에 가까운 색을 띠며, 향기가 매우 좋다. 킨잔지된장(金山寺味噌)의 액즙에서 채취한 것으로, 재료의 색을 살리는 데 훌륭한 역할을 한다. 색이 변하기 쉬우므로 장기간 보관이 어려운 단점이 있다. 맑은국(스이모노), 조림요리(니모노)에 사용된다.
- 감로간장 (甘露醬油, 간로쇼유) : 단맛과 향기가 우수하기 때문에 일본 관서지방에서는 신선한 재료와 사시미(刺身)를 찍어 먹는 간장, 곁들임용으로 이용된다. 일본 야마구찌껭(山口県)의 야나이시(柳井市)의 특산물로 열을 가하지 않고 진간장을 거듭 양조한 것을 말한다.

ⓒ 청주(酒, 사케) : 재료의 나쁜 냄새와 생선의 비린내를 없애 주고 재료를 부드럽게 한다(요리에 풍미를 더해 감칠맛과 풍미를 증가시킨다).

ⓒ 맛술(味醂, みりん, 미림) : 맛술에는 포도당(당류), 수분, 알코올, 아미노산, 비타민 등이 함유되어 있다. 당류의 당분으로 인하여 고급스런 단맛을 형성하고, 음식에 윤기를 내주는 특징이 있는 조미료다. 요리에 넣을 경우에는 가열하여 알코올을 날려 사용한다. 맛술의 주요 성분은 누룩곰팡이 효소의 작용으로 전분과 단백질을 분해하여 만들어진 생성물과 알코올이다.

맛술의 장점
- 복수의 당류가 포함되어 조리 시 재료 표면에 윤기가 생긴다.
- 설탕과 비교하면 포도당과 올리고당이 다량 함유되어 있어 조리 시 식재료가 부드러워진다.
- 조림요리에서 당분과 알코올이 재료의 부서짐을 방지한다.
- 찹쌀에서 나온 아미노산과 펩타이드 등의 감칠맛이 다른 성분과 어울려서 깊은 맛과 향을 낸다.
- 단맛 성분인 당류, 아미노산, 유기산 등이 빠르게 재료에 담겨져 맛이 밴다.

ⓔ 설탕(砂糖, ざとう, 사토우) : 용도에 따라 흑설탕, 황설탕, 백설탕 등이 있다. 단맛을 내는 조미료로 사탕수수나 사탕무의 즙을 농축시켜 만드는데 순도가 높을수록 단맛이 산뜻해진다. 설탕은 단맛이나 쓴맛을 부드럽게 하고 전체의 맛을 순하게 하지만, 많은 양을 넣으면 본래의 재료가 갖고 있는 맛을 상실하기 때문에 적당량을 넣어 조리한다.

ⓜ 식초(酢, す, 스) : 신맛을 내는 조미료로 청량감, 소화흡수, 비린 맛 제거, 단백질 응고, 방부작용, 살균작용, 갈변방지, 식욕촉진을 한다. 식초 맛을 부드럽게 하는 재료의 맛으로는 짠맛, 단맛, 우마미가 있으며, 식초에는 단백질을 응고시키는 요소도 있고, 단백질로 되어 있는 세균도 동시에 변화시켜 보존성이 있다.

양조식초 (浄蔵酢, じょうぞうす, 죠우조우스)	곡류, 알코올, 과실 등을 원료로 초산을 발효시켜 만들고, 풍미를 가지고 있으며 가열해도 풍미가 살아 있음.
천연 식초 (天然酢, てんねんす, 텐넨스)	향기가 좋은 유자, 레몬, 스다치, 가보스 등의 과즙을 식초로 사용하며, 초회요리 등 무침요리에 사용됨.
합성식초 (合成酢, ごうせいす, 고우세이스)	양조식초에 초산, 빙초산, 조미료를 희석하여 만들어 좀 더 자극적이며, 가열하면 풍미는 날아가고 산미만 남는 특징이 있음.

ⓑ 소금(塩, 시오) : 염화나트륨을 주성분으로 다른 물질에 없는 짠맛을 가지고 있으며, 조미 역할, 부패 방지(방부작용), 삼투압작용, 탈수작용, 단백질의 응고, 색의 안정, 단맛 증가 등의 역할을 한다.

② 곁들임(あしらい, 아시라이) 재료 준비 : 일식 곁들임 재료는 주재료에 첨가해서 시각적인 눈으로 보는 일식 조리와 주재료와의 조화로 맛을 한층 좋게 하며 식욕을 돋는 역할을 한다.

㉠ 초간장(ポン酢, 폰즈) : 등자나무(신맛 나는 과일, だいだい, 다이다이)에서 즙을 내 만들어 사용하거나 식초를 사용할 수 있다(간장, 다시물을 혼합하여 만든다).

㉡ 양념(薬味, やくみ, 야쿠미) : 무즙(卸, おろし, 오로시), 빨간무즙(赤卸, あかおろし, 아카오로시), 실파(ワケギ, 와케기), 레몬(レモン, 레몬) 등으로 만든다.

㉢ 모둠간장(合わせ醤油, あわせしょうゆ, 아와세쇼유)
- 깨간장(ゴマ醤油, ごましょうゆ, 고마쇼유) : 절구(스리바치)에 볶은 참깨를 곱게 갈면서 간장, 설탕을 서서히 넣어 잘 섞어 채소류 무침, 샤브샤브 소스 등으로 사용한다.
- 고추간장(辛子醤油, とうがらししょうゆ, 토우가라시쇼유) : 고추냉이(와사비) 또는 겨자에 간장, 맛술 등을 혼합하여 매콤한 맛의 소스를 완성한다.
- 땅콩간장(落花生醤油, らっかせいしょうゆ, 락가세이쇼유) : 볶은 땅콩을 믹서로 갈아 절구에 넣어 더욱 부드럽게 간 다음 간장과 설탕을 넣고 잘 섞어 채소류에 이용한다.

③ 일식 맛국물 조리 : 맛국물의 종류에는 곤부다시, 가쓰오부시다시, 이치반다시, 니반다시, 도리다시, 니보시다시 등이 있다.

㉠ 다시마 국물(昆布出し, こんぶだし, 곤부다시) 만드는 방법
- 다시마를 요리용 수건(면포)으로 깨끗이 닦아낸다.
  ※ 다시마의 표면에 희게 묻은 만닛또는 씻으면 감칠맛의 본체인 글루타민산 글루타민이라는 아미노산이 사라진다.
- 준비한 양의 물과 닦은 다시마를 불에 올려 은근히 끓인다.
- 끓으면 불을 끄고 거품과 다시마를 건져낸다.
  ※ 물 1ℓ에 건다시마 20~30g 정도를 사용하며, 주로 맑은국과 지리냄비에 많이 이용된다.

㉡ 가다랑어포(鰹節, かつおぶし, 가쓰오부시)
- 혼부시(本節)는 가다랑어를 손질한 후 석장뜨기 하여 고열로 쪄 건조시킨 후 대팻밥처럼 깎아 놓은 것을 말한다.
- 큰 가다랑어포의 등쪽을 오부시(雄節)라 하고, 배쪽을 메부시(雌節)라 하며, 작은 가다랑어포는 일반적으로 국물요리에 주로 이용되는데 가메부시(亀節)라 한다.

- 통가다랑어는 말린 상태가 좋고 무게가 있으며, 두드렸을 때 맑은소리가 나는 것이 좋다.
- 깎아 놓은 가다랑어포는 깨끗하고 투명한 빛깔을 내는 것이 좋으며, 검은색과 분홍색은 피가 섞여 있는 것이므로 피하는 것이 좋다.
- 휘발성이 있으므로 깎은 후 바로 사용 또는 밀봉하여 냉장 보관한다.
  ※ 가다랑어포 이외에 참치포는 마구로부시(まぐろ節), 고등어포는 사바부시(鯖節), 정어리포는 이와시부시(鰯節)라 한다.

가다랑어포 깎는 방법과 보관법
① 일반적으로 마른행주나 종이타올을 준비하여 가다랑어포 표면에 있는 곰팡이를 닦아낸다(물기가 있는 행주로 닦으면 품질이 저하되고 장기보존이 어려워진다).
② 대패의 칼날을 종이 1장 정도가 닿을 정도로 맞춘다(칼날을 만질 때는 반드시 수직으로 맞춰준다).
③ 포를 낼 때는 꼬리는 앞을 향하고 머리 부분부터 깎는다(가다랑어포를 깎는 방향을 반대로 설정하면 가루가 된다).
④ 머리 부분부터 눌러 깎아내고, 작아지면 당겨서 깎는 방법이 좋다.
⑤ 가능하면 바로 깎아서 사용하고, 남은 재료는 밀폐된 용기에 넣어 건조한 냉장, 냉동실에 보존한다(깎은 채 뚜껑을 덮지 않고 냉장고에 넣어 두면 건조해지고, 가루가 생겨 좋지 않다).
⑥ 보관용기는 습기가 없는 용기를 사용하는 것이 좋다.

가다랑어포 국물(鰹節出し, 가쓰오부시다시) 만드는 방법
① 적당한 양의 가다랑어포를 준비하여 놓는다.
② 물이 끓으면 가다랑어포를 넣고 불을 끈다.
③ 떠오르는 거품은 걷어낸다.
④ 10분 정도 지난 다음 가다랑어포가 가라앉으면 면포(소창)에 조심스럽게 맑게 거른 후 사용한다.

1번 다시(一番出し, 이찌반다시) 만드는 방법 – 주로 맑은국에 사용
① 깨끗한 수건(행주)으로 다시마에 묻어 있는 먼지나 모래를 닦아낸다.
② 냄비에 물과 준비된 다시마를 넣고 중불로 열을 가한다.
③ 끓기 직전의 온도가 약 95℃ 정도 되면 다시마를 손톱으로 눌러보아 손톱자국이 나면 맛이 우러나온 것이다(이때 다시마를 건져낸다).
④ 가다랑어포를 덩어리지지 않게 넣고 불을 끈다.
⑤ 위에 뜬 불순물(거품)을 걷어낸다.
⑥ 10~15분 정도 지나 가다랑어포가 바닥에 가라앉으면 면포(소창)에 맑게 가만히 거른다.

기본 조리방법 습득하기

일본요리 기본양념인 조미료의 사용 순서 : 생선 종류에 맛을 들일 때는 청주 → 설탕 → 소금 → 식초 → 간장 등의 순서로 맛을 낸다.

① 청주 : 알코올의 작용으로 냄새를 없애 주고, 재료를 부드럽게 해서 먼저 넣는다.
② 설탕 : 열을 가해도 맛의 변화가 별로 없기 때문에 먼저 사용한다.
③ 소금 : 설탕보다 먼저 사용하면 재료의 표면이 단단해져 재료의 속까지 맛이 스며들지 않는다.
④ 식초 : 다른 조미료와 합쳐졌을 경우 맛이 증가하기 때문에 나중에 넣는다.
⑤ 간장 : 색깔, 맛, 향기를 중요시하며, 재료의 색깔에 따라 엷은 간장, 진간장, 타마리 간장 등을 선택하여 사용한다.
⑥ 조미료 : 맛이 다소 부족하다고 느껴질 때 조금 넣어 사용한다.

※ 채소 종류에 맛을 들일 때는 청주는 제외하고, 설탕 → 소금 → 간장 → 식초 → 된장의 순서로 간을 한다.

사(さ) ↔ 청주(さけ, 사케), 설탕(さとう, 사토우)
시(し) ↔ 소금(しお, 시오)
스(す) ↔ 식초(す, 스)
세(せ) ↔ 간장(しょうゆ, 쇼우)
소(そ) ↔ 된장(みそ, 미소)

02 복어 부재료 손질

복어 부재료 손질이란, 무, 배추, 당근, 대파, 생표고버섯, 미나리 등 다양한 채소와 복떡, 곁들임 재료를 손질하는 것이다.

- 입고된 채소는 납품될 때 들어온 포장지를 교체·보관하고 날짜 기록 및 선입선출한다(기록 순서대로 보관하며, 선입선출하도록 정리).
- 냉장고에 보관할 때는 별도의 용기에 잘 담아 보관하고, 냉장고에 직접 닿아 냉해를 입지 않도록 한다.
- 해조류를 데칠 때는 단시간에 데쳐 수용성 성분이 손실되지 않게 한다.
- 채소류는 색, 맛, 신선도를 위하여 오래 저장하지 않도록 한다.
- 생선을 조리할 때 비린내를 제거하기 위하여 물로 깨끗하게 씻고, 마늘, 파, 생강, 미나리 등의 채소류와 간장, 된장, 우유, 청주, 식초, 레몬 등을 사용하여 비린내를 줄일 수 있다.

참고: 식물성 식품의 색소 특징

종류	구분	특징	구성	분류	색소	변화
식물성 식품의 색소	지용성 (불용성) 색소	색소가 물에 녹지 않고, 유기용매에 녹는다.	식물체의 원형질의 색소체에(엽록채) 존재	카로티노이드 (Carotenoid)	황색, 주황색	산화에 약함(당근의 색소 등).
				클로로필 (Chlorophyll)	녹색	시간이 지나면 갈색으로 변함(김치, 오이지 등).
	수용성 색소	물에 색소가 녹는다.	주로 세포액에 녹아 있다 (액포).	플라보노이드 (Flavonoid) 안토크산틴	노랑, 황색	산화하면 갈색으로 변함.
				안토시아닌 (Anthocyanin)	적색(산성), 자색(중성), 청색(알칼리성)	적채, 딸기, 가지 등

※ 플라보노이드(Flavonoid)는 넓은 의미로 안토크산틴, 안토시아닌, 루코안토시아닌, 카테킨 등이 포함되지만, 좁은 의미로는 안토크산틴을 의미한다.

★ 복어 곁들임 재료 선택 방법

① 무(大根, だいこん, 다이콩) : 머리(잎사귀 쪽) 부분이 밝은 녹색이고 탄력이 있고 묵직한 것이 좋다.
  - 모양이 좋고 색깔이 희며, 싱싱한 무청이 있는 것이 좋다.
  - 계절에 따라 품종 및 생산지역이 다르다.
  - 95%의 수분과 비타민, 소화를 돕는 디아스타아제가 다량 함유되어 있다.
  - 잎에는 칼슘과 카로틴이 풍부하고, 뿌리에는 비타민 C와 칼륨이 풍부하다.
  - 껍질에는 모세혈관을 튼튼하게 하는 비타민 P(루틴)가 들어 있다.
  - 냄비요리에는 은행잎 모양으로 자른 후 사용하고, 야쿠미에는 무즙으로 사용한다.
  - 회, 니모노, 기리보시, 후로부키 등에 사용한다.

② 당근(人参, にんじん, 닌징) : 겉은 둥근 모양에 색상이 균일하고 단단하며, 탄력이 있는 것이 좋다.
  - 속은 마디가 없고, 단단한 심이 없어야 좋다.
  - 면역력이 강해져 피부나 점막이 튼튼해진다.
  - 비타민 A, 칼슘, 식이섬유 등 영양이 풍부하다.
  - 심장병, 폐암, 동맥경화 예방에 좋다.
  - 당근은 70% 정도 데친 후 벚꽃 모양으로 만들어 냄비요리에 사용한다.

③ 대파(長葱, ながねぎ, 나가네기) : 대파, 실파, 쪽파, 움파, 세파 등으로 품종이 다양하다.
  - 길이가 40cm 이상으로 길고 굵어서 대파라 한다.
  - 지역에 따라 5~6월의 여름대파, 9~12 가을대파, 11~4월 겨울대파로 출하된다.
  - 잎이 진한 녹색으로 흰 부분(연백부)이 있고, 무거운 것이 좋다.
  - 잎사귀가 굵어 뻣뻣한 것은 좋지 않다.
  - 흰 부분이 길고 단단하며, 윤기가 있는 것이 좋다.

- 파의 매운맛(알리신)에는 항산화작용이 있어 동맥경화 예방과 피로회복에 좋다.
- 비타민 A, B₁, B₂, 칼슘이 많다.
- 대파는 5~8cm 정도로 어슷썰기하여 주로 냄비요리에 사용한다.

④ 실파(浅葱, あさつき, 아사쯔키) : 실파는 실처럼 가늘어 실파라고 하는데, 5~6월이 제철이다.
- 짙은 녹색으로 균일하며, 부드럽고 깨끗해야 좋다.
- 아래 흰 부분이 윤기가 있고, 크기가 균일한 것이 좋다.
- 실파는 다른 파에 비해 쓴맛이 적어 양념장에 곁들어 주로 사용한다.
- 곱게 송송썰기하여 물에 헹구고, 체에 밭쳐 물기를 빼거나 거즈로 감싸 진액을 제거한 후 고슬고슬하게 준비해서 복어의 폰즈, 야쿠미에 주로 사용한다.

⑤ 쪽파(分葱, わけぎ, 와케기) : 쪽파는 11월 김장철이 제철로 파김치, 파전 등에 주로 이용된다.

⑥ 움파(蘗の葱, ひこばえのねぎ, 히코바에노네기) : 흰 부분이 짧고 잎 부분이 발달된 조선파로, 맛이 달고 진이 많아 구이요리와 국요리에 주로 이용된다.

⑦ 미나리(芹, せり, 세리) : 색이 선명하고 향이 많으며, 줄기가 가늘고 잎 길이가 반듯한 것이 좋다.
- 줄기가 세지 않고, 즉 마디가 없고 뿌리가 붙어 있는 것이 신선하다.
- 이른 봄에서 초여름까지가 제철이다.
- 아시아가 원산지로 잎에 비타민 C가 많다.
- 칼슘, 비타민 A와 C, 철분, 식이섬유 등 영양이 풍부하다.
- 식욕 촉진, 안정, 바이러스에 대한 저항력이 높아 감기 예방에도 좋다.
- 복어회, 껍질무침에는 줄기를 3~4cm 정도로, 냄비요리에는 5~7cm 정도로 사용한다.

⑧ 배추(白菜, はくさい, 학사이) : 잎 색감이 선명하고, 잎이 얇은 것이 좋다.
- 속이 차 있고, 묵직한 것이 좋다.
- 줄기는 하얗게 윤기가 나는 것이 좋다.
- 배추는 다른 채소에 비해 단백질이 비교적 많고, 비타민 C와 칼륨, 무기질이 풍부하다.
- 면역력 향상, 고혈압 예방, 피로회복에 좋다.

⑨ 레몬(レモン, 레몬) : 레몬은 흰 꽃이 5~10월에 핀다. 열매는 타원형이며 노랗게 익는다.
- 아열대 각지에서 재배된다. 레몬의 열매, 과즙에는 시트르산과 비타민 C가 많이 있어 신맛이 진하다.
- 향을 내거나 요리를 장식할 때 사용한다.

⑩ 표고버섯(椎茸, しいたけ, 시이타케) : 모양이 예쁘고 갓이 너무 피지 않는 것이 좋다.
- 대가 굵고 짧으며, 육질이 두꺼운 것이 좋다. 또한 주름살이 노란색인 것이 좋다.
- 표고버섯은 봄과 가을이 제철이다.
- 각종 비타민이 많고, 혈액 중 콜레스테롤을 저하시킨다.
- 생표고버섯은 중앙 부위에 칼집을 내서 별 모양을 만들어 냄비요리에 주로 사용한다.

⑪ 팽이버섯(えのき茸, えのきたけ, 에노키타케) : 팽이버섯은 무게가 가볍거나 길이가 너무 긴 것은 피하고, 무게가 무겁고 단단한 것이 좋다. 밑동을 잘라 찢어서 냄비요리에 주로 이용한다.

⑫ 생강(生姜, しょうが, 쇼가) : 열대아시아 원산의 생강과의 다년생 채소 뿌리이다.
- 원난지를 중심으로 재배된다.

• 채소 생강은 진겔론, 쇼가올 등의 매운맛 성분을 다량 함유하고 있으며, 몸의 열을 높여주고 소화를 돕기 때문에 초생강으로 만들어 초밥요리와 곱게 채를 썰어 장어요리, 복어의 굳힘요리 등에 사용한다.

⑬ 고춧가루(唐辛子粉, とうがらし, 토우가라시) : 잘 익은 홍고추를 말려 빻은 가루로, 복어요리에서는 고운 가루를 무즙을 간 것과 함께 폰즈, 야쿠미에 주로 사용한다.

⑭ 유자(柚子, ゆず, 유즈) : 비타민 C, 크립토잔틴, 시트르산이 풍부하다. 크립토잔틴은 몸 안에 들어오면 비타민 A로 변하여 위장의 점막을 건강하게 만들어주고, 감기 예방에 좋다.

⑮ 카보스(カボス, 카보스) : 유자의 일종으로 일본 오오이타현의 특산품이며, 비타민 C와 칼륨이 풍부하다. 복어요리에서는 껍질을 말려 향신료로 사용한다.

⑯ 영귤(酢橘, すたる, 스다치) : 비타민 C가 풍부하고 열매가 작으며, 감기 예방이나 피부 미용에 좋다. 주로 생선회, 생선구이, 국물요리에 사용한다.

⑰ 참깨(ゴマ, 고마) : 흰색, 검은색, 노란색이 있다. 세사민이 풍부하여 강한 항산화작용으로 간 기능을 회복시키고, 약 50%를 차지하는 α-리놀렌산의 불포화지방산은 혈중 콜레스테롤 수치를 낮춰 동맥경화를 예방한다.

⑱ 참기름(ゴマ油, ごまあぶら, 고마아후라) : 식용 식물로 참깨의 씨를 볶아서 압착해서 짠 기름이다. 향기와 맛을 증가시키는 역할을 한다.

⑲ 두부(豆腐, とうふ, 토우후) : 두부는 냄비요리에, 유바는 튀김요리에 다양하게 사용한다.

⑳ 달걀(卵, たまご, 다마코)

구분	특징
달걀의 선택법	• 껍질이 까슬까슬한 것이 신선하다. • 노른자의 색이 선명하고, 견고하면 신선한 것이다. • 광택이 있는 것은 오래된 것이다.
영양분	비타민 A, B_1, B_2 등이 많은 영양식품이다.
달걀의 성질	• 유화성 : 난황에는 레시틴이 많아 물과 기름을 잘 섞어 주어 마요네즈 등에 응용 • 기포성 : 난백의 기포로 튀김옷 또는 새우, 생선살과 섞어 부드럽게 응용 • 열 응고성 : 난황(65~67℃), 난백(70~80℃)에서 응고

※ 감자, 연근 등의 껍질을 얇게 벗기면 특유의 끈적끈적한 액이 있기 때문에 껍질을 조금 두껍게 벗겨 물에 잘 씻어 액을 씻어 내고 조리하는 것을 아꾸누끼(あくぬき)라고 한다.

★복어 기본 손질법

① 복어는 흐르는 물에 씻어 어취를 제거한다.
② 복어의 가슴지느러미, 등지느러미, 배지느러미를 제거한다.
③ 복어의 입과 눈 사이에 칼을 넣어 주둥이를 잘라낸다. 이때 혀는 자르지 않아야 한다.
④ 복어를 옆으로 뉘어 눈과 배 껍질 사이로 칼을 넣고 반대쪽도 똑같이 칼을 넣어 껍질과 살을 분리한다.
⑤ 아가미 쪽에 양쪽으로 칼을 넣고, 가슴살과 내장을 분리한 다음 다시 아가미와 내장을 분리한다.
⑥ 내장에 정소(곤이)가 붙어 있으면 분리하여 식용으로 사용하고, 난소(알)가 붙어있으면 나머지 내장과 함께 폐기물 쓰레기로 버린다.
⑦ 복어의 안구를 제거하고, 머리와 목 부분에 칼을 넣어 몸통과 머리를 분리한다.

⑧ 복어 머리는 이등분하여 골수(뇌)를 제거하고, 몸통살의 배꼽 부분을 떼어내 실핏줄 등 이물질을 제거한다.
⑨ 흐르는 물에 5~6시간 담가 피와 독성분을 제거한다.
⑩ 복껍질은 이물질을 제거하고 칼로 가시를 제거한다.
※ 복어의 지느러미, 입 등은 소금으로 깨끗하게 씻어야 단백질의 일부를 응고시켜 수용성인 맛 성분이 빠져 나가는 것을 일부 방지한다. 원래 생선 종류는 씻은 후에는 물에 담가두면 안 되지만, 복어는 흐르는 물로 충분히 독성을 제거해야 한다.

부재료 손질
복어조리 시 사용되는 부재료인 복떡, 곁들임 양념, 채소를 용도별로 손질하고 구분하여 보관한다.

(1) 복어 종류와 품질판정법

① 복어(河豚, ふぐ)의 종류 : 복어는 난해성으로 세계 각지에 100~120여 종 이상이 있으며, 우리나라 근해에는 30~38여 종이 서식하는 것으로 알려져 있다. 주로 맹독을 지니고 있지만, 전혀 독을 지니고 있지 않은 종류도 있다. 따라서 복어를 조리해 먹을 때는 그 어종과 독성을 잘 알고 있어야 한다.

② 식용 유무에 따른 복어의 종류

식용 유무	종류
식용 가능한 복어	참복, 범복, 까치복(줄무늬복), 까마귀복, 밀복, 황복, 줄무늬고등어복, 흰 고등어복, 검은 고등어복, 잔무늬복어, 배복, 철복, 풀복어, 피안복, 상재복, 눈복, 붉은 눈복, 깨복, 껍질복, 삼색복 등
식용 불가능한 복어	가시복, 독고등어복, 돌담복, 쥐복, 상자복, 부채복, 잔무늬속임수복, 별두개복, 얼룩 곰복, 별복, 선인복, 무늬복 등

③ 자주 사용하는 복어의 종류

종류	특징
밀복 (鯖河豚, さばふぐ)	밀복은 참복과 밀복 속의 바다 경골어의 총칭으로 길이 40cm 정도이며, 흰 밀복, 민 밀복, 은 밀복, 흑 밀복 등이 있음.
까치복 (縞河豚, シマフグ)	까치복은 등 부위와 측면이 청홍색의 바탕색이며, 배면에서 몸 쪽 후방으로 현저한 흰 줄무늬가 뻗어 있어 까치 모양을 닮았음.
참복, 검복 (真河豚, マフグ)	검복은 등 부위는 암녹갈색으로 명확하지 않은 반문이 있고, 몸 쪽 중앙에 황색선이 뻗어 있으며, 성장함에 따라 불분명하게 됨.
황복	• 황복은 황점복의 성어와 비슷하지만, 황복은 가슴지느러미 후방과 등지느러미 기부에 불명료한 흰 테로 둘러진 검은 무늬가 있음. • 중국에서 오래 전부터 즐겨 먹은 것으로 알려져 있음. • 임진강에서 주로 잡히며, 강으로 거슬러 올라가는 소하성 습성이 있음.

④ 복어의 독

- 복어는 테트로도톡신(Tetrodotoxin)이라는 맹독을 가지고 있는데, 무색의 결정으로 무미와 무취이다.
- 알코올, 알칼리성, 유기산, 열, 효소, 염류, 일광 등에도 잘 분해되지 않는다.
- 복어 한 마리에는 성인 33명의 생명을 빼앗을 수 있는 맹독이 있으며, 치사량은 테트로도톡신 2mg 정도이다.
- 복어 독은 신경독 성질로, 소량으로도 전신마비와 호흡곤란 증상으로 사망한다.
- 중독 증상까지는 약 20분 정도 걸리지만, 1시간 30분 내에 사망한다.
- 복어를 먹을 때는 독이 있는 난소, 간장 이외에도 아가미, 심장, 위장, 비장, 신장, 담낭, 안구, 혈액(피), 점액 등 비가식용 부위를 반드시 제거한다.

  ※ 내장 중에 정소(이리, 시라코)는 식용 가능하다.

⑤ 복어의 영양 및 효능

영양 및 효능	특징
영양	• 불포화지방산인 EPA, DHA를 다량 함유하고, 각종 무기질, 비타민을 함유함. • 복어는 조리 시 영양손실이 적어 한 마리를 기준으로 저칼로리(85kcal 정도), 저지방(0.1~1%), 고단백(18~20%)임.
효능	• 저지방 고단백 다이어트 식품이며, 숙취해소 및 수술 전후의 환자 회복에 좋음. • 당뇨병 또는 신장 질환자의 식이요법에 좋고, 갱년기 장애, 혈전용해, 노화를 방지한다. 또한 암, 위궤양, 신경통, 해열, 파상풍 환자 등에도 효과가 큼.

⑥ 복어살의 특성 및 숙성

구분	특징
복어살의 특성	• 복어는 육질이 단단하고, 콜라겐 함량이 높음. • V형 콜라겐이 복어 회의 단단함에 관여하며, 사후 하루가 지나도 육질의 단단함이 떨어지지 않음.
사후경직	• 근육이 사후 점점 굳어지며 투명도를 잃고, 어육(魚肉) 자체가 경직해 가는 현상 • 어류의 생리적인 조건, 치사 조건, 복어의 크기, 저장 온도 등에 따라 사후경직의 이르는 시간이 다름.
복어살의 숙성 (전처리 후)	4℃에서 24~36시간, 12℃는 20~24시간, 20℃는 12~20시간으로 숙성·보관함.

⑦ 부패와 삼투압 작용

어류의 부패	어육류 속에 함유되어 있는 단백질이 세균에 의해 단백질 효소를 방출하여 분해되어 좋지 않은 냄새와 알레르기를 유발할 수 있는 상태
어류의 자가소화	미생물 번식이 병행되어 부패를 가져오게 됨.

부패가 생기기 쉬운 조건	세균이 생육하기 좋은 조건, 즉 적당한 수분과 온도(20~40℃)
식품의 부패를 방지하기 위한 방법	• 냉동, 냉장, 훈연 등 • 소금을 사용하여 염장시키는 방법
세균의 사멸	어류에 소금을 뿌리면 단백질 분해효소를 방출하는 세균 등의 미생물이 안쪽(농도가 낮음)에서 바깥쪽(농도가 높음)으로 빠져 나가 세균을 사멸시킴으로써 부패현상을 방지할 수 있음.
삼투압작용	단백질 분해효소의 작용과 수분활성도가 억제됨으로써 복어 회의 탄력에도 영향을 줌.

⑧ 염수(숙성수)의 작용

어류의 수분	• 함유량 60~90% 정도 • 저장성, 형태, 성분의 변화, 가공의 적성 등에 영향
테트로도톡신	약산성에는 안정하나 알칼리성에는 불안정함.
염수에 담가 놓음	• 복어를 즉살한 후 방혈시켜 일정 염수에서 일정 시간 동안 숙성 과정을 거치는 작업 • 재료의 산화방지, 세균이 분비하는 단백질 분해효소의 작용을 방해[단백질 분해효소가 작용할 펩타이드 결합(Peptide Bond) 위치에 먼저 결합하여 효소가 결합하는 것을 막아 효소가 불활성화하게 하는 역할]
어류의 염수	• 해수의 평균 염도인 3%로 세척 • 침수시간을 정하여 어육의 조직감, 기호성 등에 따라 사용

㉠ 복어의 관능적 품질(선도) 판정법 : 시각, 후각, 촉각 등에 의해 외관으로 선도를 판정

종류	특징
눈(안구)	• 복어의 눈이 외부로 돌출되고 깨끗하며, 투명한 상태가 신선하다. • 각막이 눈 속으로 내려앉거나 흐리고 탁할수록 신선도가 떨어진다.
아가미	• 아가미 색깔이 선명한 선홍색일수록 신선하다. • 끈적끈적한 점액질이 많고 냄새가 나며, 흐릿한 담홍색일수록 선도가 떨어진다.
표피(표면)	• 표피층에 광택이 나고 선명한 색깔을 띠며, 피부에 밀착되어 있으면 신선하다. • 선도가 떨어지면 점액질이 증가하고, 표피가 녹아내리거나 냄새가 난다.
지느러미	• 선도가 좋은 생선은 지느러미가 깨끗하고 상처가 없다. • 선도가 떨어지면 지느러미가 녹아내리고 상처가 많으며, 냄새가 난다.
냄새	• 바닷물 냄새가 나면 신선한 것이다. • 신선도가 떨어지면 비린내가 나고, 암모니아 냄새가 날 수 있다.
복부	탄력이 있고 팽팽하여야 신선하다.
근육	탄력이 있고 살이 뼈에서 쉽게 떨어지지 않아야 신선하다.
탄력성	손가락으로 눌렀을 때 탄력이 있어 손가락 자국이 남지 않아야 신선하다.

㉡ 화학적 선도 판정법

측정 종류	장점	단점
암모니아, 트리메틸아민, 인돌, 휘발성 염기질소, 휘발성 유기산, 히스타민 정량분석 등	실용성이 있음.	시간과 비용 필요 (복잡한 실험 과정)

ⓒ 기타 선도 판정법

종류	특성
꽃게, 조개류, 활복어	• 살아 있는 것을 구입하여 조리한다. • 수족관에 오래 보관하지 않는다.
냉동생선(복어)	• (급)냉동으로 잘 보관되어 있고, 해동 후 바로 조리한다. • 해동 후 재냉동하지 않는다. • 수분이 빠져 있거나 마르지 않은 것

⑨ 복어의 종류에 따른 관능검사 방법

외관	시각적인 요소(색깔, 빛깔, 모양)
풍미	미각, 취각(맛, 온도, 냄새)
질감	청각, 촉각, 씹는 소리, 씹는 느낌
영양가	열량소, 구성수, 조절소

⑩ 관능검사의 차이식별검사

종합적 차이식별검사	삼점검사	가장 많이 사용되는 검사로, 세 개의 시료를 주고 두 개의 시료는 같은 것으로 제공하고 한 개는 다른 것으로 제공해 차이점이 있는지 알아보는 검사
	일-이점검사	두 개의 검사물 중에서 주어진 기준 제품과 다른 하나를 골라내는 검사
특성 차이검사	이점비교검사	두 개의 검사물 간에 다른 점이 있는지 같은지 알아보는 검사

(2) 채소 손질

복어회와 냄비요리에 사용할 채소를 용도에 맞게 손질하여 최대한 신선하게 보관한다.

복어 조리와 함께 사용되는 채소 종류
배추(白菜, ハクサイ, 하쿠사이), 무(大根, ダイコン, 다이콘), 당근(人参, ニンジン, 닌징), 미나리(芹, セリ, 세리), 대파(大葱, ながねぎ, 나가네기), 실파(分葱, ワケギ, 와케기), 표고버섯(椎茸, しいたけ, 시이타케), 팽이버섯(えのき茸, えのきたけ, 에노키타케), 두부(豆腐, 토우후, とうふ) 등

(3) 복떡 굽기

★복떡을 굽는 이유
주로 복어 냄비요리에 사용되는 흰(복) 떡은 쌀가루로 만들어 노화가 빨리 일어나 그대로 사용하면 형태가 변하므로 구워서 사용한다.

※ 참고로 구이용 쇠꼬챙이(가네구시)는 용도에 따라 여러 가지가 있는데, 은어, 빙어 등을 굽는 가느다란 꼬챙이(호소구시), 보통 사용하는 평평한 꼬챙이(나라비구시), 조개류, 새우 등을 구울 때는 납작한 꼬챙이(히라구시)를 사용한다.

① 복떡을 구울 때의 방법

㉠ 사용량에 맞게 떡의 양을 계량한다.

㉡ 복떡은 3cm 정도로 잘라 손질한다.

㉢ 떡을 쇠꼬챙이에 꽂아서 구울 준비를 한다.

㉣ 쇠꼬챙이에 꽂은 복떡을 직화로 색이 날 때까지 구워낸다.

㉤ 구워낸 떡은 얼음물에 담가 형태가 변하지 않게 식혀낸다.

㉥ 떡에 물기를 제거한 후 지리가 끓으면 복떡을 넣어서 완성한다.

② 복떡을 구울 때 주의사항

㉠ 이물질이 혼입되거나 타지 않게 노릇하게 굽는다.

㉡ 얼음물에 복떡을 식혀야 수월하고, 식감을 쫄깃하게 할 수 있다.

㉢ 떡을 쇠꼬챙이에 꽂은 뒤 구우면서 꼬챙이를 살짝 돌려주어야 구워진 뒤 빼내기가 수월하다.

03 복어 양념장 준비

복어의 양념장 준비란 초간장(폰즈)과 양념(야쿠미: 빨간무즙, 실파, 레몬)을 용도에 맞게 만드는 것이다.

초간장의 정의
- 복어에서의 초간장은 폰즈 소스라고 불린다.
- 폰즈란 레몬, 라임, 오렌지 등의 과즙에 식초를 첨가하여 맛을 더해 보존성을 높인다. 흔히 폰즈 소스는 가다랑어 국물, 식초, 간장이 1 : 1 : 1 비율로 만들어진다.

(1) 초간장(ポン酢, ぽんず, 폰즈) 만들기

① 재료 : 다시마(昆布, 곤부), 가다랑어포(鰹節, 가쓰오부시), 간장(醬油, 쇼유), 식초(酢, 스), 유자, 레몬, 카보스, 영귤(스타치), 설탕 등

★② 만드는 법

　㉠ 조리에 필요한 만큼 양을 계량한다.

　㉡ 냄비에 찬물과 깨끗이 닦은 다시마를 넣고 끓인다. 끓기 직전에 다시마를 건져내고 불을 끄고, 가쓰오부시를 넣어 다시마 국물을 만든다. 10분 후 면포(소창)에 걸러서 사용한다.

　㉢ 다시국물, 식초, 간장을 1 : 1 : 1 비율로 넣고 레몬을 넣고 섞어준다.

　㉣ 만들어둔 폰즈 소스에 가쓰오부시를 넣고 숙성한다.

　㉤ 24시간 정도 숙성시킨 후 면포(소창)에 걸러 그릇에 담아낸다.

> **주의사항**
> - 맛과 향이 없어지지 않도록 약한 불에서 끓여낸다.
> - 다시마는 오래 끓이면 탁해지고 떫은맛이 난다.
> - 완성 후 면포(소창)를 이용하여 거를 때는 세게 짜지 말고, 맑게 거른다.

(2) 양념(薬味, やくみ, 야쿠미) 만들기

★① 재료 : 무(大根, 다이콘), 실파(ワケギ, 와케기), 고춧가루(唐辛子粉, 도카라시), 레몬(レモン, 레몬) 등

★② 만드는 법

　㉠ 조리에 필요한 만큼 양을 계량한다.

　㉡ 강판에 사용할 만큼 무를 갈아준다. 무는 매운맛을 제거하기 위해 고운 채에서 갈은 무를 2~3회 씻어준다.

　㉢ 고운 고춧가루와 물기가 조금 있는 무 오로시를 섞어준다.

　㉣ 실파의 파란 부분을 송송 썰어 찬물에 헹구어서 특유의 점액질을 제거한다.

　㉤ 레몬을 손질한 후 그릇에 양념[야쿠미(빨간무즙, 실파찹, 레몬)]을 담아낸다.

　　※ 빨간무즙(あかおろし, 아카오로시)을 모미지오로시(통무에 씨를 뺀 고추를 넣어서 강판에 갈아 만드는 것)라고도 한다.

> **채소를 강판에 갈은 즙(卸し, おろし, 오로시)**
> 무즙(大根卸し, だいこおろし, 다이콘오로시), 생강즙(쇼가오로시), 고추냉이즙(나마와사비오로시) 등을 '오로시'라 하는데, 오로시는 생선 특유의 냄새 제거와 해독작용 및 풍미증강 등에 효과가 있어 즐겨 사용한다.

(3) 조리별 양념장 만들기

① 참깨소스(ゴマのソース, 고마다래) 만들기 : 볶은 깨에 간장, 맛술 등의 양념을 넣어 맛을 내는 양념으로, 주로 담백한 냄비요리를 먹을 때 찍어 먹는다.
  ㉠ 재료 : 참깨(ゴマ, 고마), 간장(醬油, 쇼유), 맛술(みりん, 미림)
  ㉡ 소스 만들기
    • 조리에 필요한 재료들을 계량한다.
    • 깨를 볶아서 갈아준다.
    • 간장과 맛술을 넣어 소스를 완성한다.

> **주의사항**
> 이물질이 혼입되지 않게 하고 너무 질거나 거칠게 만들지 않도록 한다.

04 복어 껍질초회 조리

복어 껍질(河豚皮, ふぐかわ, 후구가와)초회(酢の物, すのもの, 스노모노) 조리란, 겉껍질과 속껍질로 손질하여 가시를 제거하고 데쳐 물기를 제거한 후 곱게 채를 썰어 미나리, 초간장(폰즈), 양념(야쿠미)과 무쳐내는 것이다.

(1) 복어 껍질 준비

복어 껍질에는 미끈한 점액질이 있고, 악취가 있기 때문에 굵은 소금과 솔로 껍질을 잘 씻어 주고 물에 헹구어 사용한다.

① 복 껍질 벗기기(관서지방은 1장, 관동지방은 2장으로 잘라 벗긴다)
② 복어 껍질은 속껍질과 겉껍질이 있는데, 데바칼을 이용해 둘을 분리하여 손질한다.
③ 껍질에 있는 가시들은 사시미칼로 밀어 가시를 제거한다.
④ 가시를 제거한 복어 껍질은 끓는 물에 데친 후 얼음물에 넣는다.
⑤ 젤라틴 성분이 많아 물기를 빠르게 제거한 후 냉장고에 넣어 건조한다.
⑥ 곱게 채를 썰어 복어 초회에 사용하도록 준비한다.

(2) 복어 초회 양념 만들기

① 무를 갈아 물에 매운맛을 씻어내고, 고춧가루와 혼합하여 아카오로시(빨간무즙)을 만든다.

② 실파는 잘게 썰어 물에 씻은 후 물기를 제거한다.

③ 다시마와 가쓰오부시로 일번 다시(다시마와 가쓰오부시로 맛을 낸 국물)를 만든 후 진간장과 식초, 레몬 등을 넣어 초간장을 만든다.

④ 만들어진 초간장에 실파와 아카오르시를 넣고 초회 양념을 완성한다.

(3) 복어 껍질 무치기

① 폰즈(초간장) 소스와 아카오로시(빨간무즙) 양념을 만든다.

② 복어 껍질을 데쳐 차게 식힌 후 채를 썰어 준비한다.

③ 미나리를 3~4cm 정도 길이로 썰어 준비한다.

④ 채 썬 복어 껍질과 미나리, 폰즈 소스, 양념을 넣고 무쳐 초회를 만들어 접시에 담는다.

※ 겉껍질과 속껍질의 사용 비율은 9 : 1 정도가 좋다.

그릇 선택 및 주의사항
- 그릇은 작으면서도 좀 깊은 것이 좋다.
- 계절에 따라 그릇으로 유자, 감, 오렌지 등을 이용할 수 있다.
- 재료는 신선한 것으로 준비하고, 필요에 따라서 밑간 또는 가열을 한다.
- 익힌 재료는 차갑게 해서 제공한다.
- 요리는 먹기 직전에 무쳐서 제공한다.
- 초회는 미리 무쳐 놓으면 색감이 변하고 수분이 나오게 되어 색, 맛이 떨어진다.

양념(薬味, やくみ, 야쿠미)의 종류별 특징

종류	특징
이배초(二杯酢, にばいず, 니바이스)	간장, 청주, 맛술을 사용하여 채소류와 생선류 초회 소스로 사용
삼배초(三杯酢, さんばいず, 삼바이스)	국간장, 청주, 설탕을 사용하여 채소류의 초회 소스로 사용
도사초(土砂酢, どさず, 도사스)	삼배초에 맛술, 가쓰오부시를 추가하여 좀 더 고급스러운 소스로 사용
단초(甘酢, あまず, 아마스)	청주, 설탕, 맛술 사용

※ 남방초(남방즈), 매실초(바이니쿠즈), 고추냉이식초(와사비스), 깨식초(고마스), 생강식초, 사과식초, 겨자식초, 난황식초, 산초식초 등이 있다.

05 복어 죽 조리

- 준비된 맛국물(일번다시)에 밥, 복어살, 달걀 등을 넣어 복어죽을 조리하는 것이다.
- 복어 냄비요리를 먹고 난 후 남은 국물에 밥을 넣고 끓인 후 마지막에 달걀을 풀고 김 채를 올리는 것이다.

(1) 복어 맛국물 준비

① 한국에서 서식하는 다시마(昆布, こんぶ, 곤부) 종류

종류	참다시마	애기다시마	개다시마
분포지역	한국 동해안, 일본	한국 동해 연안, 중국 연해, 일본 연해 등	한국 동해, 일본 홋카이도 등
서식장소	동해안 사근진 앞 연안(토종은 수심 20~40m, 일본 유입종은 수심 약 5m의 얕은 수역)	조간대 아래에 있는 바위나 돌	점심대(漸深帶)의 깊은 곳
크기	토종 약 1m, 일본 유입종 약 2m	길이 0.5~2m, 너비 5~9cm, 줄기 원기둥 모양 2~5cm	길이 1~2m, 너비 20~30cm
형태	전체 모양이 댓잎처럼 생겼으며, 몸은 부착기·줄기·엽상부로 나누어진다.	• 전체 모양이 긴 버들잎처럼 생겼으며, 잎은 길이 0.6~2m, 너비 5~9cm이다. • 줄기는 길이가 2~5cm로 원기둥 모양이고, 뿌리는 수염모양이다.	• 줄기는 긴 댓잎 모양의 엽상부로 되어 있고, 밑동은 둥글다(가운데 부분은 두껍다). • 뿌리는 섬유 모양이고, 밑동에서 돌려난다.
비고	토종이 양식보다 알긴산 등 각종 영양소의 함량이 높다.	황갈색 또는 밤색이다.	억세고 끈적끈적한 점질이 강하다(맛은 비교적 떨어짐).

② 건다시마의 성분

　㉠ 단백질, 지방, 당질, 수분, 섬유, 회분, 철, 칼슘, 인, 요오드 등이 들어 있다.

　㉡ 비타민 C가 많고 글루탐산, 프롤린과 알라닌 등이 있어 감칠맛을 준다.

　㉢ 요오드가 많아 신진대사를 활발하게 하여 비만에 도움을 주고, 성장기 어린이의 성장에도 도움을 준다. 또한 갑상선 호르몬 합성에 영향을 준다.

　㉣ 칼슘, 철이 많이 함양되어 소화흡수가 쉽다.

　㉤ 알긴산, 라미딘, 칼륨 성분은 동맥경화를 예방하고, 혈관과 심장기능을 튼튼하게 해준다.

　㉥ 암 발생을 억제하고, 고혈압예방, 변비예방에 도움을 준다.

③ 복어 맛국물 제조 순서

　㉠ 다시마의 양면에 묻어 있는 불순물을 면포로 깨끗이 닦아준다.

ⓒ 찬물에 다시마를 넣어 불을 올린다.

ⓒ 불 조절은 약하게 하며, 끓기 직전에 다시마를 건져낸다.

ⓒ 국물을 맑게 거른다.

④ 복어 뼈 맛국물 제조 순서

ⓐ 복어는 껍질을 제거하고, 세장뜨기를 한다.

ⓑ 살을 제외한 남은 뼈를 손질하여 흐르는 물에 담가 핏물과 이물질을 제거한다.

ⓒ 냄비에 물, 다시마를 넣고 중간 불에 올려 끓기 시작하면 다시마를 건져낸다.

ⓓ 다시마 육수에 복어의 중간뼈·머리뼈·아가미뼈를 넣고, 감칠맛이 충분히 우러나오도록 끓인다.

ⓔ 이물질을 제거하고 국물이 탁한 색에서 맑게 되면 받쳐 육수를 만든다.

(2) 복어 죽 재료 준비

① 쌀을 씻어 불려서 복어 죽 용도로 밥 짓기

ⓐ 쌀씻기(米洗い, こめあらい, 고메아라이) : 쌀에 물을 부어 첫 번째 물은 쌀에 흡수되지 않도록 빠르게 버리고, 2~3번째에 불순물을 제거한다. 여름에는 약 30분, 겨울에는 약 1시간 전에 씻어둔다.

ⓑ 물기 제거 : 씻은 쌀은 체에 밭쳐 여분의 수분을 제거하여 준비한다.

ⓒ 밥 짓기 : 밥 짓기는 생쌀 1kg에 물 1.0~1.2L의 비율로 밥 짓기 또는 생쌀 1kg에 물 0.9~1.2L와 청주 100cc를 넣고 밥 짓기를 한다.

> **밥 짓기의 물 조절**
> - 밥을 지을 때 쌀(불린)과 물의 비율을 1 : 1~1.2 정도가 일반적이다.
> - 고슬고슬한 밥을 지을 때는 쌀(불린) : 물=1 : 1의 비율로 한다.
> - 쌀의 수분함량에 따라 밥 짓기 물의 양을 조절하고, 청주를 넣으면 잡냄새가 제거되어 밥의 풍미를 더 느낄 수 있다.
> - 불린 쌀로 죽을 만들 때는 쌀 : 물=1 : 8 비율로 끓여 죽을 만든다.

② 죽(かゆ)의 종류 및 조리법

ⓐ 오카유(お粥, おかゆ, 오카유) : 밥 또는 불린 쌀로 만드는 죽이다.

- 밥을 이용해서 죽을 만드는 경우 : 냄비에 밥과 물을 넣고 국자로 밥알을 으깨면서 죽을 완성한다.

- 불린 쌀로 죽을 만드는 경우 : 냄비에 불린 쌀의 반 정도를 갈아 맛국물을 넉넉히 넣고 푹 끓여서 죽을 완성한다.

ⓒ 조우스이(雜炊, ぞうすい, 조우스이) : 밥은 찬물에 밥알의 형태가 잘 풀리게 씻은 후 체에 밭쳐 물기를 제거하고, 다시 국물에 해산물 또는 채소류를 넣어 끓인 맛국물에 밥을 넣고 만드는 죽이다.
- 여러 가지 부재료를 넣어 끓이고, 밥알의 형태가 남는 특징이 있다.
- 복어죽, 전복죽, 채소죽, 버섯죽, 굴죽, 알죽 등을 만들 수 있다.

복어죽용 부재료 준비 및 전처리하기
- 맛국물(煮出し汁, にだしじる, 니다시지루) 만들기 : 다시마를 이용해 곤부다시를 만든다.
- 복어 맛국물(河豚煮出し汁, ふぐにだしじる, 후구니다시지루) 만들기 : 곤부다시에 손질한 복어 뼈를 넣고 맛국물을 만든다.
- 실파(浅葱, あさつき, 아사츠키), 미나리(水芹, せり, 세리) 손질하기 : 곱게 잘라 흐르는 물에 씻어 물기를 제거한다.
- 김(海苔, のり, 노리) 손질하기 : 김은 구운 뒤 얇게 채를 썰어(하리노리) 준비한다.
- 달걀(卵, たまご, 다마고) 풀기 : 달걀노른자 또는 달걀을 잘 푼 뒤 준비한다.
- 참기름(ゴマ油, ごまあぶら, 고마아부라)과 깨(ゴマ, ごま, 고마) 준비하기
- 복어 살 손질하기 : 복어 살은 석장뜨기를 하여 작은 토막으로 썰어 준비
- 복어 정소(河豚白子, ふぐしらこ, 후구시라고) 손질하기 : 복어 정소는 소금을 이용해 씻은 뒤 흐르는 물에 담가 핏물을 제거하고 한입 크기로 자른다.

(3) 복어 죽 끓여서 완성

① 복어 조우스이(河豚の雜炊, ふぐのぞうすい, 후구노조우스이) 만들기

㉠ 다시마 맛국물(昆布出し, こんぶだし, 곤부다시)과 복어 뼈(ふぐ骨, ふぐほね, 후구보네) 맛국물 만들기
- 다시마 맛국물(昆布出し, こんぶだし, 곤부다시) : 냄비에 물 500cc, 건다시마(4×5cm)를 넣고 불에 올려 끓으면 불을 끄고 다시마를 건져낸다.

㉡ 복어 뼈 맛국물(河豚骨出し, ふぐほねだし, 후구보네다시)
- 냄비에 물, 다시마를 넣고 중불에 올려 끓기 시작하면 다시마를 건진다.
- 다시마 국물에 복어의 머리뼈, 중간뼈, 아가미뼈를 넣고 충분히 끓여서 맛국물을 우려낸다.
- 체로 뼈만 건져내고, 뼈의 살이 부족하면 복어 살을 추가로 썰어 넣는다.

ⓒ 다시에 밥 넣고 간하기(味付け, あじつけ, 아지쯔께)
- 복어 뼈 맛국물에 찬물에 씻은 밥을 넣고 중불에서 한소끔 끓인다.
- 불을 줄이고 소금과 국간장으로 가볍게 밑간을 한다.

ⓓ 달걀(卵, たまご, 다마고) 풀기 : 냄비에 죽이 끓기 시작하면 불을 끄고, 풀어 둔 달걀을 넣어 덩어리지지 않게 저은 후 곱게 송송 썬 실파를 넣어 3~4분 정도 더 뜸을 들인다.

ⓔ 담기(盛り, もり, 모리) : 그릇에 담고, 곱게 자른 김(하리노리)을 올려 완성한다.

② 복어 오카유(河豚のお粥, ふぐのおかゆ, 후구노오카유) 만들기

ⓐ 복어 살(河豚身, ふぐのみ, 후구노미), 참나물(三つ葉, みつば, 미쯔바) 손질하기 : 복어 살을 얇게 저며 가늘게 썰고, 참나물 줄기는 끓는 물에 데쳐 찬물에 씻어 1cm로 썬다.

ⓑ 김(海苔, のり, 노리)과 실파(浅葱, あさつき, 아사쯔키) 손질하기 : 김은 불에 살짝 구어 잘게(하리노리) 자르고, 실파는 송송 썰어 흐르는 물에 2~3회 씻어 체에 건져 물기를 제거한다.

ⓒ 죽(お粥, おかゆ, 오카유) 끓이기
- 냄비에 다시마 맛국물, 밥을 넣고 중불로 한소끔 끓으면 거품을 걷어낸다.
- 손질한 복어 살을 넣고 죽의 농도가 될 때까지 천천히 끓인다.

ⓓ 담기(盛り, もり, 모리)
- 소금, 간장(국)으로 밑간을 하고 불을 끈다.
- 달걀 또는 달걀노른자를 잘 풀어 넣고 뜸을 들인다.
- 걸쭉해지면 참나물 또는 실파를 넣고 그릇에 담아 자른 김을 올린다.

※ 기호에 따라 참기름, 깨 등을 첨가하여 먹는다.

③ 복어 정소(시라코, 이리)죽 오카유 조우스이를 만들기

ⓐ 정소의 불순물 제거(제독) : 복어의 정소는 불순물 등 실핏줄을 제거하고, 소금에 씻어 흐르는 물에 담가 여분의 불순물과 핏물을 제거한다.

ⓑ 정소 준비하기 : 불순물이 제거(제독)된 정소는 자르거나 고운체에 곱게 걸러 준비해둔다.

ⓒ 정소 죽 끓이기 : 복어 오카유와 조우스이 만들기와 같은 방법으로 죽을 끓이며, 복어 살 대신 정소를 넣고 중불로 끓여 완성한다.

ⓓ 담기 : 소금과 간장(국)으로 간을 하고 달걀 또는 달걀노른자를 풀어 걸쭉해지면 실파를 넣고 그릇에 담아 김을 올린다.

06 복어 튀김 조리

복어 튀김 조리란 깨끗하게 손질한 복어 살, 뼈에 양념(밑간)해서 전분, 박력분, 달걀노른자 등으로 튀김옷을 입혀 튀기는 것이다.

(1) 복어 튀김 재료 준비

① 기본조리용어

종류	특징
고로모	튀김을 튀기기 위하여 밀가루(박력분), 녹말가루(전분)를 이용하여 만든 반죽 옷
덴다시	튀김요리와 함께 제공하는 튀김 소스(다시 : 간장 : 맛술=4 : 1 : 1)
덴카츠	튀김(고로모아게)을 튀길 때 재료에서 떨어져 나오는 튀김 부스러기(우동이나 튀김덮밥의 곁들임으로 사용)
아게다시	조미한 간장조림 국물(다시 : 간장 : 맛술=7 : 1 : 1)을 튀김에 부어 먹는 요리
야쿠미	튀김요리에 튀김 소스(덴다시)와 함께 제공하여 요리의 풍미를 더해주는 곁들임(무즙, 실파, 생강즙, 레몬 등)

② 전분(녹말가루)

㉠ 포도당(글루코스)으로 구성되는 다당류로, 식물체에 의해 합성되고 세포 중에 전분입자로 존재한다.

㉡ 전분입자는 식물의 종류에 따라 각기 다른 크기와 모양을 하고 있다.

㉢ 식물체를 분쇄한 후 냉수에 담그면 전분입자만 아래로 침전하게 된다.

㉣ 건조한 전분입자는 흡습성이 높고, 풍건물(風乾物)에서는 20% 정도의 수분을 함유한다.

㉤ 찬물에는 잘 녹지 않지만, 더운물에는 부풀어 호화(糊化)한다.

㉥ 전분입자를 구성하는 다당은 2종으로 대별된다. 전분입자 알맹이의 골격을 이루며, 70~80%를 점하는 아밀로펙틴과 안으로 싸여 있는 아밀로스이다.

㉦ 전분입자에 물을 넣고 가열하면 다당구조가 길게 뻗은 쇄상(鎖狀)으로 되는데, 이것을 α-전분이라 한다.

㉧ 생(生)전분 상태의 다당은 글루코스 6개로 1회전하는 나선구조를 취하고 있고, β-전분이라고 한다.

㉨ 식물의 뿌리, 덩이줄기, 열매, 줄기, 씨 등의 전분을 가루로 만든 것으로, 요리에 사용되는 녹말은 죽, 크림 등에 농도를 조절하는 농후제 역할을 하며, 튀김 조리 시 밀가루와 혼합하거나 단독으로 사용하여 바삭한 튀김을 만들 때 사용한다.

전분의 종류

분류	종류	성분
곡류	쌀, 밀, 옥수수	아미동(amidon)
콩류	강낭콩, 완두콩	
과실	밤, 도토리	
땅속식물	참마, 감자	페퀼(fécule)
이국적 식물	칡	

③ **밀가루의 분류** : 밀가루는 밀의 낟알을 분쇄하여 만든 가루로, 반죽을 했을 때 어느 정도 점탄성(粘彈性)을 가지고 있는가에 분류한다. 점탄성이 가장 강한 것부터 강력분, 중력분, 박력분으로 나눈다.

밀가루의 종류 및 용도

종류	단백질량(%)	제조하는 밀의 종류	용도 및 특징	조리 종류
강력분	11.5~13.5% 정도	경질의 봄밀, 경질의 붉은 겨울밀	입자가 거침(쫄깃한 식감의 빵 등).	식빵, 마카로니, 바게트, 피자도우, 소보로빵, 페이스트리 등
중력분	8.0~10.0% 정도	경질, 연질의 밀	• 면 제조에 적합한 점탄성을 지니고 있기 때문에 우동 등의 면용으로 적당 – 쫄깃한 요리, 쫀득한 느낌의 요리 – 주로 다목적용으로 사용	면류(우동, 국수 등), 만두피, 쫀득한 느낌의 케이크, 크래커 등
박력분	6.0~8.5% 정도	흰 밀, 연질의 붉은 겨울밀	대단히 부드럽고 끈기가 약한 반죽으로 되기 때문에 바삭바삭한 튀김용으로 적당	튀김옷, 과자류, 카스테라, 케이크류, 머핀, 마들렌, 바삭한 식감의 쿠키 등

④ **복어 튀김 시의 손질**

　㉠ 복어는 깨끗하고, 독이 없도록 손질하여 수분을 제거한다.

　㉡ 복어 살이 잘 익을 수 있도록 칼집을 넣어준다.

　㉢ 실파는 얇게 썰어 준비한다.

　㉣ 간장 15cc, 맛술 15cc, 청주 15cc, 참기름을 약간 넣고 복어 튀김용 소스를 만든다.

　㉤ 복어 살을 소스에 1분간 절여 밑간을 한다.

ⓗ 복어 살에 묻혀 있는 소스로 튀김을 튀길 때 방해가 되지 않게 하려면 체에 소스가 나오도록 밭쳐준다.

ⓢ 복어살의 잡내를 제거와 튀김의 느끼함을 제거하기 위해 유자 껍질을 다져서 복어 살에 묻힌다.

(2) 복어 튀김옷 준비

① 복어 튀김옷 준비하기

　㉠ 전분가루 : 밀가루(박력분)＝1 : 1 비율로 섞어 준비한다.

　㉡ 준비한 전분가루와 밀가루(박력분)의 농도조절에 유의하며, 준비한 복어 살을 버무려 준비한다.

★★★
② 튀김의 종류

종류	특징
스아게 (원형튀김)	식재료 그 자체를 아무것도 묻히지 않은 상태에서 튀겨, 재료가 가진 색과 형태를 그대로 살릴 수 있는 튀김이다.
고로모아게 (덴뿌라)	박력분이나 전분의 튀김옷(고로모)에 물을 넣어 만들고, 재료에 묻혀 튀기는 방식의 튀김을 말한다.
가라아게 (양념튀김)	양념한 재료를 그대로 튀기거나 박력분이나 전분만을 묻혀 튀긴 튀김 혹은 밑간을 한 뒤 튀기는 튀김을 말한다.
카와리아게 (변형튀김)	응용튀김을 말한다.

※ 복어 튀김은 가라아게로, 밑간을 한 뒤 전분이나 밀가루 등을 묻혀서 튀기는 요리이다. 일반적인 튀김 온도는 180℃ 전후이지만, 가라아게는 160℃ 전후의 온도로 튀기며, 재료의 종류나 크기, 조리방법에 따라 튀기는 시간과 온도의 차이가 있다.

가라아게(양념튀김)의 종류

분류	지역(종류)	특징
지역별 분류	기후현(세키가라아게, 구로가라아게)	닭고기 → 톳, 표고버섯 가루를 묻혀 튀김(검은색)
	나가노현(산조쿠야키)	통다리살 닭고기 → 마늘, 간장 등으로 양념 → 전분을 묻혀 튀김
	나라현(다츠타아게)	닭고기 → 간장, 맛술 양념 → 전분을 묻혀 튀김
	니이가타현(한바아게)	뼈째 반으로 가른 닭고기 → 박력분(밀가루)을 얇게 묻혀 튀김
	미야자키현(치킨남방)	닭고기 양념튀김(치킨 가라아게) 맛술, 설탕, 단맛을 더한 식초 → 타르타르 소스

지역별 분류	미야자키현(치킨남방)	닭고기 양념튀김(치킨 가라아게) 맛술, 설탕, 단맛을 더한 식초 → 타르타르 소스
	아이치현(데바사끼가라아게)	닭 날개를 사용한 양념튀김 달콤한 소스, 소금, 후추, 산초, 참깨 등
	에히메현(센잔키)	닭을 뼈째 튀긴 양념튀김 • 중국의 루안자지(軟炸鷄)에서 유래 • 닭 뼈에서 우러난 감칠맛과 양념된 고기의 맛 특징 • 에히메현의 야끼도리 전문점에서 인기 있는 메뉴
	홋카이도(가라아게, 잔기)	중국의 炸鷄(zha ji)로부터 유래한 양념튀김으로 홋카이도에서는 양념튀김을 '잔기'라고 함
식재료 분류	난코츠노 가라아게	닭 날개, 다리 부분의 연골을 사용한 양념튀김
	모모니쿠노 가라아게	닭 다리살 부위를 사용한 양념튀김
	무네니쿠노 가라아게	닭 넓적다리 부위를 사용한 양념튀김으로 육질이 부드럽고 담백한 맛
	토리노 가라아게	닭고기 양념튀김

(3) 복어 튀김 조리 완성(복어 튀김 완성 후 접시에 담기)

① 밀가루(박력분) : 전분가루=1 : 1의 비율로 섞어 밑간해 둔 복어 살에 묻혀 160℃ 전후 온도에 튀긴다.

② 계절에 맞는 그릇의 색이나 모양, 복어 튀김의 특성을 고려해 복어 튀김 접시를 고른다.

③ 튀겨 낸 복어 튀김은 체에 밭쳐서 기름을 제거하고, 튀김이 눅눅해지지 않도록 한다.

④ 복어 튀김이 눅눅해지지 않도록 접시에 기름종이를 깔고 복어 튀김을 담는다.

07 복어 회 국화모양 조리

복어의 살을 횟감용으로 전처리하여 얇게 떠 차가운 접시에 국화모양으로 담는 조리방법으로, 복어를 얇고 길게 잘라 둥근 접시에 국화모양으로 담는 방법을 '기쿠모리'라고 한다.

(1) 복어 살 전처리 작업

복어를 손질하는 방법에는 두장뜨기(にまいおろし, 니마이오로시), 세장뜨기(さんまいおろし, 삼마이오로시), 다섯장뜨기(ごまいおろし, 고마이오로시), 다이묘포뜨기(だいみょおろし, 다이묘오로시)가 있다.

① 가장 기본적인 방법은 '세장뜨기'로 생선을 위쪽 살, 중앙 뼈, 아래쪽 살의 3장으로 분리하는 방법이다.
② '다이묘 포 뜨기' 방법은 전어, 학꽁치, 고등어 등을 생선의 머리 쪽부터 중앙 뼈에 칼을 넣어 꼬리쪽으로 단번에 오로시하는 방법이다.

복어 살의 전처리

① 복어의 세장뜨기 과정
- 껍질을 제거하여 손질한 복어는 행주를 이용해 물기를 닦아준다.
- 머리는 오른쪽, 꼬리가 왼쪽 방향으로 놓고, 중앙 뼈의 윗쪽에 칼을 넣어 뼈와 살을 분리한다.
- 그대로 뒤집어 맞은편 등 쪽에도 칼을 넣은 뒤 포를 떠 중앙 뼈와 살을 분리한다.
- 중앙 뼈를 기준으로 등 쪽을 시작으로 포를 뜬다.
- 살을 발라낸 뼈는 5cm 정도로 잘라 잔 칼집을 내어 물에 담가 뼛속에 있는 복어 피를 제거한다.

② 회를 뜰 때 복어의 손질 과정 : 복어의 속살은 얇은 막으로 감싸져 있어 그대로 먹기에는 질기므로 횟감용으로는 부적합하다.
- 손질한 복어 살은 등이 도마에 닿게 놓고, 꼬리가 왼쪽 머리는 오른쪽으로 놓는다.
- 꼬리에서부터 비스듬히 칼을 넣고, 도마에 밀착시켜 머리 쪽으로 칼을 위아래로 움직여 수평으로 이동하면서 살에 붙어있는 얇은 막을 제거한다.
- 등지느러미 쪽 살의 주름막, 배꼽 부분에 있는 빨간 살과 함께 주변 주름막도 제거한다.
- 뼈에 붙어있는 복어 살 부분의 얇은 막을 제거한다.
- 손질이 끝난 복어 살은 얼음소금물에 잠시 담가 복의 냄새를 제거한다. 이후 마른행주에 감싸 수분을 제거하고, 수분이 제거된 뒤 횟감용으로 사용한다. 몸살에서 분리한 얇은 막은 버리지 말고 끓는 물에 데쳐 회에 곁들이거나 초무침요리, 냄비요리의 용도로 사용한다.

③ 비린내(어취) 제거방법 : 생선 비린내는 세포물질이 분해할 때 생긴다. 주로 생선의 악취성분인 트리메틸아민(TMO)은 무색의 강한 염기성이며, 수용성으로서 근육 중 수분과 혈액 속에 함유되어 있다. 생선이 살아 있을 때에는 트리메틸아민 옥사이드의 형태로 체내에 존재하다가 생선이 죽어 시간이 경과하면 세균의 환원효소에 의해 트리메틸아민으로 된다. 생선의 부패에 의해 증가하므로 신선도의 기준이 되며, 생선 조리 시 비린내를 억제하는 방법은 다음과 같다.

방법	특징
물로 씻기	생선 비린내(트리메틸아민)는 수용성 성분으로 물로 씻으면 비린내를 제거할 수 있다. 단, 생선을 썰어서 단면을 여러 번 물로 씻으면 맛과 영양성분까지 빠져나가므로 찬물로 살짝 씻는 것이 좋다.
산 첨가	트리메탈아민은 산과 결합하면 냄새가 없어지는 물질을 생성한다. 그러므로 조리할 때 레몬즙, 유자즙, 식초와 같은 향채나 조미료를 첨가하면 비린내가 많이 줄어든다. ※ 생선회에 레몬이 같이 제공되는 것은 레몬의 향미와 함께 비린내를 제거하기 위한 목적이며, 생선초밥에 식초를 조미하는 것도, 생선초무침에 식초를 넣어 조리하는 것도 같은 목적이다.

간장과 된장 첨가	• 간장은 단백질의 응고와 더불어 글로불린이라는 성분을 생성시키면서 비린내도 함께 용출시킨다. 즉, 생선의 풍미를 살릴 뿐만 아니라 비린내 제거효과도 있다. • 된장의 콜로이드상 성분은 강한 흡착력을 갖고 있어 비린내를 흡착하여 비린맛을 못 느끼게 하는 특징이 있다.

(2) 복어 회 뜨기

복어는 콜라겐 성분이 매우 강하여 육질의 탄력이 강해 자르는 방법이 매우 중요하다. 회를 뜰 때는 칼의 길이가 긴 편이 유용하며, 최대한 얇게 뜨기(우스즈쿠리)의 숙련된 기술이 필요하다.

① 깨끗한 나무도마에 마름질한 횟감용 복어 살을 등 쪽이 도마에 닿게 하고, 45° 정도로 비스듬히 놓는다.
② 복어 살을 왼쪽 검지와 중지 손가락으로 살짝 눌러 고정시키면서 칼을 비스듬히 눕혀 칼날 전체를 사용하여 위에서 아래로 당기듯이 회를 뜬다.
③ 복어 회는 결의 방향과 직각이 되게 자르며, 자른 복어 회는 폭 2~3cm, 길이 6~7cm가 되게 한다.
④ 회 뜬 복어 살의 폭이 좁아지면 칼을 눕혀 폭을 늘리고, 길이가 길어지면 칼을 세워 길이를 줄여 일정한 모양의 회(다네)가 나오게 한다.
⑤ 회를 뜨면서 손과 칼에 묻은 점액질은 위생행주에 수시로 닦고, 도마도 위생행주로 수시로 닦아가며 청결을 유지한다.

(3) 복어 회 국화모양 접시에 담기

① 복어 회는 칼날 전체를 이용하여 꼬리 부분에서 머리 부분으로 당겨 썰며 시계 반대 방향으로 원을 그리듯이 일정한 간격으로 겹쳐 담는다.
② 안쪽에 담는 회는 바깥쪽보다 작은 크기의 국화모양으로, 원을 그리듯이 시계 반대 방향으로 겹쳐 담는다.
③ 접시 중앙에는 복어 회를 말아 꽃 모양으로 만들어 올린다.
④ 복어 살에 붙어있던 얇은 막은 끓는 물에 데친 뒤 데친 복어껍질과 함께 4cm 길이로 채 썰어 올리고, 말린 복어 지느러미를 나비모양으로 장식해 꽃모양으로 만든 복어 회 위에 놓아 국화모양 접시 담기를 완성한다.

※ 기본적으로 접시는 원형 접시를 사용한다(사각 접시와 투명 유리 접시는 부적합함).
※ 무늬, 색이 있는 접시를 선택하며, 그림이 먹는 사람의 정면에 오도록 담는다.
※ 복어 회의 담는 방법은 기본적으로 오른쪽에서 왼쪽으로 담는 것이 기본이며, 그릇의 바깥쪽에서 앞쪽으로 담는다.
※ 접시에 담기는 국화모양, 학모양, 공작모양, 모란꽃 모양 등이 있다.

복어 회 모양내서 담기
① 회를 뜬 복어 회는 단면이 넓은 쪽을 왼손의 엄지와 검지로 잡고, 중지 손가락을 이용하여 복어회의 끝부분을 뒤로 말아 삼각모양으로 접는다.
② 회 접시의 중앙에서 끝부분 바깥쪽 위치에 놓는다. 오른쪽에서 왼쪽으로 시계 반대 방향으로 접시를 조금씩 돌려가며 회(다네)를 1mm 정도 겹치게 놓아 담는다.
③ 회 접시의 안쪽 라인은 바깥쪽 라인의 1/3 정도 겹치게 놓으면서 바깥쪽 라인과 같은 방법으로 담아 원모양을 유지한다.
④ 복어 회는 삼각형모양을 일정하게 유지하며, 최대한 얇게 회를 뜬다.

복어 국화모양 회 뜨기에서 같이 제공하는 곁들임 재료
① 폰즈(ポン酢) 소스를 만든다.
- 냄비에 물과 이물질을 제거한 다시마를 넣어 끓기 직전에 다시마를 건져내고 가다랑어포를 넣어 불을 끈다. 10분 후 면포(소창)에 걸러 일번다시물을 만든다.
- 일번다시물 : 진간장 : 식초=1 : 1 : 1의 비율로 섞어 폰즈소스를 완성한다.
② 야쿠미(薬味, 양념) 만들기
- 무는 강판에 갈아 흐르는 물에 씻어 아쿠를 제거한다.
- 갈은 무즙에 고춧가루를 섞어 선홍색의 빨간무즙(모미지오로시, 紅葉下ろし)을 만든다.
- 실파는 곱게 썰고, 흐르는 물에 씻어 체에 받쳐 마른 면포(소창)를 이용하여 수분을 제거하여 준비한다.
- 레몬은 반달모양으로 잘라 준비한다.
- 적당한 그릇에 곱게 썬 실파, 빨간무즙, 레몬을 담아 야쿠미를 만든다.
③ 완성
- 미나리를 깨끗이 씻어 잎을 제거하고 줄기부분만 준비한다.
- 미나리를 4cm 길이로 잘라 접시에 담아둔다.
- 복어 회를 완성할 때 미나리, 빨간무즙, 실파, 레몬을 접시에 담고, 초간장(폰즈)과 함께 완성한다.

모의고사
(일식·복어)

1회 모의고사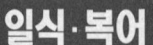

01 물로 전파되는 수인성 감염병에 속하지 않는 것은?

① 장티푸스
② 홍역
③ 세균성이질
④ 콜레라

> 해설 홍역은 호흡기를 통해 감염되는 호흡기계 감염병이다.

02 경구감염병으로 주로 신경계에 증상을 일으키는 것은?

① 폴리오   ② 장티푸스
③ 콜레라   ④ 세균성이질

> 해설 중추신경계의 손상으로 영구적인 마비를 일으키는 경구감염병은 폴리오(소아마비)이다.

03 다음 중 회복기 보균자에 대한 설명으로 옳은 것은?

① 병원체에 감염되어 있지만 임상증상이 아직 나타나지 않은 상태의 사람
② 병원체를 몸에 지니고 있으나 겉으로는 증상이 나타나지 않는 건강한 사람
③ 질병의 임상증상이 회복되는 시기에도 여전히 병원체를 지닌 사람
④ 몸에 세균 등 병원체를 오랫동안 보유하고 있으면서 자신은 병의 증상을 나타내지 아니하고 다른 사람에게 옮기는 사람

> 해설 질병의 임상증상이 회복되는 시기에도 계속 병원체를 지닌 사람을 회복기 보균자라 한다.

04 광절열두조충의 제1중간숙주와 제2중간숙주를 옳게 짝지은 것은?

① 연어 - 사람   ② 붕어 - 연어
③ 물벼룩 - 송어   ④ 참게 - 사람

> 해설 광절열두조충의 제1중간숙주는 물벼룩, 제2중간숙주는 연어, 송어이다.

05 원유에 오염된 병원성 미생물을 사멸시키기 위하여 130~150℃의 고온가압 하에서 우유를 0.5~5초간 살균하는 방법은?

① 저온살균법
② 고압증기멸균법
③ 고온단시간살균법
④ 초고온순간살균법

> 해설
> • 저온살균법 : 60~65℃에서 30분간 가열 후 급랭(예 우유, 술, 주스, 소스)
> • 초고온순간살균법 : 130~140℃에서 2~4초간 가열 후 급랭(예 우유, 과즙)
> • 고온단시간살균법 : 70~75℃에서 15~20초 내에 가열 후 급랭(예 우유, 과즙)

06 식품첨가물의 사용목적이 아닌 것은?

① 식품의 기호성 증대
② 식품의 유해성 입증
③ 식품의 부패와 변질을 방지
④ 식품의 제조 및 품질 개량

> 해설 식품첨가물은 식품의 제조, 가공, 보존 등 여러 가지 필요에 의해 식품에 첨가하는 물질로 식품의 기호성 증대, 식품의 부패와 변질방지, 식품의 제조 및 품질개량 등으로 사용된다.

정답 01 ②   02 ①   03 ③   04 ③   05 ④   06 ②

07 다음 식품첨가물 중 주요목적이 다른 것은?

① 과산화벤조일   ② 과황산암모늄
③ 이산화염소   ④ 아질산나트륨

해설
- 과산화벤조일, 과황산암모늄, 이산화염소 : 소맥분 개량제
- 아질산나트륨 : 육류발색제

08 다음 중 식품안전관리인증기준(HACCP)을 수행하는 단계에 있어서 가장 먼저 실시하는 것은?

① 중요관리점 규명
② 관리기준의 설정
③ 기록유지방법의 설정
④ 식품의 위해요소 분석

해설 HACCP 관리의 수행단계
식품의 위해요소 분석 → 중요관리점 결정 → 한계기준 설정 → 모니터링 체계 확립 → 개선조치방법 수립 → 검증절차 및 방법 수립 → 문서화 및 기록유지

09 식품접객업소의 조리 판매 등에 대한 기준 및 규격에 의한 조리용 칼·도마, 식기류의 미생물 규격은? (단, 사용 중인 것은 제외한다)

① 살모넬라 음성, 대장균 양성
② 살모넬라 음성, 대장균 음성
③ 황색포도상구균 양성, 대장균 음성
④ 황색포도상구균 음성, 대장균 양성

해설 조리용 칼·도마, 식기류의 미생물 기준은 살모넬라와 대장균 모두 음성이어야 한다.

10 식품 등의 위생적 취급에 관한 기준이 아닌 것은?

① 식품 등을 취급하는 원료 보관실, 제조가공실, 포장실 등의 내부를 항상 청결하게 관리한다.
② 식품 등의 원료 및 제품 중 부패, 변질되기 쉬운 것은 냉동·냉장시설에 보관·관리한다.
③ 유통기한이 경과된 식품 등은 판매하거나 판매의 목적으로 진열·보관하여서는 아니 된다.
④ 모든 식품 및 원료는 냉장 및 냉동시설에 보관·관리한다.

11 다음 중 일반적으로 복어의 독성분인 테트로도톡신이 가장 많은 부위는?

① 근육   ② 피부
③ 난소   ④ 껍질

해설 복어의 독성분 정도 : 난소>간장>내장>피부

12 다음 중 식중독을 일으키는 버섯의 독성분은?

① 아마니타톡신(Amanitatoxin)
② 엔테로톡신(Enterotoxin)
③ 솔라닌(Solanine)
④ 아트로핀(Atropine)

해설 엔테로톡신(포도상구균), 솔라닌(감자의 독성분), 아트로핀(미치광이풀의 독성분)

13 식품의 표시·광고에 대한 설명 중 옳은 것은?

① 허위표시·과대광고의 범위에는 용기·포장만 해당되며 인터넷을 활용한 제조방법·품질·영양가에 대한 정보는 해당되지 않는다.
② 자사 제품과 직·간접적으로 관련하여 각종 협회 및 학회 단체의 감사장 또는 상장, 체험기 등을 활용하여 "인증", "보증" 또는 "추천"을 받았다는 내용을 사용하는 광고는 가능하다.
③ 질병의 치료에 효능이 있다는 내용의 표시·광고는 허위표시·과대광고에 해당하지 않는다.
④ 인체의 건전한 성장 및 발달과 건강한 활동을 유지하는 데 도움을 준다는 표현은 허위표시·과대광고에 해당하지 않는다.

해설 식품의 표시·광고에 있어 인체의 건전한 성장 및 발달에 도움을 준다는 표현은 허위표시·과대광고에 해당하지 않는다.

정답   07 ④   08 ④   09 ②   10 ④   11 ③   12 ①   13 ④

14 식품 등의 표시기준에 의한 성분명 및 함량의 표시대상 성분이 아닌 영양성분은? (단, 강조표시를 하고자 하는 영양성분은 제외)

① 트랜스지방
② 나트륨
③ 콜레스테롤
④ 불포화지방

> 해설 표시대상 성분에는 열량, 탄수화물(당류), 단백질, 지방(포화지방산, 트랜스지방), 콜레스테롤, 나트륨 등이 있다.

15 식품위생법령상 조리사를 두어야 하는 영업자 및 운영자가 아닌 것은?

① 국가 및 지방자치단체의 집단급식소 운영자
② 면적 100m² 이상의 일반음식점 영업자
③ 학교, 병원 및 사회복지시설의 집단급식소 운영자
④ 복어를 조리·판매하는 영업자

> 해설 조리사를 두어야 할 영업에는 복어 조리·판매하는 영업, 국가나 지방자치단체, 학교·병원·사회복지시설 등의 집단급식소가 있다.

16 C.E.A. Winslow의 공중보건의 정의에서 말한 3대 내용은?

① 질병예방, 수명연장, 건강증진
② 질병치료, 건강증진, 수면연장
③ 수명연장, 질병치료, 질병예방
④ 질병치료, 질병예방, 건강증진

> 해설 질병을 예방하고 수명을 연장하며 육체적, 정신적 건강 효율을 증진시키는 기술과 과학을 공중보건이라 한다.

17 다음 중 강한 살균력을 갖는 광선은?

① 적외선
② 자외선
③ 가시광선
④ 근적외선

> 해설 자외선은 2,600Å(260nm)일 때 살균력이 크다.

18 다음 중 대기오염을 유발시키는 행위는?

① 조리장의 쓰레기를 노천소각시킨다.
② 조리장의 음식물 쓰레기를 퇴비화하였다.
③ 튀김 후 기름을 화단에 묻었다.
④ 조리장의 열기를 후드로 배출시켰다.

> 해설 쓰레기를 소각하게 되면 대기오염이 유발된다.

19 각 수질 판정기준과 지표 간의 연결이 틀린 것은?

① 일반세균수 : 무기물의 오염지표
② 질산성질소 : 유기물의 오염지표
③ 대장균군수 : 분변의 오염지표
④ 과망간산칼륨 소비량 : 유기물의 간접적 지표

> 해설 일반세균수는 이질, 콜레라, 장티푸스, 파라티푸스 등 수인성 감염병의 원인이 되는 물의 세균에 의한 오염도를 판정하는 기준이다.

20 만성 중독의 경우 반상치, 골경화증, 체중 감소, 빈혈 등을 나타내는 물질은?

① 붕산
② 불소
③ 승홍
④ 포르말린

> 해설 불소를 과다 섭취하게 되면 반상치가 된다.

21 다음의 상수처리과정에서 가장 마지막 단계는?

① 급수
② 취수
③ 정수
④ 도수

> 해설 상수처리과정 : 침사 → 침전 → 여과 → 소독 → 급수

22 수은(Hg) 중독에 의해 발생되는 질병은?

① 미나마타(Minamata)병
② 이타이이타이(Itai-Itai)병
③ 스팔가눔(Sparganosis)병
④ 브루셀라(Bruucellosis)병

> 해설 수은 중독에 의해 발생되는 질병은 미나마타병이다.

정답 14 ④ 15 ② 16 ① 17 ② 18 ① 19 ① 20 ② 21 ① 22 ①

23 수질오염 중 부영양화 현상에 대한 설명으로 틀린 것은?

① 혐기성 분해로 인한 냄새가 난다.
② 물의 색이 변한다.
③ 수면에 엷은 피막이 생긴다.
④ 용존산소가 증가한다.

> 해설 부영양화는 강, 바다, 호수와 같은 수중생태계의 영양물질이 증가되어 조류가 급격히 증식하는 것을 말하며, 이때 용존산소의 양은 줄어들게 된다.

24 감염병과 감염경로의 연결이 틀린 것은?

① 성병 – 직접 접촉
② 폴리오 – 공기 감염
③ 결핵 – 개달물 감염
④ 파상풍 – 토양 감염

> 해설 폴리오는 소화기계를 통하여 감염된다.

25 사람과 동물이 같은 병원체에 의하여 발생하는 인축공통감염병은?

① 성홍열 ② 결핵
③ 콜레라 ④ 디프테리아

> 해설 결핵은 같은 병원체에 의해 소와 사람에게 발생하는 인축공통감염병이다.

26 민물수산물에 의해 감염되는 기생충을 설명한 것 중 잘못된 것은?

① 광절열두조충은 물벼룩, 송어로부터 감염된다.
② 폐디스토마는 다슬기, 민물게로부터 감염된다.
③ 간디스토마는 쇠우렁, 붕어, 잉어로부터 감염된다.
④ 요코가와흡충은 연어, 가재로부터 감염된다.

> 해설 요코가와흡충 → 제1중간숙주(다슬기) → 제2중간숙주(은어)

27 장염비브리오균에 의한 식중독 발생과 가장 관계가 깊은 것은?

① 유제품 ② 어패류
③ 난가공품 ④ 돼지고기

> 해설 장염비브리오 식중독의 원인식품은 어패류이다.

28 식당에서 조리작업자 및 배식자의 손소독에 가장 적당한 것은?

① 생석회 ② 역성비누
③ 경성세제 ④ 승홍수

> 해설 조리자의 손소독에 사용되는 것은 역성비누이다.

29 집단급식시설의 작업장별 관리에 대한 설명으로 잘못된 것은?

① 개수대는 생선용과 채소용을 구분하는 것이 식중독균의 교차오염을 방지하는 데 효과적이다.
② 가열 조리하는 곳에는 환기장치가 필요하다.
③ 식품보관창고에 식품을 보관 시 바닥과 벽에 식품이 직접 닿지 않게 하여 오염을 방지한다.
④ 자외선 등은 모든 기구와 식품 내부의 완전살균에 매우 효과적이다.

> 해설 자외선 등은 완전살균에는 효과가 부족하다.

30 조리실의 설비에 관한 설명으로 맞는 것은?

① 조리실 바닥의 물매는 청소 시 물이 빠지도록 1/10 정도로 해야 한다.
② 조리실의 바닥 면적은 창 면적의 1/2~1/5로 한다.
③ 배수관의 트랩의 형태 중 찌꺼기가 많은 오수의 경우 곡선형이 효과적이다.
④ 환기설비인 후드(Hood)의 경사각은 30°로 후드의 형태는 4방 개방형이 가장 효율적이다.

> 해설 조리장의 환기설비인 후드는 4방 개방형이 가장 효과적이다.

정답 23 ④ 24 ② 25 ② 26 ④ 27 ② 28 ② 29 ④ 30 ④

31 자유수와 결합수의 설명으로 맞는 것은?

① 결합수는 용매로서 작용한다.
② 자유수는 4℃에서 비중이 제일 크다.
③ 자유수는 표면장력과 점성이 작다.
④ 결합수는 자유수보다 밀도가 작다.

해설 결합수는 용매로서 작용을 하지 않으며, 자유수는 표면장력이 크다. 결합수는 자유수보다 밀도가 크다.

32 감자 100g이 72kcal의 열량을 낼 때, 감자 450g은 얼마의 열량을 공급하는가?

① 234kcal
② 284kcal
③ 324kcal
④ 384kcal

해설 100 : 72 = 450 : χ
450 × 72 ÷ 100 = 324kcal

33 다음 중 필수지방산이 아닌 것은?

① 리놀레산(Linoleic Acid)
② 스테아르산(Stearic Acid)
③ 리놀렌산(Linolenic Acid)
④ 아라키돈산(Arachidonic Acid)

해설 필수지방산에는 리놀레산, 리놀렌산, 아라키돈산이 있다.

34 요오드가(Iodine value)가 높은 지방은 어느 지방산의 함량이 높은가?

① 라우린산(Kauric Acid)
② 팔미틴산(Palmitic Acid)
③ 리놀렌산(Linolenic Acid)
④ 스테아르산(Stearic Acid)

해설 요오드가가 높다는 말은 불포화 지방산이 많다는 의미이며, 리놀렌산은 필수지방산이기도 하다.

35 다음 중 성인의 필수아미노산이 아닌 것은?

① 트립토판(Tryptophan)
② 리신(Lysine)
③ 메티오닌(Methionine)
④ 티로신(Tyrosine)

해설 성인에게 필요한 8가지 필수아미노산에는 이소루신, 루신, 트레오닌, 리신, 발린, 트립토판, 페닐알라닌, 메티오닌이 있다.

36 식품의 산성 및 알칼리성을 결정하는 기준 성분은?

① 필수지방산 존재 여부
② 필수아미노산 존재 유무
③ 구성 탄수화물
④ 구성 무기질

해설 인·황·염소 등을 많이 함유하고 있는 식품은 산성 식품, 칼슘·나트륨·칼륨·철·구리·망간·마그네슘을 많이 함유하고 있는 식품은 알칼리성 식품이다.

37 다음의 식단에서 부족한 영양소는?

| 밥, 시금칫국, 삼치조림, 김구이, 사과 |

① 단백질
② 지질
③ 칼슘
④ 비타민

해설 칼슘은 우유 및 유제품, 뼈째 먹는 생선에 많이 함유되어 있다.

38 영양결핍 증상과 원인이 되는 영양소의 연결이 잘못된 것은?

① 빈혈 – 엽산
② 구순구각염 – 비타민 B_{12}
③ 야맹증 – 비타민 A
④ 괴혈병 – 비타민 C

해설 비타민 B_2의 결핍증은 구순구각염이며, 비타민 B_{12}의 결핍증은 악성빈혈이다.

정답
31 ② 32 ③ 33 ② 34 ③ 35 ④ 36 ④ 37 ③ 38 ②

39 다음 중 고추의 매운맛 성분은?

① 무스카린(Muscarine)
② 캡사이신(Capsaicin)
③ 테트로도톡신(Tetrodotoxin)
④ 모르핀(Morphine)

> 해설 무스카린(독버섯 성분), 테트로도톡신(복어독 성분), 모르핀(아편 성분)

40 시금치를 오래 삶으면 갈색이 되는데, 이때 변화되는 색소는 무엇인가?

① 클로로필 ② 카로티노이드
③ 플라보노이드 ④ 안토크산틴

> 해설 시금치와 같은 녹색채소에는 클로로필이 함유되어 있다.

41 생선의 조리방법에 관한 설명으로 옳은 것은?

① 선도가 낮은 생선은 양념을 담백하게 하고 뚜껑을 닫고 잠깐 끓인다.
② 지방함량이 높은 생선보다는 낮은 생선으로 구이를 하는 것이 풍미가 더 좋다.
③ 생선조림은 오래 가열해야 단백질이 단단하게 응고되어 맛이 좋아진다.
④ 양념간장이 끓을 때 생선을 넣어야 맛 성분의 유출을 막을 수 있다.

> 해설 양념간장이 끓을 때 생선을 넣어야 살이 흐트러지지 않고 맛 성분의 유출도 막을 수 있다.

42 식품의 냄새성분과 소재식품의 연결이 잘못된 것은?

① 미르신(Myrcene) – 미나리
② 멘톨(Menthol) – 박하
③ 푸르푸릴 알코올(Furfuryl Alcohol) – 커피
④ 메틸메르캡탄(Methyl mercaptan) – 후추

> 해설 후추의 매운 맛 성분은 차비신(Chavicine)이다.

43 다음 자료로 계산한 제조원가는 얼마인가?

• 직접재료비	₩180,000
• 간접재료비	₩50,000
• 직접노무비	₩100,000
• 간접노무비	₩30,000
• 직접경비	₩10,000
• 간접경비	₩100,000
• 판매관리비	₩120,000

① ₩590,000 ② ₩470,000
③ ₩410,000 ④ ₩290,000

> 해설 제조원가 = 직접원가(직접재료비 + 직접노무비 + 직접경비) + 간접원가(제조간접비)이므로, 180,000 + 100,000 + 10,000 + 50,000 + 30,000 + 100,000 = 470,000원이다.

44 어떤 음식의 직접원가는 500원, 제조원가는 800원, 총원가는 1,000원이다. 이 음식의 판매관리비는?

① 200원 ② 300원
③ 400원 ④ 500원

> 해설 총원가 = 제조원가 + 판매관리비이므로, 1,000 − 800 = 200

45 튀김 조리 시 흡유량에 대한 설명으로 틀린 것은?

① 흡유량이 많으면 입안에서의 느낌이 나빠진다.
② 흡유량이 많으면 소화속도가 느려진다.
③ 튀김시간이 길어질수록 흡유량이 많아진다.
④ 튀기는 식품의 표면적이 클수록 흡유량은 감소한다.

> 해설 튀김의 흡유량은 기름온도, 가열시간, 재료의 성분과 성질, 식재료의 표면적의 영향을 받는다.

정답 39 ② 40 ① 41 ④ 42 ④ 43 ② 44 ① 45 ④

46 조리장 내에서 사용되는 기기의 주요 재질별 관리방법으로 부적합한 것은?

① 알루미늄제 냄비는 거친 솔을 사용하여 알칼리성 세제로 닦는다.
② 주철로 만든 국솥 등은 수세 후 습기를 건조시킨다.
③ 스테인리스 스틸제의 작업대는 스펀지를 사용하여 중성세제로 닦는다.
④ 철강제의 구이 기계류는 오물을 세제로 씻고 습기를 건조시킨다.

해설 알루미늄제 냄비는 스펀지를 사용하여 중성세제로 닦아야 한다.

47 아미노카르보닐화 반응, 캐러멜화 반응, 전분의 호정화가 가장 잘 일어나는 온도의 범위는?

① 20~50℃ ② 50~100℃
③ 100~200℃ ④ 200~300℃

해설 적정 반응온도 : 아미노카르보닐화 반응(155℃), 캐러멜화 반응(160~180℃), 전분의 호정화(160℃)

48 전분의 이화학적 처리 또는 효소 처리에 의해 생산되는 제품이 아닌 것은?

① 가용성 전분
② 고과당 옥수수시럽
③ 덱스트린
④ 사이클로덱스트린

해설 덱스트린은 유산균에 의해 생성된 식이섬유소이다.

49 밀가루를 반죽할 때 연화(쇼트닝)작용과 팽화 작용의 효과를 얻기 위해 넣는 것은?

① 소금 ② 지방
③ 달걀 ④ 이스트

해설 소금(점성·탄성 증가), 달걀(영양성 증가, 색깔·향기·맛 증가), 이스트(팽창제)

50 전분의 호화에 필요한 요소만으로 짝지어진 것은?

① 물, 열
② 물, 기름
③ 기름, 설탕
④ 열, 설탕

해설 전분에 물과 열을 가하여 완전히 팽창하여 점성이 높은 콜로이드 상태를 호화라고 한다.

51 전분의 호정화에 대한 설명으로 옳지 않은 것은?

① 호정화란 화학적 변화가 일어난 것이다.
② 호화된 전분보다 물에 녹기 쉽다.
③ 전분을 150˚~190℃에서 물을 붓고 가열할 때 나타나는 변화이다.
④ 호정화되면 덱스트린이 생성된다.

해설 전분의 호정화는 전분에 물을 가하지 않고 160℃ 이상으로 가열하여 덱스트린으로 분해되는 것을 말한다.

52 일반적으로 비스킷 및 튀김의 제품 적성에 가장 적합한 밀가루는?

① 박력분 ② 중력분
③ 강력분 ④ 반강력분

해설 박력분은 글루텐 함량 10% 이하로 케이크, 튀김옷, 카스텔라, 약과 등을 만들 때 사용된다.

53 밀가루 반죽에 달걀을 넣었을 때 달걀의 작용으로 틀린 것은?

① 반죽에 공기를 주입하는 역할을 한다.
② 팽창제의 역할을 해서 용적을 증가시킨다.
③ 단백질 연화작용으로 제품을 연하게 한다.
④ 영양, 조직 등에 도움을 준다.

해설 제품의 연화는 지방의 역할이다.

정답 46 ① 47 ③ 48 ③ 49 ② 50 ① 51 ③ 52 ① 53 ③

54 생선의 육질이 육류보다 연한 주된 이유는?

① 콜라겐과 엘라스틴의 함량이 적으므로
② 미오신과 액틴의 함량이 많으므로
③ 포화지방산의 함량이 많으므로
④ 미오글로빈 함량이 적으므로

해설 어패류는 육류에 비해 결합조직(콜라겐, 엘라스틴)이 적어 육질이 연하다.

55 생선의 조리 시 식초를 적당량 넣었을 때 장점이 아닌 것은?

① 생선의 가시를 연하게 해준다.
② 어취를 제거한다.
③ 살을 연하게 하여 맛을 좋게 한다.
④ 살균 효과가 있다.

해설 식초를 사용하면 어취가 제거되고 생선살을 단단하게 하는 효과가 있다.

56 붉은 살 어류에 대한 일반적인 설명으로 맞는 것은?

① 흰살 어류에 비해 지질 함량이 적다.
② 흰살 어류에 비해 수분함량이 적다.
③ 해저 깊은 곳에 살면서 운동량이 적은 것이 특징이다.
④ 조기, 광어, 가자미 등이 해당된다.

해설 붉은살 어류는 흰살 어류보다 지방의 함량이 많고 바다 표면 가까운 곳에 산다. 예 고등어, 청어, 꽁치

57 생선을 조릴 때 어취를 제거하기 위하여 생강을 넣는다. 이때 생선을 미리 가열하여 열변성시킨 후에 생강을 넣는 주된 이유는?

① 생강을 미리 넣으면 다른 조미료가 침투되는 것을 방해하기 때문에
② 열변성되지 않은 어육단백질이 생강의 탈취작용을 방해하기 때문에
③ 생선의 비린내 성분이 지용성이기 때문에
④ 생강이 어육단백질의 응고를 방해하기 때문에

해설 생선살이 익은 후에 생강을 넣는 것이 어취제거에 효과가 있다.

58 튀김요리 시 튀김냄비 내의 기름 온도를 측정하려고 할 때 온도계를 꽂는 위치로 가장 적합한 것은?

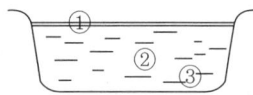

① ①의 위치
② ②의 위치
③ ③의 위치
④ 어느 곳이든 좋다.

해설 튀김그릇의 바닥이나 기름에 적게 접하는 면보다 기름이 충분한 위치에서 측정하는 것이 좋다.

59 냉동어의 해동법으로 가장 좋은 방법은?

① 저온에서 서서히 해동시킨다.
② 얼린 상태로 조리한다.
③ 실온에서 해동시킨다.
④ 뜨거운 물속에 담가 빨리 해동시킨다.

해설 냉동식품 해동법 중 가장 좋은 방법은 저온에서 서서히 해동하는 것이다.

60 조미료의 침투속도를 고려한 사용 순서로 옳은 것은?

① 소금 → 설탕 → 식초
② 설탕 → 소금 → 식초
③ 소금 → 식초 → 설탕
④ 설탕 → 식초 → 소금

해설 조미료의 침투속도를 고려한 사용 순서 : 설탕 → 소금 → 식초

정답 54 ① 55 ③ 56 ② 57 ② 58 ② 59 ① 60 ②

memo

memo

한국산업인력공단 새 출제기준에 따른 최신판!!

일식 복어
조리기능사 산업기사
필기실기문제 NCS 기반

조리기능사 산업기사 필기·실기 합격 시험문제를 한 권에 수록
최근 발표된 일식·복어조리기능사 실기시험 요구사항과 지급재료 목록 수록
전 조리과정을 컬러사진으로 알기 쉽게 설명하여 한번에 시험 합격

일식 · 복어조리기능사/산업기사 시험안내

 실기시험 진행방법 및 유의사항

(1) 만드는 순서에 유의하며, 위생과 숙련된 기능평가를 위하여 조리작업 시 맛을 보지 않는다.
(2) 지정된 수험자지참준비물 이외의 조리기구나 재료를 시험장 내에 지참할 수 없다.
(3) 지급재료는 시험 전 확인하여 이상이 있을 경우 시험위원으로부터 조치를 받고 시험 중에는 재료의 교환 및 추가지급은 하지 않는다.
(4) 요구사항의 규격은 "정도"의 의미를 포함하며, 지급된 재료의 크기에 따라 가감하여 채점한다.
(5) 위생상태 및 안전관리 사항을 준수한다.
(6) 다음 사항에 대해서는 채점대상에서 제외하니 특히 유의해야 한다.
   ① 기　권 – 수험자 본인이 시험 도중 시험에 대한 포기 의사를 표현하는 경우
   ② 실　격 • 가스레인지 화구 2개 이상 사용한 경우
   　　　　　• 불을 사용하여 만든 조리작품이 작품특성에 벗어나는 정도로 타거나 익지 않은 경우
   　　　　　• 시험 중 시설·장비(칼, 가스레인지 등) 사용 시 감독위원 및 타수험자의 시험진행에 위협이 될 것으로 감독위원 전원이 합의하여 판단한 경우
   　　　　　• 위생복, 위생모, 앞치마를 착용하지 않은 경우
   ③ 미완성 • 시험시간 내에 과제 두 가지를 제출하지 못한 경우
   　　　　　• 문제의 요구사항대로 과제의 수량이 만들어지지 않은 경우
   ④ 오　작 • 구이를 찜으로 조리하는 등과 같이 조리방법을 다르게 한 경우
   　　　　　• 해당과제의 지급재료 이외의 재료를 사용하거나 석쇠 등 요구사항의 조리도구를 사용하지 않은 경우
   　　　　　• 위생복, 위생모, 앞치마를 착용하지 않은 경우
   ④ 요구사항에 명시된 실격, 미완성, 오작에 해당하는 경우
(7) 항목별 배점은 위생상태 및 안전관리 5점, 조리기술 30점, 작품의 평가 15점이며, 100점에서 60점 이상이면 합격이다.

2 실기시험 준비물

① **수험표, 신분증** : 수험표와 신분증(주민등록증 또는 학생증, 운전면허증, 여권 중 1개)을 반드시 지참한다.

② **위생복(백색 상의, 긴 하의, 앞치마, 위생화)** : 앞치마는 반드시 흰색의 무늬 없는 것을 착용하도록 하며, 깨끗하게 다려서 구김이 가지 않도록 하고, 소매는 걷고, 단추는 모두 채운다.

③ **위생모(머리수건)** : 모자는 종이로 된 것이나 천으로 된 것 모두 사용 가능하나 반드시 흰색의 조리용 모자를 착용해야 한다. 머리수건을 착용할 때는 머리카락이 밖으로 나오지 않도록 하며, 머리카락이 긴 경우에는 망으로 깨끗이 마무리한다.

④ **조리용 칼** : 좋은 칼, 비싼 칼보다는 자신의 손에 편안하게 느껴지는 칼을 선택하여 몸의 일부처럼 느껴질 만큼 익숙하게 한다. 너무 가벼운 것보다는 약간의 무게가 느껴지며 칼날이 지나치게 두껍지 않은 것으로 선택한다. 시험장에는 새것을 가져가는 것보다는 평소 사용하던 칼을 잘 갈아 한두 번 사용한 후 가져가는 것이 작업에 유리하다.

⑤ **수저 세트** : 조리용으로 보통 집에서 사용하는 것이면 되고, 젓가락은 대나무 젓가락, 스테인리스 젓가락을 모두 준비해 가는 것이 좋다.

⑥ **나무 주걱** : 밑 부분이 지나치게 일직선으로 된 것은 재료를 볶거나 할 때에 불편하므로 가장자리를 둥글게 다듬어 사용하는 것이 좋다.

⑦ **계량컵, 계량스푼** : 스테인리스나 플라스틱으로 된 것 모두 사용 가능하나 스테인리스가 사용하기 편하며, 계량컵은 200ml, 계량스푼은 15ml, 5ml 정도의 용량이면 좋다.

⑧ **면포(소창)** : 한 겹보다는 두 겹으로 된 것이 좋고, 한 번도 사용하지 않은 것은 수분을 흡수하기 어려우므로 반드시 빨아서 반듯하게 접어 가져가며, 색은 무늬 없는 흰색을 원칙으로 한다.

⑨ **행주(위생타올)** : 타올로 된 것이 좋으며, 반드시 흰색의 깨끗한 것으로 여러 장 가져간다.

⑩ **키친페이퍼** : 종이로 되어 있으나 물에 녹지 않아 사용하기 편리하다. 적은 양의 수분이나 기름기를 제거 할 때 또는 프라이팬을 닦는 데 사용하면 좋다.

⑪ **냄비** : 손잡이가 하나 달린 알루미늄 냄비가 가장 사용하기 편리하다. 뚜껑도 같이 가져간다.

⑫ **프라이팬** : 코팅이 잘 되어 있는 것으로 가져가도록 하고, 쇠로 된 기구를 사용하면 코팅이 벗겨지므로 반드시 나무주걱이나 나무젓가락을 사용하도록 한다.

⑬ **그릇** : 접시, 대접, 공기 등을 2~3개 정도 필요한 만큼 골고루 가져가는 것이 좋다.

⑭ **체** : 스테인리스로 된 것이 좋으며 국물을 거르거나 체에 내릴 때, 튀김을 할 때 등 다양하게 사용된다.
⑮ **검은 비닐봉투** : 쓰레기를 처리할 때 사용되며, 세정대에 배치하여 사용한다.
⑯ **석쇠** : 일식조리 시 구이요리를 할 때 사용하며, 이물질이 하나도 남지 않도록 철수세미로 깨끗이 닦아서 가져가는 것이 좋다.
⑰ **쇠꼬치(쇠꼬챙이)** : 구이요리를 할 때 효율적으로 사용할 수 있다.
⑱ **김발** : 일식조리 시 사용하며, 대나무로 된 것을 준비한다.
⑲ **강판** : 일식조리 시 야쿠미를 만들 때 사용하며, 너무 크지 않은 것으로 준비한다.
⑳ **알루미늄 호일** : 일식조리 시 달걀찜 등 찜요리에서 뚜껑으로 간편히 사용할 수 있다.
㉑ **대나무젓가락** : 튀김요리를 할 때 주로 사용한다.
㉒ **쇠젓가락** : 무침, 회 등을 담을 때 사용한다.

일식 · 복어 실기시험 준비물

순번	목록	수량	순번	목록	수량
1	수험표, 신분증	각 1개	12	프라이팬, 달걀말이 프라이팬	각 1개
2	위생복(백색 상의, 긴 바지, 앞치마)	각 1벌	13	그릇(공기, 국대접)	각 1개
3	위생모 또는 머리수건	1개	14	쇠조리 또는 채	1개
4	조리용 칼(칼집 포함)	1개	15	석쇠	1개
5	숟가락	1개	16	쇠꼬치(쇠꼬챙이)	1개
6	종이컵	1개	17	김발(20cm 정도)	1개
7	계량컵(200ml)	1개	18	강판	1개
8	계량스푼(사이즈별)	1세트	19	호일, 랩	각 30cm
9	면보 또는 소창	1장	20	나무젓가락 또는 쇠젓가락	1벌
10	위생타월(면)	1매	21	조리용 가위	1개
11	키친페이퍼	1개	22	냄비	1개

* 위 준비물들은 시험장에 준비되어 있는 것들도 있으나, 가져가면 매우 편리하게 사용할 수 있다.
* 지참 준비물 추가 : 손가락 골무, 밴드 등(상비의약품)
* 길이를 측정할 수 있는 조리도구 지참(사용) 금지 예) 칼, 계량스푼 등
* 복어 조리기능사 응시 시 검정볼펜 지참할 것

개인위생상태 및 안전관리 세부기준 안내

(1) 개인위생상태 세부기준

순번	구분	세부기준
1	위생복	• 상의 : 흰색, 긴팔 • 하의 : 색상 무관, 긴바지 • 안전사고 방지를 위하여 반바지, 짧은 치마, 폭넓은 바지 등 작업에 방해가 되는 모양이 아닐 것
2	위생모 (머리수건)	• 흰색 • 일반 조리장에서 통용되는 위생모
3	앞치마	• 흰색 • 무릎 아래까지 덮이는 길이
4	위생화 또는 작업화	• 색상 무관 • 위생화, 작업화, 발등이 덮이는 깨끗한 운동화 • 미끄러짐 및 화상의 위험이 있는 슬리퍼류, 작업에 방해가 되는 굽이 높은 구두, 속 굽 있는 운동화가 아닐 것
5	장신구	• 착용 금지 • 시계, 반지, 귀걸이, 목걸이, 팔찌 등 이물, 교차오염 등의 식품위생 위해 장신구는 착용하지 않을 것
6	두발	• 단정하고 청결할 것 • 머리카락이 길 경우, 머리카락이 흘러내리지 않도록 단정히 묶거나 머리망을 착용할 것
7	손톱	• 길지 않고 청결해야 하며 매니큐어, 인조손톱부착을 하지 않을 것

* 위생복, 위생모, 앞치마 미착용 시 채점대상에서 제외됨
* 개인위생 및 조리도구 등 시험장 내 모든 개인물품에는 기관 및 성명 등의 표시가 없을 것

(2) 안전관리 세부기준

1. 조리장비·도구의 사용 전 이상 유무 점검
2. 칼 사용(손 빔) 안전 및 개인 안전사고 시 응급조치 실시
3. 튀김기름 적재장소 처리 등

실기시험 합격자 등록안내

(1) 합격자 발표 : 공고일로부터 60일 이내

(2) 최종 합격자 자격수첩 교부 : 실기시험 최종 합격자는 한국산업인력공단 각 지방사무소에 준비물(수검표, 증명사진 1매, 수수료, 주민등록증)을 지참하여 조리기능사, 조리산업기사 자격수첩을 교부 받는다.

(3) 재교부 : 자격수첩 분실자 및 훼손자에 대하여 자격수첩을 재교부하는 것을 말하며, 재교부 신청 시는 당초 발급받은 사무소에 신청하면 당일 교부되며, 타 지방사무소에 신청하면 등록사항 조회기간만큼 지연된다.

> 한국산업인력공단 : www.hrdkorea.or.kr/www.q-net.or.kr
> 1. 고객센터 : 1644-8000, 실기시험수험사항 공고, 기타 검정일정, 직업교육훈련, 인력관리안내 등
> 2. 합격자 자동응답안내 : 060-700-2009

공단 지역본부 및 지방사무소 주소, 전화번호

지방사무소명	주소	검정안내 전화번호
서울지역본부	서울특별시 동대문구 장안벚꽃로 279	02)2137-0503~7
서울동부지사	서울특별시 광진구 뚝섬로 32길 38	02)2024-1703~9
서울남부지사	서울특별시 영등포구 버드나루로 110번지	02)876-8323
중부지역본부	인천광역시 남동구 남동서로 209	032)820-8600
경기지사	경기도 수원시 권선구 호매실로 46-68	031)249-1201
중부북부지사	경기도 의정부시 추동로 140	031)853-4285
강원지사	강원도 춘천시 동내면 원창고개길 135	033)248-8511~2
강원동부지사	강원도 강릉시 사천면 방동길 60	033)650-5700
대전지역본부	대전관역시 중구 서문로 25번길 1	042)580-9132~4
충북지사	충북 청주시 흥덕구 1순환로 394번길 81	043)279-9041~5
충남지사	충남 천안시 서북구 천일고1길 27	041)620-7634~5
부산지역본부	부산광역시 북구 금곡대로 441번길 26	051)330-1910
부산남부지사	부산광역시 남구 신선로 454-18	051)620-1910
대구지역본부	대구시 달서구 성서공단로 213	053)580-2321~7
울산지사	울산광역시 남구 번영로 173	052)220-3211~2
경북지사	경북 안동시 서후면 학가산온천길 42	054)840-3031~3
경북동부지사	경북 포항시 북구 법원로 140번길 9	054)278-7702
경남지사	경남 창원시 성산구 두대로 239	055)212-7200
광주지역본부	광주광역시 북구 첨단벤처로 82번지	062)970-1761~7
전북지사	전북 전주시 덕진구 유상로 69	063)210-9200
전남지사	전남 순천시 순광로 35-2	061)720-8500
전남서부지사	전남 목포시 영산로 820	061)288-3324
제주지사	제주 제주시 복지로 19	064)729-0701~2

일식·복어조리기능사/산업기사 출제기준

일식조리기능사 출제기준

| 직무분야 | 음식서비스 | 중직무분야 | 조리 | 자격종목 | 일식조리기능사 | 적용기간 | 20201.1.~2022.12.31. |

○ 직무내용 : 식메뉴 계획에 따라 식재료를 선정, 구매, 검수, 보관 및 저장하며 맛과 영양을 고려하여 안전하고 위생적으로 음식을 조리하고 조리기구와 시설관리를 수행하는 직무이다.
○ 수행준거 : 1. 위생관련지식을 이해하고 개인위생·식품위생을 관리하고 전반적인 조리작업을 위생적으로 할 수 있다.
2. 일식 기초조리작업 수행에 필요한 칼 다루기, 조리 방법 등 기본적 지식을 이해하고 기능을 익혀 조리업무에 활용할 수 있다.
3. 준비된 식재료에 따라 다양한 양념을 첨가하여 용도에 맞춰 무쳐낼 수 있다.
4. 준비된 맛국물에 주재료를 사용하여 맛과 향을 중요시하게 조리할 수 있다.
5. 다양한 식재료을 이용하여 조림을 할 수 있다.
6. 면 재료를 이용하여 양념, 국물과 함께 제공하여 조리할 수 있다.
7. 식사로 사용되는 밥 짓기, 녹차 밥, 덮밥 류, 죽류를 조리할 수 있다.
8. 손질한 식재료를 혼합 초를 이용하여 초회를 조리할 수 있다.

| 필기검정방법 | 작업형 | 시험시간 | 1시간 정도 |

실기 과목명	주요항목	세부항목	세세항목
일식 조리 실무	1. 일식 위생관리	1. 개인위생관리하기	1. 위생관리기준에 따라 위생복, 위생모, 위생화 등을 착용할 수 있다. 2. 두발, 손톱, 손 등 신체청결을 유지하고 작업수행 시 위생습관을 준수할 수 있다. 3. 근무 중의 흡연, 음주, 취식 등에 대한 작업장 근무수칙을 준수할 수 있다. 4. 위생관련법규에 따라 질병, 건강검진 등 건강 상태를 관리하고 보고할 수 있다.
		2. 식품위생관리하기	1. 식품의 유통기한·품질 기준을 확인하여 위생적인 선택을 할 수 있다. 2. 채소·과일의 농약 사용여부와 유해성을 인식하고 세척할 수 있다. 3. 식품의 위생적 취급기준을 준수할 수 있다. 4. 식품의 반입부터 저장, 조리과정에서 유독성, 유해 물질의 혼입을 방지할 수 있다.
		3. 주방위생관리하기	1. 주방 내에서 교차오염 방지를 위해 조리생산 단계별 작업공간을 구분하여 사용할 수 있다. 2. 주방위생에 있어 위해요소를 파악하고, 예방할 수 있다. 3. 주방, 시설 및 도구의 세척, 살균, 해충·해서 방제작업을 정기적으로 수행할 수 있다. 4. 시설 및 도구의 노후상태나 위생상태를 점검하고 관리할 수 있다. 5. 식품이 조리되어 섭취되는 전 과정의 주방 위생 상태를 점검하고 관리할 수 있다. 6. HACCP적용업장의 경우 HACCP관리기준에 의해 관리할 수 있다.

실기 과목명	주요항목	세부항목	세세항목
일식 조리 실무	1. 일식 안전관리	1. 개인안전 관리하기	1. 안전관리 지침서에 따라 개인 안전관리 점검표를 작성할 수 있다. 2. 개인안전사고 예방을 위해 도구 및 장비의 정리 정돈을 상시 할 수 있다. 3. 주방에서 발생하는 개인 안전사고의 유형을 숙지시키고 예방을 위한 안전수칙을 교육할 수 있다. 4. 주방 내 필요한 구급품이 적정 수량 비치되었는지 확인하고 개인 안전 보호 장비를 정확하게 착용하여 작업하는지 확인할 수 있다. 5. 개인이 사용하는 칼에 대해 사용안전, 이동안전, 보관안전을 수행 할 수 있다. 6. 개인의 화상사고, 낙상사고, 근육팽창과 골절사고, 절단사고, 전기기구에 인한 전기 쇼크 사고, 화재사고와 같은 사고 예방을 위해 주의사항을 숙지하고 실천할 수 있다. 7. 개인 안전사고 발생 시 신속 정확한 응급조치를 실시하고 재발 방지 조치를 실행할 수 있다.
		2. 장비·도구 안전작업하기	1. 조리장비·도구에 대한 종류별 사용방법에 대해 주의 사항을 숙지할 수 있다. 2. 조리장비·도구를 사용전 이상 유무를 점검할 수 있다. 3. 안전 장비류 취급 시 주의사항을 숙지하고 실천할 수 있다. 4. 조리장비·도구를 사용 후 전원을 차단하고 안전수칙을 지키며 분해하여 청소 할 수 있다. 5. 무리한 조리장비·도구 취급은 금하고 사용 후 일정한 장소에 보관하고 점검할 수 있다. 6. 모든 조리장비·도구는 반드시 목적 이외의 용도로 사용하지 않고 규격품을 사용할 수 있다.
		3. 작업환경 안전관리하기	1. 작업환경 안전관리 시 작업환경 안전관리 지침서를 작성할 수 있다. 2. 작업환경 안전관리 시 작업장주변 정리 정돈 등을 관리 점검할 수 있다. 3. 작업환경 안전관리 시 제품을 제조하는 작업장 및 매장의 온·습도 관리를 통하여 안전사고요소 등을 제거할 수 있다. 4. 작업장내의 적정한 수준의 조명과 환기, 이물질, 미끄럼 및 오염을 방지할 수 있다. 5. 작업환경에서 필요한 안전관리시설 및 안전용품을 파악하고 관리할 수 있다. 6. 작업환경에서 화재의 원인이 될 수 있는 곳을 자주 점검하고 화재 진압기를 배치하고 사용할 수 있다. 7. 작업환경에서의 유해, 위험, 화학물질을 처리기준에 따라 관리할 수 있다. 8. 법적으로 선임된 안전관리책임자가 정기적으로 안전교육을 실시하고 이에 참여할 수 있다.

실기 과목명	주요항목	세부항목	세세항목
일식 조리 실무	3. 일식 기초 조리실무	1. 기본 칼 기술 습득하기	1. 칼의 종류와 사용용도를 이해할 수 있다. 2. 기본 썰기 방법을 습득할 수 있다. 3. 조리목적에 맞게 식재료를 썰 수 있다. 4. 칼을 연마하고 관리할 수 있다.
		2. 기본기능 습득하기	1. 일식 기본양념에 대한 지식을 이해하고 습득할 수 있다. 2. 일식 곁들임에 대한 지식을 이해하고 습득할 수 있다. 3. 일식 기본 맛국물조리에 대한 지식을 이해하고 습득할 수 있다. 4. 일식 기본 재료에 대한 지식을 이해하고 습득할 수 있다.
		3. 기본 조리방법 습득하기	1. 일식 조리도구의 종류 및 용도에 대하여 이해하고 습득할 수 있다. 2. 계량방법을 습득할 수 있다. 3. 일식 기본 조리법에 대한 지식을 이해하고 습득할 수 있다. 4. 조리 업무 전과 후의 상태를 점검할 수 있다.
	4. 일식 무침 조리	1. 무침 재료 준비하기	1. 식재료를 기초손질할 수 있다 2. 무침양념을 준비할 수 있다. 3. 곁들임 재료를 준비할 수 있다.
		2. 무침 조리하기	1. 식재료를 전처리할 수 있다. 2. 무침양념을 사용할 수 있다. 3. 식재료와 무침양념을 용도에 맞게 무쳐낼 수 있다.
		3. 무침 담기	1. 용도에 맞는 기물을 선택할 수 있다. 2. 제공 직전에 무쳐낼 수 있다. 3. 색상에 맞게 담아낼 수 있다.
	5. 일식 국물 조리	1. 국물 재료 준비하기	1. 주재료를 손질하고 다듬을 수 있다. 2. 부재료를 손질할 수 있다. 3. 향미재료를 손질할 수 있다.
		2. 국물 우려내기	1. 물의 온도에 따라 국물재료를 넣는 시점을 조절할 수 있다. 2. 국물재료의 종류에 따라 불의 세기를 조절할 수 있다. 3. 국물재료의 종류에 따라 우려내는 시간을 조절할 수 있다.
		3. 국물요리 조리하기	1. 맛국물을 조리할 수 있다. 2. 주재료와 부재료를 조리할 수 있다. 3. 향미재료를 첨가하여 국물요리를 완성할 수 있다.
	6. 일식 조림 조리	1. 조림 재료 준비하기	1. 생선, 어패류, 육류를 재료의 특성에 맞게 손질할 수 있다. 2. 두부, 채소, 버섯류를 재료의 특성에 맞게 손질할 수 있다. 3. 메뉴에 따라 양념장을 준비할 수 있다.
		2. 조림 조리하기	1. 재료에 따라 조림양념을 만들 수 있다. 2. 식재료의 종류에 따라 불의 세기와 시간을 조절할 수 있다. 3. 재료의 색상과 윤기가 살아나도록 조릴 수 있다.
		3. 조림 담기	1. 조림의 특성에 따라 기물을 선택할 수 있다. 2. 재료의 형태를 유지할 수 있다. 3. 곁들임을 첨가하여 담아낼 수 있다.

실기 과목명	과목명	세부항목	주요항목
일식 조리 실무	7. 일식 면류 조리	1. 면 재료 준비하기	1. 면류의 식재료를 용도에 맞게 손질할 수 있다. 2. 면요리에 맞는 부재료와 양념을 준비할 수 있다. 3. 면요리의 구성에 맞는 기물을 준비할 수 있다.
		2. 면 조리하기	1. 면요리의 종류에 맞게 맛국물을 준비할 수 있다. 2. 부재료는 양념하거나 익혀서 준비할 수 있다. 3. 면을 용도에 맞게 삶아서 준비할 수 있다.
		3. 면 담기	1. 면요리의 종류에 따라 그릇을 선택할 수 있다. 2. 양념을 담아낼 수 있다. 3. 맛국물을 담아낼 수 있다.
	8. 일식 밥류 조리	1. 밥 짓기하기	1. 쌀을 씻어 불릴 수 있다. 2. 조리법(밥, 죽)에 맞게 물을 조절할 수 있다. 3. 밥을 지어 뜸들이기를 할 수 있다.
		2. 녹차 밥 조리하기	1. 녹차 맛국물을 낼 수 있다. 2. 메뉴에 맞게 기물선택을 할 수 있다. 3. 밥에 맛국물을 넣고 고명을 선택할 수 있다.
		3. 덮밥류 조리하기	1. 맛국물을 만들 수 있다. 2. 맛국물에 튀기거나 익힌 재료를 넣고 조리할 수 있다. 3. 밥 위에 조리된 재료를 놓고 고명을 곁들일 수 있다.
		4. 죽류 조리하기	1. 맛국물을 낼 수 있다. 2. 용도(쌀, 밥)에 맞게 주재료를 조리할 수 있다. 3. 주재료와 부재료를 사용하여 죽을 조리할 수 있다.
	9. 일식 초회 조리	1. 초회 재료 준비하기	1. 식재료를 기초손질할 수 있다. 2. 혼합초 재료를 준비할 수 있다. 3. 곁들임 양념을 준비할 수 있다.
		2. 초회 조리하기	1. 식재료를 전처리할 수 있다. 2. 혼합초를 만들 수 있다. 3. 식재료와 혼합초의 비율을 용도에 맞게 조리할 수 있다.
	10. 일식 찜 조리	1. 찜 재료 준비하기	1. 달걀, 어패류 등 재료의 특성에 맞게 손질할 수 있다. 2. 메뉴에 따라 양념장을 준비할 수 있다. 3. 메뉴에 맞게 기물선택을 할 수 있다.
		2. 찜 조리하기	1. 재료에 따라 양념을 만들 수 있다. 2. 식재료의 종류에 따라 불의 세기와 시간을 조절할 수 있다. 3. 재료에 따라 찜조리를 할 수 있다.
		3. 찜 담기	1. 찜 요리의 종류에 따라 그릇을 선택할 수 있다. 2. 재료의 형태를 유지할 수 있다. 3. 곁들임을 첨가하여 담아낼 수 있다.
	11. 일식 롤초밥 조리	1. 롤초밥 재료 준비하기	1. 초밥용 밥을 준비할 수 있다. 2. 롤초밥의 용도에 맞는 재료를 준비할 수 있다. 3. 고추냉이(가루, 생)와 부재료를 준비할 수 있다.

실기 과목명	주요항목	세부항목	세세항목
일식 조리 실무	11. 일식 롤초밥 조리	2. 롤 양념초 조리하기	1. 초밥용 배합초의 재료를 준비할 수 있다. 2. 초밥용 배합초를 조리할 수 있다. 3. 용도에 맞게 다양한 배합초를 준비된 밥에 뿌릴 수 있다.
		3. 롤초밥 조리하기	1. 롤초밥의 모양과 양을 조절할 수 있다. 2. 신속한 동작으로 만들 수 있다.. 3. 용도에 맞게 다양한 롤초밥을 만들 수 있다.
		4. 롤초밥 담기	1. 롤초밥의 종류와 양에 따른 기물을 선택할 수 있다. 2. 롤초밥을 구성에 맞게 담을 수 있다. 3. 롤초밥에 곁들임을 첨가할 수 있다.
	12. 일식 구이 조리	1. 구이 재료 준비하기	1. 식재료를 용도에 맞게 손질할 수 있다. 2. 식재료에 맞는 양념을 준비할 수 있다. 3. 구이용도에 맞는 기물을 준비할 수 있다.
		2. 구이 조리하기	1. 식재료의 특성에 따라 구이방법을 선택할 수 있다. 2. 불의 강약을 조절하여 구워낼 수 있다. 3. 재료의 형태가 부서지지 않도록 구울 수 있다.
		3. 구이담기	1. 모양과 형태에 맞게 담아낼 수 있다. 2. 양념을 준비하여 담아낼 수 있다. 3. 구이종류의 특성에 따라 곁들임을 함께 낼 수 있다.

복어조리기능사 출제기준

직무분야	음식서비스	중직무분야	조리	자격종목	복어조리기능사	적용기간	20201.1.~2022.12.31.

○ 직무내용 : 복어조리메뉴 계획에 따라 식재료를 선정, 구매, 검수, 보관 및 저장하며 맛과 영양을 고려하여 안전하고 위생적으로 음식을 조리하고 조리기구와 시설관리를 수행하는 직무이다.

○ 수행준거 : 1. 위생관련지식을 이해하고 개인위생·식품위생을 관리하고 전반적인 조리작업을 위생적으로 할 수 있다.
          2. 복어 기초조리작업 수행에 필요한 칼 다루기, 조리 방법 등 기본적 지식을 이해하고 기능을 익혀 조리업무에 활용할 수 있다.
          3. 주방에서 일어날 수 있는 사고와 재해에 대하여 안전수칙준수, 안전예방 등을 할 수 있다.
          4. 복어조리 작업 수행에 필요한 재료를 저장, 재고관리 등 재료를 효율적으로 관리할 수 있다.
          5. 다양한 채소류, 복떡과 곁들임 재료를 손질 할 수 있다.
          6. 초간장, 양념, 조리별 양념장을 용도에 맞게 만들 수 있다.
          7. 채썬 껍질을 초간장에 무쳐낼 수 있다.
          8. 준비된 맛국물에 주재료를 사용하여 맛과 향을 중요시하게 조리할 수 있다.
          9. 복어살을 전처리하여 얇게 포를 떠서 국화 모양으로 그릇에 담을 수 있다.

필기검정방법	작업형	시험시간	60분 정도

실기 과목명	주요항목	세부항목	세세항목
복어 조리 실무	1. 복어위생관리	1. 개인위생 관리하기	1. 위생관리기준에 따라 조리복, 조리모, 앞치마, 조리안전화 등을 착용할 수 있다 2. 두발, 손톱, 손 등 신체청결을 유지하고 작업수행 시 위생습관을 준수할 수 있다. 3. 근무 중의 흡연, 음주, 취식 등에 대한 작업장 근무수칙을 준수할 수 있다. 4. 위생관련법규에 따라 질병, 건강검진 등 건강상태를 관리하고 보고할 수 있다.
		2. 식품위생 관리하기	1. 식품의 유통기한·품질 기준을 확인하여 위생적인 선택을 할 수 있다. 2. 채소·과일의 농약 사용여부와 유해성을 인식하고 세척할 수 있다. 3. 식품의 위생적 취급기준을 준수할 수 있다. 4. 식품의 반입부터 저장, 조리과정에서 유독성, 유해물질의 혼입을 방지할 수 있다.
		3. 주방위생 관리하기	1. 주방 내에서 교차오염 방지를 위해 조리생산 단계별 작업공간을 구분하여 사용할 수 있다. 2. 주방위생에 있어 위해요소를 파악하고, 예방할 수 있다. 3. 주방, 시설 및 도구의 세척, 살균, 해충·해서 방제작업을 정기적으로 수행할 수 있다. 4. 시설 및 도구의 노후상태나 위생 상태를 점검하고 관리할 수 있다. 5. 식품이 조리되어 섭취되는 전 과정의 주방 위생 상태를 점검하고 관리할 수 있다. 6. HACCP 적용 업장의 경우 HACCP 관리기준에 의해 관리할 수 있다.
	2. 복어 기초 조리실무	1. 기본 칼기술 습득하기	1. 칼의 종류와 사용용도를 이해한다. 2. 기본 썰기 방법을 습득할 수 있다. 3. 조리목적에 맞게 식재료를 썰 수 있다. 4. 칼을 연마하고 관리할 수 있다.
		2. 기본 기능 습득하기	1. 복어 기본양념에 대한 지식을 이해하고 습득할 수 있다. 2. 복어 곁들임에 대한 지식을 이해하고 습득할 수 있다. 3. 복어 기본 맛국물조리에 대한 지식을 이해하고 습득할 수 있다. 4. 복어 기본 재료에 대한 지식을 이해하고 습득할 수 있다.
		3. 기본 조리방법 습득하기	1. 복어 조리도구의 종류 및 용도에 대하여 이해하고 습득할 수 있다. 2. 계량방법을 습득할 수 있다. 3. 복어 기본 조리법에 대한 지식을 이해하고 습득할 수 있다. 4. 조리 업무 전과 후의 상태를 점검할 수 있다.
	3. 복어안전관리	1. 개인안전관리하기	1. 안전관리지침서에 따라 개인 안전관리점검표를 작성할 수 있다. 2. 개인안전사고 예방을 위해 도구 및 장비의 정리정돈을 상시 할 수 있다. 3. 주방에서 발생하는 개인안전사고의 유형을 숙지시키고 예방을 위한 안전수칙을 교육할 수 있다. 4. 주방 내 필요한 구급품이 적정 수량 비치되었는지 확인하고 개인안전 보호장비를 정확하게 착용하여 작업하는지 확인할 수 있다. 5. 개인의 화상사고, 낙상사고, 근육팽창과 골절사고, 절단사고, 전기기구에 인한 전기쇼크사고, 화재사고와 같은 사고 예방을 위해 주의사항을 숙지하고 실천할 수 있다. 6. 개인안전사고 발생 시 신속 정확한 응급조치를 실시하고 재발방지 조치를 실행할 수 있다.

실기 과목명	주요항목	세부항목	세세항목
복어 조리 실무	3. 복어안전관리	2. 장비·도구 안전 작업하기	1. 조리장비·도구에 대한 종류별 사용방법에 대해 주의사항을 숙지할 수 있다. 2. 조리장비·도구를 사용 전 이상 유무를 점검할 수 있다. 3. 안전 장비 류 취급 시 주의사항을 숙지하고 실천할 수 있다. 4. 조리장비·도구를 사용 후 전원을 차단하고 안전수칙을 지키며 분해하여 청소할 수 있다. 5. 무리한 조리장비·도구 취급은 금하고 사용 후 일정한 장소에 보관하고 점검할 수 있다. 6. 모든 조리장비·도구는 반드시 목적 이외의 용도로 사용하지 않고 규격품을 사용할 수 있다.
		3. 작업환경 안전관리하기	1. 작업환경 안전관리 시 작업환경 안전관리 지침서를 작성할 수 있다. 2. 작업환경 안전관리 시 작업장주변 정리정돈 등을 관리 점검할 수 있다.
	4. 복어재료관리하기	1. 저장 관리하기	1. 식재료 품목특성을 파악하여 냉동저장 관리할 수 있다. 2. 식재료 품목특성을 파악하여 냉장저장 관리할 수 있다. 3. 식재료 및 주방소모품은 품목특성을 파악하여 창고저장 관리할 수 있다. 4. 저장고의 온도, 습도, 통풍 등을 관리하고 정리정돈을 할 수 있다.
		2. 재고 관리하기	1. 물품의 재고 수량을 확인할 수 있다. 2. 재료의 제조일자와 유통기한을 확인하고 상비량과 사용 시기를 조절할 수 있다. 3. 재료 유실방지 및 보안 관리를 할 수 있다.
		3. 선입선출하기	1. 조리된 재료의 제조일자에 따라 이름표를 붙이고 선·후로 적재하여 신선상태와 숙성 상태를 관리할 수 있다. 2. 물품의 입고된 순서와 유통기한에 따라 선·후로 정리할 수 있다. 3. 선입된 재료 순서에 따라 선출할 수 있다.
	5. 복어 부재료 손질하기	1. 채소 손질하기	1. 채소를 용도별로 구분할 수 있다. 2. 채소를 용도별로 손질할 수 있다. 3. 채소를 신선하게 보관할 수 있다.
		2. 복떡 굽기	1. 복떡을 용도에 맞게 전처리할 수 있다. 2. 복떡을 쇠꼬챙이에 꿸 수 있다. 3. 복떡을 타지 않게 구울 수 있다
	6. 복어 양념장 준비	1. 초간장 만들기	1. 초간장 제조에 필요한 재료를 준비할 수 있다. 2. 재료를 비율에 맞게 혼합하여 초간장을 만들 수 있다. 3. 초간장을 용도에 맞게 숙성시킬 수 있다.
		2. 양념 만들기	1. 양념 제조에 필요한 재료를 준비할 수 있다. 2. 양념 구성 재료를 용도에 맞게 손질할 수 있다. 3. 양념 구성 재료를 이용하여 양념을 만들 수 있다.
		3. 조리별 양념장 만들기	1. 조리별 양념장 제조에 필요한 재료를 준비할 수 있다. 2. 조리별 양념장 재료를 용도에 맞게 손질할 수 있다. 3. 재료를 이용하여 조리별 양념장을 만들 수 있다.

실기과목명	주요항목	세부항목	세세항목
복어 조리 실무	7. 복어껍질초회 조리하기	1. 복어껍질 준비하기	1. 복어껍질의 가시를 완전히 제거할 수 있다. 2. 손질된 복어껍질을 데치고 건조시킬 수 있다. 3. 건조된 복어껍질을 초회용으로 채썰 수 있다.
		2. 복어초회 양념 만들기	1. 재료의 비율에 맞게 초간장을 만들 수 있다. 2. 양념재료를 이용하여 양념을 만들 수 있다. 3. 초간장과 양념으로 초회 양념을 만들 수 있다.
		3. 복어껍질 무치기	1. 재료의 배합 비율을 용도에 맞게 조절할 수 있다. 2. 채썬 복어껍질을 초회 양념으로 무칠 수 있다. 3. 복어껍질초회를 제시된 모양으로 담아낼 수 있다.
	8. 복어죽 조리하기	1. 복어 맛국물 준비하기	1. 맛국물을 내기 위한 전처리 작업을 준비할 수 있다. 2. 다시마로 맛국물을 내기 위해 준비할 수 있다. 3. 복어 뼈로 맛국물을 내기 위해 준비할 수 있다.
		2. 복어죽 재료 준비하기	1. 밥을 물에 씻어 복어죽 용도로 준비할 수 있다. 2. 쌀을 씻어 불려서 복어죽 용도로 준비할 수 있다. 3. 부재료를 복어죽 용으로 준비할 수 있다.
		3. 복어죽 끓여서 완성하기	1. 불린 쌀과 복어살 등으로 복어죽을 만들 수 있다. 2. 씻은 밥과 복어살 등으로 복어죽을 만들 수 있다. 3. 복어죽의 종류별 차이점을 설명할 수 있다.
	9. 복어회 국화 모양 조리하기	1. 복어살 전처리 작업하기	1. 복어살이 뼈에 붙어있지 않게 분리할 수 있다. 2. 복어살에 붙은 엷은 막을 제거할 수 있다. 3. 제거한 복어살을 회 장식에 사용할 수 있다. 4. 복어살의 어취와 수분을 제거할 수 있다.
		2. 복어회 뜨기	1. 복어살을 일정한 폭과 길이로 자를 수 있다. 2 복어회의 끝부분을 삼각 접기할 수 있다. 3 복어회를 국화 모양으로 만들 수 있다.
		3. 복어회 국화 모양 접시에 담기	1. 복어회를 얇게 포를 뜰 수 있다 2. 복어 지느러미를 완성 접시에 국화 모양으로 만들어 담을 수 있다. 3. 실파, 미나리, 겉껍질, 속껍질 등 곁들임 재료들을 완성 접시에 제시된 모양으로 담을 수 있다.

일식조리산업기사 출제기준 (시험시간 : 2시간 정도)

실기과목명	주요항목	세부항목	세세항목
조리산업기사 (일식)	기초조리작업	식재료 식별하기	식재료의 상태를 식별할 수 있다.
		식재료 기초손질 및 모양 썰기	식재료를 각 음식의 형태와 특징에 따라 분류하고 손질할 수 있다.
	음식에 따른 조리작업	초회 조리하기	요리 특성에 맞게 혼합초 및 양념을 이용하여 초회 조리작업을 할 수 있다.
		국물 조리하기	요리 특성에 맞게 국물요리 조리작업을 할 수 있다.

실기과목명	주요항목	세부항목	세세항목
조리산업기사 (일식)	음식에 따른 조리작업	냄비요리 조리하기	요리 특성에 맞게 냄비를 선택 냄비요리 조리작업을 할 수 있다.
		조림하기	요리 특성에 맞게 조림 조리작업을 할 수 있다.
		찜 조리하기	요리 특성에 맞게 찜 조리작업을 할 수 있다.
		회 조리하기	요리 특성에 맞게 생선, 어패류를 회감용도에 맞게 손질, 숙성 등을 통해 회 조리작업을 할 수 있다.
		튀김 조리하기	요리 특성에 맞게 식재료로 튀김 조리작업을 할 수 있다.
		구이 조리하기	요리 특성에 맞게 식재료로 구이 조리작업을 할 수 있다.
		면류 조리하기	면 요리 특성에 맞게 면 조리작업을 할 수 있다.
		굳힘 조리하기	식재료를 굳힘재료 특성에 맞게 손질하여 굳힘 조리작업을 할 수 있다.
		밥·죽류 조리하기	재료를 준비하고 능숙하게 밥·죽류를 조리할 수 있다.
	상차림	상차림	적절한 그릇에 담는 원칙에 따라 음식을 모양 있게 담아 음식의 특성을 살려낼 수 있다.
		조리작업, 위생관리	조리복·위생모 착용, 개인위생 및 청결 상태를 유지할 수 있다.
			식재료를 청결하게 취급하며 전 과정을 위생적으로 정리정 돈하고 조리할 수 있다.

복어조리산업기사 출제기준 (시험시간 : 2시간 정도)

실기과목명	주요항목	세부항목	세세항목
조리산업기사 (복어)	기초조리작업	복어종류 감별하기	계절별 유독성분의 어종을 구분할 수 있다.
			복어의 명칭을 구분할 수 있다.
		복어 손질하기	복어의 독성 제거작업을 할 수 있다.
			복어껍질의 분류와 가시제거를 할 수 있다.
			가식부위와 불가식부위를 구분할 수 있다.
	음식에 따른 조리작업	복어회 조리하기	주어진 재료를 사용하여 요구사항대로 복어회를 조리할 수 있다.
		복어냄비 조리하기	주어진 재료를 사용하여 요구사항대로 복어냄비를 조리할 수 있다.
		복어껍질굳힘 조리하기	주어진 재료를 사용하여 요구사항대로 복어껍질굳힘을 조리할 수 있다.
		복어튀김 조리하기	주어진 재료를 사용하여 요구사항대로 복어튀김을 조리할 수 있다.
	그릇 담기	그릇 담기	적절한 그릇에 담는 원칙에 따라 음식을 모양 있게 담아 음식의 특성을 살려낼 수 있다.
	조리작업관리	조리작업, 위생관리하기	조리복·위생모 착용, 개인위생 및 청결 상태를 유지할 수 있다.
			식재료를 청결하게 취급하며 전 과정을 위생적으로 정리정돈하며 조리할 수 있다.

PART 01

일식조리기능사 · 산업기사 실기시험

⦿ 일식조리 이론편
⦿ 일식조리기능사 실기편
⦿ 일식조리산업기사 실기시험 예상문제
⦿ 일식조리산업기사 과정평가형 예상문제

일식조리기능사 수험자 유의사항 공통

1) 만드는 순서에 유의하며, 위생과 숙련된 기능평가를 위하여 조리작업 시 맛을 보지 않습니다.
2) 지정된 수험자지참준비물 이외의 조리기구나 재료를 시험장 내에 지참할 수 없습니다.
3) 지급재료는 시험 전 확인하여 이상이 있을 경우 시험위원으로부터 조치를 받고 시험 중에는 재료의 교환 및 추가지급은 하지 않습니다.
4) 요구사항의 규격은 "정도"의 의미를 포함하며, 지급된 재료의 크기에 따라 가감하여 채점합니다.
5) 위생복, 위생모, 앞치마를 착용하여야 하며, 시험장비·조리도구취급 등 안전에 유의합니다.
6) 다음 사항에 대해서는 채점대상에서 제외하니 특히 유의하시기 바랍니다.
    가) 기권 -   수험자 본인이 시험 도중 시험에 대한 포기 의사를 표현하는 경우
    나) 실격 -   (1) 가스레인지 화구 2개 이상(2개 포함) 사용한 경우
                (2) 불을 사용하여 만든 조리작품이 작품특성에 벗어나는 정도로 타거나 익지 않은 경우
                (3) 위생복, 위생모, 앞치마를 착용하지 않은 경우
                (4) 시험 중 시설·장비(칼, 가스레인지 등) 사용 시 시험위원 및 타수험자의시험 진행에 위해를 일으킬 것으로 시험위원 전원이 합의하여 판단한 경우
    다) 미완성 - (1) 시험시간 내에 과제 두 가지를 제출하지 못한 경우
                (2) 문제의 요구사항대로 과제의 수량이 만들어지지 않은 경우
    라) 오작 -   (1) 구이를 조림 등으로 조리하여 완성품을 요구사항과 다르게 만든 경우
                (2) 해당과제의 지급재료 이외의 재료를 사용하거나 석쇠 등 요구사항의 조리도구를 사용하지 않은 경우
    마) 요구사항에 표시된 실격, 미완성, 오작에 해당하는 경우
7) 항목별 배점은 위생상태 및 안전관리 5점, 조리기술 30점, 작품의 평가 15점입니다.
8) 시험시작 전 가벼운 몸 풀기(스트레칭) 동작으로 긴장을 풀고 시험을 시작합니다.

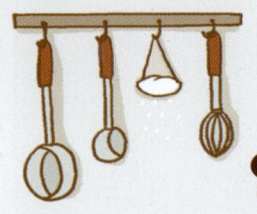

일식조리 이론편

01 일본요리의 조리 이론

일본요리의 특징

일본요리(日本料理)란 일본의 풍토에서 독특하게 발달하고 일본인들이 일상적으로 먹는 요리를 총칭하는데 좁은 의미로는 일본 고유의 조리법을 사용한 요리이다. 현대적인 일본요리는 다른 나라의 요리 성격이 강하지 않으면 대부분 일본요리로 부른다. 일본요리는 다시마, 가다랑어 국물과 소금, 설탕, 간장, 식초, 된장, 맛술, 청주 등 특유의 조미료를 사용하여 재료의 담백한 맛을 최대한 살려 '먹는 즐거움'을 제공한다. 색감과 맛, 조리법을 중요하게 생각하고 담는 방법에 있어서도 눈으로 먹는 요리라 할 정도로 아름답게 연출하여 보는 이를 즐겁게 한다. 일본의 영토는 남서에서 북동으로 길게 뻗어 있고 사면이 바다여서 기후의 변화가 많고 사계절이 뚜렷하기 때문에 계절적인 식재료가 다양하고 해산물, 어패류 등이 풍부하기 때문에 날 음식이 발달되어 왔다. 또한 신선도와 위생을 중요시하고 양은 적으나 섬세하고, 식재료 본연의 맛을 살린 담백한 맛이 특징이다.

일본요리의 분류

일본요리는 지역에 따라서 관동요리(關東料理)와 관서요리(關西料理)로, 형식에 따라서 본선요리(本膳料理), 회석요리(懷石料理), 회석요리(會席料理), 정진요리(精進料理), 보차요리(普茶料理), 탁복요리(卓袱料理)로 나누며, 조리방법에 따라 생선회, 초밥, 구이, 조림, 찜, 무침, 튀김, 절임, 초회 등으로 나눈다.

1) 지역(地域)적 분류

(1) **관동요리(關東料理)** : 에도요리(江戶料理)라고도 하며, 현재의 도쿄(東京)를 중심으로 발달한 요리이다. 간이 진하고 깊으면서 농후한 맛을 내며, 달고 짜고 국물이 적은 것이 특징이다.

(2) **관서요리(關西料理)** : 오사카(大阪)와 교토(京都)를 중심으로 발달한 요리이다. 간을 연하게 하고 국물이 다소 많고 담백한 맛이 특징이다.

2) 형식(形式)적 분류

(1) **본선요리(本膳料理)** : 전통적인 일본요리로 일즙삼채(一汁三菜), 이즙칠채(二汁七菜) 등이 있다.

(2) **회석요리(懷石料理)** : 일반적으로 차(茶)를 들기 전에 내는 아주 간단하고 양이 적은 요리이다.

(3) **회석요리(會席料理)** : 결혼식 피로연이나 술을 마시며 가벼운 식사를 하고 끝내는 방식인데, 요즘 회석요리는 아주 고급스러운 요리로 형식을 갖추고 있다.

(4) **정진요리(精進料理)** : 쇼진요리라고도 하며 불교의 계율에서 생겨난 사찰을 중심으로 발달한 요리이다.

(5) **보차요리(普茶料理)** : 후차요리라고도 하며 탁자에 둘러앉아 사인일탁(四人一卓)을 기본으로 한다.

(6) **탁복요리(卓袱料理)** : 나가사키요리(長崎料理)라고도 한다.

Japanese Food

 일본요리의 기본 조리법

일본요리의 기본 조리법에는 오색(五色), 오미(五味), 오법(五法)의 조화에 계절 감각을 매우 중요시하는 특징이 있다. 오법은 생, 구이, 튀김, 조림, 찜 등이 있으며, 오미는 단맛, 짠맛, 신맛, 쓴맛, 매운맛 등이 있다. 오색은 빨강색, 청색, 흰색, 검정색, 노란색 등을 말하는데, 이 다섯 가지의 색은 계절과 영양 등을 고려한 여러 표현으로 나타난다. 이러한 색은 일본요리를 만들 때 중요한 고려대상이다. 일본요리의 기본조리법 중 오법(五法)에 관한 설명은 다음과 같다.

1) **생(生, 나마)** : 날 것을 그대로 이용하는 조리법으로 일본요리의 대표적인 조리법이다.
2) **구이(燒く, 야꾸)** : 석쇠, 꼬치 등을 이용하여 열원에 직접 재료가 닿게 굽는 직접구이와 프라이팬, 철판 등을 이용한 간접구이가 있다.
3) **튀김(揚げる, 아게루)**
   (1) 스아게(素揚げ, 그냥 튀김) : 수분이 적고 단단한 재료를 160℃~165℃에서 아무것도 첨가하지 않고 그대로 튀기는 것이다.
   (2) 가라아게(から揚げ, 양념튀김) : 소고기, 닭고기 등을 160℃~170℃에서 소금, 간장, 후춧가루 등으로 간을 하여 튀기는 것이다.
   (3) 고로모아게(衣揚げ, 흔히 이것을 덴뿌라(天婦羅)라고 한다) : 밀가루(박력분)를 차가운 달걀물로 묽게 반죽하여 재료에 옷을 입혀서 튀기는 것이다. 어패류(새우, 오징어, 아나고, 기스 등), 채소류(연근, 고구마, 가지, 두릅, 생표고버섯, 청차조기, 김 등) 등이 있는데, 청차조기, 김 등 색을 살리기 위한 것은 160~165℃ 저온에서 튀기며, 연근, 고구마 등 시간이 조금 걸리는 것은 170℃ 정도에서 서서히 튀기고, 날것으로 먹을 수 있을 정도의 신선한 재료는 180℃ 전후의 고온에서 튀긴다.
4) **조림(煮る, 니루)** : 삶거나 조리는 조리법으로 간장, 청주, 맛술, 설탕 등을 이용하여 단맛, 짠맛, 신맛, 쓴맛, 매운맛 등 오미(五味)의 맛을 잘 느낄 수 있는 요리이다. 적은 국물로 단시간에 조리는 방법과 많은 국물 속에서 장시간 조리는 방법 그리고 응용조림 방법이 있다.
5) **찜(蒸し, 무시)** : 찜은 재료에 따라서 약불, 중불, 강불로 조절하여 쪄야 하며 재료에 따라서 순무찜(かぶら蒸し, 가부라무시), 백발머리찜(おきな蒸し, 오끼나무시), 메밀을 곁들인 찜(信州蒸し, 신슈무시), 달걀노른자찜(蒸し, 기미무시) 등으로 나누고, 조미방법에 따라서는 술찜(酒蒸し, 사까무시), 소금구이(鹽蒸し, 시오무시), 된장찜(味噌蒸し, 미소무시) 등으로 구분할 수 있다. 또 재료를 담는 용기나 부재료에 따라서는 질주전자찜(土瓶蒸し, 도빙무시), 뼈찜(骨蒸し, 호네무시), 섶나무찜(紫蒸し, 시바무시), 벚꽃찜(櫻蒸し, 사꾸라무시), 떡갈나무찜(栢蒸し, 가시와무시) 등으로 나누기도 한다.

회석요리(會席料理)의 구성

일반적으로 일식레스토랑에서의 회석요리 메뉴 구성 순서는 다음과 같다.

1) **진미(先付, 사끼즈께)** : 제일 먼저 내는 간단한 안주요리로 쯔키다시, 고바치, 오토오시, 고즈케라고도 한다.
2) **전채(前菜, 젠사이)** : 양은 적게 하고 계절감을 살려 3종류, 5종류, 7종류 등으로 담아서 낸다.
3) **맑은국(吸物, 스이모노)** : 수프, 국물류로 계절에 따라 재료가 달라진다. 봄, 가을에는 맛이 중간 정도 되게, 여름에는 담백하게, 겨울에는 진하게 만든다.
4) **생선회(刺身, 사시미)** : 코스요리에서 생선회는 일반적으로 홀수로 3종류 또는 5종류를 많이 사용한다. 상의 바깥쪽에 놓는다고 해서 무코쓰케라고 부르기도 하고 회를 얇게 자르는 우스쯔꾸리로도 이용된다.
5) **구이요리(燒物, 야끼모노)** : 소금을 이용한 시오야끼, 간장을 이용한 데리야끼, 된장을 이용한 미소스께 외에도 종류가 많으며, 생선을 통째로 구운 것은 머리가 왼쪽으로 향하고 배가 자신의 앞에 놓이도록 담는다.
6) **튀김요리(揚物, 아게모노)** : 식물성 기름으로 단시간에 재료를 익혀내어 재료 자체의 맛있는 성분과 기름이 가지고 있는 풍미가 맛을 더해 준다.
7) **조림요리(煮物, 니모노)** : 삶거나 조리는 조리법으로 간장, 청주, 맛술, 설탕 등을 이용하여 단맛, 짠맛, 신맛, 쓴맛, 매운맛 등 오미(五味)의 맛을 잘 느낄 수 있는 요리이다. 적은 국물로 단시간에 조리는 방법과 많은 국물 속에서 장시간 조리는 방법 그리고 응용조림 방법이 있다.
8) **찜요리(蒸し物, 무시모노)** : 생선류, 조개류, 채소류 등 다양한 식재료를 이용하여 찜을 하는 조리법으로 달걀찜(자완무시), 도미술찜, 대합술찜, 닭고기술찜, 모둠술찜 등이 있다.
9) **초회(酢の物, 스노모노)** : 식전 입안을 개운하게 해주며 식욕을 증진해주는 역할을 한다. 재료로는 해삼, 문어, 갑오징어, 해조류 등을 이용하며 이배초 또는 삼배초 소스를 사용한다.
10) **밥(御飯, 고항)** : 초밥, 냄비요리 또는 소바 우동 등 면류, 밤밥, 죽순밥, 굴밥 등 차밥(오차쯔께), 김차밥(노리차쯔께), 매실차밥(우메차쯔께), 도미차밥(다이차쯔께), 연어차밥(사께차쯔께) 등으로 이용할 수 있다.
11) **과일(果物, 구다모노)** : 계절 과일이나 모찌, 오차 등을 사용한다.

일본요리의 조리기구 명칭

1) 조리기구

▲ 철냄비(스끼야끼)
(鐵鍋, 데스나베)

▲ 달걀구이팬
(卵燒鍋, 다마고야끼나베)

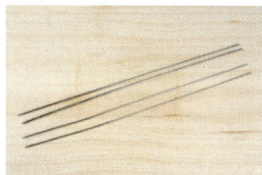

▲ 쇠꼬챙이
(串, 구시)

▲ 강판
(おろし金, 오로시가네)

2) 칼(包丁)의 종류와 용도

(1) 칼의 종류

❶ 회칼(刺身包丁, 사시미보우쪼우)
일반적으로 재료를 당겨서 절삭하기 때문에 칼이 가늘고 길다.

❷ 뼈 자름 칼(出刃包丁, 데바보우쪼우)
주로 생선의 밑 손질, 뼈 자르는 데에 사용한다.

❸ 채소칼(薄刃包丁, 우수바보우쪼우)
주로 채소를 돌려깎기하거나 손질할 때 사용한다. 관서지방형 칼은 끝이 약간 둥글고 관동지방형 칼은 끝이 직각으로 되어 있다.

(2) 칼 가는 법

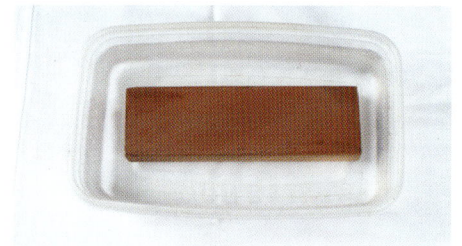

❶ 숫돌은 미리 물에 담가 물을 먹인다.

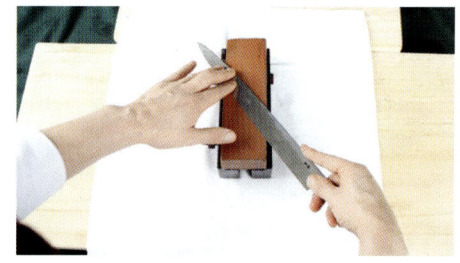

❷ 밀 때는 힘을 주고 당길 때는 힘을 빼기를 반복하면서 칼을 간다.

❸ 반대편 날은 당길 때 힘을 주어 날을 잡아 준다.

> **- 유의사항 -**
> * 숫돌은 움직이지 않게 고정시키고, 수평을 유지하며 사용한다.
> * 칼날은 양면의 쇠가 다르기 때문에 강한 쇠로 되어 있는 칼날 방향과 연한 쇠로 되어 있는 반대 방향 날을 8 대 2 정도의 비율로 갈아준다.

계량단위

요리할 때 사용하는 계량컵은 한 컵의 용량이 200ml이며, 테이블 스푼은 일반적으로 사용하는 서양 스푼을 말한다. 일반적인 서양 스푼은 약 15ml 정도를 담을 수 있다. 티스푼은 서양의 찻숟가락을 말하며 일반적인 찻숟가락의 용량은 약 5ml 정도이다. 테이블 스푼과 티스푼 모두 첫 글자를 따면 둘 다 t(table)와 s(spoon)이지만 이 둘을 구분하기 위해 테이블 스푼이 큰 스푼이고 용량이 더 크므로 대문자 T를 사용하고 티스푼은 작은 스푼으로 소문자 t를 사용한다.

◀ 계량컵, 스푼
1C = one cup = 200ml
1Ts(Table spoon) = 15ml = 3ts
* 대문자 T는 1큰 스푼으로 15ml이다.
1ts(tea spoon) = 5ml = $\frac{1}{3}$Ts
* 소문자 t는 1작은 스푼으로 5ml이다.

일본요리의 식사예절

일본은 상을 개인별로 차리는 것을 원칙으로 한다. 상은 우리나라 상보다 작고 낮은 편이다. 젓가락만 사용하는 일본요리를 먹을 때는 오른손으로 집어 왼손에 받친 다음 다시 오른손에 쓰기 좋게 쥔다. 식사 도중에는 오른쪽에 걸쳐놓으며 끝나고 나서 원래 자리에 놓도록 한다. 국을 먹을 때는 두 손으로 국그릇을 들어 젓가락을 대고 국물을 한 모금 마신 다음 건더기를 젓가락으로 건져 먹고 상에 다시 놓는다. 밥을 먹을 때도 왼손에 밥그릇을 받쳐들고 오른손으로 젓가락질하여 먹는다.

▶ 코스에 따른 먹는 순서

진미요리 → 전채요리 → 맑은국 → 생선회 → 구이요리 → 튀김요리 → 조림요리 → 찜요리 → 초회요리 → 식사 → 후식

Japanese Food

02 일식조리기능사 실기시험 기초 과정

🧑‍🍳 기본 국물(다시)

1) 다시마국물(昆布出し, 곤부다시) 만드는 방법

❶ 다시마를 젖은 행주로 닦은 후 잔 칼집을 넣는다.

❷ 준비한 양의 물과 닦은 다시마를 불에 올려 은근히 끓인다.

❸ 끓으면 불을 끄고 거품과 다시마를 건져내고 면포에 걸러 사용한다.

2) 가다랑어포국물(鰹節出し, 가쓰오부시다시) 만드는 방법

❶ 물이 끓으면 가다랑어포를 넣고 불을 끈다.

❷ 10~15분이 지난 다음 가다랑어포가 가라앉으면 면포에 조심스럽게 거른다.

❸ 투명한 가다랑어국물을 준비한다.

3) 일번국물(一番出し, 이찌반다시) 만드는 방법

❶ 깨끗한 물수건으로 다시마에 묻어 있는 먼지나 모래를 닦아낸다.

❷ 냄비에 적당량의 물과 준비된 다시마를 넣고 중불로 가열한다.

❸ 끓기 직전 온도가 약 95℃ 정도 되면 다시마를 건져낸다.

❹ 가다랑어포를 넣고 불을 끈다.

❺ 위에 뜬 불순물을 걷어낸다.

❻ 가다랑어포가 바닥에 가라앉고 10분~15분 정도 지나면 면포에 거른다.

🧑‍🍳 채소 기초 손질 방법

1) 곤약구 꽈배기 모양 만들기

❶ 곤약을 7×3×1cm 크기로 자른다.

❷ 위, 아래 1cm를 남기고 가운데 칼집을 넣는다.

❸ 곤약을 꼬아서 모양을 만든다.

2) 우엉 연필깎기

❶ 칼등으로 우엉껍질을 벗긴다.

❷ 껍질을 벗긴 우엉에 세로로 길게 칼집을 넣는다.

❸ 우엉을 연필 깎듯이 깎는다.

3) 무 국화꽃 모양 만들기

❶ 무를 사방 2cm로 잘라 열십자로 깊은 칼집을 넣는다.

❷ 칼집을 넣은 무를 소금에 절인다.

❸ 소금에 절인 무를 담금초에 담가 둔다.

4) 초생강 만들기

❶ 생강을 얇은 편으로 자른다.

❷ 얇은 편으로 자른 생강을 소금에 절인다.

❸ 소금에 절인 생강을 끓는 물에 데쳐 담금초에 담근다.

5) 하리쇼가 만들기

❶ 생강을 얇게 돌려 깎는다.

❷ 생강을 곱게 채썬다.

❸ 채썬 생강을 차가운 물에 씻은 후 담가 둔다.

6) 당근 매화꽃 모양 만들기

❶ 당근을 일정한 크기로 통으로 썬다.

❷ 당근을 $\frac{1}{5}$로 일정하게 자른다.

❸ 당근을 5각형으로 썰어 다듬는다.

❹ 칼집을 넣고 칼집 낸 사이를 다 듬어 깎아낸다.

❺ 칼집 사이로 꽃잎 모양을 5개 둥글게 깎아낸다.

❻ 꽃 모양 가운데를 향해 사선으로 칼집을 넣는다.

❼ 칼집 낸 부분을 엇비슷하게 잘라 낸다.

❽ 칼집을 넣은 각각의 꽃잎을 엇비슷하게 깎아낸다.

❾ 매화꽃 모양을 완성한 후 물에 담근다.

7) 무갱 만들기

❶ 무를 8~10cm 크기로 자른다.

❷ 무의 껍질을 일정하게 벗긴다.

❸ 껍질 벗긴 무를 얇게 돌려깎기 한다.

❹ 돌려깎은 무를 일정하게 넓게 편다.

❺ 무를 곱게 채썬다.

❻ 채썬 무를 물에 담가 헹구어 주며 매운맛을 뺀다.

8) 오이뱀뱃살 썰기

❶ 오이를 소금으로 문질러 깨끗이 씻는다.

❷ 오이의 한쪽 면에 엇비슷하게 절반 정도의 칼집을 넣는다.

❸ 반대편도 엇비슷하게 칼집을 넣는다.

❹ 칼집 넣은 오이를 옅은 소금물에 담가 둔다.

❺ 오이를 건져내어 2~3cm 폭으로 자른다.

❻ 완성된 오이를 손가락으로 오므려 모양을 잡는다.

9) 무 은행잎 모양 만들기

❶ 반달 모양으로 자른 무에 3등분으로 칼집을 넣는다.

❷ 칼집을 넣은 곳에 은행잎 모양으로 가운데를 도려낸다.

❸ 양 옆을 도려낸다.

❹ 무를 은행잎 모양으로 다듬는다.

❺ 은행잎 모양으로 완성한다.

❻ 완성된 무를 한입 두께로 자른다.

10) 배추말이 만들기

❶ 끓는 소금물에 배추와 쑥갓(미나리)을 줄기부터 데친다.

❷ 배추와 쑥갓(미나리)을 데친 후 얼음물(찬물)에 담근다.

❸ 김발 위에 배추와 쑥갓(미나리)을 올려서 말이한다.

❹ 배추말이의 물기를 짠다.

❺ 배추말이를 모양내어 썬다.

❻ 완성된 배추말이의 모양을 잡는다.

11) 표고버섯 별 모양 만들기

❶ 표고버섯의 기둥(밑동)을 자른다.

❷ 표고버섯의 가운데에 칼집을 넣고 V자 모양으로 파낸다.

❸ 십자가(+) 모양으로 칼집을 넣는다.

❹ 칼집을 넣은 후 V자 모양으로 파낸다.

❺ 별 모양(*)으로 칼집을 내어 파낸다.

❻ 표고버섯 별 모양을 완성한다.

12) 오이 왕관 모양 만들기

❶ 길이 5cm 정도의 오이를 반으로 자른다.

❷ 오이의 양 옆을 다듬어 1cm 길이를 남기고 4cm 정도로 칼집을 넣는다.

❸ 4cm 정도로 얇게 4번 칼집을 넣고 5번째에 자른다.

❹ 자른 오이를 편다.

❺ 4번 칼집 중 2번째 부분을 반으로 접는다.

❻ 4번 칼집 중 4번째를 반으로 접어 왕관 모양을 완성한다.

13) 당근 나비 모양 만들기

❶ 당근을 직사각형으로 자른다.

❷ 당근의 한쪽 모서리를 잘라낸다.

❸ 잘라낸 모서리를 둥그렇게 다듬는다.

❹ 둥그렇게 자른 부분에 칼집을 넣는다.

❺ 칼집을 넣은 후 다듬는다.

❻ 나비의 더듬이 부분에 칼집을 넣는다.

❼ 최대한 얇게 칼집을 넣은 후 두 번째에 잘라낸다.

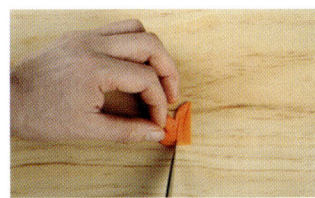
❽ 잘라낸 당근에 위, 아래 칼집을 넣는다.

❾ 칼집을 넣은 후 아랫부분을 잘라낸다.

❿ 잘라낸 부분 쪽을 잡고 위로 올린다.

⓫ 나비의 더듬이 부분을 위로 올린다.

⓬ 당근 나비 모양을 완성한 후 물 위에 띄워 놓는다.

생선 기초 손질법

1) 해삼 손질하기

❶ 해삼의 입과 항문을 자른다.

❷ 해삼의 배를 가른다.

❸ 배를 가른 후 내장을 빼낸다.

2) 문어 삶아 자르기

❶ 끓는 물에 간장, 식초, 청주를 넣고 문어를 삶는다.

❷ 1kg 정도의 문어를 5~7분 삶아 건진다.

❸ 삶은 문어를 파도 모양 썰기로 자른다.

3) 새우 손질하기

❶ 새우의 머리와 껍질을 제거한다.

❷ 이쑤시개로 새우 등 쪽의 내장을 제거한다.

❸ 새우 꼬리의 물총을 사선으로 잘라낸다.

❹ 손질한 새우를 소금으로 닦은 후 물로 씻는다.

❺ 물기 제거 후 배 쪽에 사선 칼집을 넣는다.

❻ 새우의 근육을 끊어 준다.

4) 삼치 손질하기

❶ 삼치 머리를 자른 후 배 쪽에 칼집을 넣는다.

❷ 내장을 꺼낸다.

❸ 뼈 위로 칼을 넣는다.

❹ 두장뜨기를 한다.

❺ 세장뜨기를 한다.

❻ 배 쪽 잔가시 부분에 칼을 넣는다.

❼ 배 쪽 잔가시 끝부분을 잘라낸다.

❽ 알맞은 크기로 자른다.

❾ 껍질 쪽에 ×자로 칼집을 넣는다.

❿ 소금을 뿌린다.

⓫ 쇠꼬챙이(구시)에 삼치살을 V자로 꽂는다.

⓬ 웃소금을 뿌린 후 굽는다.

※ 쇠꼬챙이(구시)가 3개일 경우에는 가운데에 한 개를 꽂는다.

5) 도미 손질하기

❶ 도미 머리 부분에 칼집을 넣는다.

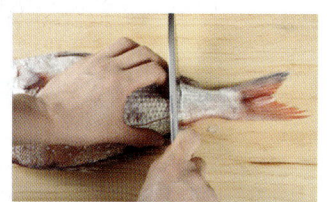
❷ 데바칼 끝으로 꼬리 부분을 자른 후 꼬리를 들어 피를 빼낸다.

❸ 비늘을 제거한다.

❹ 아가미의 연결 부위를 자른 후 배 쪽에 칼집을 넣는다.

❺ 아가미와 내장을 꺼낸다.

❻ 머리를 잘라낸다.

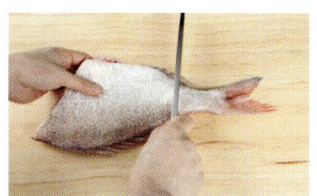
❼ 꼬리를 잘라낸다.

❽ 중간 뼈 위로 칼을 넣어 위에서 아래로 당긴다.

❾ 살과 뼈를 분리해 두장뜨기한다.

❿ 반대쪽도 위와 같은 요령으로 해서 세장뜨기한다.

⓫ 배 쪽의 갈비뼈를 분리한다.

⓬ 용도에 맞게 잘라 사용한다.

Japanese Food

6) 도미 머리 손질하기

❶ 도미의 입을 벌려 앞니 사이로 데바칼을 넣는다.

❷ 머리 가운데를 자른다.

❸ 머리 뒤쪽에 칼을 넣는다.

❹ 머리를 잘라 이등분한다.

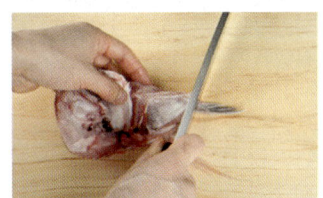
❺ 양쪽의 지느러미를 자른다.

❻ 가마살을 분리한 후 머리가 클 경우 입과 눈 부분으로 분리한다.

❼ 머리를 분리한 후 소금을 뿌린다.

❽ 끓는 물에 데쳐 얼음물(찬물)에 식힌다.

❾ 비늘과 불순물을 제거한다.

7) 도미 꼬리 손질하기

❶ 꼬리 지느러미를 V자로 손질한다.

❷ ×자로 칼집을 넣는다.

❸ 소금을 뿌린 후 데쳐서 손질한다.

01 갑오징어 명란무침

(과제번호 01) 烏賊の明太子和え ; いかのめんたいこあえ ; 이까멘다이꼬아에
Marinated Cuttle Fish & Cod-Roe With Sake

시험시간 20분

요구사항

※ 주어진 재료를 사용하여 다음과 같이 갑오징어 명란무침을 만드시오.

가. 명란젓은 껍질을 제거하고 알만 사용하시오.
나. 갑오징어는 속껍질을 제거하여 사용하시오.
다. 갑오징어를 두께 0.3cm 정도로 채썰어 청주를 섞은 물에 데쳐 사용하시오.

수험자 유의사항

1) 만드는 순서에 유의하며, 위생과 숙련된 기능평가를 위하여 조리작업 시 맛을 보지 않습니다.
2) 지정된 수험자지참준비물 이외의 조리기구나 재료를 시험장 내에 지참할 수 없습니다.
3) 지급재료는 시험 전 확인하여 이상이 있을 경우 시험위원으로부터 조치를 받고 시험 중에는 재료의 교환 및 추가지급은 하지 않습니다.
4) 요구사항의 규격은 "정도"의 의미를 포함하며, 지급된 재료의 크기에 따라 가감하여 채점합니다.
5) 위생복, 위생모, 앞치마를 착용하여야 하며, 시험장비·조리도구취급 등 안전에 유의합니다.
6) 다음 사항에 대해서는 채점대상에서 제외하니 특히 유의하시기 바랍니다.
   가) 기권 - 수험자 본인이 시험 도중 시험에 대한 포기 의사를 표현하는 경우
   나) 실격 - (1) 가스레인지 화구 2개 이상(2개 포함) 사용한 경우
             (2) 불을 사용하여 만든 조리작품이 작품특성에 벗어나는 정도로 타거나 익지 않은 경우
             (3) 위생복, 위생모, 앞치마를 착용하지 않은 경우
             (4) 시험 중 시설·장비(칼, 가스레인지 등) 사용 시 시험위원 및 타수험자의시험 진행에 위해를 일으킬 것으로 시험위원 전원이 합의하여 판단한 경우
   다) 미완성 - (1) 시험시간 내에 과제 두 가지를 제출하지 못한 경우
              (2) 문제의 요구사항대로 과제의 수량이 만들어지지 않은 경우
   라) 오작 - (1) 구이를 조림 등으로 조리하여 완성품을 요구사항과 다르게 만든 경우
             (2) 해당과제의 지급재료 이외의 재료를 사용하거나 석쇠 등 요구사항의 조리도구를 사용하지 않은 경우
   마) 요구사항에 표시된 실격, 미완성, 오작에 해당하는 경우
7) 항목별 배점은 위생상태 및 안전관리 5점, 조리기술 30점, 작품의 평가 15점입니다.
8) 시험시작 전 가벼운 몸 풀기(스트레칭) 동작으로 긴장을 풀고 시험을 시작합니다.

Japanese Food

지급재료목록

갑오징어몸(통)살 ·················· 70g
명란젓 ···························· 40g
무순 ····························· 10g
청주 ······························ 30ml
소금(정제염) ······················· 2g
청차조기잎(시소) 또는 깻잎 ··········· 1장

갑오징어 명란무침 만드는 법

① 청차조기잎과 무순은 싱싱해지도록 찬물에 담근다.
② 갑오징어는 내장과 다리를 깨끗이 제거하고, 겉껍질과 속껍질을 벗겨 소금으로 닦은 후 물로 씻는다.
③ 손질한 갑오징어의 물기를 닦고 얇게 포를 뜬 후 가는 칼집을 넣고, 길이 5cm, 두께 0.3cm 정도로 가늘게 채를 썬다.
④ 채를 썬 갑오징어는 청주를 섞은 물에 약간의 소금을 넣어 살짝 데친 후 체에 건져 식힌다.
⑤ 명란젓은 표면의 고춧가루를 긁어내고, 반으로 갈라 칼등으로 껍질을 제거하여 알만 사용한다.
⑥ 볼에 갑오징어와 긁어낸 알을 넣고 나무젓가락으로 잘 섞는다.
⑦ 무순의 잎 부분을 반듯하게 하고 끝부분을 다듬어 준비한다.
⑧ 완성 그릇에 청차조기잎을 깔고 갑오징어 명란무침을 소복하게 담은 후 무순을 올려 완성한다.

▶ 갑오징어를 일정한 크기로 얇게 채를 썬다.

▶ 청주를 섞은 물에 갑오징어를 데친다.

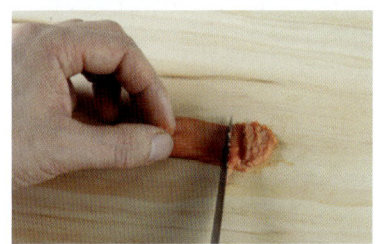
▶ 명란젓은 알만 빼낸다.

▶ 갑오징어를 명란에 무친다.

POINT

* 갑오징어는 가늘고 곱게 일정한 크기로 채를 썬다.
* 갑오징어는 청주를 섞은 물에 데쳐 명란젓과 잘 어우러지도록 버무린다.
* 갑오징어 명란무침의 색깔은 연한 분홍빛으로 벚꽃 같은 색감 정도가 좋다.
* 무순의 끝을 잘라 장식한다.

02 김초밥

(과제번호 19) 海苔卷 ; のりまきずし ; 노리마키즈시
Rice Roll in Laver

시험시간 25분

요구사항

※ 주어진 재료를 사용하여 다음과 같이 김초밥을 만드시오.

가. 박고지, 달걀말이, 오이 등 김초밥 속재료를 만드시오.
나. 초밥초를 만들어 밥에 간하여 식히시오.
다. 김초밥은 일정한 두께와 크기로 8등분하여 담으시오.
라. 간장을 곁들여 제출하시오.

수험자 유의사항

1) 만드는 순서에 유의하며, 위생과 숙련된 기능평가를 위하여 조리작업 시 맛을 보지 않습니다.
2) 지정된 수험자지참준비물 이외의 조리기구나 재료를 시험장 내에 지참할 수 없습니다.
3) 지급재료는 시험 전 확인하여 이상이 있을 경우 시험위원으로부터 조치를 받고 시험 중에는 재료의 교환 및 추가지급은 하지 않습니다.
4) 요구사항의 규격은 "정도"의 의미를 포함하며, 지급된 재료의 크기에 따라 가감하여 채점합니다.
5) 위생복, 위생모, 앞치마를 착용하여야 하며, 시험장비·조리도구취급 등 안전에 유의합니다.
6) 다음 사항에 대해서는 채점대상에서 제외하니 특히 유의하시기 바랍니다.
  가) 기권 - 수험자 본인이 시험 도중 시험에 대한 포기 의사를 표현하는 경우
  나) 실격 - (1) 가스레인지 화구 2개 이상(2개 포함) 사용한 경우
         (2) 불을 사용하여 만든 조리작품이 작품특성에 벗어나는 정도로 타거나 익지 않은 경우
         (3) 위생복, 위생모, 앞치마를 착용하지 않은 경우
         (4) 시험 중 시설·장비(칼, 가스레인지 등) 사용 시 시험위원 및 타수험자의 시험 진행에 위해를 일으킬 것으로 시험위원 전원이 합의하여 판단한 경우
  다) 미완성 - (1) 시험시간 내에 과제 두 가지를 제출하지 못한 경우
          (2) 문제의 요구사항대로 과제의 수량이 만들어지지 않은 경우
  라) 오작 - (1) 구이를 조림 등으로 조리하여 완성품을 요구사항과 다르게 만든 경우
         (2) 해당과제의 지급재료 이외의 재료를 사용하거나 석쇠 등 요구사항의 조리도구를 사용하지 않은 경우
  마) 요구사항에 표시된 실격, 미완성, 오작에 해당하는 경우
7) 항목별 배점은 위생상태 및 안전관리 5점, 조리기술 30점, 작품의 평가 15점입니다.
8) 시험시작 전 가벼운 몸 풀기(스트레칭) 동작으로 긴장을 풀고 시험을 시작합니다.

Japanese Food

지급재료목록

재료	양
김(초밥김)	1장
밥(뜨거운 밥)	200g
달걀	2개
박고지	10g
통생강	30g
청차조기잎(시소) 또는 깻잎	1장
오이(가늘고 곧은 것, 20cm 정도)	1/4개
오보로	10g
식초	70ml
흰설탕	50g
소금(정제염)	20g
식용유	10ml
진간장	20ml
맛술(미림)	10ml

- 박고지조림 양념장 : 물 1컵, 설탕 1큰술, 간장 1큰술, 맛술 1작은술
- 초밥초 : 식초 3큰술, 설탕 2큰술, 소금 1큰술
- 달걀말이 : 달걀 2개, 설탕 1작은술, 맛술 1작은술, 소금 1/3작은술

김초밥 만드는 법

① 박고지는 뜨거운 물에 담가 불려 놓고, 통생강은 얇게 편을 썰어 소금에 절인 후 끓는 물에 데친다.
② 식초, 설탕, 소금을 넣어 살짝 끓여 초밥초를 만든다.
③ 밥은 뜨거울 때 초밥초 1큰술을 넣은 후 나무주걱으로 고루 섞어서 식힌 후 젖은 면포로 덮어 준비한다.
④ 데쳐놓은 생강에 초밥초를 넣어 초생강을 만든다.
⑤ 불린 박고지는 잘 씻어서 김과 같은 길이로 잘라 물, 설탕, 간장, 맛술을 넣어 윤기나게 조린다.
⑥ 오이는 소금으로 문질러 씻은 뒤 씨 부분을 도려낸 후 1cm 두께로 김의 길이에 맞춰 잘라 소금에 절인 후 씻어내고 물기를 제거한다.
⑦ 김은 물에 닿지 않게 비닐봉지에 넣어 따로 준비한다.
⑧ 달걀은 젓가락으로 저어 설탕, 맛술, 소금으로 간하여 체에 내린 후 팬에 기름을 두르고 달걀말이를 하여 김발에 사각 모양을 잡아 식힌다.
⑨ 식힌 달걀말이는 1cm 두께로 김의 길이에 맞춰 자른다.
⑩ 도마 위에 김발을 놓고 김의 거친 면을 위로 오게 하여 밥을 김의 4/5 정도로 편다.
⑪ 밥의 가운데에 오이, 달걀말이, 박고지조림, 오보로를 놓고 밥의 시작과 끝이 만나도록 단번에 말아 김발로 모양을 잡는다.
⑫ 말아놓은 김초밥은 칼을 젖은 면포로 닦아가면서 크기를 똑같이 8등분으로 썬다.
⑬ 청차조기잎을 깔고 썰어놓은 김초밥을 모양 있게 담은 후 초생강을 곁들여 간장과 함께 제출한다.

▶ 초밥초를 만들어 밥에 간하여 식힌다.

▶ 불린 박고지를 조린다.

▶ 달걀말이를 한다.

▶ 김밥을 말아 8등분 한다.

POINT

* 밥은 뜨거울 때 초밥초를 섞어 식힌다.
* 초밥을 썰 때는 칼날을 젖은 면포에 닦아가며 썰어야 단면이 매끄럽다.
* 오이는 씨 부분을 도려낸 후 1cm 두께로 하여 소금간을 한다.

03 달걀말이

(과제번호 14) 出汁捲卵 ; だしまきたまご ; 다시마키다마고
Rolled Egg

시험시간 **25분**

 요구사항

※ 주어진 재료를 사용하여 다음과 같이 달걀말이를 만드시오.

가. 달걀과 가다랑어포국물(가쓰오다시), 소금, 설탕, 맛술(미림)을 섞은 후 체에 걸러 사용하시오.
나. 젓가락을 사용하여 달걀말이를 한 후 김발을 이용하여 사각 모양을 만드시오(단, 달걀을 말 때 주걱이나 손을 사용할 경우는 감점 처리).
다. 길이 8cm, 높이 2.5cm, 두께 1cm 정도로 썰어 8개를 만들고, 완성되었을 때 틈새가 없도록 하시오.
라. 달걀말이(다시마끼)와 간장무즙을 접시에 보기 좋게 담아내시오.

 수험자 유의사항

1) 만드는 순서에 유의하며, 위생과 숙련된 기능평가를 위하여 조리작업 시 맛을 보지 않습니다.
2) 지정된 수험자지참준비물 이외의 조리기구나 재료를 시험장 내에 지참할 수 없습니다.
3) 지급재료는 시험 전 확인하여 이상이 있을 경우 시험위원으로부터 조치를 받고 시험 중에는 재료의 교환 및 추가지급은 하지 않습니다.
4) 요구사항의 규격은 "정도"의 의미를 포함하며, 지급된 재료의 크기에 따라 가감하여 채점합니다.
5) 위생복, 위생모, 앞치마를 착용하여야 하며, 시험장비·조리도구취급 등 안전에 유의합니다.
6) 다음 사항에 대해서는 채점대상에서 제외하니 특히 유의하시기 바랍니다.
　가) 기권 – 수험자 본인이 시험 도중 시험에 대한 포기 의사를 표현하는 경우
　나) 실격 – (1) 가스레인지 화구 2개 이상(2개 포함) 사용한 경우
　　　　　　　(2) 불을 사용하여 만든 조리작품이 작품특성에 벗어나는 정도로 타거나 익지 않은 경우
　　　　　　　(3) 위생복, 위생모, 앞치마를 착용하지 않은 경우
　　　　　　　(4) 시험 중 시설·장비(칼, 가스레인지 등) 사용 시 시험위원 및 타수험자의 시험 진행에 위해를 일으킬 것으로 시험위원 전원이 합의하여 판단한 경우
　다) 미완성 – (1) 시험시간 내에 과제 두 가지를 제출하지 못한 경우
　　　　　　　(2) 문제의 요구사항대로 과제의 수량이 만들어지지 않은 경우
　라) 오작 – (1) 구이를 조림 등으로 조리하여 완성품을 요구사항과 다르게 만든 경우
　　　　　　　(2) 해당과제의 지급재료 이외의 재료를 사용하거나 석쇠 등 요구사항의 조리도구를 사용하지 않은 경우
　마) 요구사항에 표시된 실격, 미완성, 오작에 해당하는 경우
7) 항목별 배점은 위생상태 및 안전관리 5점, 조리기술 30점, 작품의 평가 15점입니다.
8) 시험시작 전 가벼운 몸 풀기(스트레칭) 동작으로 긴장을 풀고 시험을 시작합니다.

Japanese Food

지급재료목록

달걀 ······ 6개	식용유 ······ 50ml	진간장 ······ 30ml
흰설탕 ······ 20g	가다랑어포(가쓰오부시) ······ 10g	청차조기잎(시소) 또는 깻잎 ······ 2장
건다시마(5×10cm) ······ 1장	맛술(미림) ······ 20ml	
소금(정제염) ······ 10g	무 ······ 100g	

- 달걀말이 양념 국물 : 일번다시 2큰술, 설탕 1큰술, 맛술 1큰술, 소금 1/2작은술

달걀말이 만드는 법

1. 건다시마와 가다랑어포를 사용하여 일번다시를 1컵 정도 준비한다.
2. 일번다시(2큰술), 설탕 1큰술, 맛술 2큰술, 소금 1/2작은술을 넣고 살짝 끓여 소금, 설탕을 녹인 후 식혀서 양념 국물을 만든다.
3. 청차조기잎은 찬물에 담가 시들지 않게 준비한다.
4. 무는 강판에 갈아 즙을 만들어 찬물에 살짝 한 번 씻고, 진간장을 첨가하여 물을 들인다.
5. 달걀 6개를 깨서 잘 풀어준 다음 ❷의 양념 국물을 넣고 다시 잘 풀어 체에 밭쳐 알끈과 불순물을 제거한다.
6. 사각 팬에 식용유를 넉넉히 두르고 달군 후 기름을 따라내고 다시 팬을 달궈 기름을 살짝 두른 후 달걀물을 한 국자 고루 퍼지게 떠 넣고 윗면이 다 익지 않은 상태에서 손잡이 방향으로 말아간다.
7. 달걀이 손잡이 부분까지 모두 말리면 젓가락으로 반대쪽으로 밀어낸 후 식용유를 두르고 다시 달걀물을 붓고 달걀을 살짝 들어 달걀물과 말아 놓은 달걀이 붙도록 한다.
8. ❼을 반복하여 8×2.5×1cm 크기의 달걀말이로 네모 반듯하게 말아서 뜨거울 때 김발로 감싸 완성되었을 때 틈새가 없도록 모양을 잡는다.
9. 달걀말이가 식으면 1cm 두께로 8개를 썰어 접시에 모양 있게 담는다.
10. 청차조기잎은 물기를 제거하여 한 장은 접시에 깔고 다른 한 장은 ❹의 무즙에 곁들여 담는다.

▶ 달걀을 풀어 체에 거른다.

▶ 사각 팬에 달걀물을 부어가며 말이한다.

▶ 달걀말이를 1cm 두께로 자른다.

▶ 간장무즙을 만든다.

POINT

* 기름이 너무 많거나 온도가 높아 달걀물이 다 익은 상태에서 말이를 하면 잘 붙지 않아 썰었을 때 결이 생기고 빈 공간이 생기므로 주의한다.
* 달걀을 말 때 불이 너무 강하면 겉면이 탈 수 있으니 주의한다.
* 달걀을 말 때 젓가락을 사용하고 주걱이나 손을 사용하지 않도록 주의한다.

04 달걀찜

(과제번호 16) 茶碗蒸し : ちゃわんむし : 자완무시
Cup Cooked Egg Custard

시험시간 30분

요구사항

※ 주어진 재료를 사용하여 다음과 같이 달걀찜을 만드시오.

가. 찜의 속재료는 각각 썰어 간을 하시오.
나. 나중에 넣을 것과 처음에 넣을 것을 구분하시오.
다. 가다랑어포로 다시(국물)를 만들어 식혀서 달걀과 섞으시오.

수험자 유의사항

1) 만드는 순서에 유의하며, 위생과 숙련된 기능평가를 위하여 조리작업 시 맛을 보지 않습니다.
2) 지정된 수험자지참준비물 이외의 조리기구나 재료를 시험장 내에 지참할 수 없습니다.
3) 지급재료는 시험 전 확인하여 이상이 있을 경우 시험위원으로부터 조치를 받고 시험 중에는 재료의 교환 및 추가지급은 하지 않습니다.
4) 요구사항의 규격은 "정도"의 의미를 포함하며, 지급된 재료의 크기에 따라 가감하여 채점합니다.
5) 위생복, 위생모, 앞치마를 착용하여야 하며, 시험장비·조리도구취급 등 안전에 유의합니다.
6) 다음 사항에 대해서는 채점대상에서 제외하니 특히 유의하시기 바랍니다.
   가) 기권 – 수험자 본인이 시험 도중 시험에 대한 포기 의사를 표현하는 경우
   나) 실격 – (1) 가스레인지 화구 2개 이상(2개 포함) 사용한 경우
            (2) 불을 사용하여 만든 조리작품이 작품특성에 벗어나는 정도로 타거나 익지 않은 경우
            (3) 위생복, 위생모, 앞치마를 착용하지 않은 경우
            (4) 시험 중 시설·장비(칼, 가스레인지 등) 사용 시 시험위원 및 타수험자의 시험 진행에 위해를 일으킬 것으로 시험위원 전원이 합의하여 판단한 경우
   다) 미완성 – (1) 시험시간 내에 과제 두 가지를 제출하지 못한 경우
              (2) 문제의 요구사항대로 과제의 수량이 만들어지지 않은 경우
   라) 오작 – (1) 구이를 조림 등으로 조리하여 완성품을 요구사항과 다르게 만든 경우
            (2) 해당과제의 지급재료 이외의 재료를 사용하거나 석쇠 등 요구사항의 조리도구를 사용하지 않은 경우
   마) 요구사항에 표시된 실격, 미완성, 오작에 해당하는 경우
7) 항목별 배점은 위생상태 및 안전관리 5점, 조리기술 30점, 작품의 평가 15점입니다.
8) 시험시작 전 가벼운 몸 풀기(스트레칭) 동작으로 긴장을 풀고 시험을 시작합니다.

Japanese Food

지급재료목록

달걀 · 1개	닭고기살 · 20g	청주 · 10ml
잔새우(약 6~7cm 정도) · 1마리	은행(겉껍질 깐 것) · 2개	레몬 · 1/4개
어묵(판어묵) · 15g	흰 생선살 · 20g	죽순 · 10g
생표고버섯(1/2개) · 10g	쑥갓 · 10g	건다시마(5×10cm) · 1장
밤 · 1/2개	진간장 · 10ml	이쑤시개 · 1개
가다랑어포(가쓰오부시) · 10g	소금(정제염) · 5g	맛술(미림) · 10ml

• 달걀물 : 달걀 1개, 일번다시 1/2컵, 청주 1작은술, 소금 1/5작은술, 맛술 1작은술

달걀찜 만드는 법

❶ 찬물 1컵 정도에 건다시마를 넣고 물이 끓으면 건져낸 뒤 가다랑어포를 넣고 불을 끈다. 10~15분 정도 지나면 면포에 걸러 일번다시를 준비하여 식힌다.

❷ 쑥갓은 찬물에 담가 준비한다.

❸ 생선살과 닭고기살을 사방 1cm의 크기로 썰어 소금, 간장으로 밑간을 한다.

❹ 끓는 물에 소금을 넣고 죽순, 어묵을 데쳐내고 새우는 이쑤시개로 등 쪽의 내장을 제거하여 삶아 껍질을 벗긴다.

❺ 은행은 삶아 껍질을 벗긴다.

❻ 밤은 겉껍질과 속껍질을 벗겨 노릇하게 구워 준비한다.

❼ 끓는 물에 소금을 넣고 생선살, 닭고기살을 데쳐내고 식힌다.

❽ 생표고버섯, 밤, 죽순, 어묵, 새우를 사방 1cm로 자른다.

❾ 레몬은 껍질 부분을 오리발 모양으로 만든다.

❿ 달걀은 잘 풀어 소금, 청주, 맛술로 간하여 달걀의 2배 분량에 일번다시를 섞어 고운 체에 거른다.

⓫ 찜 그릇에 준비된 재료들을 넣고 달걀물을 8부 정도 부어 냄비에 중탕으로 약한 불에서 7~12분 정도 찐다.

⓬ 달걀찜이 익으면 오리발 모양 레몬과 쑥갓잎을 얹어 30초 정도 쪄서 제출한다.

▶ 일번다시를 거른다.

▶ 닭고기살은 간장으로, 흰 생선살은 소금으로 간한다.

▶ 달걀물을 체에 거른다.

▶ 뚜껑을 씌워 중탕하여 찐다.

POINT

* 달걀물에는 달걀의 2배 정도인 100cc의 일번다시를 충분히 식혀 사용한다.
* 달걀찜은 지나치게 오래 찌면 단단해지고 표면이 갈라지므로 주의한다.
* 자완(찻잔), 일식 달걀찜 볼을 사용할 경우 끓는 물에서 중탕으로 7분 정도 찐다.

05 대합 맑은국

(과제번호 03) 蛤吸物 ; はまぐりすいもの ; 하마구리스이모노
Clam Clear Soup

시험시간 20분

요구사항

※ 주어진 재료를 사용하여 대합 맑은국을 만드시오.

가. 조개 상태를 확인한 후 해감하여 사용하시오.
나. 다시마와 백합조개를 넣고 끓으면 다시마를 건져내시오.

수험자 유의사항

1) 만드는 순서에 유의하며, 위생과 숙련된 기능평가를 위하여 조리작업 시 맛을 보지 않습니다.
2) 지정된 수험자지참준비물 이외의 조리기구나 재료를 시험장 내에 지참할 수 없습니다.
3) 지급재료는 시험 전 확인하여 이상이 있을 경우 시험위원으로부터 조치를 받고 시험 중에는 재료의 교환 및 추가지급은 하지 않습니다.
4) 요구사항의 규격은 "정도"의 의미를 포함하며, 지급된 재료의 크기에 따라 가감하여 채점합니다.
5) 위생복, 위생모, 앞치마를 착용하여야 하며, 시험장비·조리도구취급 등 안전에 유의합니다.
6) 다음 사항에 대해서는 채점대상에서 제외하니 특히 유의하시기 바랍니다.
　가) 기권 – 수험자 본인이 시험 도중 시험에 대한 포기 의사를 표현하는 경우
　나) 실격 – (1) 가스레인지 화구 2개 이상(2개 포함) 사용한 경우
　　　　　　 (2) 불을 사용하여 만든 조리작품이 작품특성에 벗어나는 정도로 타거나 익지 않은 경우
　　　　　　 (3) 위생복, 위생모, 앞치마를 착용하지 않은 경우
　　　　　　 (4) 시험 중 시설·장비(칼, 가스레인지 등) 사용 시 시험위원 및 타수험자의시험 진행에 위해를 일으킬 것으로 시험위원 전원이 합의하여 판단한 경우
　다) 미완성 – (1) 시험시간 내에 과제 두 가지를 제출하지 못한 경우
　　　　　　　 (2) 문제의 요구사항대로 과제의 수량이 만들어지지 않은 경우
　라) 오작 – (1) 구이를 조림 등으로 조리하여 완성품을 요구사항과 다르게 만든 경우
　　　　　　 (2) 해당과제의 지급재료 이외의 재료를 사용하거나 석쇠 등 요구사항의 조리도구를 사용하지 않은 경우
　마) 요구사항에 표시된 실격, 미완성, 오작에 해당하는 경우
7) 항목별 배점은 위생상태 및 안전관리 5점, 조리기술 30점, 작품의 평가 15점입니다.
8) 시험시작 전 가벼운 몸 풀기(스트레칭) 동작으로 긴장을 풀고 시험을 시작합니다.

Japanese Food

지급재료목록

백합조개(개당 40g 정도, 5cm 내외) ·········· 2개	소금(정제염) ································· 10g
쑥갓 ··· 10g	국간장 또는 진간장 ···························· 5ml
레몬 ·· 1/4개	건다시마(5×10cm) ··························· 1장
청주 ·· 5ml	

대합 맑은국 만드는 법

❶ 백합조개는 서로 부딪혀 보아 맑은 소리가 나는 싱싱한 것인지 확인하고 소금물에 해감한다.

❷ 쑥갓은 연한 속잎으로 골라 찬물에 담가 준비한다.

❸ 건다시마는 젖은 면포로 닦아 준비한다.

❹ 레몬은 껍질 부분을 오리발 모양으로 만든다.

❺ 찬물에 건다시마와 백합조개를 넣어 은근하게 가열한 후 끓어오르면 다시마는 건져내고 소금, 청주, 간장을 넣어 간을 한 다음 불을 줄여 은근히 끓인다.

❻ 거품을 걷어가면서 끓이다가 백합조개가 입을 열면 건진다.

❼ 입이 벌어진 백합조개의 살을 분리한 후, 다시 껍질 속에 살을 넣고 국물은 깨끗한 면포에 걸러 8부 정도 붓는다.

❽ 쑥갓잎, 레몬 오리발을 띄워서 낸다.

▶ 백합조개를 해감한다.

▶ 다시마와 백합조개를 넣고 은근히 끓인다.

▶ 레몬 오리발을 만든다.

▶ 쑥갓잎, 레몬 오리발을 띄워 완성한다.

POINT

* 백합조개와 다시마를 넣고 가열한 후 물이 끓으면 다시마를 건진다.
* 백합조개의 눈을 떼면 조개가 입을 벌리지 않아 국물이 우러나지 않으므로 눈을 떼지 않는다.
* 죽순이 제공되면 빗살무늬 모양으로 자른 후 끓는 물에 데쳐 간장, 청주로 밑간한다.
* 대파가 제공되면 길고 곱게 채썰어(하리기리) 찬물에 헹구어 사용한다.

06 도미머리 맑은국

(과제번호 02) 鯛の吸物 ; たいのすいもの ; 다이노스이모노
Sea Bream Clear Soup

시험시간 30분

요구사항

※ 주어진 재료를 사용하여 다음과 같이 도미머리 맑은국을 만드시오.

가. 도미머리 부분을 반으로 갈라 50~60g 정도 크기로 사용하시오(단, 도미는 머리만 사용하여야 하고, 도미 몸통(살)을 사용할 경우 오작 처리).
나. 소금을 뿌려 놓았다가 끓는 물에 데쳐 손질하시오.
다. 다시마와 도미머리를 넣어 은근하게 국물을 만들어 간을 하시오.
라. 대파의 흰 부분은 가늘게 채(시라가네기)썰어 사용하시오.
마. 간을 하여 각 곁들일 재료를 넣어 국물을 부어 완성하시오.

수험자 유의사항

1) 만드는 순서에 유의하며, 위생과 숙련된 기능평가를 위하여 조리작업 시 맛을 보지 않습니다.
2) 지정된 수험자지참준비물 이외의 조리기구나 재료를 시험장 내에 지참할 수 없습니다.
3) 지급재료는 시험 전 확인하여 이상이 있을 경우 시험위원으로부터 조치를 받고 시험 중에는 재료의 교환 및 추가지급은 하지 않습니다.
4) 요구사항의 규격은 "정도"의 의미를 포함하며, 지급된 재료의 크기에 따라 가감하여 채점합니다.
5) 위생복, 위생모, 앞치마를 착용하여야 하며, 시험장비·조리도구취급 등 안전에 유의합니다.
6) 다음 사항에 대해서는 채점대상에서 제외하니 특히 유의하시기 바랍니다.
    가) 기권 – 수험자 본인이 시험 도중 시험에 대한 포기 의사를 표현하는 경우
    나) 실격 – (1) 가스레인지 화구 2개 이상(2개 포함) 사용한 경우
              (2) 불을 사용하여 만든 조리작품이 작품특성에 벗어나는 정도로 타거나 익지 않은 경우
              (3) 위생복, 위생모, 앞치마를 착용하지 않은 경우
              (4) 시험 중 시설·장비(칼, 가스레인지 등) 사용 시 시험위원 및 타수험자의 시험 진행에 위해를 일으킬 것으로 시험위원 전원이 합의하여 판단한 경우
    다) 미완성 – (1) 시험시간 내에 과제 두 가지를 제출하지 못한 경우
                (2) 문제의 요구사항대로 과제의 수량이 만들어지지 않은 경우
    라) 오작 – (1) 구이를 조림 등으로 조리하여 완성품을 요구사항과 다르게 만든 경우
              (2) 해당과제의 지급재료 이외의 재료를 사용하거나 석쇠 등 요구사항의 조리도구를 사용하지 않은 경우
    마) 요구사항에 표시된 실격, 미완성, 오작에 해당하는 경우
7) 항목별 배점은 위생상태 및 안전관리 5점, 조리기술 30점, 작품의 평가 15점입니다.
8) 시험시작 전 가벼운 몸 풀기(스트레칭) 동작으로 긴장을 풀고 시험을 시작합니다.

Japanese Food

🧑‍🍳 지급재료목록

도미(200~250g) ·· 1마리
대파(흰 부분, 10cm)··· 1토막
죽순 ·· 30g
건다시마(5×10cm) ··· 1장
소금(정제염) ··· 20g
국간장 또는 진간장 ·· 5ml
레몬 ·· 1/4개
청주 ··· 5ml

• 도미과제 두 가지 중복 시 도미 1마리 지급

🧑‍🍳 도미머리 맑은국 만드는 법

① 도미머리는 비늘을 긁어내고 깨끗이 씻어 반으로 갈라 적당한 크기(50~60g)로 만든 다음 소금을 뿌려둔다.
② 끓는 물에 도미머리를 살짝 데친 후 찬물에 씻어 불순물과 비늘을 깨끗이 제거한다.
③ 죽순은 끓는 물에 데친 후 냄비에 담고, 약간의 물, 간장, 청주를 넣어 밑간을 연하게 하여 맛을 들인다.
④ 레몬은 껍질 부분을 오리발 모양으로 포를 뜬다.
⑤ 대파의 흰 부분은 5~7cm 길이로 가늘게 채썰어 찬물에 헹구어 담근다(시라가네기).
⑥ 건다시마는 젖은 면포로 닦아 준비한다.
⑦ 찬물에 건다시마와 손질한 도미머리를 넣고 끓으면 다시마를 건져낸 후 약불로 줄여 떠오르는 거품을 걷어내면서 은근히 끓인다.
⑧ 도미머리가 익으면 소금, 청주, 약간의 간장을 넣어 간을 한다.
⑨ 완성 그릇에 도미머리를 담고 죽순을 올린 후 뜨거운 국물을 8부 정도 부어 레몬 오리발, 채썬 대파를 띄워낸다.

▶ 도미머리를 반으로 자른다.

▶ 도미머리를 끓는 물에 데쳐 손질한다.

▶ 데친 죽순에 밑간을 한다.

▶ 레몬은 오리발 모양을 만든다.

POINT

✻ 도미머리부터 손질하여 소금을 뿌려두고 눈이 터지지 않도록 유의한다(도미를 이용한 다른 요리가 나올 경우 머리, 몸통을 같이 손질한다).
✻ 대파의 흰 부분은 5~7cm 길이로 곱게 채를 썰어 찬물에 헹구어 준비한다.
✻ 오리발 모양의 레몬은 껍질 속의 흰 부분을 제거한다.

07 도미술찜

(과제번호 15)

鯛の酒蒸し ; だいのさかむし ; 다이노사카무시
Steamed Sea Bream with Sake

시험시간 30분

요구사항

※ 주어진 재료를 사용하여 다음과 같이 도미술찜을 만드시오.

가. 머리는 반으로 자르고, 몸통은 세장뜨기하시오.
나. 손질한 도미살을 5~6cm 정도로 자르고 소금을 뿌려, 머리와 꼬리는 데친 후 불순물을 제거하시오.
다. 청주를 섞은 다시(국물)에 쪄내시오.
라. 당근은 매화꽃, 무는 은행잎 모양으로 만들어 익혀내시오.
마. 초간장(폰즈)과 양념(야쿠미)을 만들어 내시오.

수험자 유의사항

1) 만드는 순서에 유의하며, 위생과 숙련된 기능평가를 위하여 조리작업 시 맛을 보지 않습니다.
2) 지정된 수험자지참준비물 이외의 조리기구나 재료를 시험장 내에 지참할 수 없습니다.
3) 지급재료는 시험 전 확인하여 이상이 있을 경우 시험위원으로부터 조치를 받고 시험 중에는 재료의 교환 및 추가지급은 하지 않습니다.
4) 요구사항의 규격은 "정도"의 의미를 포함하며, 지급된 재료의 크기에 따라 가감하여 채점합니다.
5) 위생복, 위생모, 앞치마를 착용하여야 하며, 시험장비·조리도구취급 등 안전에 유의합니다.
6) 다음 사항에 대해서는 채점대상에서 제외하니 특히 유의하시기 바랍니다.
  가) 기권 - 수험자 본인이 시험 도중 시험에 대한 포기 의사를 표현하는 경우
  나) 실격 - (1) 가스레인지 화구 2개 이상(2개 포함) 사용한 경우
  (2) 불을 사용하여 만든 조리작품이 작품특성에 벗어나는 정도로 타거나 익지 않은 경우
  (3) 위생복, 위생모, 앞치마를 착용하지 않은 경우
  (4) 시험 중 시설·장비(칼, 가스레인지 등) 사용 시 시험위원 및 타수험자의시험 진행에 위해를 일으킬 것으로 시험위원 전원이 합의하여 판단한 경우
  다) 미완성 - (1) 시험시간 내에 과제 두 가지를 제출하지 못한 경우
  (2) 문제의 요구사항대로 과제의 수량이 만들어지지 않은 경우
  라) 오작 - (1) 구이를 조림 등으로 조리하여 완성품을 요구사항과 다르게 만든 경우
  (2) 해당과제의 지급재료 이외의 재료를 사용하거나 석쇠 등 요구사항의 조리도구를 사용하지 않은 경우
  마) 요구사항에 표시된 실격, 미완성, 오작에 해당하는 경우
7) 항목별 배점은 위생상태 및 안전관리 5점, 조리기술 30점, 작품의 평가 15점입니다.
8) 시험시작 전 가벼운 몸 풀기(스트레칭) 동작으로 긴장을 풀고 시험을 시작합니다.

Japanese Food

지급재료목록

도미(200~250g) ········ 1마리	생표고버섯(1개)··········· 20g	진간장 ····················· 30ml
배추························· 50g	죽순, 쑥갓 ············· 각각 20g	식초 ························ 30ml
당근(둥근 모양)············ 60g	레몬 ······················ 1/4개	고춧가루(고운 것) ·········· 2g
무 ·························· 50g	청주 ······················ 30ml	실파(1뿌리)·················· 20g
판두부······················ 50g	건다시마(5×10cm) ·········· 1장	소금(정제염)················· 5g

• 술찜 양념 : 다시마 국물 2큰술, 청주 2큰술, 소금 1/3작은술 • 양념초(폰즈) 소스 : 다시마 국물 2큰술, 간장 2큰술, 식초 2큰술
• 양념(야쿠미) : 무 간 것 1큰술, 고춧가루 1/2작은술, 실파, 레몬

도미술찜 만드는 법

❶ 도미는 비늘, 아가미, 내장을 제거하여 세장뜨기하고 머리는 반으로 자른다.

❷ 도미살을 5~6cm 정도 크기로 자르고 머리, 꼬리를 손질하여 소금을 뿌려두었다가 끓는 물에 살짝 데친 후 찬물에 씻어 불순물과 비늘을 깨끗이 제거한다.

❸ 건다시마는 젖은 면포로 닦아 찬물에 넣고, 물이 끓으면 건진다.

❹ 쑥갓의 줄기 부분은 데치고 잎 부분은 물에 담가둔다.

❺ 배추는 삶아 두꺼운 부분은 저미고 반으로 잘라 김발에 겹쳐 올리고 그 위에 데친 쑥갓을 얹어 말아낸 후 물기를 짜고 자른다.

❻ 무는 은행잎 모양으로 깎고 당근은 매화꽃 모양으로 다듬어 끓는 소금물에 70~80% 정도 익을 만큼 데친다.

❼ 두부는 2.5×4×2cm 크기로 썰고 표고버섯은 기둥을 떼고 별모양으로 칼집을 넣어 파낸다.

❽ 죽순은 빗살무늬를 살려 0.3cm 두께로 썰어 끓는 물에 데친다.

❾ 찜 그릇에 배추, 무, 두부를 담은 후 죽순, 당근, 표고버섯을 앞쪽에 세워 담고, 그릇 앞쪽에 다시마를 깔고 적당한 크기의 머리, 도미살, 꼬리를 세워 보기 좋게 담는다.

❿ 다시마 국물(2큰술), 청주(2큰술), 소금(1/3작은술)을 넣고 잘 섞은 후 ❾ 재료 위에 골고루 뿌리고 냄비에서 10~15분간 찐다. 마지막에 쑥갓을 넣어 2분간 더 뜸을 들인 뒤 꺼낸다.

⓫ 무는 강판에 갈아서 물기를 짜고 고운 고춧가루로 붉게 색을 낸다. 실파는 송송 썰어 물에 헹구고, 레몬과 함께 담는다.

⓬ 간장, 식초, 다시마 국물을 1 : 1 : 1로 섞어 양념초(폰즈) 소스를 만들어 양념(야쿠미)과 곁들인다.

▶ 도미를 밑손질한다.

▶ 무, 당근, 배추, 쑥갓을 데친다.

▶ 도미를 데쳐 불순물을 제거한다.

▶ 술을 뿌려 찐다.

POINT

* 배추 쑥갓말이는 모양 있고 풀리지 않게 준비하고, 대파가 제공되면 어슷썰어 사용한다.
* 도미, 무, 당근이 충분히 익었는지 확인 후 제출한다.

08 도미조림

(과제번호 05) 鯛の粗煮；たいのあらたき=たいのあらに；다이노아라다기
Boiled Sea Bream with Soy Sauce

시험시간 30분

요구사항

※ 주어진 재료를 사용하여 다음과 같이 도미조림을 만드시오.
가. 손질한 도미를 5~6cm로 자르고 머리는 반으로 갈라 소금을 뿌리시오.
나. 머리와 꼬리는 데친 후 불순물을 제거하시오.
다. 냄비에 앉혀 양념하여 조리하시오.
라. 완성 후 접시에 담고 생강채(하리쇼가)와 채소를 앞쪽에 담아내시오.

수험자 유의사항

1) 만드는 순서에 유의하며, 위생과 숙련된 기능평가를 위하여 조리작업 시 맛을 보지 않습니다.
2) 지정된 수험자지참준비물 이외의 조리기구나 재료를 시험장 내에 지참할 수 없습니다.
3) 지급재료는 시험 전 확인하여 이상이 있을 경우 시험위원으로부터 조치를 받고 시험 중에는 재료의 교환 및 추가지급은 하지 않습니다.
4) 요구사항의 규격은 "정도"의 의미를 포함하며, 지급된 재료의 크기에 따라 가감하여 채점합니다.
5) 위생복, 위생모, 앞치마를 착용하여야 하며, 시험장비·조리도구취급 등 안전에 유의합니다.
6) 다음 사항에 대해서는 채점대상에서 제외하니 특히 유의하시기 바랍니다.
   가) 기권 - 수험자 본인이 시험 도중 시험에 대한 포기 의사를 표현하는 경우
   나) 실격 - (1) 가스레인지 화구 2개 이상(2개 포함) 사용한 경우
              (2) 불을 사용하여 만든 조리작품이 작품특성에 벗어나는 정도로 타거나 익지 않은 경우
              (3) 위생복, 위생모, 앞치마를 착용하지 않은 경우
              (4) 시험 중 시설·장비(칼, 가스레인지 등) 사용 시 시험위원 및 타수험자의 시험 진행에 위해를 일으킬 것으로 시험위원 전원이 합의하여 판단한 경우
   다) 미완성 - (1) 시험시간 내에 과제 두 가지를 제출하지 못한 경우
              (2) 문제의 요구사항대로 과제의 수량이 만들어지지 않은 경우
   라) 오작 - (1) 구이를 조림 등으로 조리하여 완성품을 요구사항과 다르게 만든 경우
              (2) 해당과제의 지급재료 이외의 재료를 사용하거나 석쇠 등 요구사항의 조리도구를 사용하지 않은 경우
   마) 요구사항에 표시된 실격, 미완성, 오작에 해당하는 경우
7) 항목별 배점은 위생상태 및 안전관리 5점, 조리기술 30점, 작품의 평가 15점입니다.
8) 시험시작 전 가벼운 몸 풀기(스트레칭) 동작으로 긴장을 풀고 시험을 시작합니다.

Japanese Food

지급재료목록

도미(200~250g) ············ 1마리	흰설탕················· 60g	건다시마(5×10cm) ········ 1장
우엉···················· 40g	청주 ················· 50ml	맛술(미림)·············· 50ml
꽈리고추(2개 정도) ········ 30g	진간장 ················ 90ml	
통생강················· 30g	소금(정제염)·············· 5g	

• 조림간장 : 다시마 국물 1컵, 간장 3~4큰술, 설탕 3큰술, 청주 3큰술, 맛술 3큰술

도미조림 만드는 법

❶ 건다시마와 물 1.5컵을 넣고 끓여 다시마 국물을 만든다.
❷ 도미는 비늘을 긁어내고 아가미, 내장을 제거하여 깨끗이 씻는다. 머리, 몸통, 꼬리를 3등분 한 후 머리는 반으로 자르고, 꼬리지느러미는 V자로 손질하고 살은 X자로 칼집을 넣어 소금을 뿌려둔다.

▶ 도미를 손질한다.

❸ 손질한 도미는 끓는 물에 살짝 데쳐 찬물에 헹구어 비늘과 불순물을 제거한다.
❹ 우엉은 칼등으로 껍질을 벗겨 5cm 정도의 길이로 썬 후 4등분하여 찬물에 담근다.

▶ 우엉을 손질한다.

❺ 통생강은 하리쇼가(얇게 돌려깎기하여 가늘고 곱게 채썬 것)하여 찬물에 헹군 후 담근다.
❻ 꽈리고추는 꼭지를 따서 다듬는다.
❼ 냄비에 우엉을 먼저 넣고 도미를 위에 얹은 후 청주(3큰술), 맛술(3큰술)을 넣고 불을 붙여 알코올을 제거한 다음 다시마 국물(1컵)과 설탕(3큰술)을 넣어 조린다.

▶ 냄비에 앉혀 양념하여 조린다.

❽ 국물이 끓으면 간장을 1큰술 넣고 반 정도로 졸여지면 간장(1~2큰술)을 더 넣고 거의 다 졸여지면 마지막 1큰술 정도를 넣어 끼얹고 꽈리고추를 넣어 색이 파랗게 유지되도록 조린다.
❾ 완성 그릇에 도미를 몸통 부분부터 담고, 머리와 꼬리를 기대듯 세워 담은 뒤 우엉, 꽈리고추를 앞쪽에 담는다.
❿ 남은 국물은 전체적으로 윤기가 나도록 끼얹고 생강채(하리쇼가)는 물기를 제거한 뒤 채소와 함께 앞에 세워서 모양내어 곁들인다.

▶ 꽈리고추를 넣어 조린다.

POINT

✳ 건다시마가 지급되지 않으면 물을 사용한다.
✳ 도미 껍질 쪽을 냄비 바닥으로 가게 하여 조리면 눌러붙어 껍질이 벗겨지므로 위쪽을 향하게 담아 조린다.
✳ 간장은 3번으로 나누어 끼얹어 도미에 안쪽 살까지 간이 잘 들도록 한다.
✳ 통생강은 얇게 돌려깎기하여 가늘고 곱게 채를 썬다.

09 된장국

(과제번호 04) 味噌汁 ; みそしる ; 미소시루
Soy Bean Soup

시험시간 20분

요구사항

※ 주어진 재료를 사용하여 다음과 같이 된장국을 만드시오.

가. 다시마와 가다랑어포(가쓰오부시)로 가다랑어국물(가쓰오다시)을 만드시오.
나. 1cm×1cm×1cm로 썬 두부와 미역은 데쳐 사용하시오.
다. 된장을 풀어 한소끔 끓여내시오.

수험자 유의사항

1) 만드는 순서에 유의하며, 위생과 숙련된 기능평가를 위하여 조리작업 시 맛을 보지 않습니다.
2) 지정된 수험자지참준비물 이외의 조리기구나 재료를 시험장 내에 지참할 수 없습니다.
3) 지급재료는 시험 전 확인하여 이상이 있을 경우 시험위원으로부터 조치를 받고 시험 중에는 재료의 교환 및 추가지급은 하지 않습니다.
4) 요구사항의 규격은 "정도"의 의미를 포함하며, 지급된 재료의 크기에 따라 가감하여 채점합니다.
5) 위생복, 위생모, 앞치마를 착용하여야 하며, 시험장비·조리도구취급 등 안전에 유의합니다.
6) 다음 사항에 대해서는 채점대상에서 제외하니 특히 유의하시기 바랍니다.
　가) 기권 －　수험자 본인이 시험 도중 시험에 대한 포기 의사를 표현하는 경우
　나) 실격 －　(1) 가스레인지 화구 2개 이상(2개 포함) 사용한 경우
　　　　　　　(2) 불을 사용하여 만든 조리작품이 작품특성에 벗어나는 정도로 타거나 익지 않은 경우
　　　　　　　(3) 위생복, 위생모, 앞치마를 착용하지 않은 경우
　　　　　　　(4) 시험 중 시설·장비(칼, 가스레인지 등) 사용 시 시험위원 및 타수험자의시험 진행에 위해를 일으킬 것으로 시험위원 전원이 합의하여 판단한 경우
　다) 미완성 －(1) 시험시간 내에 과제 두 가지를 제출하지 못한 경우
　　　　　　　(2) 문제의 요구사항대로 과제의 수량이 만들어지지 않은 경우
　라) 오작 －　(1) 구이를 조림 등으로 조리하여 완성품을 요구사항과 다르게 만든 경우
　　　　　　　(2) 해당과제의 지급재료 이외의 재료를 사용하거나 석쇠 등 요구사항의 조리도구를 사용하지 않은 경우
　마) 요구사항에 표시된 실격, 미완성, 오작에 해당하는 경우
7) 항목별 배점은 위생상태 및 안전관리 5점, 조리기술 30점, 작품의 평가 15점입니다.
8) 시험시작 전 가벼운 몸 풀기(스트레칭) 동작으로 긴장을 풀고 시험을 시작합니다.

Japanese Food

🧑‍🍳 지급재료목록

일본된장 ································· 40g	산초가루 ································· 1g
건다시마(5×10cm) ······················ 1장	가다랑어포(가쓰오부시) ················ 5g
판두부 ···································· 20g	건미역 ···································· 5g
실파(1뿌리) ······························· 20g	청주 ···································· 20ml

🧑‍🍳 된장국 만드는 법

① 건다시마는 젖은 면포로 닦아 찬물에 넣어 끓으면 건져내고, 가다랑어포(가쓰오부시)를 넣고 15분 정도 우려 가라앉으면 면포에 걸러 일번다시를 준비한다.
② 두부는 사방 1cm의 크기로 썰어서 데쳐 준비한다.
③ 건미역은 물에 불린 후 끓는 물에 데쳐서 찬물에 헹궈 사방 1~2cm 길이로 썰어둔다.
④ 실파는 송송 썰어서 찬물에 살짝 헹궈 물기를 뺀다.
⑤ 준비된 일번다시가 끓으면 일본된장을 풀어 체에 거른 후 간을 맞추고 약한 불에서 살짝 끓인다.
⑥ 떠오른 거품은 걷어내고 청주로 간을 한다.
⑦ 그릇에 준비된 미역과 두부를 담고 뜨거운 된장국을 8부 정도 부은 뒤 실파를 띄우고 산초가루를 얹어 제출한다.

▶ 찬물에 다시마를 넣고 끓인다.

▶ 가다랑어포를 넣어 우린다.

▶ 건미역은 불린 후 데쳐서 자른다.

▶ 두부는 사방 1cm 크기로 자른다.

POINT

* 일반적으로 한 컵의 다시에 1큰술의 일본 된장을 풀어 간을 맞춘다.
* 일본 된장국은 입에 대고 마셔서 숟가락을 사용하지 않으므로 건더기 양은 적게, 국물은 많게 하는 것이 보통이지만 시험장에서는 미역과 두부의 양을 넉넉하게 하는 것이 좋다.
* 일본 된장국은 향이 중요하기 때문에 펄펄 끓이지 않도록 주의한다.

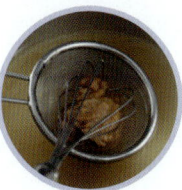

10 메밀국수(자루소바)

(과제번호 10) 笊蕎麦 ; ざるそば ; 자루소바
Chilled Buckwheat Vermicelli

시험시간 30분

요구사항

※ 주어진 재료를 사용하여 다음과 같이 메밀국수(자루소바)를 만드시오.

가. 소바다시를 만들어 얼음으로 차게 식히시오.
나. 메밀국수는 삶아 얼음으로 차게 식혀서 사용하시오.
다. 메밀국수는 접시에 김발을 펴서 그 위에 올려내시오.
라. 김은 가늘게 채썰어(하리노리) 메밀국수에 얹어내시오.
마. 메밀국수, 양념(야쿠미), 소바다시를 각각 따로 담아내시오.

수험자 유의사항

1) 만드는 순서에 유의하며, 위생과 숙련된 기능평가를 위하여 조리작업 시 맛을 보지 않습니다.
2) 지정된 수험자지참준비물 이외의 조리기구나 재료를 시험장 내에 지참할 수 없습니다.
3) 지급재료는 시험 전 확인하여 이상이 있을 경우 시험위원으로부터 조치를 받고 시험 중에는 재료의 교환 및 추가지급은 하지 않습니다.
4) 요구사항의 규격은 "정도"의 의미를 포함하며, 지급된 재료의 크기에 따라 가감하여 채점합니다.
5) 위생복, 위생모, 앞치마를 착용하여야 하며, 시험장비·조리도구취급 등 안전에 유의합니다.
6) 다음 사항에 대해서는 채점대상에서 제외하니 특히 유의하시기 바랍니다.
 가) 기권 - 수험자 본인이 시험 도중 시험에 대한 포기 의사를 표현하는 경우
 나) 실격 - (1) 가스레인지 화구 2개 이상(2개 포함) 사용한 경우
  (2) 불을 사용하여 만든 조리작품이 작품특성에 벗어나는 정도로 타거나 익지 않은 경우
  (3) 위생복, 위생모, 앞치마를 착용하지 않은 경우
  (4) 시험 중 시설·장비(칼, 가스레인지 등) 사용 시 시험위원 및 타수험자의 시험 진행에 위해를 일으킬 것으로 시험위원 전원이 합의하여 판단한 경우
 다) 미완성 - (1) 시험시간 내에 과제 두 가지를 제출하지 못한 경우
  (2) 문제의 요구사항대로 과제의 수량이 만들어지지 않은 경우
 라) 오작 - (1) 구이를 조림 등으로 조리하여 완성품을 요구사항과 다르게 만든 경우
  (2) 해당과제의 지급재료 이외의 재료를 사용하거나 석쇠 등 요구사항의 조리도구를 사용하지 않은 경우
 마) 요구사항에 표시된 실격, 미완성, 오작에 해당하는 경우
7) 항목별 배점은 위생상태 및 안전관리 5점, 조리기술 30점, 작품의 평가 15점입니다.
8) 시험시작 전 가벼운 몸 풀기(스트레칭) 동작으로 긴장을 풀고 시험을 시작합니다.

Japanese Food

지급재료목록

- 메밀국수(생면, 건면 100g으로 대체 가능) ·················· 150g
- 무 ·················· 60g
- 실파(2뿌리) ·················· 40g
- 김 ·················· 1/2장
- 고추냉이(와사비분) ·················· 10g
- 가다랑어포(가쓰오부시) ·················· 10g
- 건다시마(5×10cm) ·················· 1장
- 진간장 ·················· 50ml
- 흰설탕 ·················· 25g
- 청주 ·················· 15ml
- 맛술(미림) ·················· 10ml
- 각얼음 ·················· 200g

• 소바다시 : 일번다시 1컵, 진간장 3큰술, 흰설탕 1큰술, 청주 1큰술, 맛술(미림) 2작은술

메밀국수(자루소바) 만드는 법

1. 냄비에 찬물(1.5컵)과 다시마를 젖은 면포로 닦아 넣고 끓으면 건져내고 가다랑어포를 넣고 불을 끈다. 10~15분 후에 면포에 걸러 일번다시를 맑게 준비한다.
2. 냄비에 일번다시, 진간장, 흰설탕, 청주, 맛술을 넣어 살짝 끓인 후 얼음물에 차게 식혀 소바다시를 시원하게 준비한다.
3. 야쿠미로 무는 껍질을 벗기고 강판에 갈아 고운 체에 밭친 후 물에 씻어 무 냄새를 제거한 뒤 물기를 빼놓고 실파는 파란 부분을 송송 곱게 썰어 물에 헹궈 체에 밭쳐 물기를 빼놓는다.
4. 고추냉이는 너무 질지 않게 동량의 찬물을 넣고 갠 후 야쿠미 접시에 미리 준비한 무즙, 실파와 함께 모양내어 깨끗하게 담는다.
5. 김은 살짝 구워 물기가 없는 도마에서 5cm 정도 길이로 가늘게 채썰어(하리노리) 준비한다.
6. 메밀국수는 냄비에 물을 넉넉히 붓고 끓여 삶아 찬물에 여러 번 헹구고 얼음물에 담가 차게 식혀서 사리를 동그랗게 만든다.
7. 완성 접시에 깨끗한 김발을 1/2로 펴서 깔고 메밀국수를 그 위에 올린다.
8. 채썰어 놓은 김(하리노리)을 메밀국수 위(중앙)에 얹은 후 양념(야쿠미), 소바다시를 각각 따로 담아 제출한다.

▶ 소바다시를 얼음물에 차게 식힌다.

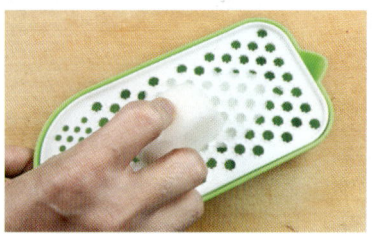
▶ 무를 강판에 갈아 씻어 준비한다.

▶ 실파를 송송 썰어 씻어 준비한다.

▶ 메밀국수를 삶아 얼음에 차게 식힌다.

POINT

* 호텔 일식레스토랑에서 소바다시를 만들 때 과거에는 가쓰오부시국물 7:간장 1:맛술 1의 비율로 만들었으나 현재에는 약간 싱겁게 가쓰오부시국물 8:간장 1:맛술 1의 비율로 만들기도 한다.
* 제공된 김 1/2장을 살짝 구운 후 반으로 접어 자른 후 다시 반으로 접어 자르면(길이 5.5cm 정도) 된다.
* 메밀국수 건면은 생면보다 더 오래 삶아 중심에 심이 남지 않도록 완전히 익혀야 한다.

11 문어초회

(과제번호 06) 蛸酢の物 ; たこのすのもの ; 다코노스노모노
Vinegared Octopus

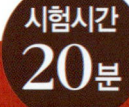
시험시간 **20분**

요구사항

※ 주어진 재료를 사용하여 다음과 같이 문어초회를 만드시오.
가. 가다랑어 국물을 만들어 양념초간장(도사스)을 만드시오.
나. 문어는 삶아 4~5cm 길이로 물결모양썰기(하조기리)를 하시오.
다. 미역은 손질하여 4~5cm 정도의 크기로 사용하시오.
라. 오이는 둥글게 썰거나 줄무늬(자바라)썰기 하여 사용하시오.
마. 문어 초회 접시에 오이와 문어를 담고 양념초간장(도사스)을 끼얹어 레몬으로 장식하시오.

수험자 유의사항

1) 만드는 순서에 유의하며, 위생과 숙련된 기능평가를 위하여 조리작업 시 맛을 보지 않습니다.
2) 지정된 수험자지참준비물 이외의 조리기구나 재료를 시험장 내에 지참할 수 없습니다.
3) 지급재료는 시험 전 확인하여 이상이 있을 경우 시험위원으로부터 조치를 받고 시험 중에는 재료의 교환 및 추가지급은 하지 않습니다.
4) 요구사항의 규격은 "정도"의 의미를 포함하며, 지급된 재료의 크기에 따라 가감하여 채점합니다.
5) 위생복, 위생모, 앞치마를 착용하여야 하며, 시험장비 · 조리도구취급 등 안전에 유의합니다.
6) 다음 사항에 대해서는 채점대상에서 제외하니 특히 유의하시기 바랍니다.
    가) 기권 – 수험자 본인이 시험 도중 시험에 대한 포기 의사를 표현하는 경우
    나) 실격 – (1) 가스레인지 화구 2개 이상(2개 포함) 사용한 경우
           (2) 불을 사용하여 만든 조리작품이 작품특성에 벗어나는 정도로 타거나 익지 않은 경우
           (3) 위생복, 위생모, 앞치마를 착용하지 않은 경우
           (4) 시험 중 시설 · 장비(칼, 가스레인지 등) 사용 시 시험위원 및 타수험자의시험 진행에 위해를 일으킬 것으로 시험위원 전원이 합의하여 판단한 경우
    다) 미완성 – (1) 시험시간 내에 과제 두 가지를 제출하지 못한 경우
           (2) 문제의 요구사항대로 과제의 수량이 만들어지지 않은 경우
    라) 오작 – (1) 구이를 조림 등으로 조리하여 완성품을 요구사항과 다르게 만든 경우
           (2) 해당과제의 지급재료 이외의 재료를 사용하거나 석쇠 등 요구사항의 조리도구를 사용하지 않은 경우
    마) 요구사항에 표시된 실격, 미완성, 오작에 해당하는 경우
7) 항목별 배점은 위생상태 및 안전관리 5점, 조리기술 30점, 작품의 평가 15점입니다.
8) 시험시작 전 가벼운 몸 풀기(스트레칭) 동작으로 긴장을 풀고 시험을 시작합니다.

Japanese Food

🧑‍🍳 지급재료목록

문어다리(생문어, 80g 정도) … 1개
건미역 …………………………… 5g
레몬 ……………………………… 1/4개
오이(가늘고 곧은 것, 20cm 정도) … 1/2개
소금(정제염), 흰설탕 … 각각 10g
식초 ……………………………… 30ml
건다시마(5×10cm) …………… 1장
진간장 ………………………… 20ml
가다랑어포(가쓰오부시) ………… 5g

- 양념초간장(도사스) : 일번다시 2큰술, 식초 1.5큰술, 간장 1큰술, 설탕 1작은술

🧑‍🍳 문어초회 만드는 법

① 건다시마는 젖은 면포로 닦은 후 찬물에 넣어 끓어오르면 건져내고 가다랑어포를 넣고 불을 끈다. 10~15분 후에 면포에 걸러 일번다시를 준비한다. 건미역은 물에 불린다.

② 오이는 소금으로 문질러 겉가시를 제거하고 둥글게 썰거나 반 정도 깊이로 어슷하게 촘촘한 칼집을 넣은 후 뒤집어서 반대편도 같은 모양으로 칼집을 넣고 옅은 소금물에 절여 짜지 않도록 오이자바라를 만든다.

③ 문어는 소금으로 깨끗이 씻어 손질하고 끓는 물에 간장, 식초와 함께 삶아서 식힌다.

④ 일번다시(2큰술), 식초(1.5큰술), 간장(1큰술), 설탕(1작은술)을 넣고 설탕이 녹을 정도로 살짝 끓여 양념초간장(도사스)을 만들어 식힌다.

⑤ 물에 불린 건미역은 끓는 소금물에 살짝 데쳐 찬물에 헹궈 물기를 빼고 김발 위에 가지런하게 놓고 말아서 4~5cm로 잘라 준비한다.

⑥ 오이자바라는 물기를 꼭 짜서 양끝을 잘라내고 3cm 정도 길이로 잘라 칼집 모양이 선명하게 보이도록 손가락으로 비튼다.

⑦ 완성 접시에 미역, 오이를 담고 문어는 4~5cm 길이의 물결 무늬 모양으로 얇게 포를 떠(하조기리)서 줄 맞추어 세워서 담은 후 레몬을 곁들이고 양념초간장(도사스)을 끼얹어 제출한다.

▶ 오이자바라(줄무늬) 썰기하여 소금물에 절인다.

▶ 끓는 물에 간장, 식초를 넣어 문어를 삶는다.

▶ 문어는 물결무늬 모양으로 포를 뜬다.

▶ 양념초간장을 끼얹는다.

POINT

- 초회는 차갑게 먹는 요리이므로 양념초간장(도사스)을 미리 만들어 식혀두어야 한다.
- 데친 건미역은 김발 위에서 말아 모양내어 자른다.
- 문어는 너무 오래 삶으면 질겨지므로 크기에 따라 삶는 시간을 조절해야 한다. 일반적으로 1kg 정도의 생문어는 5~7분 정도 삶으면 적당하다.

12 삼치소금구이

(과제번호 11) 鰆の鹽燒き ; さわらのしおやき ; 사와라노시오야키
Broiled Mackerel with Salt

시험시간 30분

요구사항
※ 주어진 재료를 사용하여 다음과 같이 삼치소금구이를 만드시오.
가. 삼치는 세장뜨기한 후 소금을 뿌려 10~20분 후 씻고 쇠꼬챙이에 끼워 구워내시오(※단, 석쇠를 사용할 경우 감점 처리).
나. 채소는 각각 초담금 및 조림을 하시오.
다. 구이 그릇에 삼치소금구이와 곁들임을 담아 완성하시오.
라. 길이 10cm 정도로 2조각을 제출하시오.

수험자 유의사항
1) 만드는 순서에 유의하며, 위생과 숙련된 기능평가를 위하여 조리작업 시 맛을 보지 않습니다.
2) 지정된 수험자지참준비물 이외의 조리기구나 재료를 시험장 내에 지참할 수 없습니다.
3) 지급재료는 시험 전 확인하여 이상이 있을 경우 시험위원으로부터 조치를 받고 시험 중에는 재료의 교환 및 추가지급은 하지 않습니다.
4) 요구사항의 규격은 "정도"의 의미를 포함하며, 지급된 재료의 크기에 따라 가감하여 채점합니다.
5) 위생복, 위생모, 앞치마를 착용하여야 하며, 시험장비·조리도구취급 등 안전에 유의합니다.
6) 다음 사항에 대해서는 채점대상에서 제외하니 특히 유의하시기 바랍니다.
　가) 기권 － 수험자 본인이 시험 도중 시험에 대한 포기 의사를 표현하는 경우
　나) 실격 － (1) 가스레인지 화구 2개 이상(2개 포함) 사용한 경우
　　　　　　(2) 불을 사용하여 만든 조리작품이 작품특성에 벗어나는 정도로 타거나 익지 않은 경우
　　　　　　(3) 위생복, 위생모, 앞치마를 착용하지 않은 경우
　　　　　　(4) 시험 중 시설·장비(칼, 가스레인지 등) 사용 시 시험위원 및 타수험자의 시험 진행에 위해를 일으킬 것으로 시험위원 전원이 합의하여 판단한 경우
　다) 미완성 －(1) 시험시간 내에 과제 두 가지를 제출하지 못한 경우
　　　　　　 (2) 문제의 요구사항대로 과제의 수량이 만들어지지 않은 경우
　라) 오작 － (1) 구이를 조림 등으로 조리하여 완성품을 요구사항과 다르게 만든 경우
　　　　　　(2) 해당과제의 지급재료 이외의 재료를 사용하거나 석쇠 등 요구사항의 조리도구를 사용하지 않은 경우
　마) 요구사항에 표시된 실격, 미완성, 오작에 해당하는 경우
7) 항목별 배점은 위생상태 및 안전관리 5점, 조리기술 30점, 작품의 평가 15점입니다.
8) 시험시작 전 가벼운 몸 풀기(스트레칭) 동작으로 긴장을 풀고 시험을 시작합니다.

Japanese Food

🍳 지급재료목록

삼치(400~450g 정도) …… 1/2마리	우엉 …………………… 60g	흰설탕 …………………… 30g
레몬 ……………………… 1/4개	식용유 ………………… 10ml	청주 ……………………… 15ml
깻잎 ………………………… 1장	식초 ……………………… 30ml	흰 참깨(볶은 것) ………… 2g
소금(정제염) …………… 30g	건다시마(5×10cm) ……… 1장	쇠꼬챙이(30cm 정도) …… 3개
무 ………………………… 50g	진간장 …………………… 30ml	맛술(미림) ……………… 10ml

- 우엉 조림장 : 다시마 국물 1컵, 간장 1큰술, 청주 1큰술, 설탕 1큰술, 맛술 1/2큰술
- 무 담금초(아마스) : 다시마 국물 2큰술, 식초 2큰술, 설탕 1큰술, 소금 1작은술

🍳 삼치소금구이 만드는 법

❶ 건다시마를 젖은 면포로 닦은 후 찬물에 넣고 끓여 다시마 국물을 만든다.

❷ 삼치는 머리 또는 꼬리를 자르고 배를 갈라 내장을 뺀 후 세 장뜨기하여 껍질 부분에 칼집을 넣고 소금을 뿌려 10~20분간 밑간을 한다.

❸ 우엉은 칼등으로 껍질을 벗기고 4cm 길이의 나무젓가락 굵기로 잘라 물(식초물)에 담근다.

❹ 우엉을 물에 헹군 다음 냄비에 식용유를 두르고 볶다가 다시마 국물(1컵), 간장(1큰술), 청주(1큰술), 맛술(1/2큰술), 설탕(1큰술)을 넣어 윤기나게 조린 후 흰 깨를 살짝 뿌린다.

❺ 깻잎은 찬물에 담가 시들지 않게 준비한다.

❻ 무는 사방 1.5cm로 잘라 밑 부분을 0.5cm 남길 정도로 가로, 세로로 깊은 칼집을 넣어 소금물에 절인 후 물기를 제거하고 담금초에 담가 맛이 배도록 한다.

❼ 밑간을 한 삼치는 물로 씻어 물기를 제거하고 쇠꼬챙이를 사용하여 껍질 쪽부터 앞, 뒤로 타지 않게 노릇하게 굽는다.

❽ 깻잎은 물기를 닦아 깔고 삼치를 얹은 후, 곁들임 채소를 보기 좋게 담고 레몬도 곁들인다.

▶ 삼치를 손질한다.

▶ 삼치 껍질 쪽에 칼집을 넣는다.

▶ 우엉, 다시마 국물, 맛술, 간장, 설탕, 청주를 넣고 조린다.

▶ 무에 칼집을 넣어 국화꽃 모양을 만든다.

POINT

* 삼치살은 밑간 후, 쇠꼬챙이(구시)를 중앙에 꽂은 후 모양내어 V자로 끼우고 웃소금을 뿌려 노릇하게 굽는다.
* 완성 접시에 담을 때는 껍질 부분이 보이게 담는다.
* 조린 우엉은 ♯ 모양으로 오른쪽 앞에 절인 무, 레몬과 함께 곁들여 담는다.

13 생선초밥

(과제번호 17) 握り鮨 ; にぎりずし ; 니기리스시
Assorted Sushi

시험시간 40분

요구사항
※ 주어진 재료를 사용하여 다음과 같이 생선초밥을 만드시오.
가. 각 생선류와 채소를 초밥용으로 손질하시오.
나. 초밥초(스시스)를 만들어 밥에 간하여 식히시오.
다. 곁들일 초생강을 만드시오.
라. 쥔초밥(니기리스시)을 만드시오.
마. 생선초밥은 8개를 만들어 제출하시오.
바. 간장을 곁들여 내시오.

수험자 유의사항
1) 만드는 순서에 유의하며, 위생과 숙련된 기능평가를 위하여 조리작업 시 맛을 보지 않습니다.
2) 지정된 수험자지참준비물 이외의 조리기구나 재료를 시험장 내에 지참할 수 없습니다.
3) 지급재료는 시험 전 확인하여 이상이 있을 경우 시험위원으로부터 조치를 받고 시험 중에는 재료의 교환 및 추가지급은 하지 않습니다.
4) 요구사항의 규격은 "정도"의 의미를 포함하며, 지급된 재료의 크기에 따라 가감하여 채점합니다.
5) 위생복, 위생모, 앞치마를 착용하여야 하며, 시험장비·조리도구취급 등 안전에 유의합니다.
6) 다음 사항에 대해서는 채점대상에서 제외하니 특히 유의하시기 바랍니다.
   가) 기권 - 수험자 본인이 시험 도중 시험에 대한 포기 의사를 표현하는 경우
   나) 실격 - (1) 가스레인지 화구 2개 이상(2개 포함) 사용한 경우
   (2) 불을 사용하여 만든 조리작품이 작품특성에 벗어나는 정도로 타거나 익지 않은 경우
   (3) 위생복, 위생모, 앞치마를 착용하지 않은 경우
   (4) 시험 중 시설·장비(칼, 가스레인지 등) 사용 시 시험위원 및 타수험자의 시험 진행에 위해를 일으킬 것으로 시험위원 전원이 합의하여 판단한 경우
   다) 미완성 - (1) 시험시간 내에 과제 두 가지를 제출하지 못한 경우
   (2) 문제의 요구사항대로 과제의 수량이 만들어지지 않은 경우
   라) 오작 - (1) 구이를 조림 등으로 조리하여 완성품을 요구사항과 다르게 만든 경우
   (2) 해당과제의 지급재료 이외의 재료를 사용하거나 석쇠 등 요구사항의 조리도구를 사용하지 않은 경우
   마) 요구사항에 표시된 실격, 미완성, 오작에 해당하는 경우
7) 항목별 배점은 위생상태 및 안전관리 5점, 조리기술 30점, 작품의 평가 15점입니다.
8) 시험시작 전 가벼운 몸 풀기(스트레칭) 동작으로 긴장을 풀고 시험을 시작합니다.

Japanese Food

지급재료목록

붉은색 참치살(아까미) ········· 30g	문어(삶은 것) ················ 50g	식초 ······················ 70ml
광어살(껍질 있는 것, 3×8cm 이상) 50g	밥(뜨거운 밥) ················ 200g	흰설탕 ···················· 50g
새우(30~40g) ················ 1마리	청차조기잎(시소) 또는 깻잎 ····· 1장	소금(정제염) ················ 20g
학꽁치(공치, 전어 대체 가능) ···1/2마리	통생강 ···················· 30g	진간장 ···················· 20ml
도미살 ···················· 30g	고추냉이(와사비분) ············ 20g	대꼬챙이(10~15cm) ··········· 1개

• 초밥초(스시스) : 식초 4큰술, 설탕 2큰술, 소금 1큰술

생선초밥 만드는 법

① 냄비에 식초(4큰술), 설탕(2큰술), 소금(1큰술)을 넣고 살짝 열을 가하여 설탕과 소금을 녹여 초밥초를 만든다.

② 밥은 뜨거울 때 초밥초(1큰술)를 넣어 나무주걱으로 골고루 섞어 체온 정도로 식힌 후 젖은 면포로 덮어둔다.

▶ 초밥초를 만들어 밥에 간하여 식힌다.

③ 통생강은 얇게 편 썰고 소금에 절여 끓는 물에 데친 후 남은 초밥초에 담가 초생강을 만든다.

④ 참치는 바닷물 온도와 염도에서 식염수 해동하여 반 정도 녹여 면포에 싸서 더 녹인다.

⑤ 광어, 도미는 손질하여 껍질을 벗기고, 학꽁치는 뼈를 제거하여 껍질 쪽에 잔칼집을 넣는다.

▶ 생강을 편으로 잘라 소금에 절여 데친다.

⑥ 참치, 광어, 도미는 각각 7×3×0.5cm 크기로 비스듬히 포를 뜬다.

⑦ 새우는 내장을 제거하여 소금물에 삶아 찬물에 담가 식히고, 꼬리 쪽만 남기고 껍질을 벗겨 배 쪽에 칼집을 넣어 살을 양쪽으로 편다.

▶ 생선살 안쪽에 와사비를 바른다.

⑧ 문어는 간장, 식초를 넣고 삶아 식힌 뒤 옆으로 물결무늬로 포를 뜬다.

⑨ 고추냉이(와사비)는 찬물에 개어놓는다.

⑩ 손에 식초물을 묻히고 오른손으로 초밥을 가볍게 쥐어 검지에 와사비를 묻히고, 왼손에 생선살을 놓고 와사비를 발라 초밥을 얹어 모양을 잡는다. 쥔초밥은 손에 살짝 쥐어 밥알이 깨지지 않도록 유의한다.

▶ 생선살에 밥을 얹어 모양을 잡는다.

⑪ 접시에 쥔초밥을 45도 정도의 각도로 두 줄로 나란히 담은 후 오른쪽 앞에 청차조기잎을 깔아 초생강을 곁들인다.

⑫ 간장을 곁들여낸다.

POINT

* 새우는 꼬리에서 머리 쪽으로 대꼬챙이를 끼워서 삶으면 휘는 것을 방지할 수 있다.
* 뜨거운 밥(200g)에 초밥초(1큰술)를 넣어 나무주걱으로 부채질을 하면서 고루 섞는다.
* 참치, 광어, 도미는 알맞은 크기로 비스듬히 포를 뜬다.

14 소고기 간장구이

(과제번호 12) 牛肉の照燒き；ぎゅうにくのてりやき；규니쿠노테리야키
Broiled Beef with Soy Sauce

시험시간 **20분**

요구사항

※ 주어진 재료를 사용하여 다음과 같이 소고기 간장구이를 만드시오.

가. 양념간장(다래)과 생강채(하리쇼가)를 준비하시오.
나. 소고기를 두께 1.5cm, 길이 3cm로 자르시오.
다. 프라이팬에 구이를 한 다음 양념간장(다래)을 발라 완성하시오.

수험자 유의사항

1) 만드는 순서에 유의하며, 위생과 숙련된 기능평가를 위하여 조리작업 시 맛을 보지 않습니다.
2) 지정된 수험자지참준비물 이외의 조리기구나 재료를 시험장 내에 지참할 수 없습니다.
3) 지급재료는 시험 전 확인하여 이상이 있을 경우 시험위원으로부터 조치를 받고 시험 중에는 재료의 교환 및 추가지급은 하지 않습니다.
4) 요구사항의 규격은 "정도"의 의미를 포함하며, 지급된 재료의 크기에 따라 가감하여 채점합니다.
5) 위생복, 위생모, 앞치마를 착용하여야 하며, 시험장비·조리도구취급 등 안전에 유의합니다.
6) 다음 사항에 대해서는 채점대상에서 제외하니 특히 유의하시기 바랍니다.
   가) 기권 - 수험자 본인이 시험 도중 시험에 대한 포기 의사를 표현하는 경우
   나) 실격 - (1) 가스레인지 화구 2개 이상(2개 포함) 사용한 경우
             (2) 불을 사용하여 만든 조리작품이 작품특성에 벗어나는 정도로 타거나 익지 않은 경우
             (3) 위생복, 위생모, 앞치마를 착용하지 않은 경우
             (4) 시험 중 시설·장비(칼, 가스레인지 등) 사용 시 시험위원 및 타수험자의 시험 진행에 위해를 일으킬 것으로 시험위원 전원이 합의하여 판단한 경우
   다) 미완성 - (1) 시험시간 내에 과제 두 가지를 제출하지 못한 경우
               (2) 문제의 요구사항대로 과제의 수량이 만들어지지 않은 경우
   라) 오작 - (1) 구이를 조림 등으로 조리하여 완성품을 요구사항과 다르게 만든 경우
             (2) 해당과제의 지급재료 이외의 재료를 사용하거나 석쇠 등 요구사항의 조리도구를 사용하지 않은 경우
   마) 요구사항에 표시된 실격, 미완성, 오작에 해당하는 경우
7) 항목별 배점은 위생상태 및 안전관리 5점, 조리기술 30점, 작품의 평가 15점입니다.
8) 시험시작 전 가벼운 몸 풀기(스트레칭) 동작으로 긴장을 풀고 시험을 시작합니다.

Japanese Food

지급재료목록

소고기(등심) 덩어리 ······ 160g	진간장 ······ 50ml	식용유 ······ 100ml
건다시마(5×10cm) ······ 1장	산초가루 ······ 3g	흰설탕 ······ 30g
통생강 ······ 30g	청주 ······ 50ml	맛술(미림) ······ 50ml
검은 후춧가루 ······ 5g	소금(정제염) ······ 20g	깻잎 ······ 1장

• 양념간장(다래) : 다시마 국물 1/4컵, 청주 1/4컵, 맛술 1/4컵, 간장 1/4컵, 설탕 2큰술

소고기 간장구이 만드는 법

❶ 건다시마는 젖은 면포로 닦아 찬물에 넣고 은근히 끓여 물이 끓으면 다시마는 건져내고 다시마 국물을 준비한다.

❷ 소고기는 두께 1.5cm, 길이 3cm로 잘라 오그라들지 않게 칼등으로 두드리고 잔칼집을 넣은 후 소금, 후춧가루를 뿌려 밑간을 한다.

❸ 냄비에 청주(2큰술), 맛술(2큰술)을 넣어 불을 붙여 알코올을 제거하고 다시마 국물(4큰술), 간장(2큰술), 설탕(2큰술)을 넣어 1/2 정도로 졸여 양념간장(다래)을 만든다.

❹ 통생강은 껍질을 벗긴 후 얇게 돌려깎기하여 가늘게 채썰어 물에 담가 생강채(하리쇼가)를 만든다.

❺ 기름을 살짝 두르고 팬을 달궈 밑손질한 소고기를 넣어 센불에서 겉면을 익힌다. 여기에 양념간장(다래)을 앞, 뒤로 발라가며 타지 않도록 굽는다.

❻ 중간 정도(미디움)로 익힌 소고기를 어슷하게 저며 썰어서 가지런히 담고 양념간장(다래)을 살짝 끼얹어 산초가루를 뿌린다.

❼ 완성 접시 오른쪽 앞에 생강채(하리쇼가)를 곁들여낸다.

▶ 소고기를 1.5cm 두께로 잘라 잔칼집을 넣는다.

▶ 소고기에 소금, 후춧가루로 밑간을 한다.

▶ 양념간장(다래)을 만든다.

▶ 프라이팬에 구이를 한다.

POINT

* 고기는 너무 약한 불에서 구우면 수분이 많이 빠져 나와 질겨지므로 센불로 겉면을 익힌 다음 양념간장을 끼얹어 가며 중간 정도(미디움)로 익힌다.
* 통생강은 껍질 제거 후 얇게 돌려깎기하여 곱게 채를 썬다.

15 소고기덮밥

(과제번호 08) 牛肉の丼 ; ぎゅうにくのどんぶり ; 규니쿠노돈부리
Beef & Eggs on Rice

시험시간 30분

요구사항

※ 주어진 재료를 사용하여 다음과 같이 소고기덮밥을 만드시오.

가. 덮밥용 양념간장(돈부리다시)을 만들어 사용하시오.
나. 고기, 채소, 달걀은 재료 특성에 맞게 조리하여 준비한 밥 위에 올려놓으시오.
다. 김을 구워 칼로 잘게 썰어(하리노리) 사용하시오.

수험자 유의사항

1) 만드는 순서에 유의하며, 위생과 숙련된 기능평가를 위하여 조리작업 시 맛을 보지 않습니다.
2) 지정된 수험자지참준비물 이외의 조리기구나 재료를 시험장 내에 지참할 수 없습니다.
3) 지급재료는 시험 전 확인하여 이상이 있을 경우 시험위원으로부터 조치를 받고 시험 중에는 재료의 교환 및 추가지급은 하지 않습니다.
4) 요구사항의 규격은 "정도"의 의미를 포함하며, 지급된 재료의 크기에 따라 가감하여 채점합니다.
5) 위생복, 위생모, 앞치마를 착용하여야 하며, 시험장비·조리도구취급 등 안전에 유의합니다.
6) 다음 사항에 대해서는 채점대상에서 제외하니 특히 유의하시기 바랍니다.
   가) 기권 - 수험자 본인이 시험 도중 시험에 대한 포기 의사를 표현하는 경우
   나) 실격 - (1) 가스레인지 화구 2개 이상(2개 포함) 사용한 경우
            (2) 불을 사용하여 만든 조리작품이 작품특성에 벗어나는 정도로 타거나 익지 않은 경우
            (3) 위생복, 위생모, 앞치마를 착용하지 않은 경우
            (4) 시험 중 시설·장비(칼, 가스레인지 등) 사용 시 시험위원 및 타수험자의 시험 진행에 위해를 일으킬 것으로 시험위원 전원이 합의하여 판단된 경우
   다) 미완성 - (1) 시험시간 내에 과제 두 가지를 제출하지 못한 경우
             (2) 문제의 요구사항대로 과제의 수량이 만들어지지 않은 경우
   라) 오작 - (1) 구이를 조림 등으로 조리하여 완성품을 요구사항과 다르게 만든 경우
            (2) 해당과제의 지급재료 이외의 재료를 사용하거나 석쇠 등 요구사항의 조리구를 사용하지 않은 경우
   마) 요구사항에 표시된 실격, 미완성, 오작에 해당하는 경우
7) 항목별 배점은 위생상태 및 안전관리 5점, 조리기술 30점, 작품의 평가 15점입니다.
8) 시험시작 전 가벼운 몸 풀기(스트레칭) 동작으로 긴장을 풀고 시험을 시작합니다.

Japanese Food

지급재료목록

소고기(등심) ········· 60g	김 ················· 1/4장	소금(정제염) ········· 2g
양파(중, 150g 정도) ····· 1/3개	흰설탕 ············ 10g	밥(뜨거운 밥) ······· 120g
실파(1뿌리) ········ 20g	진간장 ············ 15ml	가다랑어포(가쓰오부시) ····· 10g
팽이버섯 ············ 10g	건다시마(5×10cm) ······ 1장	
달걀 ················· 1개	맛술(미림) ········· 15ml	

- 덮밥용 양념간장(돈부리다시) : 일번다시 1/2컵, 간장 1큰술, 맛술 1큰술, 설탕 1작은술, 소금 약간

소고기덮밥 만드는 법

① 건다시마를 젖은 면포로 닦은 후 찬물에 넣어 끓어오르면 건져내고 가다랑어포를 넣고 불을 끈다. 10~15분 후에 면포에 걸러 일번다시를 준비한다.

② 밥은 그릇에 고르게 담고 식지 않게 면포로 덮어놓는다.

③ 소고기는 결 반대로 얇게 편으로 자르고, 실파는 3~4cm 길이로 자른다.

④ 팽이버섯은 밑동을 잘라 가닥가닥 뜯어서 3등분하여 준비하고 양파는 가늘게 채썬다.

⑤ 김을 살짝 구워 칼로 잘게 채썰어(하리노리) 준비한다.

⑥ 달걀은 알끈을 제거하여 살짝만 풀어 놓는다.

⑦ 냄비에 준비해둔 일번다시 1/2컵, 간장 1큰술, 맛술 1큰술, 설탕 1작은술, 소금 약간을 넣어 끓으면 소고기와 양파를 넣고 잠시 후 끓어오르면 거품을 걷어낸다.

⑧ 여기에 팽이버섯과 실파를 넣고 풀어놓은 달걀을 냄비 바깥쪽에서 안쪽으로 원을 그리듯이 돌려 넣어준다(실파는 달걀과 섞어 위에 얹기도 한다).

⑨ 달걀이 80% 정도 익으면 불을 끄고, 모양이 흐트러지지 않도록 조심스럽게 밥 위에 담는다.

⑩ 마무리된 덮밥에 김을 얹어 제출한다.

▶ 재료를 각각 손질한다.

▶ 소스를 준비한다.

▶ 끓는 소스에 재료를 넣어 익힌다.

▶ 달걀을 살짝 들어 넣는다.

POINT

* 덮밥 국물이 너무 많지 않도록 국물을 따라낸다.
* 담아 낼 때는 틈새에 밥이 보이지 않도록 덮밥 재료를 채워서 담는다.

16 우동볶음(야끼우동)

(과제번호 09) 焼き饂飩 : やきうどん 야끼우동
Stir-fried Udon

시험시간 **30분**

요구사항

※ 주어진 재료를 사용하여 다음과 같이 우동볶음(야끼우동)을 만드시오.

가. 새우는 껍질과 내장을 제거하고 사용하시오.
나. 오징어는 솔방울 무늬로 칼집을 넣어 1cm×4cm 정도 크기로 썰어 데쳐 사용하시오.
다. 우동은 데쳐서 사용하시오.
라. 가다랑어포(하나가쓰오)를 고명으로 얹으시오.

수험자 유의사항

1) 만드는 순서에 유의하며, 위생과 숙련된 기능평가를 위하여 조리작업 시 맛을 보지 않습니다.
2) 지정된 수험자지참준비물 이외의 조리기구나 재료를 시험장 내에 지참할 수 없습니다.
3) 지급재료는 시험 전 확인하여 이상이 있을 경우 시험위원으로부터 조치를 받고 시험 중에는 재료의 교환 및 추가지급은 하지 않습니다.
4) 요구사항의 규격은 "정도"의 의미를 포함하며, 지급된 재료의 크기에 따라 가감하여 채점합니다.
5) 위생복, 위생모, 앞치마를 착용하여야 하며, 시험장비·조리도구취급 등 안전에 유의합니다.
6) 다음 사항에 대해서는 채점대상에서 제외하니 특히 유의하시기 바랍니다.
   가) 기권 – 수험자 본인이 시험 도중 시험에 대한 포기 의사를 표현하는 경우
   나) 실격 – (1) 가스레인지 화구 2개 이상(2개 포함) 사용한 경우
           (2) 불을 사용하여 만든 조리작품이 작품특성에 벗어나는 정도로 타거나 익지 않은 경우
   (3) 위생복, 위생모, 앞치마를 착용하지 않은 경우
   (4) 시험 중 시설·장비(칼, 가스레인지 등) 사용 시 시험위원 및 타수험자의 시험 진행에 위해를 일으킬 것으로 시험위원 전원이 합의하여 판단된 경우
   다) 미완성 – (1) 시험시간 내에 과제 두 가지를 제출하지 못한 경우
             (2) 문제의 요구사항대로 과제의 수량이 만들어지지 않은 경우
   라) 오작 – (1) 구이를 조림 등으로 조리하여 완성품을 요구사항과 다르게 만든 경우
           (2) 해당과제의 지급재료 이외의 재료를 사용하거나 석쇠 등 요구사항의 조리도구를 사용하지 않은 경우
   마) 요구사항에 표시된 실격, 미완성, 오작에 해당하는 경우
7) 항목별 배점은 위생상태 및 안전관리 5점, 조리기술 30점, 작품의 평가 15점입니다.
8) 시험시작 전 가벼운 몸 풀기(스트레칭) 동작으로 긴장을 풀고 시험을 시작합니다.

Japanese Food

지급재료목록

우동 ········· 150g	생표고버섯 ········· 1개	맛술(미림) ········· 15ml
작은 새우(껍질 있는 것) ······ 3마리	당근 ········· 50g	식용유 ········· 15ml
갑오징어몸통살(물오징어로 대체 가능) ········· 50g	청피망(중, 75g 정도) ········· 1/2개	참기름 ········· 5ml
양파(중, 150g 정도) ········· 1/8개	가다랑어포(하나가쓰오, 고명용) 10g	소금 ········· 5g
숙주 ········· 80g	청주 ········· 30ml	
	진간장 ········· 15ml	

우동볶음 만드는 법

1. 냄비에 물을 올리고 새우는 내장을 제거한 다음 데쳐서 껍질을 벗겨 준비한다.
2. 갑오징어몸통살은 껍질을 벗기고 부드러운 쪽에 대각선 방향으로 0.3cm 간격의 솔방울 무늬로 칼집을 넣어 1×4cm 정도 크기로 썬 다음, 끓는 물에 소금을 넣고 데쳐 준비한다.
3. 양파, 피망, 당근은 길이 4cm 정도로 채를 썰어 준비한다.
4. 생표고버섯은 기둥을 뗀 후 길이 4cm 정도로 채를 썰어 준비한다.
5. 숙주는 머리와 꼬리를 깨끗하게 손질하여 준비한다.
6. 끓는 물에 우동을 넣고 살짝 데친 후 찬물에 헹궈 물기를 제거해 준비한다.
7. 팬에 식용유를 1큰술 두르고 해물(새우, 갑오징어)을 넣고 볶다가 청주를 넣은 후 채소(양파, 당근, 표고버섯)를 넣고 다시 볶은 뒤 우동면을 넣고 볶으면서 숙주, 청피망을 넣고 볶는다.
8. 해물과 채소가 익으면 진간장, 소금, 맛술로 간을 하여 볶은 다음 참기름을 둘러 완성한다.
9. 완성 접시에 우동볶음을 따뜻하게 담은 후 가다랑어포(하나가쓰오)를 고명으로 중앙에 올려 제출한다.

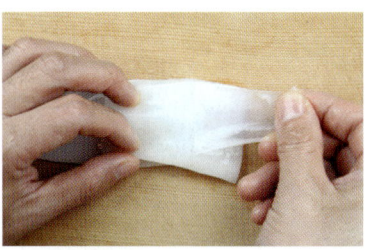
▶ 갑오징어몸통살의 껍질을 벗긴다.

▶ 솔방울 무늬로 칼집을 넣는다.

▶ 채소를 길이 4cm 정도로 자른다.

▶ 우동을 데쳐서 준비한다.

POINT

* 양파, 당근, 청피망, 숙주는 가능하면 센 불로 단시간에 볶아서 숨이 죽지 않고 색이 변하지 않게 익히도록 한다.
* 채소의 크기는 요구사항을 참고하여 조리가 편리하고 전체적인 조화가 맞도록 준비한다.
* 우동은 데칠 때 살짝만 데쳐놓아야 볶을 때 퍼지지 않는다.

17 전복버터구이

(과제번호 13) 鮑のバター焼き；あわびのバターやき；아와비노바타야끼
Grilled Abalones with butter

시험시간 25분

요구사항

※ 주어진 재료를 사용하여 다음과 같이 전복버터구이를 만드시오.

가. 전복은 껍질과 내장을 분리하고 칼집을 넣어 한입 크기로 어슷하게 써시오.
나. 내장은 모래주머니를 제거하고 데쳐 사용하시오.
다. 채소는 전복의 크기로 써시오.
라. 은행은 속껍질을 벗겨 사용하시오.

수험자 유의사항

1) 만드는 순서에 유의하며, 위생과 숙련된 기능평가를 위하여 조리작업 시 맛을 보지 않습니다.
2) 지정된 수험자지참준비물 이외의 조리기구나 재료를 시험장 내에 지참할 수 없습니다.
3) 지급재료는 시험 전 확인하여 이상이 있을 경우 시험위원으로부터 조치를 받고 시험 중에는 재료의 교환 및 추가지급은 하지 않습니다.
4) 요구사항의 규격은 "정도"의 의미를 포함하며, 지급된 재료의 크기에 따라 가감하여 채점합니다.
5) 위생복, 위생모, 앞치마를 착용하여야 하며, 시험장비·조리도구취급 등 안전에 유의합니다.
6) 다음 사항에 대해서는 채점대상에서 제외하니 특히 유의하시기 바랍니다.
   가) 기권 – 수험자 본인이 시험 도중 시험에 대한 포기 의사를 표현하는 경우
   나) 실격 – (1) 가스레인지 화구 2개 이상(2개 포함) 사용한 경우
   (2) 불을 사용하여 만든 조리작품이 작품특성에 벗어나는 정도로 타거나 익지 않은 경우
   (3) 위생복, 위생모, 앞치마를 착용하지 않은 경우
   (4) 시험 중 시설·장비(칼, 가스레인지 등) 사용 시 시험위원 및 타수험자의 시험 진행에 위해를 일으킬 것으로 시험위원 전원이 합의하여 판단한 경우
   다) 미완성 – (1) 시험시간 내에 과제 두 가지를 제출하지 못한 경우
   (2) 문제의 요구사항대로 과제의 수량이 만들어지지 않은 경우
   라) 오작 – (1) 구이를 조림 등으로 조리하여 완성품을 요구사항과 다르게 만든 경우
   (2) 해당과제의 지급재료 이외의 재료를 사용하거나 석쇠 등 요구사항의 조리도구를 사용하지 않은 경우
   마) 요구사항에 표시된 실격, 미완성, 오작에 해당하는 경우
7) 항목별 배점은 위생상태 및 안전관리 5점, 조리기술 30점, 작품의 평가 15점입니다.
8) 시험시작 전 가벼운 몸 풀기(스트레칭) 동작으로 긴장을 풀고 시험을 시작합니다.

Japanese Food

🧑‍🍳 지급재료목록

전복(2마리, 껍질 포함) ········ 150g
청차조기잎(시소) 또는 깻잎 ······ 1장
양파(중, 150g 정도) ·········· 1/2개
청피망(중, 75g 정도)·········· 1/2개
청주 ···························· 20ml
은행(중간 크기) ················· 5개
버터······························ 20g
검은 후춧가루 ····················· 2g
소금(정제염) ······················ 15g
식용유 ··························· 30ml

🧑‍🍳 전복버터구이 만드는 법

① 청차조기잎(시소)은 깨끗하게 씻어서 찬물에 담가 놓는다.
② 전복은 소금으로 문질러 깨끗하게 씻은 후 껍데기와 살 사이에 숟가락을 넣어 살을 밀어 떼어낸 다음, 살에 붙어 있는 내장을 따로 분리해놓고 전복 한쪽 끝에 붙어 있는 이빨을 칼로 잘라 제거한다.
③ 전복살은 물기를 제거하고 껍데기가 붙어 있던 살 부분에 길게 잔 칼집을 넣은 후 대각선 모양으로 칼을 눕혀 저며서 0.3~0.5cm 정도 두께의 한 입 크기(3~4cm 정도)로 썬다.
④ 전복내장은 모래집을 제거한 뒤 끓는 물에 소금을 넣어 살짝 데쳐서 물기 제거 후 2~3등분 한다.
⑤ 채소(양파, 청피망)는 전복 크기에 맞춰 가로 3cm, 세로 4cm 정도 크기로 썬다.
⑥ 은행은 끓는 물에 삶거나 달군 팬에 식용유를 두르고 은행을 넣고 소금으로 간을 하여 속껍질이 벗겨질 정도로 볶아 키친타월로 문질러 가며 남은 속껍질을 벗겨 준비한다.
⑦ 팬을 달군 후 식용유를 두르고 전복내장, 전복살을 넣고 볶는다.
⑧ 전복이 절반 정도 익으면 양파, 은행을 넣고 볶다가 청피망을 넣고 소금, 후추로 간을 한다. 마지막에 버터를 넣고 볶다가 색깔이 나면 청주로 마무리한다.
⑨ 완성 접시에 청차조기잎(시소)을 접시의 뒤쪽에 장식하고 볶은 채소와 전복을 담아 제출한다.

▶ 전복의 껍질을 벗긴다.

▶ 내장, 이빨을 분리한다.

▶ 칼집을 넣어 한입 크기로 어슷썬다.

▶ 전복내장의 모래주머니를 제거한다.

POINT

* 전복내장을 살에서 분리할 때 터지지 않도록 하고 모래주머니를 꼭 제거한 후 데쳐서 사용한다.
* 전복을 볶을 때 채소(양파, 피망)와 함께 타지 않도록 주의하고 노릇노릇하게 볶는다.

18 참치 김초밥

(과제번호 18) 鐵火卷き ; てっかまき ; 뎃카마키
Tuna Roll Sushi

시험시간 **20분**

요구사항
※ 주어진 재료를 사용하여 참치 김초밥을 만드시오.

가. 김을 반장으로 자르고, 눅눅하거나 구워지지 않은 김은 구워 사용하시오.
나. 고추냉이와 초생강을 만드시오.
다. 초밥 2줄은 일정한 크기 12개로 잘라 내시오.
라. 간장을 곁들여 내시오.

수험자 유의사항
1) 만드는 순서에 유의하며, 위생과 숙련된 기능평가를 위하여 조리작업 시 맛을 보지 않습니다.
2) 지정된 수험자지참준비물 이외의 조리기구나 재료를 시험장 내에 지참할 수 없습니다.
3) 지급재료는 시험 전 확인하여 이상이 있을 경우 시험위원으로부터 조치를 받고 시험 중에는 재료의 교환 및 추가지급은 하지 않습니다.
4) 요구사항의 규격은 "정도"의 의미를 포함하며, 지급된 재료의 크기에 따라 가감하여 채점합니다.
5) 위생복, 위생모, 앞치마를 착용하여야 하며, 시험장비·조리도구취급 등 안전에 유의합니다.
6) 다음 사항에 대해서는 채점대상에서 제외하니 특히 유의하시기 바랍니다.
   가) 기권 - 수험자 본인이 시험 도중 시험에 대한 포기 의사를 표현하는 경우
   나) 실격 - (1) 가스레인지 화구 2개 이상(2개 포함) 사용한 경우
              (2) 불을 사용하여 만든 조리작품이 작품특성에 벗어나는 정도로 타거나 익지 않은 경우
              (3) 위생복, 위생모, 앞치마를 착용하지 않은 경우
              (4) 시험 중 시설·장비(칼, 가스레인지 등) 사용 시 시험위원 및 타수험자의시험 진행에 위해를 일으킬 것으로 시험위원 전원이 합의하여 판단한 경우
   다) 미완성 - (1) 시험시간 내에 과제 두 가지를 제출하지 못한 경우
              (2) 문제의 요구사항대로 과제의 수량이 만들어지지 않은 경우
   라) 오작 - (1) 구이를 조림 등으로 조리하여 완성품을 요구사항과 다르게 만든 경우
              (2) 해당과제의 지급재료 이외의 재료를 사용하거나 석쇠 등 요구사항의 조리도구를 사용하지 않은 경우
   마) 요구사항에 표시된 실격, 미완성, 오작에 해당하는 경우
7) 항목별 배점은 위생상태 및 안전관리 5점, 조리기술 30점, 작품의 평가 15점입니다.
8) 시험시작 전 가벼운 몸 풀기(스트레칭) 동작으로 긴장을 풀고 시험을 시작합니다.

Japanese Food

지급재료목록

- 붉은색 참치살(아까미) ········ 100g
- 고추냉이(와사비분) ············ 15g
- 청차조기잎(시소) 또는 깻잎 ······ 1장
- 김(초밥용) ····················· 1장
- 밥(뜨거운 밥) ················· 120g
- 통생강 ························· 20g
- 식초 ·························· 70ml
- 흰설탕 ························· 50g
- 소금(정제염) ··················· 20g
- 진간장 ························ 10ml

• 초밥초 : 식초 4큰술, 설탕 2큰술, 소금 1큰술

참치 김초밥 만드는 법

1. 청차조기잎(깻잎)은 찬물에 담가 준비한다.
2. 식초(4큰술), 설탕(2큰술), 소금(1큰술)을 넣고 초밥초를 만든다.
3. 뜨거운 밥에 초밥초 1큰술을 넣고 나무주걱으로 고루 섞은 후 초밥을 만들어 젖은 면포로 덮어둔다.
4. 참치는 소금물에서 반 정도 녹여 면포에 싸서 더 녹인다.
5. 통생강은 얇게 편으로 썰어 소금에 절인 후 끓는 물에 데쳐 찬물에 헹구고 남은 초밥초에 담가 초생강을 만든다.
6. 김은 살짝 구워서 반으로 자른 후 물이 묻지 않도록 따로 둔다.
7. 와사비는 찬물에 개어서 준비한다.
8. 참치는 김과 같은 길이로 자르고 사방 1cm 정도의 크기로 자른다.
9. 김발을 깐 뒤 김의 거친 면이 위로 오게 하고, 윗부분의 끝을 0.5~1cm 정도 남기고 밥을 고르게 편다.
10. 밥의 한가운데에 와사비를 길게 바르고 손질한 참치를 놓고 밥의 시작과 끝이 단번에 만나도록 말아서 네모지게 모양을 잡는다.
11. 양끝 부분을 눌러 밥알이 빠지지 않도록 매끄럽게 정리한다.
12. 완성 접시에 4개씩 가지런히 총 12개 참치 김초밥을 접시에 담아 청차조기잎과 초생강을 곁들여 제출한다.
13. 간장을 곁들여낸다.

▶ 참치를 소금물에 해동한 후 면포에 감싼다.

▶ 생강을 소금에 절인 후 데쳐낸다.

▶ 반으로 자른 김에 밥을 올려 와사비를 바른다.

▶ 두 개의 롤을 12개로 자른다.

POINT

* 참치가 정중앙에 오도록 말이를 하여 정사각형으로 모양을 잡는다.
* 2줄의 김초밥을 가지런히 놓고 가운데를 자른 후에 4개를 포개어 놓고 3등분으로 잘라 12개를 일정한 크기로 만들어 담는다.

19 해삼초회

(과제번호 07) 海鼠酢の物 ; なまこのすのもの ; 나마코노스노모노
Vinegared Sea Cucumber

시험시간 20분

요구사항

※ 주어진 재료를 사용하여 다음과 같이 해삼초회를 만드시오.
가. 오이를 둥글게 썰거나 줄무늬(자바라)썰기 하여 사용하시오.
나. 미역을 손질하여 4~5cm 정도로 써시오.
다. 해삼은 내장과 모래가 없도록 손질하고 힘줄(스지)을 제거하시오.
라. 빨간무즙(아까오로시)과 실파를 준비하시오.
마. 초간장(폰즈)을 끼얹어 내시오.

수험자 유의사항

1) 만드는 순서에 유의하며, 위생과 숙련된 기능평가를 위하여 조리작업 시 맛을 보지 않습니다.
2) 지정된 수험자지참준비물 이외의 조리기구나 재료를 시험장 내에 지참할 수 없습니다.
3) 지급재료는 시험 전 확인하여 이상이 있을 경우 시험위원으로부터 조치를 받고 시험 중에는 재료의 교환 및 추가지급은 하지 않습니다.
4) 요구사항의 규격은 "정도"의 의미를 포함하며, 지급된 재료의 크기에 따라 가감하여 채점합니다.
5) 위생복, 위생모, 앞치마를 착용하여야 하며, 시험장비·조리도구취급 등 안전에 유의합니다.
6) 다음 사항에 대해서는 채점대상에서 제외하니 특히 유의하시기 바랍니다.
　가) 기권 － 수험자 본인이 시험 도중 시험에 대한 포기 의사를 표현하는 경우
　나) 실격 － (1) 가스레인지 화구 2개 이상(2개 포함) 사용한 경우
　　　　　　(2) 불을 사용하여 만든 조리작품이 작품특성에 벗어나는 정도로 타거나 익지 않은 경우
　　　　　　(3) 위생복, 위생모, 앞치마를 착용하지 않은 경우
　　　　　　(4) 시험 중 시설·장비(칼, 가스레인지 등) 사용 시 시험위원 및 타수험자의 시험 진행에 위해를 일으킬 것으로 시험위원 전원이 합의하여 판단한 경우
　다) 미완성 － (1) 시험시간 내에 과제 두 가지를 제출하지 못한 경우
　　　　　　　(2) 문제의 요구사항대로 과제의 수량이 만들어지지 않은 경우
　라) 오작 － (1) 구이를 조림 등으로 조리하여 완성품을 요구사항과 다르게 만든 경우
　　　　　　(2) 해당과제의 지급재료 이외의 재료를 사용하거나 석쇠 등 요구사항의 조리도구를 사용하지 않은 경우
　마) 요구사항에 표시된 실격, 미완성, 오작에 해당하는 경우
7) 항목별 배점은 위생상태 및 안전관리 5점, 조리기술 30점, 작품의 평가 15점입니다.
8) 시험시작 전 가벼운 몸 풀기(스트레칭) 동작으로 긴장을 풀고 시험을 시작합니다.

Japanese Food

지급재료목록

해삼(신선한 것) ······ 100g	무 ······························ 20g	가다랑어포(가쓰오부시) ······ 10g
오이(가늘고 곧은 것, 20cm 정도) ··· 1/2개	레몬 ························ 1/4개	식초 ························· 15ml
건미역 ····················· 5g	소금(정제염) ················ 5g	진간장 ······················ 15ml
실파(1뿌리) ················ 20g	건다시마(5×10cm) ········ 1장	고춧가루(고운 것) ········· 5g

- 양념초(폰즈) : 일번다시 2큰술, 간장 1큰술, 식초 1큰술

해삼초회 만드는 법

1. 건다시마를 젖은 면포로 닦은 후 찬물에 넣어 끓어오르면 건져내고 가다랑어포를 넣고 불을 끈다. 10~15분 후에 면포에 걸러 일번다시를 식혀서 준비한다.

2. 오이는 소금으로 문질러 겉가시를 제거하고 둥글게 썰거나 반 정도 깊이로 어슷하게 촘촘한 칼집을 넣은 후 뒤집어서 반대편도 같은 모양으로 칼집을 넣고 엷은 소금물에 절여 오이자바라를 만든다.

3. 건미역은 물에 불려서 끓는 소금물에 살짝 데쳐 찬물에 헹궈 물기를 제거하고 김발 위에 놓고 말아 4~5cm 정도로 잘라 준비한다.

4. 무는 강판에 갈아 찬물에 살짝 씻은 후 물기를 조금 짜고, 고운 고춧가루를 넣고 버무려 빨간무즙(아까오로시, 모미지오로시)을 만들어 준비한다.

5. 실파는 푸른 잎 부분을 송송 썰어 물에 헹군 후 물기를 제거한다.

6. 해삼은 양끝을 잘라 배 쪽에 칼집을 넣어 내장과 모래가 없도록 손질하고 힘줄(스지)을 제거하여 소금으로 살짝 씻는다.

7. 일번다시(2큰술), 간장(1큰술), 식초(1큰술)를 잘 섞어 양념초(폰즈)를 만든다.

8. 완성 접시에 오이자바라의 물기를 꼭 짜서 양끝을 잘라내고 3cm 길이로 잘라 칼집 모양이 선명하게 보이도록 손가락으로 비틀어 그릇에 담고 옆에 미역을 가지런히 담는다.

9. 해삼은 한입 크기로 썰어 그릇 앞쪽에 담고 빨간무즙, 실파, 레몬을 모아 담은 후 양념초를 끼얹어낸다.

▶ 오이를 자바라(줄무늬)썰기 하여 소금물에 절인다.

▶ 해삼의 양끝을 자르고 내장과 힘줄을 제거한다.

▶ 미역은 끓는 소금물에 데친다.

▶ 빨간무즙, 실파, 레몬을 준비한다.

POINT

* 해삼을 먼저 손질해 놓으면 탄력이 없어진다.
* 해삼을 도마에 던지듯이 때리면 늘어져 있던 살이 오그라들면서 탄력이 조금 생긴다.

01 전채(7종) 前菜 ; ぜんさい ; 젠사이

추천시간 60분

산마즙

재료 및 분량
산마 50g, 연어알 2g, 날치알 2g, 해삼창자젓 2g, 김 1g, 간장 1ml, 와사비 0.5g

만드는 법
1. 산마는 씻은 후 껍질을 제거하고 강판에 갈아 준비한다.
2. 연어알, 날치알은 물기를 제거하고 해삼창자젓은 모래주머니를 제거한다.
3. 완성 볼에 담고 위의 재료와 와사비를 올리고 김을 곱게 채로 잘라 올린다.

조리 Point
강판에서 갈 때는 사용하기 직전에 갈아야 색감의 변화를 줄일 수 있다.

갑오징어 달걀노른자구이

재료 및 분량
갑오징어 30g, 달걀(노른자) 1개, 김 1/4장, 검은 깨 또는 파래가루, 맛술, 소금

만드는 법
1. 갑오징어는 손질하여 껍질을 벗기고 칼집을 넣어 준비한다.
2. 달걀노른자를 풀어 맛술, 소금으로 간한다.
3. 갑오징어 안쪽에 김을 붙이고 말아 달걀노른자를 발라가며 노릇하게 구이를 한다.
4. 마지막에 검은 깨 또는 파래가루를 뿌려 완성한다.

조리 Point
갑오징어는 너무 많이 구우면 질겨질 수 있다.

달걀오이연어말이

재료 및 분량

달걀 1개, 훈제연어 50g, 오이 1/3개, 가다랑어포, 간장, 맛술(미림), 식초, 설탕, 소금
담금초(아마스)는 다시물 4 : 식초 1 : 설탕 1 비율로 한다.

만드는 법

1. 오이는 7~10cm로 얇게 돌려깎기하여 소금물에 담근 후 담금초(아마스)에 간한다.
2. 달걀노른자는 소금 간하여 팬에 얇게 지단을 부치고 훈제연어는 얇게 포를 뜬다.
3. 김발에 달걀지단, 오이, 훈제연어를 놓고 말아 한입 크기로 잘라 담는다.

조리 Point
가다랑어포국물에 간장, 식초, 소금, 맛술로 간하여 뿌려줄 수 있다.

새우살아몬드튀김

재료 및 분량

새우(중하) 3마리, 슬라이스 아몬드 10g, 청차조기잎(시소) 1장, 달걀(흰자) 1개, 산마 5g, 청주, 소금, 식용유

만드는 법

1. 새우는 머리, 껍질, 내장을 제거하여 소금물에 씻어 물기를 제거한다.
2. 새우, 달걀흰자, 산마, 청주, 소금을 넣고 믹서기에 갈거나 곱게 다진다.
3. 다진 것을 동그랗게 만들어 아몬드를 묻혀 160~170℃ 정도에서 튀긴다.

조리 Point
튀김의 온도가 너무 높으면 아몬드의 색이 검게 되며, 튀김 후에도 열에 의해서 조금 더 색감이 진해진다.

아스파라거스

재료 및 분량

아스파라거스 1개, 핫뽀다시(일번다시 40ml, 간장 2ml, 맛술(미림) 8ml, 소금 간) 50ml

만드는 법

1. 아스파라거스는 껍질을 손질하여 소금물에 데친다.
2. 한입 크기로 잘라 핫뽀다시를 식혀서 담가 맛을 들인다.

조리 Point
아스파라거스는 소금으로 문질러 씻으면 색감이 선명해져서 먹음직스럽게 보인다.

이단달걀찜

재료 및 분량

달걀 2개, 설탕 20g, 소금 2g

만드는 법

1. 달걀을 완숙하여 노른자와 흰자를 분리해서 고운 체에 내린다.
2. 체에 내린 달걀은 노른자와 흰자에 각각 설탕을 고루 섞은 다음, 소금 간을 한다.
3. 찜그릇(나가시깡)에 달걀흰자를 넣어 고루 펴고, 달걀노른자를 올려 고르게 편 다음 가볍게 눌러 준다.
4. 찜통에서 10~15분 정도 찐 다음 식으면 모양 틀로 찍거나 칼로 자른다.

조리 Point
설탕의 양은 달걀 흰자보다는 노른자에 조금 더 넣고, 노른자 → 흰자 순으로 이단 달걀찜을 할 수 있다.

복어껍질굳힘(니꼬고리)

재료 및 분량

일번다시 200ml, 복어껍질 20g, 생강 5g, 실파 1/2줄기, 젤라틴 5g, 간장 5ml, 식초 3ml, 맛술(미림) 5ml, 청주 5ml, 소금 약간

만드는 법

1. 일번다시를 준비하여 간장, 식초, 청주, 맛술로 간을 한다.
2. 복어의 겉껍질과 속껍질을 3~4cm로 곱게 채썰어 준비한다.
3. 생강은 돌려깎기한 후 곱게 채썰고, 실파는 파란색 부분을 곱게 채썰어 준비한다.
4. 냄비에 다시물과 젤라틴을 넣고 물이 끓으면 채썰어 준비한 복어 껍질을 넣고 간장, 소금, 맛술, 청주로 간을 한다.
5. 젤라틴이 완전히 녹으면 채썰어 준비한 생강과 실파를 넣고 저은 다음 조금 식혀 준비한 틀에 부어 냉장고에서 굳힌다.
6. 굳으면 틀에서 꺼내 2~3cm 크기의 마름모꼴로 썰어 사용한다.

조리 Point
복어살을 이용할 경우에는 포를 떠서 익은 후 곱게 채를 썰어 사용하거나 삶은 후 살 부분을 잘게 찢어 핫뽀다시에 맛을 들인 후 굳힘요리로 사용할 수 있다.

02 전채(3종) 前菜 ; ぜんさい ; 젠사이

추천시간 **45분**

채소(버섯, 시금치)참깨무침

재료 및 분량

가다랑어포 10g, 생표고버섯 1개, 시금치 50g, 볶은 참깨 10g, 흰 생선살(도미살) 15g, 간장 20ml, 청주 5ml, 맛술(미림) 15ml, 소금 약간

핫뽀다시 가다랑어포국물 200ml, 간장 5ml, 청주 5ml, 소금 약간
참깨 소스 볶은 참깨 10g, 가다랑어포국물 30ml, 간장 15ml, 맛술 15ml

만드는 법

1. 물이 끓으면 가다랑어포를 넣고 불을 끈 뒤 10분 후 면포에 거른다.
2. 시금치는 다듬어서 끓는 물에 소금을 넣고 데친 후 물기를 제거하고 핫뽀다시에 맛을 들인다.
3. 생표고버섯은 소금으로 약하게 간하여 구운 후 편으로 얇게 잘라놓는다.
4. 흰 생선살(도미살)은 구운 후 절구통(스리바찌)에 갈거나 곱게 다져 준비한다.
5. 볶은 참깨는 절구통(스리바찌)에 곱게 간 후 간을 한다.
6. 갈아 놓은 흰 생선살을 참깨 소스와 섞은 후 시금치, 생표고버섯을 함께 무쳐 완성 접시에 담는다.

조리 Point
- 채소는 쑥갓, 세잎(미쯔바), 버섯류 등을 이용할 수 있다.
- 핫뽀다시는 연하게 간을 하여 준비한다.

달걀두부

재료 및 분량

달걀 3개, 오이 30g, 와사비 5g, 가다랑어포 10g, 간장 10ml, 맛술(미림) 10ml, 소금 2g

달걀찜 소스 달걀 3개, 가다랑어포국물 145ml, 간장 5ml, 맛술 5ml, 소금 2g
완성 소스 가다랑어포국물 40ml, 간장 5ml, 맛술 5ml

만드는 법

1. 물이 끓으면 가다랑어포를 넣고 불을 끈 뒤 10~15분 후에 거른다.
2. 달걀의 알끈을 제거하고 가다랑어포국물이 식으면 소금, 간장, 맛술로 간을 한다.
3. 달걀을 잘 섞어 가는 체에 밭친 다음 사각팬에 붓고 거품을 걷어낸다.
4. 스팀기에 넣고 10~15분 정도 찜을 한 후 팬째로 찬물에 담가 식힌다.
5. 오이는 껍질을 얇게 벗겨 가운데 심을 도려낸 뒤 얇고 둥글게 잘라 끓는 물에 소금을 넣고 데쳐 찬물에 넣어 식힌다.
6. 와사비는 찬물에 개어 준비한다.
7. 요구사항에 맞게 잘라 완성 접시에 담고 오이, 와사비, 소스를 곁들인다.

조리 Point

달걀찜을 할 때는 냄비 밑에 사각으로 나무젓가락을 깔고, 팬 위에는 나무젓가락을 열십자(+) 모양으로 걸치고 젖은 면포를 덮어 중불 정도에서 찜을 한다.

등푸른생선(전어)새우말이초밥

재료 및 분량

가다랑어포 5g, 밥 70g, 등푸른생선(전어) 1마리, 새우 1마리, 실파 1줄기, 전분 5g, 간장 5ml, 식초 150ml, 맛술(미림) 5ml, 설탕 35g, 소금 30g, 대꼬챙이 1개

초밥초(담금초) 식초 45ml, 설탕 30g, 소금 15g
식초물 물 300ml, 식초 100ml
소스 가다랑어포국물 30ml, 물전분 15ml, 간장 5ml, 식초 5ml, 맛술 5ml 또는 설탕 약간

만드는 법

1. 밥이 뜨거울 때 초밥초를 준비하여 섞어 면포를 덮는다.
2. 전어는 손질 후 세장뜨기를 하여 소금에 절인 후 식초물에 담근다.
3. 새우는 내장 제거 후 배에 대꼬챙이를 찔러 끓는 물에 소금을 넣고 삶아 껍질을 제거한다.
4. 실파는 파란 줄기 부분을 소금물에 데쳐 준비한다.
5. 김발에 랩을 깔고 전어, 새우, 실파를 색깔을 맞추어 엇비슷하게 가지런히 펴고 초밥을 올려 김발로 말아 사각 모양으로 준비한다.
6. 요구사항에 맞게 잘라 소스를 곁들여 완성한다.

조리 Point

- 등푸른생선은 전어 대신 고등어, 전갱이, 삼치, 학꽁치 등을 이용할 수 있다.
- 파란 채소는 실파 대신에 오이, 미나리 줄기 등을 이용할 수 있다.

03 참깨두부 맑은국

胡麻豆腐吸い物 ; ごまどうふすいもの ; 고마도후스이모노

추천시간 30분

재료 및 분량

참깨(고마) 50g, 칡전분 30g, 대파 10g, 느타리버섯 5g, 피망 5g, 산초나무순(기노메) 1장, 다시마 5×10cm, 가다랑어포 5g, 설탕 30g, 간장 30ml, 소금 15g, 청주 30ml

국물 일번다시 200ml, 간장 10g, 소금 2g, 청주 15ml
참깨두부 참깨(고마) 45g, 칡전분 15g, 청주 15ml, 다시물 120ml, 설탕 30g, 소금 약간

만드는 법

1. 다시마, 가다랑어포로 일번다시를 준비하여 간장, 소금, 청주로 간을 한다.
2. 참깨(고마)를 다시물에 잘 푼 뒤 청주, 설탕, 소금으로 간을 한다.
3. 중불에서 서서히 저어주면서 굳어지기 시작하면 약불에서 잘 치댄다.
4. 입자가 고와지면 불을 끄고 굳힘팬에 담고 얼음물을 이용해 식힌다.
5. 참깨두부가 만들어지면 모양틀로 찍거나 한입 크기로 자른다.
6. 대파는 고운 채로 준비하고 느타리버섯은 소금물에 데쳐 핫뽀다시에 담근다.
7. 피망은 껍질 부분을 곱게 채를 썰어 데쳐 준비한다.
8. 완성 접시에 참깨두부, 대파, 버섯, 피망, 산초나무순(기노메)을 보기 좋게 담는다.
9. ❶의 다시물을 뜨겁게 하여 8부 정도 부어 완성한다.

조리 Point

- 참깨(고마) 소스를 가다랑어포국물에 곱게 풀어준 뒤 청주, 설탕, 소금으로 간을 하고 중불과 약불을 이용해 아주 곱게 치댄다.
- 완성된 참깨두부(고마도후)는 얼음을 이용해 빨리 식힌다.

04 광어얇은회(히라메우스쯔꾸리)

鮃目薄作；ひらめうすづくり；히라메우스쯔꾸리

추천시간 **40분**

일식조리산업기사 실기시험 예상문제

재료 및 분량
광어(1마리) 800g, 무 100g, 당근 1/2개, 오이 1/2개, 실파 2줄기, 레몬(유자) 20g, 무순 15g, 고운 고춧가루 5g, 다시마 10g, 간장 15ml, 식초 15ml

와사비 간장 간장 30ml, 와사비 15g
폰즈 소스 간장 15ml, 식초 15ml, 다시물 15ml
야쿠미 빨간무즙 15g, 실파찹 10g, 레몬

만드는 법

1. 광어는 머리와 꼬리에 칼집을 내어 피를 제거한다.
2. 비늘을 제거하고 머리, 내장, 아가미를 제거한다.
3. 손질한 광어는 물기를 제거하고 세장뜨기한다.
4. 지느러미살을 분리하고 중앙의 검붉은 부분을 자른다.
5. 광어살의 껍질을 제거하고 깨끗하게 손질하여 거즈에 말아 냉장고(5℃ 이하)에 보관한다.
6. 무, 당근, 오이는 얇게 돌려깎기(가쯔라무끼)한 후 곱게 채를 썰어(센기리) 물에 헹구어 사용한다.
7. 무순은 다듬고 삼색의 갱을 준비한다.
8. 사시미칼을 이용하여 당기면서 얇게 썰어서(우스쯔꾸리) 원형 접시에 모양을 내어 담는다.
9. 폰즈소스, 야쿠미, 와사비 간장을 곁들여낸다.

조리 Point
- 껍질을 제거할 때 속껍질의 흰색 무늬를 남겨놓고 손질한다.
- 무, 당근, 오이는 얇게 돌려깎은 후 곱게 채를 썰어 준비한다.

05 닭간장구이

鷄照燒 ; とりてりやき ; 도리데리야끼

추천시간 **30분**

재료 및 분량

닭다리살 1개(250g), 청차조기잎(시소) 1장, 우엉 20g, 꽈리고추 2개, 통마늘 3개, 통생강 1개, 산초나무순(기노메) 1장, 다시마 10g, 간장 30ml, 맛술(미림) 30ml, 청주 10ml, 설탕 30g, 후춧가루 약간

간장구이(데리야끼) 소스 다시물 50ml, 간장 30ml, 맛술 30ml, 청주 10ml, 설탕 30g

만드는 법

① 닭다리는 물로 씻은 후 뼈 옆으로 칼집을 넣어 뼈를 발라낸다.
② 살을 넓적하게 펴고 칼집을 내어 힘줄을 끊는다.
③ 간장, 청주, 후춧가루를 약간 뿌려 밑간을 한다.
④ 간장구이 소스는 약한 불에서 1/2로 졸여 걸쭉하게 만든다.
⑤ 청차조기잎은 찬물에 담근다.
⑥ 석쇠를 달구어 껍질 쪽부터 구이를 한다.
⑦ 초벌구이 후 데리야끼 간장을 2~3회 덧발라가며 윤기나게 구이를 한다.
⑧ 우엉은 자른 후 간장 소스에 조리고 꽈리고추도 살짝 맛을 들인다.
⑨ 통마늘은 굽고 통생강은 껍질을 벗긴 후 돌려깎기하여 곱게 채를 썰고 물에 씻어 준비한다.
⑩ 구워진 닭고기는 한입 크기(5cm)로 자른다.
⑪ 완성 접시에 청차조기잎을 깔고 닭고기를 담아 소스를 뿌린다.
⑫ 곁들임 재료(우엉, 통마늘, 꽈리고추, 채썬 생강)를 담아 완성한 후 산초가루를 얹는다.

조리 Point

- 프라이팬으로 구이를 할 경우에는 다시물을 넣어 농도를 엷게 한다.
- 색깔이 나게 초벌구이를 한 후 소스를 발라야 색감이 좋다.
- 석쇠구이, 꼬치구이, 살라만더 등으로 직화구이를 할 수 있다.

06 닭꼬치구이 燒鳥; やきとり; 야끼도리

추천시간 40분

재료 및 분량

닭고기살 350g, 대파 2줄기, 피망 1개, 꽈리고추 4개, 통마늘 4개, 통생강 1개, 은행 1개, 청차조기잎(시소) 1장, 산초나무순(기노메) 1장, 간장 80ml, 맛술(미림) 60ml, 청주 80ml, 설탕 30g, 후추가루 약간, 나무꼬치 3개, 이쑤시개 1개

밑간 소스 간장 15ml, 청주 15ml, 생강즙 5g, 후춧가루 약간
야끼 소스 간장 60ml, 청주 60ml, 맛술 60ml, 설탕 15g

만드는 법

1. 닭고기는 씻은 후 힘줄을 제거하여 밑간을 한다.
2. 냄비에 분량의 야끼소스를 1/2이 되도록 약한 불에서 조린다.
3. 대파, 피망은 3~4cm 크기로 잘라 준비한다.
4. 통마늘은 굽고 통생강은 껍질을 벗긴 후 돌려깎기하여 곱게 채를 썰고 물에 씻어 준비한다.
5. 꼬치에 닭고기 → 채소 순으로 꽂아서 준비한다.
6. 석쇠 또는 팬에 굽다가 2/3 정도 익으면 야끼소스를 바르면서 굽는다.
7. 완성 접시에 청차조기잎(시소)을 깔고 꼬치를 담은 뒤에 산초나무순(기노메), 생강채를 곁들인다.

조리 Point

- 계절에 따라 여러 가지 채소를 사용할 수 있다.
- 꽈리고추는 꼭지를 떼고 이쑤시개로 찔러 맛이 스며들게 한다.
- 직화구이를 할 경우에는 초벌구이를 해서 색깔을 내고 타지 않도록 굽는다.

07 삼치유자향구이

鰆幽庵燒 ; さわらゆうあんやき ; 사와라유안야끼

추천시간 35분

재료 및 분량

삼치(1토막) 150g, 청차조기잎(시소) 또는 깻잎 1장, 무 50g, 레몬 1/4개, 유자 1/4개, 간장 100ml, 맛술 100ml, 청주 100ml, 식초 30ml, 설탕 15g, 소금 15g

유자향 소스 간장 100ml, 맛술 100ml, 청주 100ml, 유자 또는 레몬 1/4개
담금초(아마스) 물 50ml, 식초 30ml, 설탕 15g, 소금 약간

만드는 법

1. 삼치는 세장뜨기하여 겉쪽에 X자로 칼집을 넣어 준비한다.
2. 소스를 간장 1 : 맛술 1 : 청주 1 비율로 섞어 유자 또는 레몬을 넣어 준비한다.
3. 청차조기잎(시소)은 찬물에 담그고 레몬은 반달 모양으로 잘라 준비한다.
4. 무는 1.5cm 높이로 다듬어 밑부분을 0.5cm 정도 남기고 가로, 세로 잔 칼집을 넣어 소금물에 절인 후 담금초에 담근다.
5. 소스에 손질한 삼치를 50분 정도 담근 후 쇠꼬챙이(구시)에 V자로 꿰어 준비한다.
6. 껍질 쪽부터 구운 다음 뒤집어서 노릇하게 구워 완성한다.
7. 유자향 소스를 졸여 만든 후 구운 참치에 조금 발라서 곁들임 재료와 함께 제출한다.

조리 Point

- 삼치 외에도 도미, 메로, 병어, 고등어 등을 다양하게 이용할 수 있으며, 단일메뉴로 시간을 짧게 해야 하는 경우에는 간장의 비율을 높게 하여 조절한다.
- 쇠꼬챙이(구시)를 V자로 모양내어 꿰어 구이하기가 편하게 하고 중간 중간에 쇠꼬챙이를 돌려가며 구워서 붙지 않도록 한다.

08 새우소금구이

海老塩燒；えびしおやき；
에비시오야끼

추천시간 **25분**

재료 및 분량

새우(대하) 3마리, 쇠꼬치(대나무꼬치) 3개, 청차조기잎(시소) 1장, 산초나무순(기노메) 1장, 파슬리 5g, 다시마 10g, 레몬 1/8개, 무 10g, 소금 50g, 설탕 30g, 식초 30ml

담금초(아마스) 다시물 30ml, 식초 15ml, 설탕 10g

만드는 법

1. 새우는 소금물에 씻어 준비한다.
2. 내장을 제거하고 등쪽에 깊은 칼집을 길게 넣는다.
3. 새우를 옆으로 놓고 머리쪽, 꼬리쪽, 중앙에 꼬챙이(구시)를 꽂는다.
4. 소금을 뿌려서 직화구이로 굽는다.
5. 청차조기잎(시소)과 파슬리는 찬물에 담가 사용한다.
6. 무는 사방 2cm 정도 크기로 썰어 열십자(+)로 깊게 칼집을 넣어 소금에 절인 후 담금초(아마스)에 담근다.
7. 레몬은 다듬어 준비한다.
8. 접시에 청차조기잎(시소)을 놓고 익은 새우를 담은 후 곁들임 재료를 놓고 완성한다.

조리 Point

- 새우는 높은 온도에서 빨리 구워야 질기지 않고 부드럽다.
- 구우면서 꼬챙이(구시)를 한 번씩 돌려주어야 나중에 새우를 잘 빼낼 수 있다.

09 은대구 된장구이

銀鱈 味噌燒；ぎんだらみそやき；긴다라 미소야끼

추천시간 40분

재료 및 분량

은대구 150g 정도, 청차조기잎(시소) 또는 깻잎 1장, 표고버섯 1개, 우엉 1개(5cm 정도), 무 30g, 홍고추 1/4개, 레몬 1/8개, 꽈리고추 1개, 일본된장(흰 된장) 4큰술, 다시마 1장(사방 5cm), 간장 30ml, 청주 50ml, 맛술(미림) 50ml, 설탕 50g, 소금 30g, 식용유 10ml, 통깨 약간

양념된장 일본된장(흰 된장) 4큰술, 맛술·청주 1큰술, 설탕 2작은술
우엉조림 다시마 국물 1컵, 간장·청주·맛술 1큰술, 설탕 1/2큰술
표고버섯조림 다시마 국물 1컵, 간장·청주·맛술 1큰술, 설탕 1작은술
무담금초(아마스) 다시마 국물 2큰술, 식초 2큰술, 설탕 1큰술, 소금 1작은술

만드는 법

1. 은대구의 비늘, 내장 등을 제거하고 세장뜨기를 하여 소금을 조금 뿌려 물기가 빠지도록 한다.
2. 은대구를 70g 정도로 잘라 된장소스에 넣어 1시간 반 정도 재운다.
3. 우엉은 껍질을 벗겨 자른 후 볶아 조리고 표고버섯은 별 모양을 내어 조린다.
4. 무는 열십자로 곱게 칼집을 2/3 깊이로 넣고 소금에 절인 후 담금초에 담근다.
5. 레몬은 반달 모양으로 자르고, 꽈리고추는 표고버섯, 우엉조림이 완성될 즈음에 살짝 조리고, 홍고추는 장식으로 사용한다.
6. 재워 놓은 은대구는 흐르는 물에 된장을 씻고 꼬챙이(구시)에 꽂아 노릇하게 구워 완성한다.
7. 완성 접시에 청차조기잎(시소)을 깔고 은대구와 곁들임 재료를 담아 제출한다.

조리 Point

- 용기에 은대구를 된장 → 면포 → 은대구 → 면포 → 된장 순으로 재워 놓은 다음 사용하면 물에 씻지 않아도 되고, 단단하고 향 또한 좋다.
- 산업체에서는 된장 소스를 약하게 하여 1일(24시간) 정도 재워놓고 사용할 수 있으며, 곁들임 재료는 계절에 맞게 준비한다.

10 장어달걀말이

鰻出汁巻(鰻巻) ; うなぎだしまき(うまき) ; 우나기다시마끼(우마끼)

추천시간 30분

재료 및 분량

달걀 5개, 장어 80g, 다시마 1장(사방 10cm), 가다랑어포 10g, 식용유 50ml, 청차조기잎(시소) 2장, 맛술(미림) 75ml, 설탕 30g, 간장 30ml, 소금 약간

장어 양념장(데리야끼 소스) 장어 80g, 맛술 45ml, 설탕 15g, 간장 30ml

달걀말이 양념 달걀 5개, 다시 국물 50ml, 맛술 30ml, 설탕 15g, 소금 약간

만드는 법

1. 찬물에 다시마를 넣고 물이 끓으면 다시마는 건져내고 가다랑어포를 넣은 후 불을 끄고 10분 후에 면포에 걸러 식힌다.
2. 민물장어는 초벌구이를 한 후 찬물에 헹궈 스팀에 10분 정도 찜을 하고 식혀서 양념간장을 2~3번 발라 구이를 하여 달걀말이 안쪽에 넣을 수 있도록 자른다.
3. 볼에 달걀을 깬 후 알끈을 제거하고 일번다시, 맛술, 설탕, 소금을 잘 섞어 녹인 후 식혀서 풀어 놓은 달걀과 섞어 체에 내린다.
4. 사각프라이팬에 식용유를 넉넉하게 두르고 달궈지면 기름을 따라낸다.
5. 다시 팬을 달궈 식용유를 살짝 두른 후 달걀물을 부어 반숙 정도 익으면 중앙에 장어를 넣고 사각프라이팬을 사용해 사각형으로 모양을 만든다.
6. 한 번 말이를 한 다음에 다시 식용유를 바르고 달걀물을 부어 밖에서 안쪽으로 젓가락을 사용하여 말이를 한다.
7. 김발을 사용하여 뜨거울 때 모양을 만들어 요구사항에 맞게 자르고 완성 그릇에 청차조기잎(시소)을 깔고 제공되는 곁들임 재료와 함께 올려 완성한다.

조리 Point

- 달걀말이는 손이나 주걱을 사용하여 말이를 하면 감점처리가 되므로 젓가락을 사용하여 말이를 하고, 온도가 너무 높거나 식용유를 많이 사용하면 달걀이 지나치게 익거나 부풀어 올라 좋지 않다.
- 민물장어 대신에 흰살생선, 바다장어, 꽁치, 정어리 등을 구워 사용하고, 간장무즙, 생강채, 초생강, 절임류, 조림류 등을 곁들일 수 있다.

11 닭고기양념튀김

鶏肉からあげ；とりにぐからあげ；도리니꾸가라아게

추천시간 30분

재료 및 분량

닭고기 150g, 달걀 1개, 생강 50g(1개), 밀가루(박력분) 20g, 전분 20g, 청주 15ml, 간장 15ml, 레몬 1/4개, 파슬리 1줄기, 식용유 1,000ml, 후춧가루 약간, 한지 또는 A4용지 1장

닭고기 밑간 닭고기 150g, 간장 15ml, 청주 15ml, 달걀노른자 1개, 생강즙 10g, 후춧가루 약간

만드는 법

1. 닭고기는 기름과 힘줄을 제거하고 15g 정도로 어슷썰어 준비한다.
2. 파슬리는 찬물에 담가 싱싱하게 준비한다.
3. 생강은 껍질을 제거한 후 강판에 갈아 즙을 준비한다.
4. 닭고기에 간장, 청주, 달걀노른자, 생강즙, 후춧가루를 넣고 5~10분 정도 둔다.
5. 간을 한 닭고기에 전분, 밀가루를 묻혀 노릇하게 튀김을 한다.
6. 완성 접시에 튀김종이를 모양내어 깔고 뒷부분부터 담아 완성한다.
7. 레몬, 파슬리를 곁들인다.

조리 Point

- 닭고기를 한국식으로 마늘, 실파, 참기름, 깨 등 갖은 양념을 하여 튀김을 할 수 있으며, 간장, 식초, 설탕, 레몬즙 등을 사용하여 간장 소스를 곁들일 수 있다.
- 당면과 피망이 제공되면 당면은 180℃ 이상 온도에서 튀겨내고 피망은 삼각형으로 잘라 모양내어 살짝 튀겨 소금으로 간하여 곁들인다.

12 튀김두부

揚出豆腐 ; あげだしどうふ ; 아게다시도후

추천시간 **25분**

재료 및 분량

가다랑어포 5g, 두부(45g) 2개, 생표고버섯 10g, 팽이버섯 5g, 새송이버섯 5g, 실파 10g, 생강 5g, 무 100g, 맛술 50g, 간장 30ml, 전분 8g, 김 1/10장

튀김 소스(덴다시) 가다랑어포국물 150ml, 간장 20ml, 맛술 20ml, 무즙 45g, 생강 2g, 실파찹 5g, 김 2g

만드는 법

1. 두부는 10분 정도 물기를 뺀 후 1모(400g)일 때 9등분 한다.
2. 자른 두부의 물기를 닦은 후 전분을 묻힌다.
3. 약 150~160℃ 정도의 온도에서 노릇노릇하게 튀긴다.
4. 팽이버섯은 밑동을 자르고 3등분 해서 썰고 생표고버섯과 새송이버섯은 채를 썬다.
5. 실파는 송송 썰고 무, 생강은 강판(오로시가네)에 갈아 물기를 짠다.
6. 가다랑어포국물, 간장, 맛술을 배합한 국물에 버섯류, 무즙을 넣고 살짝 끓인다.
7. 그릇에 튀긴 두부를 가지런히 놓고 두부 위에 소스를 끼얹어 실파찹, 생강(간 것), 김을 올려 완성한다.

조리 Point

- 두부의 물기를 제거하여 바삭하게 튀긴다.
- 소스가 살짝 끓으면 완성한다.

13 채소조림 <small>菜蔬煮物 ; やさいにもの ; 야사이니모노</small>

추천시간 30분

재료 및 분량

당근 50g, 감자 50g, 연근 50g, 양파 50g, 죽순 50g, 곤약 50g, 생표고버섯 50g, 세잎(미쯔바) 1장, 다시마(가다랑어포) 10g, 간장 50ml, 맛술(미림) 50ml, 청주 50ml, 설탕 30g, 식용유 20ml

조림간장 다시마(가다랑어포) 국물 200ml, 간장 45ml, 맛술 45ml, 청주 45ml, 설탕 20g

만드는 법

1. 당근, 연근, 감자, 양파는 껍질을 벗겨 물에 담그고 죽순, 곤약, 피망도 삼각 썰기하여 준비한다.
2. 생표고버섯은 모양을 내어 준비한다.
3. 피망을 제외한 채소류는 끓는 물에 소금을 넣고 단단한 것부터 각각 삶아 찬물에 담근다.
4. 양념장을 준비한다.
5. 팬에 식용유를 두르고 단단한 채소 순으로 넣고 볶는다.
6. 채소가 볶아지면 양념장을 넣고 약간 밤색이 되도록 약불에서 서서히 조린다.
7. 세잎은 데쳐서 준비하고 거의 다 조려지면 피망을 넣고 완성한다.
8. 완성 접시에 색감 있게 담는다.

조리 Point

- 채소가 부스러지지 않게 모서리를 다듬어(멘도리) 조린다.
- 일본말로는 우마니(うまに)라고도 하며 닭고기를 한입 크기로 잘라 끓는 물에 데쳐서 채소와 함께 조릴 수도 있다.

14 도미산마찜

鯛山芋 蒸し物 ; たいやまいものむしもの ; 다이야마이모노무시모노

추천시간 35분

재료 및 분량

도미살(또는 삼치살) 160g, 메밀면 50g, 산마 80g, 생표고버섯 1개, 느타리버섯 10g, 은행 3알, 당근 10g, 세잎(미쯔바) 1장, 피망 10g, 산초나무순(기노메) 1장, 건다시마 5×10cm, 가다랑어포 10g, 청주 30ml, 달걀(흰자) 1개, 간장 30ml, 맛술 30ml, 소금 30g, 설탕 30g, 전분 30g, 후춧가루 5g

찜 소스 일번다시 100ml, 간장 15ml, 맛술 15ml, 소금 1g, 설탕 10g, 전분 20g

핫뽀다시 일번다시 100ml, 맛술 5ml, 청주 5ml, 간장 5ml

만드는 법

1. 도미는 살 부분을 펴서 소금, 후춧가루로 밑간을 한다.
2. 메밀면은 삶아 찬물에 헹구어 물기를 제거한다.
3. 도미 안쪽에 전분가루를 뿌리고 메밀면을 넣어 말아둔다.
4. 산마는 강판에 갈아서 달걀흰자, 청주, 소금으로 간을 한다.
5. 생표고버섯, 느타리버섯, 은행, 세잎, 당근을 데쳐 핫뽀다시에 맛을 들인다.
6. 피망은 길게 채썰거나 모양을 만들어 준비한다.
7. 완성 접시에 다시마를 깔고 준비된 도미, 채소를 놓고 산마를 올려 15~20분 찐다.
8. 곁들임 재료를 올리고 소스를 뿌려 완성한다.

조리 Point

- 생선은 밑간을 하여 찜을 할 때 부서지지 않도록 주의한다.
- 도미와 버섯류, 양파 등을 사용하여 도미채소찜으로, 닭고기를 사용하여 닭고기술찜으로도 응용할 수 있다.

15 해산물모둠초회

酢の物盛合せ ; よせすのもの ; 요세스노모노

추천시간 40분

재료 및 분량

전복 50g, 해삼 50g, 멍게 50g, 개불 30g, 갑오징어 30g, 문어 30g, 전어 1/2마리, 삶은 새우 30g, 건미역 10g, 오이 1/3개, 레몬 20g, 실파 20g, 무 50g, 고운 고춧가루 5g, 무순 20g, 생강 5g, 청차조기잎(시소) 3장, 국화꽃 1잎, 해초(토사가노리) 10g, 다시마 5g, 가다랑어포 10g, 간장 30ml, 식초 30ml, 설탕 5g

지리초 소스 일번다시 50ml, 간장 30ml, 식초 30ml, 설탕 5g

야쿠미 빨간무즙 10g, 실파찹 10g, 레몬 20g

만드는 법

1. 해산물을 밑손질하여 준비한다.
2. 오이는 자바라로 썰어 소금물에 넣어 간을 한다.
3. 건미역은 불려서 데쳐 4cm 정도로 자른다.
4. 해초(토사가노리)는 찬물에 여러 번 씻어 물기를 제거하여 준비한다.
5. 무는 갈아서 즙을 물에 헹구고 고운 고춧가루를 섞어 빨간무즙(모미지오로시)을 만든다.
6. 생강은 강판에 곱게 갈아 송송 썬 실파와 함께 전어 위에 올린다.
7. 실파는 송송 썰고 레몬을 준비한다.
8. 청차조기잎, 무순, 국화꽃을 준비한다.
9. 지리초 소스를 배합하여 준비한다.
10. 완성 접시에 해산물을 썰어서 담고 곁들임 재료를 곁들인다.
11. 소스를 뿌리거나 별도로 제공한다.

조리 Point

- 해산물의 손질을 가능하면 빠르게 한다.
- 계절에 따라서 여러 가지 해산물을 응용할 수 있다.

16 냄비우동

鍋饂飩 ; なべうどん ; 나베우동

추천시간 30분

재료 및 분량

우동 국수 130g, 튀김새우 1마리, 문어 30g, 중합 2개, 배추 50g, 시금치 30g, 대파 1/4대, 꽃어묵 20g, 닭고기 30g, 생표고버섯 1개, 느타리버섯 15g, 팽이버섯 15g, 새송이버섯 10g, 무 30g, 당근 30g, 달걀 1개, 쑥갓 15g, 다시마 5g, 가다랑어포 10g, 간장 50ml, 맛술(미림) 30ml, 청주 30ml

우동 국물(소스) 가다랑어포국물 400ml, 간장 25ml, 맛술 25ml

만드는법

1. 다시물을 준비하여 끓으면 가다랑어포, 간장, 맛술을 넣고 15분 후에 소스를 만들어 걸러낸다. 중합은 해감하여 일번 다시에 넣고 끓인다.
2. 닭다리살을 손질하여 청주, 간장으로 간하고 프라이팬 또는 그릴(살라만다)에 노릇하게 잘 익혀 15g 정도로 자른다.
3. 무, 당근은 모양을 내어 80% 정도 삶아 준비한다.
4. 배추와 시금치는 별도로 데쳐서 물기를 짜고 가운데 시금치를 넣어 말은 다음, 3~4cm 정도로 준비한다.
5. 생표고버섯, 느타리버섯, 팽이버섯, 새송이버섯을 먹기 좋게 손질한다.
6. 꽃어묵은 파도 썰기하여 어슷하게 준비하고 문어는 15g 정도로 자른다. 대파는 5cm 길이로 얇게 어슷썰어 준비한다. 쑥갓은 10cm 길이로 다듬어서 준비한다.
7. 깨끗하게 손질한 새우에 칼집을 넣고 밀가루 반죽을 입혀 바삭하게 튀긴다.
8. 냄비에 준비한 소스와 재료를 넣고 끓인다. 소스가 끓으면 삶아 놓은 면을 넣고 다시 한 번 끓인다.
9. 국물이 끓으면 달걀, 대파, 시금치를 넣고 불을 줄이고 쑥갓과 새우튀김을 올려 완성한다.

조리 Point

- 우동 소스는 짜지 않게 준비한다.
- 국물이 탁하지 않고 맑고 시원한 맛이 나게 한다.

17 민물장어구이덮밥

鰻蒲燒井 ; うなぎがば
やきどんぶり ; 우나기
가바야끼돈부리

추천시간 30분

재료 및 분량

장어 1마리 250g, 밥 230g, 통생강 20g, 산초가루 약간

장어 소스(장어다래) 장어 뼈 1마리분, 통마늘 3개, 대파 10g, 양파 10g, 맛술 50ml, 청주 30ml, 간장 30ml, 설탕 10g, 통생강 5g

만드는 법

❶ 장어 소스는 장어 뼈, 통마늘, 대파, 양파를 잘 씻어 불에 노릇하게 구운 다음 냄비에 맛술, 청주, 설탕, 간장, 통생강을 넣어 1/2로 졸여서 준비한다.
❷ 장어는 가운데 뼈, 내장을 제거하고 등 쪽 지느러미, 꼬리 쪽을 자른 다음 피와 불순물을 깨끗하게 제거한다.
❸ 석쇠가 달구어지면 물기를 닦아내고 껍질 쪽부터 노르스름하게 초벌구이한 후 얼음물에 담가 지방과 불순물을 제거한다.
❹ 찜통에 넣고 10분 정도 찐 다음 식혀서 2등분하여 장어 소스를 3번 정도 덧발라 굽는다.
❺ 밥을 따뜻하게 준비한다.
❻ 길고 가늘게 썬 생강(하리쇼가)은 찬물에 담근다.
❼ 덮밥볼에 밥, 장어를 담고 산초가루를 얹는다.
❽ 생강을 곁들여 낸다.

조리 Point

- 장어를 초벌구이하여 얼음물에 담근 후 쪄서 부드럽게 한다.
- 소스는 청주, 맛술을 먼저 끓여 알코올을 날린다.
- 장어구이(가바야끼)만 제공할 수도 있다.

18 샤브샤브
しゃぶしゃぶ; 샤부샤부

추천시간 30분

재료 및 분량

소고기(등심) 300g, 배추 1장, 대파 1대, 생표고버섯 1개, 새송이버섯·느타리버섯·곤약(실곤약)·죽순·쑥갓 30g, 실파 1대, 팽이버섯·무·당근·당면 50g, 두부 40g, 다시마 10g, 가다랑어포·흰 깨 15g, 맛술(미림)·간장·식초 50ml, 청주 30ml, 설탕·소금 30g, 핫소스 또는 타바스코 5ml, 겨자·간 마늘 3ml, 고운 고춧가루 5g, 레몬 1/8개

육수 일번다시 400ml, 맛술 30ml, 소금 5ml, 청주 15ml
참깨 소스(고마다래) 흰 깨 15g, 다시물 30ml, 맛술 15ml, 간장 5ml, 식초 10ml, 설탕 5g, 간장·핫소스 또는 타바스코 5ml, 겨자·간 마늘 3ml
폰즈 소스 다시마 국물·식초·간장 30ml, 맛술·5ml·5ml
야쿠미 빨간무즙 15ml, 실파찹 10g, 레몬 1/8개

만드는 법

1. 대파를 가늘고 어슷하게 썰어 흐르는 물에 헹군다.
2. 당면은 미리 불려두어 접시에 담는다. 판곤약은 채를 썰어 데치고 실곤약은 적당한 크기로 잘라 데친다. 죽순을 데친 후 빗살무늬 모양으로 자르고 두부는 한입 크기로 자른다.
3. 배추, 버섯류는 먹기 좋은 크기로 잘라 접시에 보기 좋게 담는다.
4. 당근은 모양내어 데쳐서 준비하고 쑥갓은 찬물에 담근다.
5. 무는 강판에 갈아 한 번 헹군 후 고운 고춧가루를 섞고 실파는 송송 썰어 준비한다.
6. 소고기는 육수에 살짝 넣어 먹을 수 있도록 얇게 썰어 접시에 가지런히 담는다.
7. 육수는 끓여서 준비하고 참깨 소스(고마다래)는 섞어서 갈아 준비한다.
8. 폰즈 소스는 섞어 준비하고 야쿠미를 준비하여 섞어서 사용한다.

조리 Point

- 즉석에서 익혀 먹는 요리이므로 육수가 끓으면 채소, 고기를 얇게 썰어 준비한다.
- 참깨 소스는 고소하게, 폰즈 소스는 깔끔하게 준비한다.

19 생선모둠초밥 寿司;にぎりすし;니기리스시

추천시간 40분

재료 및 분량

밥 200g, 참치(아까미) 30g, 광어 30g, 도미 30g, 갑오징어 15g, 새우 15g, 문어 15g, 전복 15g, 날치알 3색 20g씩, 김 2장, 단무지 30g, 오이 1/4개, 와사비 15g, 락교 10g, 초생강 15g, 청차조기잎(시소) 1장, 흰 깨, 검은 깨, 간장 15ml, 식초 30ml, 설탕 10g, 소금 5g, 다시마 3g, 레몬 1/8개

초밥초 소스(초대리)
식초 15ml, 설탕 10g, 소금 5g, 다시마 3g, 레몬 1/8개

만드는 법

1. 식초 15ml, 설탕 10g, 소금 5g, 다시마 3g, 레몬 1/8개를 섞어 초밥초 소스(초대리)를 만든다.
2. 초밥통(한기리)에 따뜻한 밥과 초밥초 소스(초대리)를 섞는다.
3. 냉동 참치는 미지근한 소금물에 식염수를 넣고 해동하여 준비한다.
4. 생선을 손질하여 13~16g으로 포를 떠서 준비한다.
5. 와사비는 찬물에 개어 준비하고 레몬을 찬물에 넣어 준비한다(데스).
6. 생선을 왼손으로 잡고, 오른손으로 초밥을 쥔다.
7. 생선 중앙에 와사비를 바르고 초밥을 놓아 보기 좋게 만든다.
8. 완성 접시에 초밥의 모양과 색깔을 고려하여 담고 초생강, 락교를 곁들인다.
9. 간장을 함께 제출한다.

조리 Point

- 밥과 초밥초를 보통 15 : 1의 비율로 섞어 사람의 체온(36.5도) 정도에서 사용한다.
- 초밥은 밥알이 깨지지 않도록 부드럽게 쥐어야 한다.
- 작은 김초밥(호소마끼)은 김 1/2장에 오이, 단무지, 참치, 박고지 등을 넣고 김초밥을 만든 후 1/6개 크기로 잘라서 준비하며 채소에는 흰깨를, 생선에는 와사비를 함께 곁들인다.

20 튀김덮밥 <small>天井 ; てんどん ; 텐돈</small>

추천시간 30분

재료 및 분량

새우 3마리, 양파(중) 1/4개, 연근 30g, 가지 30g, 아스파라거스 1개, 청차조기잎(시소) 1장, 생표고버섯 1개, 무 50g, 생강 10g, 가다랑어포 10g, 간장 15ml, 맛술 15ml, 설탕 5g, 소금 15g, 밀가루(박력분) 200g, 달걀(노른자) 1개, 식용유 1,000ml

덮밥 소스(덴다시) 가다랑어 국물 60ml, 간장 15ml, 맛술 15ml, 설탕 5g, 무즙 15g, 생강즙 2g

만드는 법

1. 새우는 머리, 껍질, 내장, 꼬리(물총)를 제거한 후 소금물에 씻어 물기를 제거하여 배 쪽에 칼집을 넣어 마디를 끊어 준비한다.
2. 채소도 손질하여 준비한다.
3. 무는 강판에 갈아 물에 씻어서 준비하고 생강은 강판에 갈아 준비한다.
4. 냄비에 튀김덮밥 다시물(덴다시)을 넣고 끓으면 무즙, 생강즙을 넣는다.
5. 차가운 얼음물에 달걀노른자를 풀고 잘 섞어 밀가루(박력분)와 1 : 1 비율 정도로 튀김 반죽을 준비한다.
6. 준비한 새우, 채소를 튀김 반죽에 넣고 튀긴다.
7. 튀김을 소스에 담갔다 건져 따뜻한 밥 위에 얹는다.
8. 덮밥 국물을 조금 뿌려서 완성한다.

조리 Point

- 차가운 얼음물에 튀김 반죽을 해서 바로 튀겨야 바삭바삭하다.
- 진간장을 사용하면 색감이 있어 좀 더 먹음직스럽다.

21 꼬치냄비 御田 ; おでん ; 오뎅

추천시간 **40분**

재료 및 분량

어묵(사각형, 완자, 구멍난 것) 180g, 판곤약 50g, 당근(둥근 모양) 60g, 무 70g, 쑥갓 30g, 건다시마(5×10cm) 1장, 가다랑어포(가쓰오부시) 10g, 진간장 30ml, 청주 15ml, 맛술(미림) 5ml, 소금(정제염) 2g, 대꼬챙이(20cm 정도) 2개, 달걀(삶은 것) 1개, 겨자가루 10g, 유부 2장, 소고기 30g, 실파(2뿌리) 40g, 목이버섯 5g, 당면 10g, 배추(1/2장) 50g, 식용유 30ml, 검은 후춧가루 5g

무, 곤약, 달걀 조림장 : 물 1컵, 간장 1큰술, 맛술 1큰술

만드는 법

1. 건다시마와 가다랑어포를 사용하여 일번다시를 3컵 정도 준비한다.
2. 겨자가루는 동량의 뜨거운 물을 섞고 냄비에 엎어 숙성시킨다.
3. 무는 3cm 두께로 썰어 모서리를 정리하고 당근은 매화꽃 모양으로 만들어 80% 정도 삶아 찬물에 헹구어둔다.
4. 곤약은 길이 7×3×0.6cm 크기로 잘라 가운데 칼집을 넣어 끝부분을 칼집 속에 넣고 뒤집어 꽈배기 모양을 만든 다음 데쳐내고 삶은 달걀은 껍질을 벗겨 준비한다.
5. 어묵과 유부는 끓는 물에 살짝 데쳐 기름기를 제거한 뒤 어묵은 5cm 정도 크기로 잘라 꼬챙이에 꽂고 유부는 끝을 잘라 준비한다.
6. 건다시마는 물로 살짝 씻어 물에 5분 정도 담가두었다가 물기를 제거하고 5×0.5cm 크기로 잘라 다시마 매듭을 짓는다.
7. 무, 곤약, 달걀은 조림장(물, 간장, 맛술)을 넣고 갈색이 나도록 조린 다음, 달걀은 반으로 자른다.
8. 실파는 유부를 묶을 두 개의 줄기는 데치고 나머지 부분은 3cm로 자르고 당면은 불린 후 삶아 잘게 자른다. 소고기, 배추, 당근, 목이버섯은 가늘게 채를 썰어 각각 볶아 소금, 간장, 후춧가루로 간을 하여 유부 속재료를 준비한다.
9. 유부주머니 속에 속재료를 넣고 데친 실파로 묶어 2개를 준비한다.
10. 냄비에 일번다시를 3컵 정도 넣고 간장으로 색을 내고 소금으로 간을 맞추어 꼬치어묵, 무, 당근, 유부주머니(후쿠로), 곤약, 달걀, 다시마 매듭을 넣어 끓인다.
11. 꼬치냄비가 끓어 오르면 거품은 제거하고 청주(1큰술)로 맛을 낸 다음 불을 끄고 쑥갓을 넣어 숙성된 겨자와 간장을 함께 곁들여 낸다.

조리 Point
- 유부를 데친 실파로 잘 묶어 유부 속이 나오지 않도록 유의한다.
- 곤약은 7×3cm 정도 크기의 꽈배기 모양으로 준비한다.

22 대합술찜 蛤の酒蒸し；はまぐりのさかむし；하마구리노사카무시

추천시간 25분

재료 및 분량

백합조개 개당 40g 정도, 5cm 내외 2개, 청주 50ml, 건다시마(5×10cm) 1장, 소금(정제염) 5g, 레몬 1/4개, 쑥갓 20g, 배추 50g, 대파(흰 부분 10cm 정도) 1토막, 당근(둥근 모양) 60g, 무 70g, 판두부 50g, 생표고버섯 20g(1개), 죽순 20g, 진간장 30ml, 식초 30ml, 고춧가루(고운 것) 2g, 실파(1뿌리) 20g

- **술찜 양념**: 다시마 국물 2큰술, 청주 2큰술, 소금 1/3작은술
- **폰즈 소스**: 다시마 국물 2큰술, 식초 2큰술, 간장 2큰술
- **야쿠미 양념**: 무 간 것 1큰술, 고춧가루 1/2작은술, 실파, 레몬

만드는 법

1. 대합(백합조개)은 옅은 소금물에 담가 해감을 하고 밑(쪽) 눈을 떼어낸다.
2. 건다시마는 젖은 면포로 닦아 찬물에 넣고, 끓으면 건진다.
3. 쑥갓의 줄기 부분은 데치고 잎 부분은 찬물에 담근다.
4. 무는 은행잎 모양, 당근은 매화꽃 모양으로 만들어 끓는 소금물에 70~80% 정도 데친다.
5. 배추는 소금물에 삶아 두꺼운 부분은 저미고 김발에 겹쳐 올려 데친 쑥갓(줄기)을 얹어 말아 물기를 짜고 반을 잘라 어슷하게 썬다.
6. 두부는 2×2.5×4cm 정도 크기로 썰어놓는다.
7. 대파는 어슷썰기하고 죽순은 빗살무늬를 살려서 0.3cm 두께로 썰어 끓는 물에 데친다.
8. 표고버섯은 기둥을 자르고 별 모양으로 파내어 준비한다.
9. 찜 그릇에 배추, 무, 두부를 담고 대파, 죽순, 매화꽃 모양 당근을 세워 담은 후 앞쪽에 다시마를 깔고 대합을 넣는다.
10. 다시마 국물(2큰술), 청주(2큰술), 소금(1/3작은술)을 넣고 잘 섞은 후 ⑨ 재료 위에 골고루 뿌리고 찜통에 넣어 10~15분간 찐다.
11. 무는 강판에 갈아서 즙을 만들어 찬물에 살짝 한 번 씻고, 물기를 짜고 고운 고춧가루로 붉게 색을 낸다. 실파는 잎을 송송 썰어 물에 헹구고, 레몬도 손질하여 그릇에 양념(야쿠미)을 담는다.
12. 간장, 식초, 다시마 국물을 1:1:1로 섞어 양념초(폰즈) 소스를 만들어 곁들인다.
13. 거의 익었을 때 쑥갓을 넣어 2분간 더 찐 후, 꺼내어 대합의 입을 데바칼로 벌려 다시 뚜껑을 덮고 레몬, 쑥갓을 곁들여 완성한다.

조리 Point

- 대합은 눈을 떼어 주어야 입을 벌리지 않는다.
- 배추, 쑥갓(줄기)을 데친 후 쑥갓(줄기)을 가운데 오게 하여 김발로 말이한다.

23 도미냄비

ちり鍋 ; たいちりなべ ; 다이치리나베

추천시간 30분

재료 및 분량

도미(140~150g) 1마리, 배추 70g, 무 110g, 당근(둥근 모양) 60g, 대파(흰 부분 10cm) 1토막, 판두부 60g, 죽순 50g, 건다시마(5×10cm) 1장, 팽이버섯 30g, 생표고버섯(1개) 20g, 쑥갓 30g, 소금(정제염) 10g, 청주 20ml, 고춧가루(고운 것) 5g, 실파(1뿌리) 20g, 진간장 30ml, 식초 30ml, 레몬 1/4개, 맛술(미림) 20ml

- **양념(야쿠미)** : 무 간 것 1큰술, 고춧가루 1/2작은술, 실파, 레몬
- **초간장(폰즈) 소스** : 다시마 국물 2큰술, 식초 2큰술, 간장 2큰술

만드는 법

1. 찬물에 건다시마를 넣고 끓으면 불을 끄고 다시마를 건진 후 면포에 걸러 준비한다.
2. 도미는 비늘과 내장을 제거하여 깨끗이 씻어 5~6cm로 토막낸다. 머리는 반으로 갈라 소금을 뿌리고 몸통은 살만 포를 떠놓고, 꼬리는 X자로 칼집을 넣은 후 소금을 뿌린다.
3. 두부는 2×2.5×4cm 정도의 크기로 썰어놓는다.
4. 대파는 5cm로 어슷썰고, 표고버섯은 별 모양으로 칼집을 내고, 팽이버섯은 밑동을 자른다.
5. 무는 은행잎 모양, 당근은 매화꽃 모양으로 만들어 끓는 소금물에 데친다. 죽순은 빗살무늬를 살려 0.2cm 두께로 썰어 살짝 데쳐 찬물에 담가 헹군다.
6. 배추, 쑥갓(줄기)은 데쳐서 배추 속에 쑥갓을 넣어 김발로 말아 어슷하게 썬다.
7. 도미는 끓는 물에 살짝 데친 후 찬물에 씻어 비늘과 불순물을 제거한다.
8. 냄비에 재료들을 보기 좋게 담고 다시마 국물을 재료가 잠길 만큼 부어서 끓이다가 소금, 맛술, 청주로 간을 한다.
9. 뜨는 거품은 걷어내고 남은 쑥갓을 올려 완성한 후 불을 끈다.
10. 무는 강판에 갈아서 즙을 만들어 찬물에 살짝 한 번 씻고, 물기를 짜고 고운 고춧가루로 붉게 색을 낸다. 실파는 잎을 송송 썰어 물에 헹구고, 레몬도 손질하여 그릇에 담는다.
11. 양념(야꾸미)과 초간장(폰스) 소스를 곁들여낸다.

조리 Point

- 도미를 순서에 맞게 손질하여 5~6cm로 자른 후 소금을 뿌리고 끓는 물에 데친다.
- 배추말이는 물기를 꼭 짜서 제거해야 국물색이 탁하지 않다.

24 모둠냄비

寄過 ; よせなべ ; 요세나베

추천시간 **50분**

재료 및 분량

닭고기살 20g, 새우(30~40g) 1마리, 무 60g, 찜어묵(판어묵, 가마보꼬) 30g, 갑오징어 몸살 또는 오징어 50g, 백합조개(개당 40g 정도, 5cm 내외) 또는 모시조개 1개, 당근(둥근 모양) 60g, 배추(2장 정도) 80g, 대파(흰 부분 10cm 정도) 1토막, 생표고버섯(1개) 20g, 팽이버섯 30g, 판두부 70g, 흰 생선살 50g, 달걀 1개, 건다시마(5×10cm) 1장, 쑥갓 30g, 죽순 30g, 청주 30ml, 진간장 10ml, 소금(정제염) 10g, 가다랑어포(가쓰오부시) 20g, 이쑤시개 1개

- **국물(요세나베다시)** : 일번다시 3컵, 간장 2작은술, 소금 1작은술, 청주 1큰술

만드는 법

1. 건다시마와 가다랑어포를 사용하여 일번다시를 준비한다.
2. 조개는 옅은 소금물에 해감하고, 갑오징어는 껍질을 벗겨 안쪽에 잔칼집을 넣어 준비한다.
3. 새우는 이쑤시개로 내장을 빼고 흰 생선살은 한입 크기로 썰어 소금으로 간하고, 닭고기도 한입 크기로 썰어 간장으로 밑간한다.
4. 끓는 소금물에 갑오징어, 생선살, 닭고기, 새우를 살짝 데친다.
5. 죽순은 빗살 모양을 살려 0.2cm 두께로 썰어 데치고, 팽이버섯은 밑동을 잘라 준비한다.
6. 무는 은행잎 모양, 당근은 매화꽃 모양을 만들어 끓는 소금물에 80% 정도 삶는다.
7. 쑥갓의 줄기 부분은 데치고 잎 부분은 찬물에 담가 둔다.
8. 배추는 소금물에 데쳐서 두꺼운 줄기는 저미고 절반으로 잘라 김발 위에 놓고 데친 쑥갓을 올려 돌돌 말아 물기를 꼭 짠 다음 어슷하게 썬다.
9. 대파는 5cm 정도로 어슷하게 썰고 생표고버섯은 기둥을 떼고 별 모양으로 칼집을 넣어 파낸다.
10. 찜어묵은 파도 모양으로 썰고, 두부는 길이 5cm 정도로 썬다.
11. 달걀은 후끼요세다마고로 만들고, 식으면 3cm 정도의 길이로 썬다.
12. 쑥갓잎을 제외한 모든 재료들을 냄비에 돌려 담는다.
13. 국물은 일번다시, 간장, 소금으로 간하고, 끓으면 거품을 걷어내고 청주, 쑥갓을 올려 완성한다.

조리 Point

- 재료들은 규격에 알맞도록 썬다.
- 재료들을 살짝 데쳐 사용하여 국물이 맑고 깨끗하며 담백한 맛이 나게 한다.
- 후끼요세다마고란 달걀을 잘 풀어 끓는 소금물에 부어 부드럽게 익혀 체에 밭친 후 김발로 말아 굳힌 것이다.

25 모둠튀김 天婦羅盛り合わせ；てんぷらもりあわせ；덴푸라모리아와세

추천시간 40분

재료 및 분량

새우(30~40g) 2마리, 갑오징어 몸살 또는 오징어 40g, 학꽁치 또는 꽁치, 전어 1/2마리, 바다장어살 50g, 양패(중, 150g 정도) 1/4개, 청피망(중, 75g 정도) 1/6개, 생표고버섯(1개) 20g, 연근 30g, 밀가루(박력분) 150g, 달걀 1개, 무 30g, 통생강 20g, 식용유 500ml, 가다랑어포(가쓰오부시) 20g, 청주 10ml, 진간장 10ml, 한지(25cm 사각) 또는 A4용지 2장, 건다시마(5×10cm) 1장, 흰설탕 20g, 레몬 1/8개, 실파 20g(1뿌리), 대꼬챙이(소, 10cm 이하) 2개, 이쑤시개 1개

- **튀김소스(덴쯔유)** : 일번다시 4큰술, 설탕 1큰술, 간장 2작은술, 청주 2작은술
- **양념(야쿠미)** : 무 간 것 1큰술, 실파(찹) 10g, 생강 간 것 1작은술, 레몬 1/8개
- **튀김옷(고로몬)** : 달걀노른자 1개, 물 1/2컵(찬물 또는 얼음물), 밀가루 1/2컵

만드는 법

1. 건다시마와 가다랑어포를 사용하여 일번다시를 준비한다.
2. 새우의 머리는 떼고 꼬리의 한 마디만 남게 껍질을 벗겨 이쑤시개로 등 쪽 내장을 제거한 다음, 물에 씻어 물기를 닦고 꼬리 끝의 물총은 어슷하게 자르며 배 부분에 칼집을 넣어 눌러서 반듯하게 펴준다.
3. 학꽁치는 비늘과 내장을 제거하여 세장뜨기하고 겉껍질 제거 후 껍질 부분에 칼집을 넣어 오그라들지 않게 한다.
4. 바다장어는 잘 손질한 후 껍질 부분에 칼집을 넣어 자른다.
5. 갑오징어는 껍질을 벗기고 앞뒤로 대각선 방향으로 ×자 모양의 잔 칼집을 넣는다.
6. 연근은 껍질을 벗기고 0.5cm 두께로 썰어 씻은 후 물에 담가 놓는다.
7. 생표고버섯은 기둥을 떼어 별 모양의 칼집을 넣어주고 청피망은 4×2cm 크기로 잘라 모서리를 정리한다.
8. 양파는 1cm 정도 두께로 썰어 대꼬챙이를 꽂아 준비한다.
9. 실파는 송송 썰어 준비하고, 무와 생강은 각각 강판에 갈고 레몬은 반달 모양으로 다듬어 야쿠미로 준비한다.
10. 덴쯔유는 일번다시, 설탕, 간장, 청주를 섞어 한 번 끓인다.
11. 달걀노른자를 풀고 찬물(얼음물)을 섞은 후 밀가루와 1:1 비율로 섞어 튀김옷을 만든다.
12. 재료에 밀가루를 묻혀 튀김옷을 입히고 180℃ 정도의 기름에서 튀긴다.
13. 접시에 종이를 모양내어 깔고 튀긴 재료를 보기 좋게 담아 덴다시와 야쿠미를 곁들여낸다.

조리 Point

- 튀김은 기름이 빠지도록 약간 세워서 놓고 완성 접시에 뒤에서부터 양파, 연근, 생선류, 새우, 청피망 순서로 세워서 보기 좋게 담는다.
- 양파는 대꼬챙이를 꽂아 고정하고, 새우는 구부러지지 않게 튀겨낸다.

26 생선 모둠회

刺身盛り合わせ ; さしみもりあわせ ; 사시미모리아와세

추천시간 30분

재료 및 분량

붉은색 참치살(아까미) 60g, 광어(껍질 있는 것, 3×8cm 이상) 50g, 도미살 50g, 학꽁치 또는 꽁치, 전어 1/2마리, 무(둥근 모양으로 길이 7cm 이상) 400g, 당근(둥근 모양) 60g, 무순 5g, 고추냉이(와사비분) 10g, 오이(가늘고 곧은 것, 20cm 정도) 1/3개, 레몬 1/8쪽, 청차조기잎(시소) 또는 깻잎 4장(2장)

만드는 법

① 참치는 면포로 감싸 물기를 제거한다.
② 학꽁치는 비늘, 머리, 내장을 제거하고 세장뜨기하여 껍질을 벗긴 후 물에 씻어 물기를 제거하고 면포로 말아둔다.
③ 광어는 손질 후 껍질을 벗기고 도미살과 면포에 감싸둔다.
④ 무는 얇게 돌려깎기(가쯔라무끼)하여 곱게 채를 썰고 여러 번 헹구어 찬물에 담근다.
⑤ 오이는 5×1×0.5cm 크기로 자른 후 0.5~1cm 길이를 남기고 0.2cm 간격으로 네 번의 칼집을 넣고 다섯 번째에 썬다. 양끝에서 두 번째 부분을 바깥쪽으로 끼워 넣어 왕관 모양을 만든 후 찬물에 담가 둔다.
⑥ 당근은 나비 모양을 만들어 찬물에 담가 둔다.
⑦ 와사비는 차가운 물로 개어 모양을 잡아 놓고, 레몬은 반달 모양으로 3쪽 준비한다.
⑧ 청차조기잎은 찬물에 담가 두고 무순은 끝부분을 잘라 다듬어 준비한다.
⑨ 무의 물기를 뺀 후 주먹으로 무채를 모아 잡아서 기둥을 세우고, 접시 바닥에도 무채를 깔아 청차조기잎을 깔아준다.
⑩ 세워 놓은 무채를 중심으로 생선을 3쪽씩 적당한 크기(10~15g)로 포를 떠 접시에 보기 좋게 담는다.
⑪ 레몬, 무순, 오이(왕관 모양), 당근(나비 모양) 등으로 보기 좋게 장식하여 와사비를 곁들인다.

조리 Point

- 학꽁치 대신 전어가 제공될 때는 비늘, 머리, 내장을 제거한 후 세장뜨기하여 등 쪽에 칼집을 내서 담거나 나뭇잎 모양으로 담는다.
- 도미가 껍질째 제공되면 껍질 쪽에 뜨거운 물을 끼얹어 얼음물(찬물)에 담가 물기를 제거한 후 칼집을 내어 준비한다.

27 소고기 양념튀김

牛肉のエ揚げ;
ぎゅうにくのからあげ;
규니쿠노카라아게

추천시간 30분

재료 및 분량

소고기(등심) 100g, 실파(1뿌리) 20g, 참기름 5ml, 달걀 1개, 마늘(중, 깐 것) 1쪽, 녹말가루(감자전분) 30g, 밀가루(박력분) 30g, 소금(정제염) 2g, 당면 10g, 파슬리(잎, 줄기 포함) 1줄기, 레몬 1/4개, 식용유 500ml, 한지(25cm 사각 또는 A4용지) 2장, 청주 5ml

만드는 법

1. 파슬리는 찬물에 담가놓고, 레몬은 모양 있게 다듬어 준비한다.
2. 마늘은 다져놓고 실파는 송송 썰어 찬물에 헹궈 진을 제거한 다음 물기를 제거한다.
3. 소고기는 결의 반대방향으로 0.1~0.2cm 두께로 가늘게 채썬다.
4. 채썬 소고기에 소금, 청주, 다진 마늘, 참기름을 넣어 밑간을 한다.
5. 밑간을 한 소고기에 달걀 노른자를 풀어 넣고 밀가루, 전분을 1:1로 넣어 되직하게 반죽한다.
6. 반죽에 송송 썰어놓은 실파를 넣고 파란색이 잘 보이도록 버무린다.
7. 기름을 180℃ 정도로 충분히 달군 다음 당면을 넣어 부풀어 오르도록 튀긴다.
8. 달궈진 기름은 식용유를 추가하여 온도를 낮추어 160℃ 정도가 되면 소고기 반죽을 왼손으로 잡고 호두알 크기로 밀어올려 오른손으로 한 개씩 넣고 튀긴다.
9. 접시에 종이를 알맞은 크기로 모양내어 접어 깔고 그 위에 튀긴 당면을 얹은 뒤, 튀긴 고기를 보기 좋게 얹어 파슬리와 레몬을 오른쪽에 장식하여 낸다.

조리 Point

- 소고기를 튀기기 전에 높은 온도(180℃ 정도)에서 튀겨야 당면을 바삭하게 튀길 수 있다.
- 소고기는 온도가 너무 낮으면 기름을 흡수하고 너무 높으면 속이 익지 않으므로 160℃ 정도에서 서서히 튀긴다.

28 전골냄비(스끼야끼)

鋤燒き ; すきやき ; 스끼야끼

추천시간 40분

재료 및 분량

소고기(등심) 100g, 대파(흰 부분, 10cm) 1토막, 판두부 50g, 우엉 40g, 생표고버섯(1개) 20g, 팽이버섯 30g, 배추 70g, 양파(중, 150g 정도) 1/2개, 실곤약 30g, 죽순 30g, 건다시마(5×10cm) 1장, 쑥갓 30g, 달걀 1개, 청주 30ml, 흰설탕 30g, 진간장 50ml, 식용유 10ml

- **전골 양념장(다래)** : 다시마 국물 1컵, 간장 3큰술, 설탕 2큰술, 청주 2큰술

만드는 법

1. 건다시마는 젖은 면포로 닦아 찬물에 넣고 끓여서 준비한다.
2. 쑥갓은 찬물에 담가 놓고, 소고기는 별도의 그릇에 담아 놓는다.
3. 우엉은 칼등으로 껍질을 벗긴 후 사사가끼(연필 깎듯이 돌려 가늘게 써는 모양)하여 찬물에 담가 떫은 맛을 없앤다.
4. 실곤약, 죽순은 끓는 물에 데쳐서 찬물에 헹군다.
5. 양파는 반달 모양으로 잘라 0.5cm 두께로 썰고, 대파는 0.5cm 두께로 어슷하게 썰어 준비한다.
6. 배추는 5×3cm 크기로 썰어 줄기와 잎 부분을 따로 분리하고 죽순은 빗살무늬를 살려 0.2cm 두께로 썬다.
7. 생표고버섯은 기둥을 떼고 별 모양으로 칼집을 넣고, 팽이버섯은 밑동을 잘라 가닥가닥 뜯는다.
8. 두부는 1.5cm 두께의 직사각형으로 잘라 달군 석쇠에 구워 찬물에 헹군 후 자른다.
9. 소고기는 결의 직각으로 0.2cm로 넓고 얇게 썰어 준비되어 있는 재료들을 접시 뒷부분부터 보기 좋게 담고 앞쪽으로 소고기를 담는다.
10. 냄비에 청주(2큰술)를 넣어 한 번 끓이고 설탕(2큰술), 간장(3큰술), 다시마 국물(1컵)을 넣어 전골 양념장(다래)를 만든다.
11. 전골냄비에 기름을 둘러 단단한 채소부터 넣어 볶다가 전골 양념장(다래)을 끼얹어가며 쑥갓을 제외한 채소를 다 볶은 후 소고기를 넣어 볶아 익으면 쑥갓을 얹어 불을 끈다.
12. 생달걀은 노른자가 터지지 않게 깨서 알끈을 제거하여 흰자와 함께 별도의 그릇에 담아 소스로 곁들여 제출한다.

조리 Point

- 소고기는 너무 오래 익히면 질기고 뻣뻣해지므로 핏물이 가실 정도만 익힌다.
- 두부는 석쇠에 붙지 않도록 석쇠를 먼저 달군 후 노릇하게 구워 찬물에 헹군다.

29 튀김두부 揚出豆腐 ; あげだしどうふ ; 아게다시도후

추천시간 25분

재료 및 분량

연두부(300g 정도) 1모, 녹말가루(감자전분) 100g, 실파(1뿌리) 20g, 김 1/4장, 무 100g, 가다랑어포(가쓰오부시) 10g, 건다시마(5×10cm) 1장, 진간장 50ml, 식용유 500ml, 맛술(미림) 50ml

- **튀김다시(덴다시)** : 일번다시 1컵, 간장 3큰술, 맛술 3큰술

만드는 법

1. 건다시마를 젖은 면포로 닦은 후 찬물(1.5컵)에 넣어 끓어오르면 건져내고 가다랑어포를 넣고 불을 끈다. 10~15분 후에 면포에 걸러 일번다시를 준비한다.
2. 연두부는 부서지지 않도록 4×5×4cm 크기로 썰어 물기를 제거한다.
3. 냄비에 일번다시(1컵), 간장(3큰술), 맛술(3큰술)을 넣고 살짝 끓여 튀김다시를 준비한다.
4. 무는 강판에 갈아 무즙(오로시)을 만들어 물기를 적게 하여 튀김다시에 섞는다.
5. 실파는 푸른 잎 부분을 송송 썰어 물에 살짝 씻은 후 물기를 제거한다.
6. 김은 살짝 구워 3cm 길이로 최대한 가늘게 채썰어(하리노리) 준비한다.
7. 기름 온도가 150℃ 정도 올라오면 연두부에 감자전분을 묻혀 여분의 가루를 털어내고 연두부를 튀긴다.
8. 튀긴 두부는 키친타월 위에 올려 기름기를 뺀다.
9. 그릇에 튀긴 두부를 가지런히 놓고 무즙을 섞은 튀김소스를 끼얹는다.
10. 여기에 실파와 김을 고명(덴모리)으로 얹어 제출한다.

조리 Point

- 연두부는 물기를 충분히 제거하고 튀기기 직전에 감자전분을 묻혀 감자전분이 두부에 약간 흡수된 후 튀기는 것이 좋다(감자전분을 미리 묻혀 놓으면 튀길 때 갈라지기 쉽다).
- 연두부는 소스와 고명을 먼저 준비하고 마지막에 튀겨 바삭한 상태로 제출하도록 한다.

일식조리산업기사
과정평가형 원형문제 예시

• 시험시간 : 3시간 55분(면접 10분 포함) • 평가방법 : 작업·면접형

- 2차 시험 평가는 전 과정을 응시하여야 함.
  - 제1과제 : 일식 냄비 조리, 일식 흰살생선회 조리, 일식 굳힘 조리, 일식 모둠초밥 조리
  - 제2과제 : 일식 롤초밥 조리, 일식 붉은살생선회 조리, 일식 패류회 조리, 일식 구이 조리, 일식 튀김 조리
  - 제3과제 : 면접(메뉴, 위생, 안전관리 등)

1. 유의사항

※ **공통사항**

1. 조리에 필요한 장비 및 기구의 이상 유무를 반드시 확인하여야 합니다.
2. 작업형 과제(1과제, 2과제)와 면접은 별도로 시행되며, 3과제 면접을 위하여 격리된 수험자 대기 장소를 별도로 준비하여야 합니다.
3. 시험시간 내에 요구사항을 완성하지 못한 경우에도 제출 시 채점을 합니다.
4. 조리작업 중 화재·안전 및 위생을 위해 조리화와 조리복 착용 및 안전교육을 실시합니다.
5. 다음 각 항에 해당되는 경우에는 채점대상에서 제외합니다.
   - 1차 평가에 응시하지 아니한 경우
   - 2차 평가에 있어 모든 과정에서 응시하지 아니한 경우
   - 시험시간 내에 요구사항을 완성하지 못한 경우
   - 시험시간 내에 제출된 작품이라도 허용기준치를 현저히 초과 또는 작동이 안 되는 경우
   - 기타 채점대상에 제외되는 조건
6. 시행 진행 과정

제1과제	일식 냄비 조리, 일식 흰살생선회 조리, 일식 굳힘 조리, 일식 모둠초밥 조리	1시간 50분
제2과제	일식 롤초밥 조리, 일식 붉은살생선회 조리, 일식패류회 조리, 일식 구이 조리, 일식 튀김 조리	1시간 50분
제3과제	면접(메뉴, 위생, 안전관리 등)	10분

※ 평가시행 전 준비사항

- 시설 : 가스(전기)레인지, 냉동냉장고, 개수대, 조리대, 믹서(블랜더), 샐러맨더(Salamander)
- 재료 : 도미된장냄비, 도미엷은생선회와 도미껍질굳힘, 도미초밥, 오이와 매실장아찌롤초밥, 참치타다키와 뿔소라회, 우엉장어말이구이, 닭고기양념튀김(가라아게)에 사용될 재료
- 시험방법 : 작업형 과제와 면접을 총 3시간 50분 동안 시행
- 기타
  - 작업형 조리 과제의 시작 전 모든 장비와 조리기구의 이상 유무를 사전에 확인합니다.
  - 지급 재료에 결함이 있는 경우 감독위원 확인 후 재지급합니다.
  - 시험 전 안전교육을 실시합니다.

※ 평가시행 중 유의사항

- 시설 : 가스(전기)레인지, 냉동냉장고, 개수대, 조리대, 믹서(블랜더), 샐러맨더(Salamander)
- 재료 : 도미된장냄비, 도미엷은생선회와 도미껍질굳힘, 도미초밥, 오이와 매실장아찌롤초밥, 참치타다키와 뿔소라회, 우엉장어말이구이, 닭고기양념튀김(가라아게)에 사용될 재료
- 좌석배치 : 시험장 공간에 따라 진행상 무리가 없도록 배치
- 진행방법 : 모든 과제와 면접은 3시간 50분간 진행합니다.
- 기타 : 장비의 이상으로 시험 진행이 불가능하여 수리 또는 교체 시 발생하는 지체시간에 대하여 감독위원의 합의 하에 추가시간을 부여합니다.

[제1과제] 일식 냄비 조리, 일식 흰살생선회 조리, 일식 굳힘 조리, 일식 모둠초밥 조리
[제2과제] 일식 롤초밥 조리, 일식 붉은살생선회 조리, 일식 패류회 조리, 일식 구이 조리, 일식 튀김 조리
[제3과제] 면접(메뉴, 위생, 안전관리 등)
- 면접평가를 완료한 수험자와 다른 과제 진행 중인 수험자 또는 면접평가 대기중인 수험자와의 접촉을 하지 못하도록 합니다.

※ 평가시행 후 유의사항

1. 각 과제가 종료되면, 문제지와 결과물을 모두 제출하도록 합니다.
2. 수험자가 작성, 제출한 결과물은 감독위원 입회하에 비번호를 기재하여 채점 전까지 철저히 관리하여야 합니다.
3. 각 과제가 종료되면, 본인이 사용한 장비는 원래의 상태로 정리정돈하며, 임의로 조작을 하지 않고 파손이 되지 않도록 정해진 위치에 두도록 합니다.

일식조리산업기사
과정평가형 2차 평가 제1과제 원형문제 예시

과제명 : (제1과제) 일식 냄비 조리, 일식 흰살생선회 조리, 일식 굳힘 조리, 일식 모둠초밥 조리

시험시간 : 1시간 50분

1. 요구사항

※ 다음의 요구사항을 시험시간 내에 완성하시오.

[일식 냄비 조리]
1) 도미된장냄비
※ 주어진 재료를 사용하여 다음과 같이 도미된장냄비를 만드시오.

가. 손질한 도미를 5~6cm로 자르고 머리는 반으로 갈라 소금을 뿌리시오.

나. 머리와 꼬리는 데친 후 불순물을 제거하시오.

다. 무, 당근, 배추는 삶고 다른 채소도 밑손질하시오.

라. 무는 은행잎, 당근은 매화꽃 모양으로 만드시오.

[일식 흰살생선회 조리, 일식 굳힘 조리]
2) 도미엷은생선회
※ 주어진 재료를 사용하여 다음과 같이 도미엷은생선회를 만드시오.

가. 도미를 오장뜨기 하시오.

나. 도미껍질을 사용하여 굳힘요리를 만드시오.

다. 도미를 찢어지지 않도록 주의하며 얇게 썰어 시계반대방향으로 담으시오.

라. 양념(야쿠미)과 초간장(폰즈)을 만드시오.

[일식 모둠초밥 조리]
3) 도미초밥
※ 주어진 재료를 사용하여 다음과 같이 도미초밥을 만드시오.

가. 도미를 초밥용으로 손질하시오.

나. 초밥초(스시스)를 만들어 밥에 간하여 식히시오.

다. 곁들일 초생강을 만드시오.

라. 쥠초밥(니기리스시)을 만드시오.

마. 도미초밥은 8개를 만들어 제출하시오.

바. 간장을 곁들여 내시오.

2. 수험자 유의사항

1) 2차 평가는 작업형과 면접형 모두 응시하여야 합니다.
2) 시험 시작 전 지급된 재료의 이상 유무를 확인하여 이상이 있을 경우 감독위원의 확인을 받은 후 시행합니다(단, 지급된 재료는 시험 시작 후 재지급하지 않습니다).
3) 지정된 수험자지참준비물 이외의 조리기구나 재료를 시험장 내에 지참할 수 없습니다.
4) 요구사항의 규격은 지급된 재료의 크기에 따라 가감할 수 있습니다.
5) 조리작품 만드는 순서는 틀리지 않게 하여야 합니다.
6) 숙련된 기능으로 맛을 내야하므로 조리 작업 시 음식의 맛을 보지 않아야 합니다.
7) 감독위원의 지시에 따라 작업에 임하며, 각 과제별 작업은 안전사항을 준수하여야 합니다.
8) 시험이 종료되면 작업을 즉시 멈추고 작품을 제출하여야 합니다.
9) 다음 각 항에 해당하는 경우에는 해당 과제는 0점으로 처리합니다.
    가) 반드시 모든 요구사항의 작업을 수행하여야 하며, 응시하지 않은 경우
    나) 기능의 미숙으로 안전사고, 기자재 손상 등이 우려되는 경우
    다) 요구사항 또는 시험위원의 지시사항과 다른 작업을 하는 경우
    라) 요구사항을 이해하지 못하여 작업이 불가능한 경우
10) 다음 각 항에 해당하는 경우(부정행위)에는 채점대상에서 제외합니다.
    가) 수험자 간에 대화를 하거나 타인의 조리과정을 보고 따라하거나 보여주는 경우
    나) 타인의 도움을 받아 작업을 완료한 경우
    다) 휴대폰 또는 기타 통신기기를 휴대하여 사용하는 경우
    라) 작업이 극히 미숙하여 본인 및 타인에게 위험한 상황을 유발할 수 있는 경우
    마) 기타 시험과 관련된 부정행위를 하는 경우
    바) 작업완료를 선언한 후 임의로 작품을 수정하는 경우
    사) 1차 평가에 응시하지 아니한 경우
    아) 2차 평가에 있어 모든 과정에 응시하지 아니한 경우
    자) 시험시간 내에 제출된 작품이라도 허용기준치를 현저히 초과 또는 작동이 안 되는 경우

3. 지급재료 목록

일련번호	재료명	규격	단위	수량	비고	해당 조리
1	도미 (머리, 꼬리)	0.8kg 이상	마리	1	1과제 공통사용 도미 중 도미머리와 꼬리만 사용	도미된장냄비
2	배추		g	70		
3	무		g	110		

일련번호	재료명	규격	단위	수량	비고	해당 조리
4	당근		g	60	둥근 모양으로 잘라서 지급	도미된장냄비
5	대파		토막	1	흰 부분 15cm	
6	판두부		g	60		
7	죽순		g	50		
8	건다시마	5X10cm	장	1		
9	팽이버섯		g	30		
10	생표고버섯		g	20	1개	
11	쑥갓		g	30		
12	소금	정제염	g	10		
13	청주		ml	20		
14	고춧가루		g	5	고운 것	
15	적된장		g	60		
16	도미(살)	0.8kg 이상	마리	1	1과제 공통사용 도미 중 생선살의 1/2 사용	도미얇은생선회
17	식초		ml	30		
18	진간장		ml	30		
19	청주		ml	20		
20	맛술(미림)		ml	20		
21	무		g	20	길이 7cm이상, 둥근 모양으로 지급	
22	고추가루		g	2		
23	건다시마	5X10cm	장	1		
24	가다랑어포		g	1.5		
25	레몬		쪽	1/8		
26	청차조기잎(시소)		장	1	깻잎으로 대체 가능(깻잎 1장)	
27	통생강		g	10		
28	실파		g	10		
29	젤라틴		장	2		
30	도미(살)	0.8kg 이상	마리	1	1과제 공통사용 도미 중 생선살의 1/2 사용	도미초밥
31	밥		g	200	완성된 밥	
32	청차조기잎(시소)		장	1	깻잎으로 대체 가능	
33	통생강		g	30		
34	고추냉이		g	20	와사비분	
35	식초		ml	70		
36	흰설탕		g	50		
37	소금	정제염	g	20		
38	진간장		ml	20		

🍳 도미된장냄비, 도미얇은생선회, 도미초밥 만드는 법

❶ 찬물 5컵(1리터) 정도에 건다시마를 넣고 끓으면 불을 끄고 다시마를 건진 후 2컵(400ml) 정도는 가다랑어포를 넣고 10~15분 후에 면포에 걸러 굳힘요리, 초간장(폰즈)용으로 준비한다.

❷ 쑥갓, 청차조기잎(시소)은 찬물에 담근다.

❸ 도미는 피, 비늘을 제거 후 씻고, 아가미 쪽에 칼집을 넣고 꼬리 쪽으로 배에 칼집을 넣어 아가미와 내장을 제거한다.

❹ 도미머리, 몸통, 꼬리로 3등분한다.

❺ 몸통은 물기를 제거 후 오장뜨기하여 등 쪽의 한쪽은 마쯔카와하고, 3쪽은 껍질을 벗긴다(마쯔카와는 껍질 쪽만 뜨거운 물을 끼얹어 빠르게 얼음물(찬물)에 식혀 물기를 제거한다).

❻ 4쪽의 살 부분은 깨끗하게 면포에 싸놓는다.

❼ 머리는 반으로 가르고, 꼬리는 손질 후 X자로 칼집을 넣고, 5~6cm 정도로 손질하여 소금을 뿌려 놓는다.

❽ 껍질 데칠 물을 올리고 껍질을 손질 후 소금을 넣고 데쳐내어 물기를 제거하여 채를 썰어 놓는다.

❾ 젤라틴을 물에 불리고, 통생강은 껍질을 제거 후 얇게 돌려깎기하여 곱게 채를 썰어(하리쇼가) 찬물에 담가 놓는다.

❿ 실파는 잎을 송송 곱게 썰어 물에 헹구어 놓고, 젤라틴은 찬물에 불려 놓는다.

⓫ 냄비에 다시물 1컵(200ml) 정도, 젤라틴 2장을 넣고 끓으면 불을 줄이고, 도미껍질, 생강채, 실파를 넣고 간장으로 색깔을 내며 청주, 맛술, 소금으로 간을 하여 불을 끄고 거품을 걷어낸다.

⓬ 굳힘틀(나가시깡)에 담아 냉장고에 빠르게 넣어 굳힘을 한다.

⓭ 식초(4큰술), 설탕(2큰술), 소금(1큰술) 정도를 넣고 초밥초(스시스)를 만든다.

⓮ 초밥용 밥이 뜨거울 때 밥 200g에 초밥초(스시스) 1큰술을 넣어 나무주걱으로 밥알이 깨지지 않게 골고루 잘 섞어 사람의 체온 정도로 식힌 후 젖은 면포로 덮어둔다.

⓯ 냄비에 데칠 물을 올리고, 무는 양념(야쿠미)용을 남겨 놓고 무, 당근을 60~80% 정도 삶아 무는 은행잎 모양, 당근은 매화꽃 모양으로 만든다.

⓰ 통생강은 껍질을 벗긴 후 얇게 편 썰고 소금에 절여 끓는 물에 데친 후 남은 초밥초(스시스)에 담가 초생강을 만든다.

⓱ 7cm 정도의 무는 껍질을 벗긴 후 얇게 돌려깎기하여 곱게 채를 썰어 물에 여러 번 씻고 찬물에 담근다.

⓲ 두부는 2×2.5×4cm 정도의 크기로 썰어 놓는다.

⓳ 대파는 5cm 정도로 어슷썰고, 생표고버섯은 별 모양으로 칼집을 내고, 팽이버섯은 밑동을 자른다.

⓴ 배추, 쑥갓(줄기)은 데쳐서 배추 속에 쑥갓을 넣어 김발로 말아 어슷하게 썬다.

㉑ 죽순은 빗살무늬를 살려 0.2cm 정도 두께로 썰어 살짝 데쳐 찬물에 담가 놓는다.

㉒ 도미 머리, 꼬리는 끓는 물에 살짝 데친 후 찬물에 씻어 비늘과 불순물을 제거한다.

㉓ 무는 강판에 갈아서 즙을 만들어 찬물에 살짝 한 번 씻고, 물기를 짜서 고운 고춧가루로 붉게 색을 낸다.
㉔ 레몬을 손질하여 빨간무즙, 실파를 담아 양념(야쿠미)을 담는다.
㉕ 다시마 국물(2큰술), 식초(2큰술), 간장(2큰술)을 넣고 초간장(폰즈)을 담는다.
㉖ 분말의 고추냉이(와사비)는 찬물과 1 : 1 정도로 개어놓는다.
㉗ 냄비에 재료들을 보기 좋게 담고 다시마국물을 재료가 잠길 만큼 부어서 끓이다가 적된장, 고춧가루, 청주로 간을 한다.
㉘ 뜨는 거품(불순물)은 걷어내고 남은 쑥갓을 올려 완성 후 불을 끈다.
㉙ 껍질 벗긴 도미 1/2를 찢어지지 않도록 주의하며 얇게 썰어 시계반대방향으로 담고 무갱, 청차조기잎(시소)을 깔고 도미껍질굳힘을 잘라 함께 담는다.
㉚ 도미 1/2를 7×3×0.5cm 정도 크기로 비스듬히 포를 8개 뜬다.
㉛ 손에 식초물을 묻히고, 오른손으로 초밥을 가볍게 쥐어 검지에 와사지를 묻히고, 왼손에 도미생선살을 놓고 와사비를 발라 초밥을 얹어 모양을 잡는다. 쥔초밥(니기리스시)은 손에 살짝 쥐어 밥알이 깨지지 않도록 유의한다.
㉜ 접시에 청차조기잎(시소)을 깔고 쥔초밥을 45도 정도의 각도로 8개를 만들어 두 줄로 나란히 담은 후 초생강, 와사비를 곁들인다.
㉝ 초밥용 간장을 곁들여낸다.

01 도미된장냄비 (鍋の味鍋 ; たいのみそなべ ; 타이노미소나베)

요구사항

※ 주어진 재료를 사용하여 다음과 같이 도미된장냄비를 만드시오.
가. 손질한 도미를 5~6cm로 자르고 머리는 반으로 갈라 소금을 뿌리시오.
나. 머리와 꼬리는 데친 후 불순물을 제거하시오.
다. 무, 당근, 배추는 삶고 다른 채소도 밑손질하시오.
라. 무는 은행잎, 당근은 매화꽃 모양으로 만드시오.

수험자 유의사항

p. 106 참조

지급재료목록

도미(머리, 꼬리) 0.8kg 이상 1마리(1과제 공통사용 도미 중 도미머리와 꼬리만 사용), 배추 70g, 무 110g, 당근 60g(둥근 모양으로 잘라서 지급), 대파 1토막(흰 부분 15cm), 판두부 60g, 죽순 50g, 건다시마(5×10cm) 1장, 팽이버섯 30g, 생표고버섯 20g(1개), 쑥갓 30g, 소금(정제염) 10g, 청주 20ml, 고춧가루 5g(고운 것), 적된장 60g

• 도미된장냄비 양념 : 다시마 국물 500ml, 적된장 2큰술, 고춧가루 1작은술, 청주 1큰술

도미된장냄비 만드는 법

1. 찬물 3컵(600ml) 정도에 건다시마를 넣고 끓으면 불을 끄고 다시마를 건진 후 면포에 걸러 다시마 국물을 준비한다.
2. 쑥갓은 찬물에 담근다.
3. 도미는 피, 비늘을 제거한 후 씻고, 아가미 쪽에 칼집을 넣고 꼬리 쪽으로 배에 칼집을 넣어 아가미와 내장을 제거한다.
4. 몸통은 별도(다른 메뉴)로 두고 도미머리와 꼬리를 손질한다.
5. 도미머리는 반으로 가르고, 꼬리는 손질 후 X자로 칼집을 넣고, 5~6cm 정도로 손질하여 소금을 뿌려 놓는다.
6. 냄비에 데칠 물을 올리고, 무는 양념(야쿠미)용을 남겨 놓고 무, 당근을 60~80% 정도 삶아 무는 은행잎 모양, 당근은 매화꽃 모양으로 만든다.
7. 두부는 2×2.5×4cm 정도의 크기로 썰어 놓는다.
8. 대파는 5cm 정도로 어슷썰고, 생표고버섯은 별 모양으로 칼집을 내고, 팽이버섯은 밑동을 자른다.
9. 배추, 쑥갓(줄기)은 데쳐서 배추 속에 쑥갓을 넣어 김발로 말아 어슷하게 썬다.
10. 죽순은 빗살무늬를 살려 0.2cm 정도 두께로 썰어 살짝 데쳐 찬물에 담가 놓는다.
11. 도미 머리, 꼬리는 끓는 물에 살짝 데친 후 찬물에 씻어 비늘과 불순물을 제거한다.
12. 냄비에 재료들을 보기 좋게 담고 다시마 국물을 재료가 잠길 만큼 부어서 끓이다가 적된장, 고춧가루, 청주로 간을 한다(도미, 채소류가 모두 익어야 한다).
13. 뜨는 거품(불순물)은 걷어내고 남은 쑥갓을 올려 완성 후 불을 끈다.

▶ 도미를 손질한다.

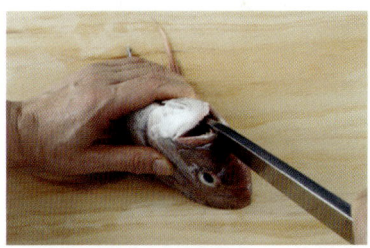
▶ 도미머리를 반으로 자른다.

▶ 도미를 데쳐 불순물을 제거한다.

▶ 채소 데친 후 무, 당근으로 모양을 만든다.

POINT

* 도미를 순서에 맞게 손질하고 머리, 꼬리를 5~6cm 정도 자른 후 소금을 뿌리고 끓는 물에 데친다.
* 배추말이는 물기를 꼭 짜서 제거해야 국물색이 탁하지 않다.

02 도미얇은생선회 (鍋の薄造り；たいのうすつくり；타이노우스쯔꾸리)

요구사항

※ 주어진 재료를 사용하여 다음과 같이 도미얇은생선회를 만드시오.

가. 도미를 오장뜨기 하시오.
나. 도미껍질을 사용하여 굳힘요리를 만드시오.
다. 도미를 찢어지지 않도록 주의하며 얇게 썰어 시계반대방향으로 담으시오.
라. 양념(야쿠미)과 초간장(폰즈)을 만드시오.

수험자 유의사항

p. 106 참조

지급재료목록

도미(살) 0.8kg 이상 1마리(1과제 공통사용 도미 중 생선살의 1/2 사용), 식초 30ml, 진간장 30ml, 청주 20ml, 맛술(미림) 20ml, 무 20g(길이 7cm 이상, 둥근 모양으로 지급), 고춧가루 2g, 건다시마(5×10cm) 1장, 가다랑어포 5g, 레몬 1/8쪽, 청자조기잎(시소) 1장(깻잎 1장으로 대체 가능), 통생강 10g, 실파 10g, 젤라틴 2장

- 양념(야쿠미) : 무 간 것 1/2 큰술, 고춧가루 1/3작은술, 실파, 레몬
- 초간장(폰즈) : 다시마 국물 2 큰술, 식초 2큰술, 간장 2큰술

도미얇은생선회 만드는 법

1. 찬물 2컵(400ml) 정도에 건다시마를 넣고 끓으면 불을 끄고 다시마를 건진 후 가다랑어포를 넣고 10~15분 후에 면포에 걸러 굳힘요리, 초간장(폰즈)용으로 준비한다.
2. 청차조기잎(시소)은 찬물에 담근다.
3. 도미는 피, 비늘을 제거한 후 씻고, 아가미 쪽에 칼집을 넣고 꼬리 쪽으로 배에 칼집을 넣어 아가미와 내장을 제거한다.
4. 도미머리, 몸통, 꼬리로 3등분한다.
5. 도미머리, 꼬리는 별도(다른 메뉴)로 두고 몸통은 물기를 제거 후 세장뜨기하여 도미의 1/2쪽을 2등분하여 오장뜨기가 된 2쪽은 껍질을 벗긴다.
6. 껍질을 벗긴 2쪽의 살 부분은 깨끗하게 면포에 싸놓는다.
7. 껍질 데칠 물을 올리고 껍질을 손질 후 소금을 넣고 데쳐내어 물기를 제거하여 채를 썰어 놓는다.
8. 젤라틴을 물에 불리고, 통생강은 껍질을 제거 후 얇게 돌려깎기하여 곱게 채를 썰어(하리쇼가) 찬물에 담가 놓는다.
9. 실파는 잎을 송송 곱게 썰어 물에 헹구어 놓고, 젤라틴을 찬물에 불린다.
10. 냄비에 일번다시 1컵(200ml) 정도, 젤라틴 2장을 넣고 끓으면 불을 줄이고, 도미껍질, 생강채, 실파를 넣고 간장으로 색깔을 내고 청주, 맛술, 소금으로 간을 하고 불을 끄고 거품을 걷어낸다.
11. 굳힘틀(나가시깡)에 담아 냉장고에 빠르게 넣어 굳힘을 한다.
12. 7cm 정도의 무는 껍질을 벗긴 후 얇게 돌려깎기하여 곱게 채를 썰어 물에 여러 번 씻고 찬물에 담근다.
13. 남은 무는 강판에 갈아서 즙을 만들어 찬물에 살짝 한 번 씻고, 물기를 짜고 고운 고춧가루로 붉게 색을 낸다.
14. 레몬을 손질하여 빨간무즙, 실파를 담아 양념(야쿠미)을 담는다.
15. 다시마 국물(2큰술), 식초(2큰술), 간장(2큰술) 정도로 초간장(폰즈)을 담는다.
16. 껍질 벗긴 도미 1/2를 찢어지지 않도록 주의하며 얇게 썰어 시계반대방향으로 담고 무갱, 청차조기잎(시소)을 깔고 도미껍질굳힘을 잘라 함께 담는다.
17. 완성된 도미얇은생선회와 양념(야쿠미), 초간장(폰즈)를 함께 제출한다.

▶ 도미를 손질한다.

▶ 도미가시부분을 제거한다.

▶ 도미의 껍질을 벗긴다.

▶ 도미의 껍질을 데쳐 낸다.

POINT

* 도미껍질굳힘은 최대한 빨리 준비하여 냉장고에 빨리 넣어 굳힘을 하여야 한다.
* 도미얇은생선회는 모양을 잘 살려 시계반대방향으로 얇고 일정하게 뜨도록 한다.

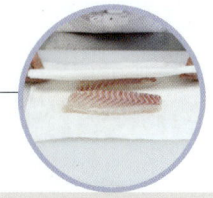

03 도미초밥 (鯛司 ; たいすし ; 타이스시)

요구사항
※ 주어진 재료를 사용하여 다음과 같이 도미초밥을 만드시오.
가. 도미를 초밥용으로 손질하시오.
나. 초밥초(스시스)를 만들어 밥에 간하여 식히시오.
다. 곁들일 초생강을 만드시오.
라. 쥔초밥(니기리스시)을 만드시오.
마. 도미초밥은 8개를 만들어 제출하시오.
바. 간장을 곁들여 내시오

수험자 유의사항
p. 106 참조

지급재료목록

도미(살) 0.8kg 이상 1마리(1과제 공통사용 도미 중 생선살의 1/2 사용), 밥 200g(완성된 밥), 청차조기잎(시소) 1장(깻잎으로 대체 가능), 통생강 30g, 고추냉이 20g(와사비분), 식초 70ml, 흰설탕 50g, 소금(정제염) 20g, 진간장 20ml

- **초밥초(스시스)** : 식초 4큰술, 설탕 2큰술, 소금 1큰술

도미초밥 만드는 법

1. 청차조기잎(시소)은 찬물에 담근다.
2. 도미는 피, 비늘을 제거한 후 씻고, 아가미 쪽에 칼집을 넣고 꼬리 쪽으로 배에 칼집을 넣어 아가미와 내장을 제거한다.
3. 도미머리, 몸통, 꼬리로 3등분한다.
4. 도미머리, 꼬리는 별도(다른 메뉴)로 두고 몸통은 물기를 제거 후 세장뜨기하여 도미의 1/2쪽을 2등분하여 오장뜨기가 된 배쪽 1쪽은 껍질을 벗기고 등쪽 1쪽은 마쯔카와를 한다(마쯔카와는 껍질 쪽만 뜨거운 물을 끼얹어 빠르게 얼음물(찬물)에 식혀 물기를 제거한다).
5. 2쪽의 살 부분은 깨끗하게 면포에 싸놓는다.
6. 식초(4큰술), 설탕(2큰술), 소금(1큰술) 정도를 넣고 초밥초(스시스)를 만든다.
7. 초밥용 밥이 뜨거울 때 밥 200g에 초밥초(스시스) 1큰술을 넣어 나무주걱으로 밥알이 깨지지 않게 골고루 잘 섞어 사람의 체온 정도로 식힌 후 젖은 면포로 덮어둔다.
8. 통생강은 껍질을 벗긴 후 얇게 편 썰고 소금에 절여 끓는 물에 데친 후 남은 초밥초(스시스)에 담가 초생강을 만든다.
9. 분말의 고추냉이(와사비)는 찬물과 1 : 1 정도로 개어놓는다.
10. 도미 1/2를 7×3×0.5cm 정도 크기로 비스듬히 포를 8개 뜬다.
11. 손에 식초물을 묻히고, 오른손으로 초밥을 가볍게 쥐어 검지에 와사비를 묻히고, 왼손에 도미생선살을 놓고 와사비를 발라 초밥을 얹어 모양을 잡는다. 쥔초밥(니기리스시)은 손에 살짝 쥐어 밥알이 깨지지 않도록 유의한다.
12. 접시에 청차조기잎(시소)을 깔고 쥔초밥을 45도 정도의 각도로 8개를 만들어 두 줄로 나란히 담은 후 초생강, 와사비를 곁들인다.
13. 초밥용 간장을 곁들여낸다.

▶ 도미의 배쪽뼈 부분을 제거한다.

▶ 가운데 뼈를 등쪽에 붙여 반으로 가른다.

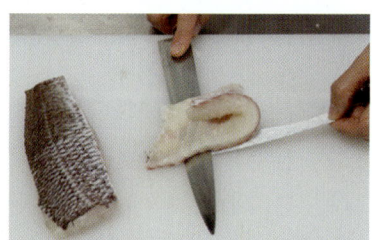
▶ 도미의 배쪽살은 껍질을 벗긴다.

▶ 도미 마스가와 후 물기를 제거한다.

POINT

* 밥이 뜨거울 때 초밥초(스시스) 넣어 나무주걱으로 밥알이 깨지지 않게 골고루 잘 섞어 사람의 체온 정도로 식힌 후 젖은 면포로 덮어둔다.
* 초밥초는 설탕, 소금이 녹으면 바로 불을 끈다(식초는 끓이면 식초 맛이 날아간다).
* 초밥은 밥알이 깨지지 않도록 만들어야 한다

일식조리산업기사
과정평가형 2차 평가 제2과제 원형문제 예시

과제명 : (제2과제) 일식 롤초밥 조리, 일식 붉은살생선회 조리, 일식 패류회 조리, 일식 구이 조리, 일식 튀김 조리

시험시간 : 1시간 50분

1. 요구사항
※ 다음의 요구사항을 시험시간 내에 완성하시오.

[일식 롤초밥 조리]
1) 오이와 매실장아찌롤초밥
※ 주어진 재료를 사용하여 다음과 같이 오이와 매실장아찌롤초밥을 만드시오.

가. 김을 반장으로 자르시오.
나. 오이를 돌려깍기하여 김 길이에 맞춰 자르시오.
다. 매실에 염분을 뺀 후 체에 내리시오.
라. 와사비와 초생강을 준비하시오.
마. 오이롤초밥 6개, 매실장아찌롤초밥 6개, 모두 12개를 만들어 내시오.
바. 간장을 곁들여 제출하시오.

[일식 붉은살생선회 조리, 일식 패류회 조리]
2) 참치타다키와 뿔소라회
※ 주어진 재료를 사용하여 다음과 같이 참치타다키와 뿔소라회를 만드시오.

가. 뿔소라를 밑손질 하시오.
나. 참치에 소금을 뿌려 강한 불에 겉면만 빠르게 구우시오(타다키).
다. 무를 돌려깎기(가쯔라무끼) 한 후 가늘게 채썰어 사용하시오.
라. 당근은 나비 모양, 오이는 왕관 모양으로 장식하여 내시오.
마. 뿔소라는 껍질을 사용하여 담으시오.

[일식 구이 조리]
3) 우엉장어말이구이
※ 주어진 재료를 사용하여 다음과 같이 우엉장어말이구이를 만드시오.

가. 붕장어의 지느러미와 잔 가시를 제거한 후 데쳐 점액질을 제거하시오.
나. 우엉은 4등분하여 삶아 사용하시오.
다. 양념간장(다래)과 생강채(하리쇼가)를 준비하시오.
다. 쇠꼬챙이를 사용하여 굽고, 양념간장(다래)를 발라 완성하시오.

[일식 튀김 조리]

4) 닭고기양념튀김(가라아게)

※ 주어진 재료를 사용하여 다음과 같이 닭고기양념튀김(가라아게)를 만드시오.

가. 닭의 지방과 뼈를 제거하시오.

나. 닭에 양념을 하여 절인 다음 전분을 넣어 섞으시오.

다. 양념한 닭을 넣어 타지 않게 튀겨내시오.

2. 수험자 유의사항

1) 2차 평가는 작업형과 면접형 모두 응시하여야 합니다.
2) 시험 시작 전 지급된 재료의 이상 유무를 확인하여 이상이 있을 경우 감독위원의 확인을 받은 후 시행합니다(단, 지급된 재료는 시험 시작 후 재지급하지 않습니다).
3) 지정된 수험자지참준비물 이외의 조리 기구나 재료를 시험장내에 지참할 수 없습니다.
4) 요구사항의 규격은 지급된 재료의 크기에 따라 가감할 수 있습니다.
5) 조리작품 만드는 순서는 틀리지 않게 하여야 합니다.
6) 숙련된 기능으로 맛을 내야하므로 조리 작업 시 음식의 맛을 보지 않아야 합니다.
7) 감독위원의 지시에 따라 작업에 임하며, 각 과제별 작업은 안전사항을 준수하여야 합니다.
8) 시험이 종료되면 작업을 즉시 멈추고 작품을 제출하여야 합니다.
9) 다음 각 항에 해당하는 경우에는 해당 과제는 0점으로 처리합니다.
    가) 반드시 모든 요구사항의 작업을 수행하여야 하며, 응시하지 않은 경우
    나) 기능의 미숙으로 안전사고, 기자재 손상 등이 우려되는 경우
    다) 요구사항 또는 시험위원의 지시사항과 다른 작업을 하는 경우
    라) 요구사항을 이해하지 못하여 작업이 불가능한 경우
10) 다음 각 항에 해당하는 경우(부정행위)에는 채점대상에서 제외합니다.
    가) 수험자 간에 대화를 하거나 타인의 조리과정을 보고 따라하거나 보여주는 경우
    나) 타인의 도움을 받아 작업을 완료한 경우
    다) 휴대폰 또는 기타 통신기기를 휴대하여 사용하는 경우
    라) 작업이 극히 미숙하여 본인 및 타인에게 위험한 상황을 유발할 수 있는 경우
    마) 기타 시험과 관련된 부정행위를 하는 경우
    바) 작업완료를 선언한 후 임의로 작품을 수정하는 경우
    사) 1차 평가에 응시하지 아니한 경우
    아) 2차 평가에 있어 모든 과정에 응시하지 아니한 경우

3. 지급재료 목록

일련번호	재료명	규격	단위	수량	비고	해당 조리
1	오이		개	1/2		오이와매실장아찌롤초밥
2	고추냉이		g	15	와사비분	
3	청차조기잎(시소)		장	3	깻잎으로 대체 가능	
4	김	초밥김	장	1		
5	밥	완성된 밥	g	120		
6	통생강		g	30		
7	흰참깨	볶은 것	g	5		
8	식초		ml	70		
9	흰설탕		g	50		
10	소금	정제염	g	20		
11	진간장		ml	10		
12	매실장아찌		개	1		
13	붉은색참치살		g	60	아까미	참치타다키와뿔소라회
14	뿔소라		개	1	껍질 있는 것	
15	소금		g	20		
16	무		g	200	길이 7cm 이상, 둥근 모양으로 지급	
17	당근		g	60	둥근 모양으로 잘라서 지급	
18	무순		g	5		
19	고추냉이		g	10	와사비 분말	
20	오이	가늘고 곧은 것	개	1/3		
21	레몬		쪽	1/8		
22	청차조기잎(시소)		장	4	깻잎으로 대체 가능(깻잎 2장)	
	진간장		ml	20		
23	붕장어	작은 것	마리	1	뼈가 제거된 것	우엉장어말이구이
24	건다시마	5X10cm	장	1		
25	통생강		g	30		
26	후춧가루		g	5		

일련번호	재료명	규격	단위	수량	비고	해당 조리
27	진간장		ml	50		우엉장어말이구이
28	산초가루		g	3		
29	청주		ml	50		
30	소금	정제염	g	20		
31	식용유		ml	100		
32	흰설탕		g	30		
33	맛술(미림)		ml	50		
34	깻잎		장	1		
35	쇠꼬챙이	30cm 정도	개	4		
36	우엉	20Cm	개	1		
37	닭고기	300g 이상	개	1	닭다리 살	닭가라아게
38	통생강		g	10		
39	전분		g	100		
40	레몬		개	1/4		
41	꽈리고추		개	2		
42	식용유		ml	500		
43	진간장		ml	50		
44	청주		ml	20		
45	한지	25cm 사각	장	1	A4용지 대체 가능	

🍳 오이와 매실장아찌롤초밥, 참치타다키와 뿔소라회, 우엉장어말이구이, 닭고기양념튀김(가라아게) 만드는 법

❶ 찬물 3컵(600ml) 정도에 건다시마를 넣고 끓으면 불을 끄고 다시마를 건진 후 면포에 걸러 다시마 국물을 준비한다.

❷ 무, 당근, 오이, 우엉, 통생강, 꽈리고추, 레몬 등을 씻어 준비한다.

❸ 청차조기잎(시소), 깻잎은 찬물에 담가두고 무순은 끝 부분을 잘라 다듬어 씻어 준비한다.

❹ 매실도 찬물에 담가 염분을 뺀 후 체에 내린다.

❺ 식초(4큰술), 설탕(2큰술), 소금(1큰술) 정도를 넣고 초밥초(스시스)를 만든다.

❻ 초밥용 밥이 뜨거울 때 밥 120g에 초밥초(스시스) 10ml 정도를 넣어 나무주걱으로 밥알이 깨지지 않게 골고루 잘 섞어 사람의 체온 정도로 식힌 후 젖은 면포로 덮어둔다.

❼ 붕장어는 소금으로 씻고 지느러미와 잔가시를 제거한 후 데치거나 뜨거운 물을 끼얹어 점액질을 제거한다.

❽ 점액질 제거 후 소금물로 깨끗하게 씻어 물기를 제거한다.

❾ 뿔소라를 소금으로 닦은 후 밑손질하고, 참치는 타다키용으로 소금을 뿌려 강한 불에 겉면만 빠르게 구워 찬물(얼음물)에 넣어 식힌 후 물기를 제거하고 면포에 싸놓는다.

❿ 닭고기는 지방과 뼈, 힘줄을 제거하고 15g 정도로 어슷썰어 간장(2큰술), 청주(1큰술), 다진 생강으로 밑간을 한다.

⓫ 우엉은 껍질을 벗기고 4등분(연필 두께)하여 물에 삶은 후 맛국물(다시마 국물, 맛술, 간장)에 10분 정도 삶아 그대로 식힌다.

⓬ 구이 양념장을 청주(3큰술), 맛술(3큰술), 간장(3큰술), 설탕(1큰술) 정도 약불에서 졸여 반컵(100ml) 정도 양념간장(다래)을 만든다(장어뼈를 사용할 경우에는 핏물을 제거하고 노릇하게 잘 구워 다시물을 함께 넣고 졸이면 된다).

⓭ 우엉의 물기를 닦고 쇠꼬챙이를 함께 쥐고 장어를 우엉 끝에서부터 감는다.

⓮ 쇠꼬챙이(구시)를 부채살 모양으로 3개를 찔러 넣고 세로로 끼워 놓았던 쇠꼬챙이(구시)는 빼낸다.

⓯ 샐러맨더에 보기 좋게 굽고 노릇하게 거의 구워졌을 무렵 양념간장(다래)을 2~3회 발라가며 약한 불에서 타지 않게 구워 쇠꼬챙이(구시)를 빼어 완성한다.

⓰ 통생강은 껍질을 벗긴 후 얇게 돌려깎기하여 곱게 채를 썰어 생강채(하리쇼가)를 만들어 물에 씻고 찬물에 담그고, 남은 생강은 곱게 다져 놓는다.

⓱ 완성 접시에 깻잎을 깔고 3등분 정도로 일정하게 잘라 담은 후 생강채(하리쇼가)를 담고, 산초가루를 뿌려 완성한다.

⓲ 통생강은 껍질을 벗긴 후 얇게 편 썰고 소금에 절여 끓는 물에 데친 후 남은 초밥초(스시스)에 담가 초생강을 만든다.

⑲ 7cm 정도의 무는 껍질을 벗긴 후 얇게 돌려깎기(가쯔라무끼)하여 곱게 채를 썰어 물에 여러 번 씻고 찬물에 담근다.

⑳ 오이는 5×1×0.5cm 정도 크기로 자른 후 0.5~1cm 길이를 남기고 0.2cm 간격으로 네 번의 칼집을 넣고 다섯 번째에 썬다. 양끝에서 두 번째 부분을 바깥쪽으로 끼워 넣어 왕관 모양을 만든 후 찬물에 담가둔다.

㉑ 당근은 나비 모양을 만들어 찬물에 담가둔다(채소 기초 손질 방법 참조).

㉒ 꽈리고추, 레몬을 손질하여 놓는다.

㉓ 분말의 고추냉이(와사비)는 찬물과 1:1 정도로 개어놓는다.

㉔ 오이는 길게 얇게 돌려깎기하여 곱게 채를 썰어 놓는다.

㉕ 물기가 없는 도마에 튀김종이를 접어 모양내고, 김은 구워서 반으로 자른다.

㉖ 김발을 깐 뒤 김의 거친 면이 위로 오게 하고, 윗부분의 끝을 0.5~1cm 정도 남기고 밥을 고르게 편다.

㉗ 밥의 한가운데에 와사비, 흰참깨를 길게 바르고 손질한 오이를 김 길이에 맞춰 놓고 밥의 시작과 끝이 단번에 만나도록 말아서 네모지게 모양을 잡는다.

㉘ 동일한 방법으로 밥의 한가운데에 와사비, 흰참깨를 길게 바르고 청차조기잎의 물기를 제거하고 2장을 올린 후 가운데에 매실을 길게 발라 청차조기잎을 감싸 놓고 밥의 시작과 끝이 단번에 만나도록 말아서 네모지게 모양을 잡는다.

㉙ 양끝 부분을 눌러 밥알이 빠지지 않도록 매끄럽게 정리한다.

㉚ 완성 접시에 4개씩 가지런히 총 12개를 담아 청차조기잎과 초생강을 곁들여 제출한다.

㉛ 초밥용 간장을 곁들여낸다.

㉜ 밑손질한 뿔소라의 껍질 속에 무갱을 넣고 청차조기잎을 깔고 소라를 잘라 담는다.

㉝ 참치타다키는 깎아썰기로 반듯하게 6~9등분 정도를 한다.

㉞ 완성 접시에 무의 물기를 뺀 후 주먹으로 무채를 모아 잡아서 기둥을 세우고, 접시 바닥에도 무채를 깔아 청차조기잎을 깔아준다.

㉟ 세워 놓은 무채를 중심으로 청차조기잎이 보이도록 생선을 2~3쪽씩 보기 좋게 담는다.

㊱ 레몬, 무순, 오이(왕관 모양), 당근(나비 모양) 등으로 보기 좋게 장식하여 와사비를 곁들인다.

㊲ 튀김냄비를 올리고 밑간한 닭고기에 전분으로 농도를 맞추고 온도가 165℃ 정도 되면 노릇하게 튀겨낸다.

㊳ 꽈리고추도 살짝 튀겨낸다.

㊴ 완성 접시에 튀김종이를 모양내어 깔고 뒷부분부터 담고 앞부분에는 꽈리고추, 레몬을 담아 완성한다.

01 오이와 매실장아찌롤초밥 (かっぱき; かっぱまき; 갓빠마키 & 梅しそき; うめしそまき; 우메시소마키)

요구사항

※ 주어진 재료를 사용하여 다음과 같이 오이와 매실장아찌롤초밥을 만드시오.

가. 김을 반 장으로 자르시오.
나. 오이를 돌려깎기하여 김 길이에 맞춰 자르시오.
다. 매실에 염분을 뺀 후 체에 내리시오.
라. 와사비와 초생강을 준비하시오.
마. 오이롤초밥 6개, 매실짱아찌롤초밥 6개, 모두 12개를 만들어 내시오.
바. 간장을 곁들여 제출하시오.

수험자 유의사항

p. 117 참조

지급재료목록

오이 1/2개, 고추냉이 15g(와사비분), 청차조기잎(시소) 3장(깻잎으로 대체 가능), 김(초밥김) 1장, 밥(완성된 밥) 120g, 통생강 30g, 흰 참깨(볶은 것) 5g, 식초 70ml, 흰설탕 50g, 소금(정제염) 20g, 진간장 10ml, 매실장아찌 1개

• 초밥초(스시스) : 식초 4큰술, 설탕 2큰술, 소금 1큰술

오이와 매실장아찌롤초밥 만드는 법

1. 오이, 통생강을 씻어 준비한다.
2. 청차조기잎(시소)은 찬물에 담가둔다.
3. 매실도 찬물에 담가 염분을 뺀 후 체에 내린다.
4. 식초(4큰술), 설탕(2큰술), 소금(1큰술) 정도를 넣고 초밥초(스시스)를 만든다.
5. 초밥용 밥이 뜨거울 때 밥 120g에 초밥초(스시스) 10ml 정도를 넣어 나무주걱으로 밥알이 깨지지 않게 골고루 잘 섞어 사람의 체온 정도로 식힌 후 젖은 면포로 덮어둔다.
6. 통생강은 껍질을 벗긴 후 얇게 편 썰고 소금에 절여 끓는 물에 데친 후 남은 초밥초(스시스)에 담가 초생강을 만든다.
7. 분말의 고추냉이(와사비)는 찬물과 1 : 1 정도로 개어놓는다.
8. 오이는 길게 얇게 돌려깎기하여 곱게 채를 썰어 놓는다.
9. 김은 구워서 반으로 자른다.
10. 김발을 깐 뒤 김의 거친 면이 위로 오게 하고, 윗부분의 끝을 0.5~1cm 정도 남기고 밥을 고르게 편다.
11. 밥의 한가운데에 와사비, 흰참깨를 길게 바르고 손질한 오이를 김 길이에 맞춰 놓고 밥의 시작과 끝이 단번에 만나도록 말아서 네모지게 모양을 잡는다.
12. 동일한 방법으로 밥의 한가운데에 와사비, 흰참깨를 길게 바르고 청차조기잎의 물기를 제거하고 2장을 올린 후 가운데에 매실을 길게 발라 청차조기잎을 감싸 놓고 밥의 시작과 끝이 단번에 만나도록 말아서 네모지게 모양을 잡는다.
13. 양끝 부분을 눌러 밥알이 빠지지 않도록 매끄럽게 정리한다.
14. 완성 접시에 4개씩 가지런히 총 12개를 담아 청차조기잎과 초생강을 곁들여 제출한다.
15. 초밥용 간장을 곁들여낸다.

▶ 매실에 염분을 뺀다.

▶ 매실 염분을 뺀 후 체에 내린다.

▶ 매실짱아치를 시소로 감싸 말이한다.

▶ 반으로 잘라 겹쳐 3등분 한다.

POINT

* 오이, 매실이 정중앙에 오도록 말이를 하여 정사각형 모양을 잡는다.
* 2줄의 김초밥을 가지런히 놓고 가운데를 자른 후에 4개를 포개어 놓고 3등분으로 잘라 12개를 일정한 크기로 만들어 담는다.

02 참치타다키와 뿔소라회 (たたき;まぐろのたたき;마구로노타다키螺の刺身; さざえのさしみ;사자에노사시미)

요구사항
※ 주어진 재료를 사용하여 다음과 같이 참치타다키와 뿔소라회를 만드시오.
가. 뿔소라를 밑손질 하시오.
나. 참치에 소금을 뿌려 강한 불에 겉면만 빠르게 구우시오(타다키).
다. 무를 돌려깎기(가쯔라무끼)한 후 가늘게 채썰어 사용하시오.
라. 당근은 나비 모양, 오이는 왕관 모양으로 장식하여 내시오.
마. 뿔소라는 껍질을 사용하여 담으시오.

수험자 유의사항
p. 117 참조

지급재료목록

붉은색참치살(아까미) 60g, 뿔소라 1개(껍질 있는 것), 소금 20g, 무 200g(길이 7cm 이상, 둥근 모양으로 지급), 당근 60g(둥근 모양으로 잘라서 지급), 무순 5g, 고추냉이 10g(와사비 분말), 오이(가늘고 곧은 것) 1/3개, 레몬 1/8쪽, 청차조기잎(시소) 4장(깻잎 2장으로 대체 가능), 진간장 20ml

참치타다키와 뿔소라회 만드는 법

1. 오무, 당근, 오이, 레몬을 씻어 준비한다.
2. 청차조기잎(시소)은 찬물에 담가두고 무순은 끝 부분을 잘라 다듬어 씻어 준비한다.
3. 7cm 정도의 무는 껍질을 벗긴 후 얇게 돌려깎기(가쯔라무끼)하여 곱게 채를 썰어 물에 여러 번 씻고 찬물에 담근다.
4. 오이는 5×1×0.5cm 정도 크기로 자른 후 0.5~1cm 길이를 남기고 0.2cm 간격으로 네 번의 칼집을 넣고 다섯 번째에 썬다. 양끝에서 두 번째 부분을 바깥쪽으로 끼워 넣어 왕관 모양을 만든 후 찬물에 담가둔다.
5. 당근은 나비 모양을 만들어 찬물에 담가둔다(채소 기초 손질 방법 참조).
6. 레몬을 손질하여 놓는다.
7. 분말의 고추냉이(와사비)는 찬물과 1:1 정도로 개어놓는다.
8. 밑손질한 뿔소라의 껍질 속에 무갱을 넣고 청차조기잎을 깔고 소라를 잘라 담는다.
9. 참치타다키는 깎아썰기로 반듯하게 6~9등분 정도를 한다.
10. 완성 접시에 무의 물기를 뺀 후 주먹으로 무채를 모아 잡아서 기둥을 세우고, 접시 바닥에도 무채를 깔아 청차조기잎을 깔아준다.
11. 세워 놓은 무채를 중심으로 청차조기잎이 보이도록 생선을 2~3쪽씩 보기 좋게 담는다.
12. 레몬, 무순, 오이(왕관 모양), 당근(나비 모양) 등으로 보기 좋게 장식하여 와사비를 곁들인다.
13. 간장을 곁들인다.

▶ 오이 왕관 모양은 얇게 칼집을 넣는다.

▶ 소금을 뿌려 강불에 겉만 빨리 굽는다.

▶ 겉만 익혀 얼음물(찬물)에 빨리 식힌다.

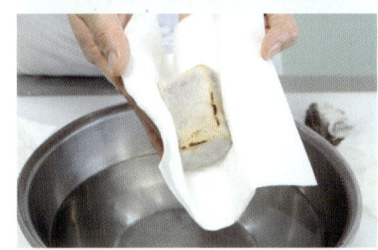
▶ 참치의 물기를 닦고 면포에 싸놓는다.

POINT

* 소스는 요구사항에 따라 간장, 초간장(폰즈)을 곁들일 수 있다.
* 참치는 겉에만 빠르게 익혀야 한다.

03 우엉장어말이구이 (鰻の八幡巻き ; うなぎのやわたまき ; 우나기노야와타마키)

요구사항

※ 주어진 재료를 사용하여 다음과 같이 우엉장어말이구이를 만드시오.

가. 붕장어의 지느러미와 잔가시를 제거한 후 데쳐 점액질을 제거하시오.
나. 우엉은 4등분하여 삶아 사용하시오.
다. 양념간장(다래)과 생강채(하리쇼가)를 준비하시오.
라. 쇠꼬챙이를 사용하여 굽고, 양념간장(다래)를 발라 완성하시오.

수험자 유의사항

p. 117 참조

Blowfish

🧑‍🍳 지급재료목록

붕장어(작은 것) 1마리(뼈가 제거된 것), 건다시마(5×10cm) 1장, 통생강 30g, 후춧가루 5g, 진간장 50ml, 산초가루 3g, 청주 50ml, 소금(정제염) 20g, 식용유 100ml, 흰설탕 30g, 맛술(미림) 50ml, 깻잎 1장, 쇠꼬챙이(30cm 정도) 4개, 우엉(20cm) 1개

- **양념간장(다래)** : 청주 3큰술, 맛술 3큰술, 간장 3큰술, 설탕 1큰술

🧑‍🍳 우엉장어말이구이 만드는 법

1. 찬물 3컵(600ml) 정도에 건다시마를 넣고 끓으면 불을 끄고 다시마를 건진 후 면포에 걸러 다시마 국물을 준비한다.
2. 우엉, 통생강을 씻어 준비한다.
3. 깻잎은 찬물에 담가둔다.
4. 붕장어는 소금으로 씻고 지느러미와 잔가시를 제거한 후 데치거나 뜨거운 물을 끼얹어 점액질을 제거한다.
5. 점액질 제거 후 소금물로 깨끗하게 씻어 물기를 제거한다.
6. 우엉은 껍질을 벗기고 4등분(연필 두께)하여 물에 삶은 후 맛국물(다시마 국물, 맛술, 간장)에 10분정도 삶아 그대로 식힌다.
7. 구이 양념장을 청주(3큰술), 맛술(3큰술), 간장(3큰술), 설탕(1큰술) 정도 약불에서 졸여 반 컵(100ml) 정도 양념간장(다래)을 만든다.
   * 장어뼈를 사용할 경우에는 핏물을 제거하고 노릇하게 잘 구워 다시물을 함께 넣고 졸이면 된다.
8. 우엉의 물기를 닦고 쇠꼬챙이를 함께 쥐고 장어를 우엉 끝에서부터 감는다.
9. 쇠꼬챙이(구시)를 부채살 모양으로 3개를 찔러 넣고 세로로 끼워 놓았던 쇠꼬챙이(구시)는 빼낸다.
10. 샐러맨더에 보기 좋게 굽고 노릇하게 거의 구워졌을 무렵 양념간장(다래)을 2~3회 발라가며 약한 불에서 타지 않게 구워 쇠꼬챙이(구시)를 빼어 완성한다.
11. 통생강은 껍질을 벗긴 후 얇게 돌려깎기하여 곱게 채를 썰어 생강채(하리쇼가)를 만들어 물에 씻고 찬물에 담근다.
12. 완성 접시에 깻잎을 깔고 3등분 정도로 일정하게 잘라 담은 후 생강채(하리쇼가)를 담고, 산초가루를 뿌려 완성한다.

▶ 데친 장어를 삶은 우엉에 말이한다.

▶ 생강을 얇게 돌려깎기한다.

▶ 얇게 채를 썰어 찬물에 씻어 담근다.

▶ 채썬 생강을 차가운 물에 씻은 후 담가둔다.

POINT

* 뜨거울 때 제공하여야 하지만 약간 식으면 자를 때 형태가 부서지지 않는다.
* 장어의 살 쪽이 겉으로 나오게 구우면 장어에 간이 잘 들게 하는 장점이 있고 껍질 쪽이 나오게 구우면 장어의 느낌을 줄 수 있다.
* 장어를 손질 후 청주, 후추가루를 뿌리면 비린맛을 제거할 수 있다.

04 닭고기양념튀김(카라아게) (の唐揚げ ; とりのからあげ ; 토리노카라아게)

요구사항

※ 주어진 재료를 사용하여 다음과 같이 닭고기양념튀김(가라아게)를 만드시오.
가. 닭의 지방과 뼈를 제거하시오.
나. 닭에 양념을 하여 절인 다음 전분을 넣어 섞으시오.
다. 양념한 닭을 넣어 타지 않게 튀겨내시오.

수험자 유의사항

p. 117 참조

지급재료목록

닭고기(닭다리 살) 1개(300g 이상), 통생강 10g, 전분 100g, 레몬 1/4개, 꽈리고추 2개, 식용유 500ml, 진간장 50ml, 청주 20ml, 한지 25cm 사각 1장(A4용지 대체 가능)

• **닭고기양념** : 간장 2큰술, 청주 1큰술, 다진 생강 1작은술, 전분 3~4큰술

닭고기양념튀김(가라아게) 만드는 법

1. 청통생강, 꽈리고추를 씻어 준비한다.
2. 통생강은 껍질을 벗긴 후 강판에 갈거나 곱게 다져 놓는다.
3. 닭고기는 지방과 뼈, 힘줄을 제거하고 15g 정도로 어슷썰어 간장(2큰술), 청주(1큰술), 다진 생강으로 밑간을 한다.
4. 튀김종이를 물기가 없는 도마에서 모양내어 접는다.
5. 꽈리고추, 레몬을 다듬어 놓는다.
6. 튀김냄비를 올리고 밑간한 닭고기에 전분으로 농도를 맞추고 온도가 165℃ 정도 되면 노릇하게 튀겨낸다.
7. 꽈리고추도 살짝 튀겨낸다.
8. 완성 접시에 튀김종이를 모양내어 깔고 뒷부분부터 담고 앞부분에는 꽈리고추, 레몬을 담아 완성한다.

▶ 튀김종이를 접는다.

▶ 풋고추는 살짝만 튀겨 오른쪽에 올린다.

POINT

* 닭고기살을 도톰하게 자르거나 전분을 너무 많이 넣거나 튀김온도가 너무 높게 튀김을 하면 닭고기의 안쪽살이 익지 않을 수 있다.
* 꽈리고추는 살짝만 튀김을 한다.

일식조리산업기사
과정평가형 원형문제(지필) 예시

문제 1

혼합초 중 초회요리에 사용하기 어려운 것은?

① 폰즈 ② 덴다시 ③ 니바이즈 ④ 삼바이즈

정답

②

해설

덴다시는 튀김소스이다.

문제 2

구이의 종류 중 조리기구에 따른 분류로 알맞은 것은?

① 시오야끼 ② 데리야끼 ③ 스미야끼 ④ 미소야끼

정답

③

해설

- 스미야끼는 숯불구움, 즉 숯불구이 요리를 말한다.
- 시오야끼는 소금구이, 데리야끼는 간장구이, 미소야끼는 된장구이를 뜻한다.

문제 3

냄비 국물요리의 구성에 해당되지 않는 것은?

① 향(스이구치) ② 주재료(완다네) ③ 부재료(쯔마) ④ 곁들임(츠마)

정답

④

해설

곁들임은 생선회조리에 사용되는 재료다.

문제 4

다음 중 튀김에 쓰이는 글루텐 함량이 적은 밀가루는?

① 소맥분　　② 박력분　　③ 중력분　　④ 강력분

정답

②

해설

- 글루텐 함량이 적을수록 바삭한 튀김이 된다.
- 박력분의 글루텐 18%, 중력분 24%, 강력분 32%이다.

문제 5

다음 내용이 옳으면 O, 틀리면 X를 표시하시오.

일식 칼에는 생선회를 자르는 사시미보초, 뼈를 자르는 데바보초, 채소를 자르는 우수바보초가 있다.

① O　　② X

정답

①

해설

작업용도에 맞는 칼을 사용한다.

문제 6

다음 내용이 옳으면 O, 틀리면 X 를 표시하시오.

> 사시미의 원형은 가마쿠라 시대부터 시작되었다고 알려져 있으며 원래는 생선을 얇게 썰어 익히지 않고 먹는 어부들의 즉석요리였다고 한다.

① O ② X

정답
①

해설
우리나라에서는 날생선 그대로 먹는 것을 회라 통칭하고, 사시미는 일반적으로 널리 통용되는 말이다.

문제 7

다음 위생관리를 올바르게 연결하시오.

① 위생교육	㉮ 월 1회 의무교육
② 개인건강상태	㉯ 년 1회
③ 건강검진	㉰ 매일 영업전

정답
① – ㉮ 월 1회 의무교육   ② – ㉰ 매일 영업전   ③ – ㉯ 년 1회

문제 8

다음 굳힘요리의 특성과 어울리는 응고제를 올바르게 연결하시오.

① 우유두부	㉮ 한천
② 참깨두부	㉯ 젤라틴
③ 양갱	㉰ 칡전분

정답
① – ㉮ 한천   ② – ㉰ 칡전분   ③ – ㉯ 젤라틴

문제 9

회요리에서 생선 특유의 비린내를 없애주며, 소화 작용을 도와주고 계절의 풍미를 주어 아름답게 연출해주는 일본식 용어를 쓰시오.

정답

츠마

해설

츠마란 회요리에 곁들이는 일종의 첨가식이다. 일본에서는 아내라는 의미의 츠마라는 말을 많이 썼는데, 이는 회요리에서는 항상 츠마가 같이 한다는 의미이다.

문제 10

불 조절이 매우 중요한 기술이며, 반드시 밑간을 해야 하는 방법으로 샐러맨더(Salamander), 오븐, 철판 등을 사용하는 조리법은 무엇이지 쓰시오.

정답

구이, 야끼, 굽기 등

해설

구이는 가열 조리 방법 중 가장 오래된 조리법으로 불이 직접 닿는 직화구이와 오븐과 같은 대류나 재료를 싸서 직접 열을 차단하여 굽는 간접구이가 있다.

일식조리산업기사
과정평가형 원형문제(면접) 예시

문제 1
주방에서 냉장고, 유수의 올바른 해동방법에 대해 간단히 설명하시오.

정답
- 냉장고해동 : 10℃ 이하 냉장고에서 72시간 이내 실시
- 유수해동 : 21℃ 이하 흐르는 물에서 2시간 이내 실시

문제 2
메뉴관리 중 오마카세에 대해 간단히 설명하시오.

정답
서양 요리의 주방장 스페셜과 비슷한 것으로 주방장의 실력을 믿고 주방장이 추천하는 요리를 즐기는 것이다.

문제 3
튀김의 종류에 대해서 설명하시오.

정답
튀김의 종류에는 스아게(그냥튀김), 가라아게(양념튀김), 고로모아게(덴뿌라튀김)이 있다.

문제 4

계량 단위에서 1큰술과 1작은술의 용량을 설명하시오.

정답

1큰술은 15ml, 1작은술은 5ml이다.

문제 5

건다시마국물 뽑는 방법에 대하여 설명하시오.

정답

건다시마를 젖은 행주로 닦은 후 준비한 물에 넣고 물이 끓으면 불을 끄고 다시마를 건져내고 면포에 걸러 사용한다.

PART 02

복어조리기능사 · 산업기사
실기시험

02

Blowfish

⊙ 복어조리 이론편
⊙ 복어조리기능사 실기편
⊙ 복어조리산업기사 실기시험 예상문제
⊙ 복어조리산업기사 과정평가형 예상문제
⊙ 복어조리기능장 예상문제

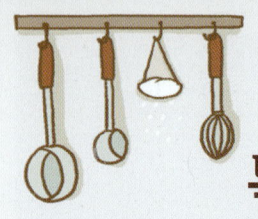

복어조리 이론편

01 복어요리의 조리 이론

🧑‍🍳 **복어(河豚)의 종류** : 복어는 종류가 100여 종이 넘지만 이 중에서 우리나라 해안 근처에 있는 것은 약 30여 종이다. 그중에서도 식용이 가능한 것은 15종류에 불과하다. 식용복어의 종류로는 자주복, 까치복, 은밀복, 흑밀복, 가시복, 브러커가시복, 쥐복이 있으며 이 중에서도 참복, 범복, 까마귀복을 가장 많이 사용하고 있다.

🧑‍🍳 **복어요리의 종류** : 복어냄비(河豚ちり; 후구찌리, てっちり; 뎃찌리), 복어회(河豚刺身; ふぐさしみ; 후구사시미, てっさ; 뎃사), 복어굳힘(河豚者こごり; ふぐにこごり; 후구니꼬고리), 복어튀김(河豚唐場げ; ふぐからあげ; 후구가라아게), 복어껍질초회(河豚皮酢の物; ふぐかわすのもの; 후구가와스노모노), 복어죽(雜炊; ぞうすい; 죠우스이), 복어정소구이(河豚白子燒き; ふぐしらこやき; 후구시라꼬야끼), 복어지느러미술(鰭酒; ひれざけ; 히레자케) 등이 있다.

🧑‍🍳 **복어의 영양적 효능** : 복어는 타 어종에 비해 단백질 함량이 가식부 100g당 15~19g으로 영양적인 면에서 우수하고 비만의 원인이 되는 지방은 1% 미만인 다이어트 건강식이다. 복어는 타우린과 메티오닌과 같은 함황아미노산의 함량이 높아서 간의 해독작용을 강화하고 숙취의 원인인 아세트알데히드를 제거할 수 있어 숙취해소에 탁월한 효과가 있다.

🧑‍🍳 **복어의 중독** : 테트로도톡신(Tetrodotoxin)이라는 독성분이 복어의 거의 모든 내장에 다 들어 있으며 특히 난소, 간장에 많이 들어 있다. 단, 수컷의 정소(고니; 이리; 시라고; しらご)는 식용이 가능하며 고혈압에 아주 효과가 뛰어나다.

🧑‍🍳 **복어 중독 시 응급처치** : 복어 중독 시에는 무엇보다도 빨리 구토를 하여 위장과 혈액중의 독소를 제거하는 것이 가장 중요하다.

🧑‍🍳 **복어조리 시 주의사항** : 조리는 위생적으로 소비자에게 안전한 것을 공급하는 것이 기본원칙이다. 따라서 복어조리 시에는 유독 부위를 안전하게 제거할 수 있는 전문기술이 있어야 한다. 또한 독성이 맹독이라는 점을 감안하여 조리할 때는 세심한 주의가 필요하다. 복어를 조리할 때 준수사항은 다음과 같다.

첫째, 복어조리를 할 때는 집중할 수 있도록 심신이 모두 건강해야 한다.
둘째, 조리는 항상 일정한 취급장소에서만 실시한다.
셋째, 정기적인 건강진단 및 검변을 받아야 한다.
넷째, 조리장은 청결히 유지한다.
다섯째, 복어의 내장 및 폐기물은 안전하게 처리한다.
여섯째, 제독에 사용한 도구는 잘 씻어서 청결하게 한 다음 요리에 사용한다.

02 복어조리기능사 실기시험 기초 과정

복어 손질하는 방법

❶ 복어를 깨끗하게 씻는다.

❷ 등지느러미를 자른다.

❸ 양 옆지느러미를 자른다.

❹ 배지느러미를 자른다.

❺ 코 밑 0.5cm 정도 아래 칼집을 넣는다.

❻ 혀가 잘리지 않도록 혀밑으로 칼을 댄다.

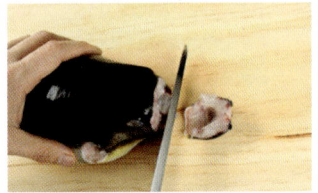
❼ 혀가 잘리지 않도록 주둥이를 자른다.

❽ 윗이빨 사이에 칼을 넣어 자른다.

❾ 주둥이의 점액질을 제거한다.

❿ 소금으로 문질러 씻는다.

⓫ 흐르는 물에 씻은 후 담가둔다.

⓬ 눈 위 머리에 칼집을 넣는다.

⑬ 살에 흠이 가지 않도록 칼을 눕혀 껍질을 가른다.

⑭ 반대편도 같은 방법으로 껍질을 가른다.

⑮ 등쪽 껍질을 잡아당겨 분리한다.

⑯ 꼬리 끝 배 쪽 껍질을 자른다.

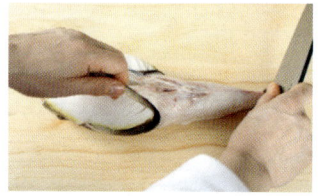
⑰ 배 쪽 껍질을 잡아당겨 분리한다.

⑱ 눈을 도마에 밀착시켜 양쪽 눈알을 도려낸다.

⑲ 아가미와 머리뼈 사이에 칼집을 넣어 턱뼈를 자른다.

⑳ 아가미와 머리뼈 사이에 칼집을 넣어 분리한다.

㉑ 반대쪽도 턱뼈를 자른 후 분리한다.

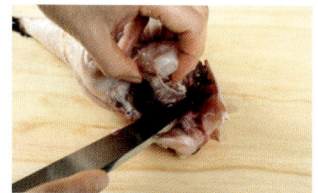
㉒ 머리 부분에 칼집을 넣고 누른 후 아가미를 들어올린다.

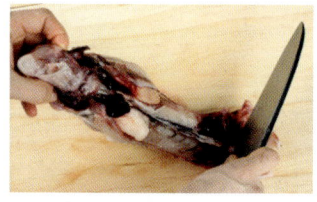
㉓ 칼로 머리를 누르고 잡아 당긴다.

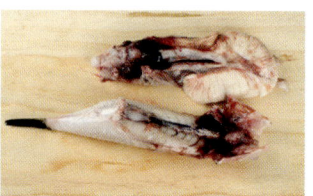
㉔ 몸통에서 내장을 분리한다.

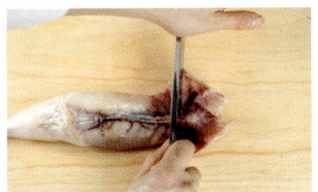
㉕ 머리를 자른다.

㉖ 배꼽살 부분에 V자로 칼집을 넣는다.

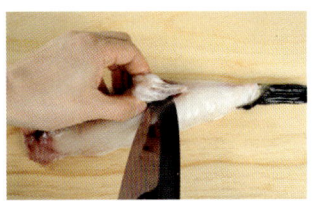
㉗ 몸통에서 배꼽살을 분리한다.

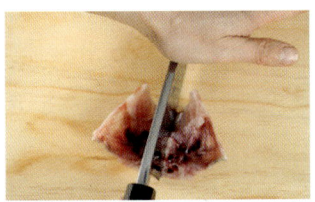
㉘ 머리를 반으로 자른다.

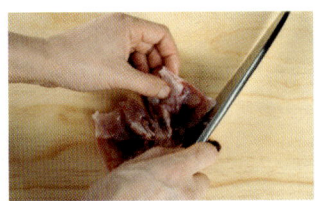
㉙ 머리의 이물질을 긁어낸다.

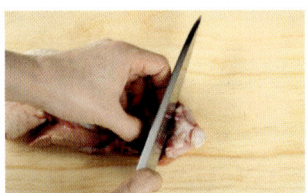
㉚ 아가미를 들어올려 칼집을 넣는다.

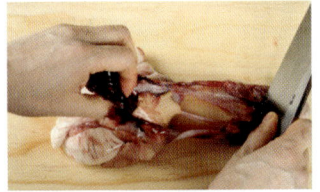
㉛ 칼끝으로 가슴뼈를 누르고 내장을 잡아당긴다.

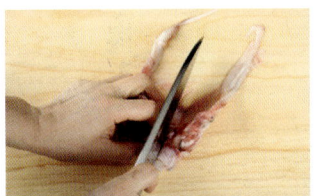
㉜ 혀와 갈비뼈를 반으로 자른다.

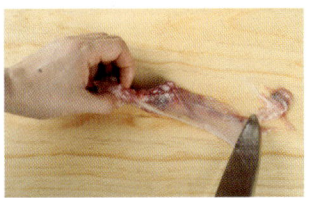
㉝ 갈비뼈의 점액질을 제거한다.

㉞ 갈비뼈에 잔칼집을 넣어 피를 뺀다.

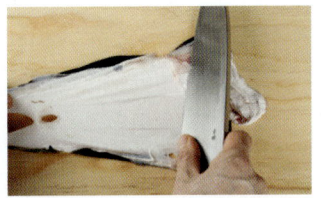
㉟ 겉껍질과 속껍질을 분리한다.

㊱ 겉껍질 가시를 제거한다.

③ 중간뼈 위에 칼을 넣어 살을 분리한다.

㊳ 세장뜨기를 한다.

㊴ 중간뼈를 5cm 크기로 자른다.

㊵ 뼈는 물에 담가 피를 제거한다.

㊶ 사시미용 칼로 살의 껍질 부분을 발라낸다.

㊷ 물에 담근 후 소금물에 씻어낸다(현장에서는 흐르는 물에 씻어낸다).

㊸ 깨끗한 행주로 감싸 물기를 제거한다.

㊹ 지느러미는 소금으로 문질러 씻어 물기를 제거한다.

㊺ 분리해 낸 복어 내장을 모아 별도의 비닐봉지에 넣는다.
(복어조리산업기사는 p.119 참조)

㊻ 복어 정소(고니 ; 시라고 ; 이리) – 내장 중에서 유일하게 먹는 부위로 수컷에만 있다.

㊼ 복어 내장의 못 먹는 부위 – 난소, 간장, 아가미, 심장, 비장, 신장, 위장, 방광, 부레, 알, 쓸개(담낭) 등

㊽ 복어의 못 먹는 부위 – 복어 내장, 눈(안구), 혈액, 불순물 등

복어의 내장과 명칭

※ 조리기능장 시험에서는 10분, 조리산업기사 시험에서는 15분 안에 아래와 같이 내장 분리 후 감독관의 검사를 받도록 한다.

01 복어조리기능사 실기시험 예상문제

[과제명] [복어부위감별, 복어회(초간장, 양념), 복어껍질초회, 복어죽]

- 河豚の刺身 ; ふぐのさしみ ; 후구노사시미
  (ポン酢 ; ぽんず ; 폰즈 / 薬味 ; やくみ ; 야쿠미)
- 河豚皮酢の物 ; ふぐかわすのもの ; 후구가와스노모노
- 河豚の雑炊 ; ふぐのぞうすい ; 후구노조우스이

⏱ 시험시간 : 56분(1과제 : 복어부위감별 1분, 2과제 : 조리작업 55분)

Blowfish

요구사항

※ 위생과 안전에 유의하고, 지급된 재료 및 시설을 이용하여 아래 작업을 완성하시오.

가. [1과제] 제시된 복어 부위별 사진을 보고 1분 이내에 부위별 명칭을 답안지의 네모칸 안에 작성하여 제출하시오.

나. [2과제] 소제와 제독작업을 철저히 하여 복어회, 복어껍질초회, 복어죽을 만드시오.
1) 복어의 겉껍질과 속껍질을 분리하여 손질하고 가시는 제거하시오.
2) 회는 얇게 포를 떠 국화꽃 모양으로 돌려 담고, 지느러미, 껍질, 미나리를 곁들이고, 초간장(폰즈)과 양념(야쿠미)을 따로 담아내시오.
3) 복어껍질초회는 폰즈, 미나리, 실파·빨간무즙(모미지오로시)을 사용하여 무쳐내시오.
4) 껍질, 미나리 등은 4cm 정도 길이로 썰어 사용하시오.
5) 죽은 밥을 씻어 사용하고, 살은 가늘게 채썰거나 뼈에 붙은 살을 발라내어 사용하고, 당근, 표고버섯은 다지고, 뼈와 다시마로 다시를 만들고, 달걀은 완성 전에 넣어 섞어주고, 채 썬 김을 얹어 완성하시오.

수험자 유의사항

1) 만드는 순서에 유의하며, 위생과 숙련된 기능평가를 위하여 조리작업 시 맛을 보지 않습니다.
2) 지정된 수험자지참준비물 이외의 조리기구나 재료를 시험장내에 지참할 수 없습니다.
3) 지급재료는 시험 전 확인하여 이상이 있을 경우 시험위원으로부터 조치를 받고 시험 중에는 재료의 교환 및 추가 지급은 하지 않습니다.
4) 요구사항의 규격은 "정도"의 의미를 포함하며, 지급된 재료의 크기에 따라 가감하여 채점합니다.
5) 위생복, 위생모, 앞치마를 착용하여야 하며, 시험장비·조리도구 취급 등 안전에 유의합니다.
6) 다음 사항에 대해서는 채점대상에서 제외하니 특히 유의하시기 바랍니다.
　가) 기권 - 수험자 본인이 시험 도중 시험에 대한 포기 의사를 표현하는 경우
　나) 실격 - (1) 독제거 작업과 작업 후 안전처리가 완전하지 않은 경우
　　　　　　 (2) 불을 사용하여 만든 조리작품이 타거나 익지 않은 경우
　　　　　　 (3) 위생복, 위생모, 앞치마를 착용하지 않은 경우
　　　　　　 (4) 가스레인지 화구 2개 이상(2개 포함) 사용한 경우
　　　　　　 (5) 시험 중 시설·장비(칼, 가스레인지 등) 사용 시 시험위원 및 타수험자의 시험 진행에 위해를 일으킬 것으로 시험위원 전원이 합의하여 판단한 경우
　다) 미완성 - 시험시간 내에 과제 세 가지를 제출하지 못한 경우
　라) 오작 - 초회를 찜으로 조리하여 완성품을 요구사항과 다르게 만든 경우
7) 항목별 배점은 위생/안전 10점, 복어감별 5점, 조리기술 70점, 작품의 평가 15점입니다.
8) 시험시작 전 가벼운 몸 풀기(스트레칭) 동작으로 긴장을 풀고 시험을 시작합니다.

🍳 지급재료목록(공통)

복어(700g 정도) ······ 1마리	건다시마(5×10cm) ······ 2장
무 ······ 100g	소금(정제염) ······ 10g
생표고버섯(중) ······ 1개	고춧가루(고운 것) ······ 5g
당근(곧은 것) ······ 50g	식초 ······ 30ml
미나리(줄기부분) ······ 30g	밥(햇반 또는 찬밥) ······ 100g
실파(쪽파 대체 가능, 2줄기 정도) ······ 30g	김 ······ 1/4장
레몬 ······ 1/6쪽	달걀 ······ 1개
진간장 ······ 30ml	

- 초간장(폰즈) 만들기 : 다시물 30ml, 간장 30ml, 식초 30ml
- 양념(야쿠미) 만들기 : 빨간무즙(모미지오로시), 실파찹, 레몬

＊ 초간장, 양념은 한 번에 만들어 복어회에 제출용과 복어껍질초회에 사용하면 편리하다.

복어부위감별, 복어회(초간장, 양념), 복어껍질초회, 복어죽 만드는 법

1. 검정 볼펜을 준비하여 1과제 부위별 감별을 작성하여 1분 내에 제출한다.

2. 다시물 뽑기(초간장용)
   ① 다시마는 젖은 면포로 닦아 찬물 200ml에 건다시마를 넣고 끓인다.
   ② 끓으면 불을 끄고 다시마를 건져낸다.

3. 복어손질하기
   ① 복어를 잘 씻은 후 복어머리를 왼쪽으로 하여 지느러미(꼬리등지느러미 1개, 옆쪽지느러미 2개, 배꼬리지느러미 1개)를 제거한다.
   ② 입을 코가 있는 부위까지 자른다.
   코 밑 부분의 머리에 칼을 넣고 혀가 잘리지 않도록 입을 잘라낸다(입은 뼈자름칼로 편으로 두들겨 윗이빨 사이로 칼을 넣어 자른 후 소금으로 닦아 물에 담근다).
   ③ 껍질 벗기기 : 눈 밑 부분에 칼집을 넣어 길게 꼬리쪽으로 자른다(반대편도 동일한 방법으로 자른다).
   ※ 주의점 : 속살이 다치지 않도록 한다.
   ④ 눈알제거 : 눈알이 터지지 않도록 도마에 밀착시켜 도려낸다.
   ⑤ 아가미 및 턱뼈 칼집 넣어 자르기
   ⑥ 내장제거하기
   • 머리를 오른쪽으로 놓고 뼈자름칼로 머리를 누르고 왼손으로 내장이 붙어있는 아가미 부분을 당겨 분리시킨다.
   • 살부분은 흐르는 물에 담그고, 내장부분에서 가마살 부분을 분리하고 내장은 별도의 용기에 분리하여 버리도록 한다.
   ⑦ 수컷의 정소(고니, 이리, 시라고)는 먹을 수 있다.
   • 별도로 먹을 수 있도록 분리한다.
   ⑧ 몸통의 배꼽살 제거하기-양쪽으로 길게 칼집을 넣어 왼손으로 잡고 뼈자름칼 끝으로 오른쪽으로 1/2 자르고 왼쪽으로 마저 잘라서 떼어 내서 칼집을 2~3번 주어 물에 담근다.
   ⑨ 머리자르기 : 뼈자름칼 끝을 이용하여 머리를 반으로 자른다.
   ⑩ 세장뜨기하기 : 꼬리를 왼쪽으로 하여 가운데 뼈에 생선회칼이 닿도록 누르면서 일정하게 포를 뜬다(반대편도 동일한 방법으로 포를 뜬다).
   ⑪ 뼈자르기 : 뼈자름칼을 이용하여 가운데 뼈는 꼬리지느러미를 잘라내고 균일하게 4~5cm 정도로 3등분하여 칼집을 넣은 후 흐르는 물에 담근다.
   ⑫ 회뜨기용 손질하기 : 세장뜨기한 복어살의 옆 부분을 먼저 손질한 후 속껍질을 일정하게 포를 떠서 생선회칼로 벗겨낸다.
   • 흐르는 물에 씻어 연한 소금물에 담근 후 건져서 물기를 제거하여 행주 또는 면포에 싸두면 좀 더 탄력이 있어 회뜨기가 좋다.
   ⑬ 지느러미 손질하기 : 소금으로 주물러 닦은 후 물기를 제거 후 나비 모양과 더듬이를 만들어 접시에 모양내어 말린다.
   ⑭ 복어껍질손질하기 : 등쪽과 배쪽의 속껍질 부분을 뼈자름칼로 긁어내고 도마에 밀착시켜 생선회칼로 겉껍질의 가시부분을 밀어내서 물에 씻어 준비한다.

4. 복어 껍질 데치기
   ① 복어 겉껍질 데치기 : 복어 껍질은 살짝 데쳐서 찬물에 식혀 바로 물기를 제거한 후 구시(꼬챙이)에 끼워서 말리거나 면포에 쌓아 말린다.
   ② 복어 속껍질과 살껍질 데치기-껍질살은 익혀서 찬물에 식혀 물기를 제거 후 면포에 싸둔다.

5. 복껍질 펴기
   복어 겉껍질과 속껍질, 살껍질은 사시미용은 폭 4~5cm 정도로 하여 호일에 펴서 눌러 준비하면 사용하기 편리하다.

6. 채소 세척하고 손질하기

7. 복어죽(조우스이) 준비 및 끓이기
   ① 복어뼈의 피 부분을 흐르는 물에 잘 씻어 낸다.
   ② 복어뼈의 살부분은 발라내어 놓는다.
   ③ 차가운 물에 복어뼈, 건다시마를 넣고 끓으면 약불에서 육수를 만든 후 청주를 넣고 면포에 거른다.
   ④ 표고버섯과 당근을 일정하게 잘게 다져놓고 실파는 송송 썰고, 김은 구워 아주 곱게 물기가 없는 도마에서 채를 썬다.
   ⑤ 복어회를 뜨고 남은 살과 뼈에서 발라낸 살을 가늘게 채를 썰어 준비한다.
   ⑥ 밥은 찬물에 씻어 체에 거른다.
   ⑦ 준비한 육수를 끓여 복어살과 밥, 다진 표고버섯, 당근을 넣고 은근하게 끓인다.

8. 초무침 준비하기
   ① 남은 복어 겉껍질과 속껍질, 살껍질은 4cm 정도로 곱게 뼈자름칼로 썰어 복어껍질초회용으로 준비한다.
   ② 썰어 놓은 실파는 양념(야쿠미)과 복어껍질초회, 복어죽(조우스이)용으로 준비한다.
   ③ 무는 강판에 갈아 물에 씻은 후 면포에 걸러 고운 고추가루로 단풍잎 정도의 색감으로 빨간무즙(모미지오로시)을 만들어 양념(야쿠미)과 복어껍질초회용으로 준비한다.

9. 양념(야쿠미), 초간장(폰즈) 준비하기
   ① 레몬은 1cm 정도로 양념(야쿠미)용으로 준비한다.
   ② 실파찹, 빨간무즙, 레몬으로 제출용 양념(야쿠미)을 만든다.
   ③ 다시물 30cc, 간장 30cc, 식초 30cc로 초간장(폰즈) 소스를 만들어 제출용과 복어껍질초무침용으로 사용한다.

10. 미나리 손질하기
    미나리는 복어회용을 남겨두고 4cm 정도로 잘라 복어껍질초회를 준비한다.

11. 복어껍질초회 준비하기
    초무침용은 채썬 껍질, 미나리, 실파찹을 준비해 놓는다.

12. 중간 정리정돈
    회를 뜨기 위하여 주위를 정리정돈한다.

13. 회뜨기–국화 모양으로 뜨기
    ① 등쪽부분이 도마로 가고 살부분이 위로 보이게 하여 결 반대로 하여 폭 2~3cm 정도, 길이 6~7cm 정도로 종이처럼 얇게 잘라 시계 반대방향으로 모양내어 돌려 담는다.
    ② 접시의 70~80% 정도를 바깥쪽에 담은 후 안쪽에 국화 모양으로 담는다. 앞쪽 빈공간에 나비 모양의 지느러미를 담고, 앞에 4cm 정도로 곱고 일정하게 복어 겉껍질채, 복어 속껍질채, 살껍질채, 미나리줄기를 담아 완성한다.

14. 복어껍질초회 완성하기
    준비해 놓은 재료(복어 겉껍질채, 속껍질채, 살껍질채, 미나리 4cm 정도, 실파찹)에 제출 직전에 빨간무즙과 실파찹, 초간장(폰즈)소스로 무쳐 소복이 담아낸다(시소 또는 깻잎이 제공되면 밑에 깔고 담는다).

15. 복어죽(조우스이) 완성하기
    복어죽의 농도를 확인한 후 간장, 소금으로 간하고 실파와 달걀을 넣고 섞어 끓인 후 완성 그릇에 담고 채를 썬 김을 올려 마무리한다.

16. 작품제출하기
    복어회, 복어껍질초회, 복어죽(조우스이)작품과 초간장(폰즈), 양념(야쿠미)을 함께 제출한다.

※ 가스 중간밸브 잠그고, 정리정돈하기
    테이블, 씽크대 등을 깨끗하게 정리정돈하고 퇴실한다.

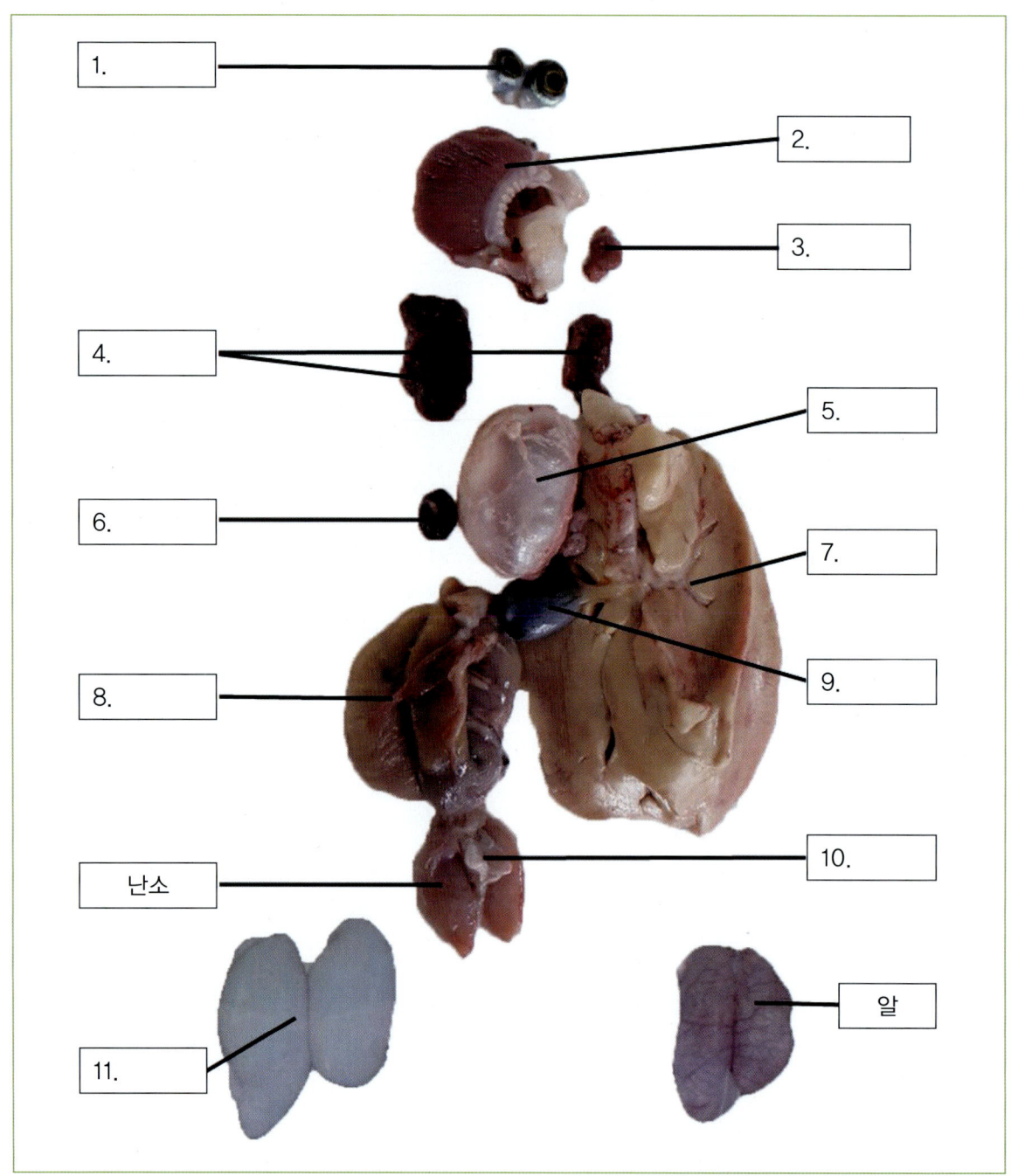

국가기술자격 실기시험 모범 답안지

자격종목 (1과제)	복어조리기능사 (복어부위감별)	비번호		감독위원 서 명	(인)

※ 수험자 지참준비물 필수 : 검정 볼펜

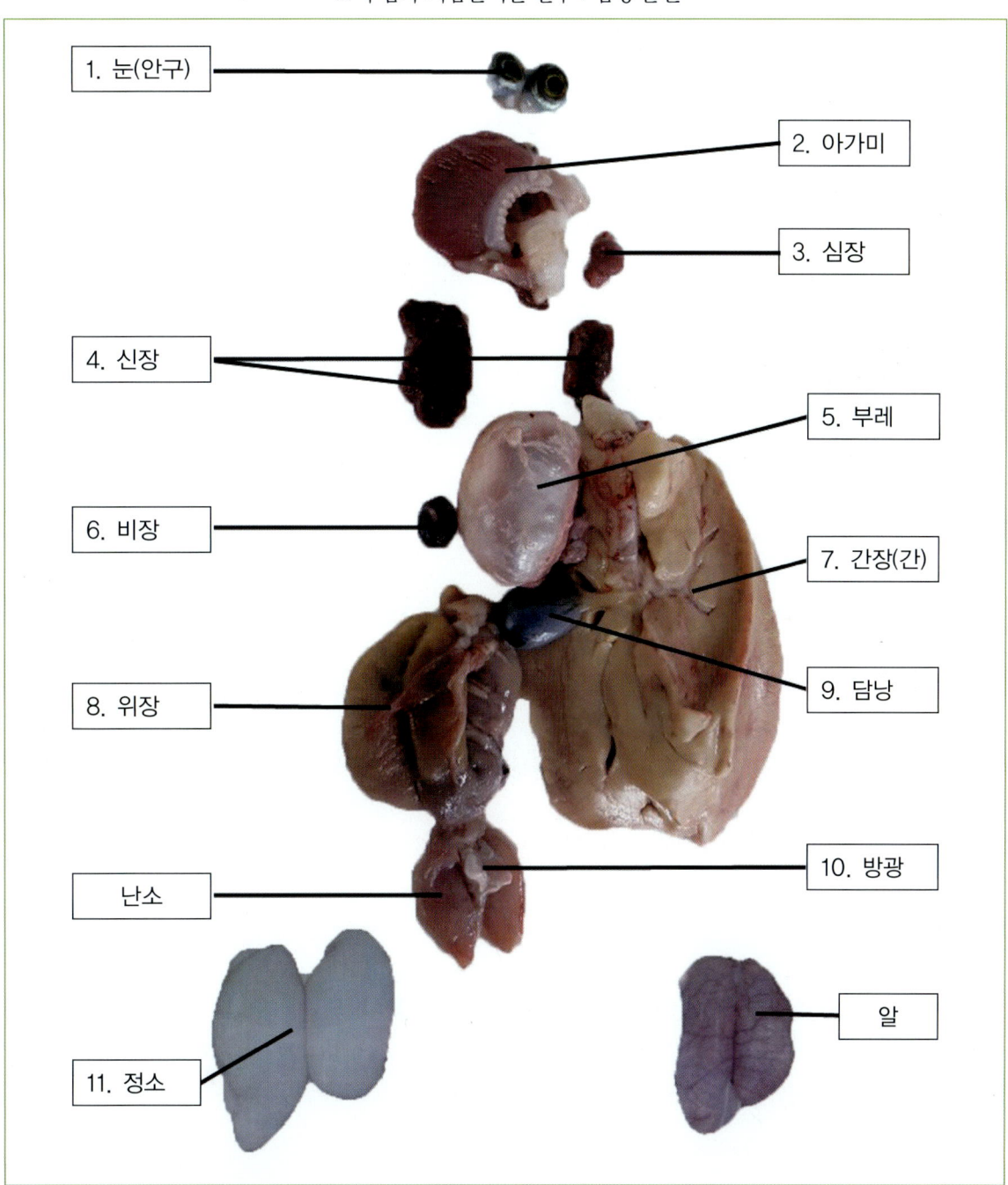

※ 정소(이리, 고니, 시라고)는 내장 중에서 유일하게 먹을 수 있는 부위이다.

01 복어회 河豚の刺身;ふぐのさしみ;후구노사시미;blowfish sashimi

요구사항
1) 복어의 겉껍질과 속껍질을 분리하여 손질하고 가시는 제거하시오.
2) 회는 얇게 포를 떠 국화꽃 모양으로 돌려 담고, 지느러미, 껍질, 미나리를 곁들이고, 초간장(폰즈)과 양념(야쿠미)을 따로 담아내시오.

수험자 유의사항
p. 145 참조

Blowfish

🧑‍🍳 지급재료목록

복어살 ·········· 1마리(공통)	무 ·········· 100g(초회 공통)
미나리(줄기부분) ·········· 10g	고춧가루(고운 것) ·········· 5g(초회 공통)
건다시마(5×10cm) ·········· 1장(초회 공통)	실파(쪽파 대체 가능, 2줄기 정도) ·········· 10g
진간장 ·········· 30ml(초회 공통)	레몬 ·········· 1/6쪽
식초 ·········· 30ml(초회 공통)	소금(정제염) ·········· 10g(공통)

- 초간장(폰즈)은 한 번에 만들어 복어회에 30ml 정도 따로 담아내고, 나머지 60ml 정도는 복어껍질초회에 사용한다.
- 양념(야쿠미)은 한 번에 만들어 복어회에 1/3정도 담아 레몬과 함께 따로 담아내고, 나머지는 복어껍질초회에 사용한다.

🧑‍🍳 복어회 만드는 법

① 세장뜨기한 복어살은 흐르는 물에 담근 후 건져 물기를 닦는 후 복어살의 겉껍질 부분과 속껍질 부분을 발라 손질하여 복어살은 3% 정도의 소금물에 씻은 후 물기를 제거한다.
② 물기를 제거한 복어살은 마른 면포에 모양을 잡아 감싼다.
③ 복어의 잘라둔 꼬리 또는 옆지느러미는 소금으로 문질러 씻어 물기를 제거하여 접시에 펴서 말려 장식용으로 사용한다.
④ 복어 껍질은 겉껍질에서 속껍질을 분리하여 겉껍질에 붙은 가시를 도마에 밀착시켜 사시미칼로 밀어 제거하여 소금으로 씻는다.
⑤ 끓는 물에 소금을 넣고 손질해 놓은 복어의 겉껍질과 발라 놓은 살쪽의 껍질을 데친 후 찬물에 헹궈 물기를 닦고, 면포에 감싸거나 쇠꼬챙이(구시)에 끼워 말린다.
⑥ 미나리는 가늘고 색감이 좋은 줄기부분과 야쿠미(양념), 폰즈(초간장)를 준비한다.
⑦ 도마는 약간 촉촉하게 물기가 배도록 준비하고, 깨끗한 면포를 물에 적셔 물기를 짜서 오른쪽에 놓는다. 왼쪽에는 레몬물을 준비하여 사용하면 효율적이다.
⑧ 복어회를 놓을 접시를 왼편에 준비하고, 복어살은 껍질 부분이 바닥으
⑨ 오른손으로 칼을 잡아 왼손 검지로 복어살을 누른 후 오른쪽은 약간 두껍게, 왼쪽은 얇게 해서 폭 2~3cm, 길이 6~7cm 정도로 종이처럼 얇게 회를 뜬다.
⑩ 얇게 뜬 회는 접시의 안에서 밖으로 끌어 시계반대방향으로 돌려 담은 후 남은 복어살은 모양내어 중앙에 얇게 담고, 지느러미를 세워 앞에 놓는다. 지느러미 앞에 등쪽 껍질, 배쪽 껍질, 복어의 살 껍질, 미나리를 3~4cm 정도로 가지런하게 담아 완성하여 초간장, 양념을 함께 제출한다.

▶ 복어살의 껍질 부분을 발라낸다.

▶ 물에 담근 후 소금물에 씻으면 탄력이 있다.

▶ 깨끗한 행주에 놓고 물기를 제거한다.

▶ 결 반대로 얇게 사시미를 떠서 담는다.

POINT

* 복어회 칼을 깨끗한 행주에 물을 묻혀 자주 닦으면서 사용하면 회가 매끄럽게 잘 떠진다.
* 복어살은 접시의 바닥 면이 보일 정도로 얇게 단칼에 떠서 부채살 모양으로 담는다.
* 데바칼로 복어 껍질을 곱게 자른다.
* 복어살은 옅은 소금물에 잠깐 담근 후 물기를 제거하면 탄력이 있어 회뜨기가 좀 더 수월하다.

02 복어껍질초회

河豚皮酢の物 ; ふぐかわすのもの ; 후구가와스노모노 ; swellfish skin with vinegar dressing

요구사항

1) 복어의 겉껍질과 속껍질을 분리하여 손질하고 가시는 제거하시오.
2) 복어껍질초회는 폰즈, 미나리, 실파, 빨간무즙(모미지오로시)을 사용하여 무쳐내시오.
3) 껍질, 미나리 등은 4cm 정도 길이로 썰어 사용하시오.

수험자 유의사항

p. 145 참조

지급재료목록

복어껍질(겉껍질, 속껍질, 살껍질)
미나리(줄기부분) ······················· 20g
무 ··························· 100g(복어회 공통)
고춧가루(고운 것) ············ 5g(복어회 공통)
실파(쪽파 대체 가능, 2줄기 정도) ········ 10g
건다시마(5×10cm) ············ 1장(복어회 공통)
진간장 ······················ 30ml(복어회 공통)
식초 ························ 30ml(복어회 공통)

복어껍질초회 만드는 법

1. 차가운 물에 건다시마를 넣고 물이 끓으면 다시마를 건지고 면포에 거른다.
2. 밑손질한 복어의 껍질은 속껍질 부분의 점액과 핏줄 등을 완전하게 제거한 후에 겉껍질과 속껍질을 분리한다.
3. 겉껍질은 면이 고른 나무도마에 껍질부분의 가시가 위로 보이게 밀착시킨 후 물을 조금 뿌리고 생선회 칼로 누르면서 밀었다 당겼다를 반복하면서 가시를 완전히 제거한다.
4. 가시 부분을 제거한 겉껍질과 속껍질, 살껍질을 소금으로 닦아 물에 한 번 씻은 후 끓는 물에 데쳐 차가운물(얼음물)에 식힌다.
5. 물기를 제거하고 건조시켜 고들고들하게 한다.
6. 무는 강판에 곱게 간 후 찬물에 씻어 고운 체에 거른다.
7. 고운 체에 거른 무는 고운 고춧가루를 섞어 빨간무즙(모미지오로시)를 만든다.
8. 실파는 파란색 부분을 곱게 자른 후 물에 씻어 체에 거른다.
9. 초간장(폰즈)은 다시물 30ml, 간장 30ml, 식초 30ml를 섞은 후 30ml는 복어회 양념으로 준비하고 나머지는 복어껍질초회에 사용한다.
10. 데쳐낸 복어껍질을 4cm정도 길이로 곱게 채를 썬다.
11. 미나리도 줄기부분을 가지런하게 4cm 정도로 자른다.
12. 제공 직전에 손질한 복어껍질, 미나리, 빨간무즙, 실파, 초간장을 넣어 잘 무친 다음 완성 그릇에 담아낸다.

POINT

* 복어껍질은 나무 도마에서 밀면 잘 밀리고 별도의 생선회칼을 준비해서 사용하면 좋다 (복어껍질을 밀고 나면 동일한 칼로 회뜨기가 어려울 수 있다).
* 복어껍질은 생선회칼보다 뼈자름용칼로 자르면 좀 더 쉽게 자를 수 있다.
* 청차조기잎(시소)가 제공되면 초회 밑에 깔고 담으면 된다.

03 복어죽

河豚の 炊; ふぐのぞ 雜すい; 후구노조우스이; Fugu no jousui

요구사항

1) 죽은 밥을 씻어 사용하고, 살은 가늘게 채썰거나 뼈에 붙은 살을 발라내어 사용하고, 당근·표고버섯은 다지고, 뼈와 다시마로 다시를 만들고, 실파와 달걀은 완성 전에 넣어 섞어주고, 채 썬 김을 얹어 완성하시오.

수험자 유의사항

p. 145 참조

🧑‍🍳 지급재료목록

복어살(공통)
건다시마(5×10cm) ······························· 1장
밥(햇반 또는 찬밥) ······························· 100g
생표고버섯(중) ·································· 1개
당근(곧은 것) ··································· 50g
실파(쪽파 대체 가능, 2줄기 정도) ················· 10g
달걀 ··· 1개
김 ··· 1/4장
소금(정제염) ··································· 10g(공통)

🧑‍🍳 복어죽(조우스이) 만드는 법

1. 복어뼈의 피 부분을 흐르는 물에 잘 씻어낸다.
2. 복어뼈의 살부분은 발라내어 놓는다.
3. 차가운 물에 복어뼈, 건다시마를 넣고 끓으면 약한 불에서 육수를 만든 후 청주를 넣고 면포에 거른다.
4. 표고버섯과 당근을 일정하게 잘게 다져놓고 실파는 송송 썰고, 김은 구워 아주 곱게 물기가 없는 도마에서 채를 썬다.
5. 복어회를 뜨고 남은 살과 뼈에서 발라낸 살을 가늘게 채를 썰어 준비한다.
6. 밥은 찬물에 씻어 체에 거른다.
7. 준비한 육수를 끓여 복어살과 밥, 다진 표고버섯, 당근을 넣고 끓인 후 간장, 소금으로 간하고 실파와 달걀을 넣고 섞어 끓인 후 완성 그릇에 담고 채를 썬 김을 올려 완성한다.

POINT

* 복어죽(조우스이)는 농도를 잘 맞추어야 한다.
* 김채를 자를 때는 물기 없는 도마에서 아주 고운 채로 잘라야 좋다.

02 복어조리산업기사 실기시험 예상문제

[과제명]
- 복어회 ; 河豚の刺身 ; ふぐのさしみ ; 후구노사시미(ポン酢 ; ぽんず ; 폰즈/味 ; やくみ ; 야쿠미)
- 복어맑은탕 ; 河豚のちり鍋 ; ふぐのちりなべ : 후구노지리나베
- 복어껍질굳힘(니꼬고리) ; 河豚の煮凝り ; ふぐのにこごり ; 후구노니꼬고리

시험시간 1시간 30분

Blowfish

요구사항

※ 위생과 안전에 유의하여 주어진 재료로 다음과 같이 복어회, 복어맑은탕, 복어껍질굳힘(니꼬고리)을 만드시오.

가. 복어는 시험시작 후 15분 이내에 식용부위와 비식용부위를 분리하고, 지급한 네임텍(Name-Tag)에 부위별 명칭을 기록하여 감독위원의 확인을 받으시오.
나. 복의 겉껍질과 속껍질을 분리, 손질하여 복어회에 사용하시오.
다. 복어회에 지느러미를 사용하여 장식하시오.
라. 복어맑은탕 국물이 맑게 나오도록 복어를 데쳐서 사용하시오.
마. 복어맑은탕 완성품은 접시에 담아 감독위원의 확인을 받은 다음, 냄비에 담아 익혀내시오.
바. 복어회, 복어맑은탕, 복어껍질굳힘(니꼬고리)을 완성하여 제출하시오.
사. 복어회, 복어맑은탕의 야쿠미(양념)와 폰즈(초간장)를 만들어 따로 담아내시오.
아. 복어는 맹독성이므로 소제작업과 제독작업을 철저히 하시오.

수험자 유의사항

※ 다음 유의사항을 고려하여 요구사항을 완성하시오.
1) 조리산업기사로서 갖추어야 할 숙련도, 재료관리, 작품의 예술성을 나타내어야 합니다.
2) 시설은 지정된 것을 사용하여야 하고 지정된 지참공구목록 이외의 조리기구나 재료를 시험장 내에 지참할 수 없습니다.
3) 조리기구 중 가스레인지(가스밸브 개폐기 사용) 및 칼 등을 사용할 때에는 안전에 유념하여야 합니다.
4) 지급재료는 1회에 한하여 지급되며 재 지급은 하지 않습니다(단, 수험자가 시험 시작 전 지급된 재료를 검수하여 재료가 불량하거나 양이 부족하다고 판단될 경우에는 즉시 시험위원에게 통보하여 교환 또는 추가지급을 받도록 합니다).
5) 완료 후 작품을 지정된 장소에 시험시간 내에 제출하여야 합니다.
6) 가스레인지 화구는 2개까지 사용 가능합니다.
7) 작품을 제출한 다음 본인이 조리한 장소의 주변을 깨끗이 청소하고 조리기구를 정리정돈한 후 지시에 따라 퇴실합니다.
8) 다음 사항에 대해서는 채점대상에서 제외하니, 특히 유의하시기 바랍니다.
  가) 기 권 – 수험자 본인이 시험 도중 시험에 대한 포기 의사를 표현하는 경우
  나) 실 격 – (1) 불을 사용하여 만든 조리작품이 작품특성에 벗어나는 정도로 타거나 익지 않은 경우
           (2) 시험 중 시설·장비(칼, 가스레인지 등) 사용 시 감독위원 및 타수험자의 시험 진행에 위협이 될 것으로 감독위원 전원이 합의하여 판단한 경우
           (3) 독제거 작업과 작업 후 안전처리가 완전하지 않은 경우
  다) 미완성 – 시험시간 내에 작품을 제출하지 못한 경우
  라) 오 작 – 굳힘을 조림으로 조리하는 등과 같이 조리방법을 다르게 한 경우

지급재료목록

재료	수량	재료	수량	재료	수량
복어(1kg 정도, 시험 전까지 해동하여 지급)	1마리	실파(20g/줄기)	2뿌리	팽이버섯	1/3봉
배추	150g	고운 고춧가루	10g	맛술(미림)	50ml
대파(흰 부분 4cm 정도)	1토막	레몬	1/4개	당근	80g
가쓰오부시	5g	식초	100ml	찹쌀떡(복떡) 또는 가래떡	30g
두부	70g	진간장	100ml	젤라틴	10g
무	200g	건다시마	10g	청차조기잎(시소) 또는 깻잎	1장
생표고버섯(중)	1개	청주	50ml	통생강	20g
		미나리	30g	포스트잇(1.5×5cm)	11장

복어회, 복어맑은탕, 복어껍질굳힘(니꼬고리) 만드는 법

※ 검정 볼펜을 준비하여 시험시작 후 15분 이내에 식용부위와 비식용부위를 분리하고, 네임텍(Name - Tag)에 부위별 명칭을 기록하여 감독위원의 확인 받는다.

1. **채소손질**
   시소(깻잎) 등 : 찬물에 담그기

2. **다시물, 일번다시 뽑은 후 물 올리기**
   ① 건다시마를 젖은 면포로 닦아 800ml 정도 찬물을 넣고 은근히 끓인다.
   ② 끓으면 불을 끄고 다시마를 건져낸다. –지리냄비용
   ③ 300ml 정도의 뜨거운 다시물에 가쓰오부시를 넣고 15분 후에 거른다(일번다시). –복어껍질굳힘, 초간장(폰즈)용

3. **복어손질하기**
   ① 복어를 잘 씻은 후 복어머리를 왼쪽으로 하여 지느러미(꼬리등지느러미 1개, 옆지느러미 2개, 배꼬리지느러미 1개)를 제거한다.
   ② 입을 코가 있는 부위까지 자른다.
   코 밑 부분의 머리에 칼을 넣고 혀가 잘리지 않도록 입을 잘라낸다(입은 뼈자름칼로 편으로 두들겨 윗 이빨사이로 칼을 넣어 자른 후 소금으로 닦아 물에 담근다).
   ③ 껍질 벗기기 : 눈 밑 부분에 칼집을 넣어 길게 꼬리쪽으로 자른다(반대편도 동일한 방법으로 자른다).
   * 주의점 : 속살이 다치지 않도록 한다.
   ④ 눈알제거 : 눈알이 터지지 않도록 도마에 밀착시켜 도려낸다.
   ⑤ 아가미 및 턱뼈 칼집 넣어 자르기
   ⑥ 내장제거하기
   • 머리를 오른쪽으로 놓고 뼈자름칼로 머리를 누르고 왼손으로 내장이 붙어있는 아가미 부분을 당겨 분리시킨다.
   • 살부분은 흐르는 물에 담근다.
   ※내장분리하여 시험시작 15분 이내에 손들어 심사위원 확인 받을 것
   제공된 포스트잇(1.5×5cm) 11장에 눈(안구), 아가미, 심장, 신장, 부레, 비장, 간(간장), 위장, 담낭(쓸개), 방광, 알, 난소, 혈액 등 부위별 내장의 명칭을 명확하게 네임텍(Name-Tag) 작성 후 15분 이내에 손을 들어 감독위원의 확인을 받는다.
   ※내장의 명칭은 손에 물이 없을 때 미리 작성해 놓으면 편리하며, 한지(A4용지)가 제공될 수도 있다.
   ⑦ 수컷의 정소(고니, 이리, 시라고)는 먹을 수 있다. 별도로 먹을 수 있도록 분리한다.
   ⑧ 몸통의 배꼽살 제거하기-양쪽으로 길게 칼집을 넣어 왼손으로 잡고 뼈자름칼 끝으로 오른쪽으로 1/2 자르고 왼쪽으로 마저 잘라서 떼어 내서 칼집을 2~3번 주어 물에 담근다.
   ⑨ 머리자르기 : 뼈자름칼 끝으로 목 부분을 잘라낸 후 머리를 반으로 자른다.
   ⑩ 세장뜨기하기 : 꼬리를 왼쪽으로 하여 가운데 뼈에 칼이 닿도록 누르면서 일정하게 포를 뜬다(반대편도 동일한 방법으로 포를 뜬다).
   ⑪ 뼈자르기 : 가운데 뼈는 꼬리지느러미를 잘라내고 균일하게 3등분하여 칼집을 넣은 후 흐르는 물에 담근다.
   ⑫ 회뜨기용 손질하기
   • 세장뜨기한 복살의 옆부분을 먼저 손질한 후 속껍질을 일정하게 포를 떠서 벗겨낸다.
   • 흐르는 물에 씻어 물기를 제거 후 면포에 싸서 도마로 눌러준다.
   ※참고로 연한 소금물에 담근 후 건져서 물기를 제거하여 면포에 싸서 놓으면 좀 더 탄력이 있어 회뜨기가 좋다.
   ⑬ 지느러미 손질하기 : 소금으로 주물러 닦은 후 물기를 제거 후 나비용은 편으로 만들고 더듬이를 만들어 접시에 모양내어 말린다(나머지 지느러미도 정리하여 말린다).
   ⑭ 복어껍질 손질하기 : 등쪽과 배쪽의 속껍질 부분을 뼈자름칼로 긁어 내고 도마에 밀착시켜 생선회칼로 겉껍질의 가시부분을 밀어내서 물에 담근다.

4. 데치기 물 냄비에 올리고 채소(무-은행잎, 당근-매화꽃) 모양내기

① 채소 모양내기
- 무는 빨간무즙용을 남기고 겉껍질을 둥글게 벗겨 내고 3등분의 칼집을 넣고 둥글게 은행잎 모양으로 만든다.
- 당근은 5각형으로 만들어 면의 가운데 칼집을 넣고 둥글게 파낸 후 중앙으로 길게 칼집을 넣고 비스듬하게 포를 떠서 매화꽃 모양으로 만든다.

② 채소 데치기
- 끓는 물에 무, 당근을 80% 정도 데치고 배추는 줄기대부분을 먼저 넣고 데쳐낸다.
- 미나리는 줄기 부분을 2줄기 정도 데쳐낸다.
※ 참고로 쑥갓이 제공되면 쑥갓의 줄기를 데친다.

5. 복어 껍질 데치기

① 복어 겉껍질 데치기 : 복어 껍질은 살짝 데쳐서 찬물에 식혀 바로 물기를 제거한 후 구시(꼬챙이)에 끼워서 말리거나 면포에 싸서 고들고들하게 준비한다.

② 복어 속껍질과 살껍질, 뼈 데치기 : 복어속껍질과 살껍질은 익혀서 찬물에 식혀 물기를 제거한 후 면포에 싸서 놓고 뼈는 살짝 데쳐 흐르는 찬물에서 불순물(이물)을 제거한 후 체에 가지런하게 담아 물기를 제거한다.

6. 복어껍질굳힘(니꼬고리) 만들기

① 판 젤라틴은 찬물에 불리고 가루 젤라틴은 차가운 일번다시 200ml 정도에 넣고 미리 불린다.

② 생강은 얇게 돌려깎기하여 곱게 채썰어(하리쇼가) 준비하여 물에 헹군다.

③ 실파는 푸른 부분을 곱게 채를 썰어 씻은 후 체에 밭쳐 준비한다.

④ 복어겉껍질살, 복어속껍질살, 복어살껍질살을 사시미용을 제외하고 곱게 일정하게 4cm 정도로 썰어 준비한다.

⑤ 거품을 걷어내고 불을 줄여 복어껍질을 넣고 간장 15ml 정도로 색을 내고, 맛술 15ml 정도, 청주 15ml 정도, 소금으로 간을 하여 끓여주고 채썬 생강, 실파를 넣고 불을 끈 다음 조금 식혀 사각 스테인레스틀(7×8cm 정도)에 붓고 1.5~2cm 정도 높이가 되게 하여 냉장고에 넣는다(얼음이 제공되면 최대한 식혀서 냉장고에 넣는다).

⑥ 요구사항에 맞게 잘라 완성한다.

7. 복어껍질 펴기
복어껍질 사시미용은 폭 4~5cm 정도로 하여 호일에 펴서 눌러 준비하면 사용하기 편리하다.

8. 복어맑은탕 사라모리하여 감독위원 검사 받기

① 배추, 쑥갓의 물기를 제거하고 김발에 길이 15cm 정도로 말이하여 끝부분을 자르고 5cm 정도는 바르게 잘라 2등분하고 10cm 정도는 어슷 2등분으로 잘라 세워 원형접시 뒷부분에 담는다.

② 무는 0.5~0.7cm로 3~5등분으로 잘라 모양내어 접시 뒤 왼쪽에 담는다.

③ 대파는 어슷썰어 무 옆에 엇비슷하게 세워 담는다.

④ 팽이버섯은 밑동을 제거하고 대파 옆에 세워 담는다.

⑤ 두부는(5×3×2cm 정도) 1/2로 자른 뒤 다시 1/2로 (2~4쪽) 잘라 팽이 버섯 옆에 담는다.

⑥ 복어뼈는 물기를 제거하고 채소류 앞에 턱뼈를 놓고 가운데 뼈, 머리를 놓고 위에 주둥이로 장식한다(뼈의 피부분 제거 및 잎, 머리쪽에 내장 등 이물질이 없도록 물로 잘 씻어 깨끗하게 준비한다).

⑦ 미나리는 복어회용으로 가늘고 좋은 것을 남겨두고 4~5cm 정도로 잘라 중앙에 세워 담는다.

⑧ 표고버섯은 별 모양으로 만들어 왼쪽 또는 오른쪽에 담는다.

⑨ 복떡은 노릇하게 구워서 왼쪽 또는 오른쪽에 담는다.

⑩ 당근은 색감을 고려하여 장식한다.

⓫ 접시에 사라모리 후 완성되면 손들어 감독위원 검사를 받는다.

9. 양념(야쿠미), 초간장(폰즈) 준비하기
   ❶ 레몬은 1cm 정도로 양념(야쿠미)용으로 준비한다.
   ❷ 실파찹, 빨간무즙, 레몬으로 제출용 양념(야쿠미)을 만든다.
   ❸ 다시물 30cc, 간장 30cc, 식초 30cc로 초간장(폰즈)을 만들어 복어회, 복어맑은탕의 양념(야쿠미), 초간장(폰즈)를 만들어 따로 담아낸다.

10. 중간 정리정돈
    회를 뜨기 위하여 주위를 정리정돈 한다.

11. 회뜨기-요구 사항에 맞게 학 모양 또는 국화 모양으로 뜨기
    ❶ 등쪽부분이 도마로 가고 살부분이 위로 보이게하여 결 반대로 하여 폭 2~3cm 정도, 길이 6~7cm 정도로 종이처럼 얇게 회를 떠서 시계반대방향으로 모양을 내어 담는다.
    ❷ 요구사항에 맞게 학 모양 또는 국화 모양으로 담고 안쪽 또는 옆 빈공간에 나비 모양의 지느러미를 담고 앞에 4cm 정도로 곱고 일정하게 복어껍질채, 복어속껍질채, 복어살껍질채, 미나리줄기를 담아 완성한다.
    ※시소가 제공되면 시소를 깔고 껍질채, 미나리를 올린다.

12. 복어맑은탕 끓이기
    ❶ 냄비에 다시물을 넣고 끓으면 뼈를 넣고 잠시 후 무, 당근을 익힌 다음 거품을 걷어내고 불을 줄인다.
    ❷❶이 익으면 채소류(배추, 대파, 표고버섯, 팽이버섯) 두부, 떡을 넣고 끓인 후 거품을 걷어내고 청주 15ml, 소금 2g 정도로 간을 한 후 미나리를 올려 모양을 내어 제출한다 (전체적으로 조화롭고 모든 재료가 보이게 하고 복어뼈, 무, 당근 등 꼭 익혀 제출한다).

13. 복어껍질굳힘(니꼬고리) 썰어 담기
    ❶ 1.5~2cm 정도 높이의 굳힘요리는 2×3cm 정도로 요구 사항에 맞게 7개 정도를 균일하게 마름모꼴로 잘라 시소(깻잎)를 깔고 모양내어 담는다.
    ※파슬리가 제공되면 함께 장식하여 제공한다.

14. 작품제출하기
    복어회, 복어맑은탕, 복어껍질굳힘(니꼬고리) 작품과 초간장(폰즈), 양념(야쿠미)을 함께 제출한다.
    ※가스 중간밸브 잠그고, 정리정돈하기
    테이블, 씽크대 등을 깨끗하게 정리정돈하고 퇴실한다.

01 복어회 河豚の刺身 ; ふぐのさしみ ; 후구노사시미

요구사항
※ 위생과 안전에 유의하여 주어진 재료로 다음과 같이 복어회를 만드시오.
나. 복의 겉껍질과 속껍질을 분리, 손질하여 복어회에 사용하시오.
다. 복어회에 지느러미를 사용하여 장식하시오.
사. 복어회의 야쿠미(양념)와 폰즈(초간장)를 만들어 따로 담아내시오.

수험자 유의사항   p. 157 참조

지급재료목록

- 복어살(공통)
- 미나리(줄기부분) 10g
- 건다시마(5×10cm) ...... 10g(공통)
- 진간장 .... 100ml(공통)
- 식초 .... 100ml(공통)
- 무 100g
- 고운 고춧가루(고운 것) .... 10g(맑은탕 공통)
- 실파(20g/줄기) .... 2뿌리(공통)
- 레몬 .... 1/4개(공통)
- 소금(정제염)

- 초간장(폰즈)은 한 번에 만들어 복어회에 30ml 정도 따로 담아내고, 나머지 60ml 정도는 복어맑은탕에 따로 담아낸다.
- 양념(야쿠미)은 한 번에 만들어 복어회에 레몬과 함께 1/3정도 따로 담아내고, 2/3정도는 레몬과 함께 복어맑은탕에 따로 담아낸다.

복어회 만드는 법

1. 세장뜨기한 복어살은 흐르는 물에 담근 후 건져 물기를 닦는 후 복어살의 겉껍질 부분과 속껍질 부분을 발라 손질하여 복어살은 3% 정도의 소금물에 씻은 후 물기를 제거한다.
2. 물기를 제거한 복어살은 마른 면포에 모양을 잡아 감싼다.
3. 복어의 잘라둔 꼬리 또는 옆지느러미는 소금으로 문질러 씻어 물기를 제거하여 접시에 펴서 말려 장식용으로 사용한다.
4. 복어 껍질은 겉껍질에서 속껍질을 분리하여 겉껍질에 붙은 가시를 도마에 밀착시켜 사시미칼로 밀어 제거하여 소금으로 씻는다.
5. 끓는 물에 소금을 넣고 손질해 놓은 복어의 겉껍질과 발라 놓은 살쪽의 껍질을 데친 후 찬물에 헹궈 물기를 닦고, 면포에 감싸거나 쇠꼬챙이(구시)에 끼워 말린다.
6. 미나리는 가늘고 색감이 좋은 줄기부분과 야쿠미(양념), 폰즈(초간장)를 준비한다.
7. 도마는 약간 촉촉하게 물기가 배도록 준비하고, 깨끗한 면포를 물에 적셔 물기를 짜서 오른쪽에 놓는다. 왼쪽에는 레몬물을 준비하여 사용하면 효율적이다.
8. 복어회를 놓을 접시를 왼편에 준비하고, 복어살은 껍질 부분이 바닥으
9. 오른손으로 칼을 잡아 왼손 검지로 복어살을 누른 후 오른쪽은 약간 두껍게, 왼쪽은 얇게 해서 폭 2~3cm, 길이 6~7cm 정도로 종이처럼 얇게 회를 뜬다.
10. 얇게 뜬 회는 접시의 안에서 밖으로 끌어 시계반대방향으로 돌려 담은 후 남은 복어살은 모양내어 중앙에 얇게 담고, 지느러미를 세워 앞에 놓는다. 지느러미 앞에 등쪽 껍질, 배쪽 껍질, 복어의 살 껍질, 미나리를 3~4cm 정도로 가지런하게 담아 완성하여 초간장, 양념을 함께 제출한다.

▶ 복어살의 껍질 부분을 발라낸다.

▶ 물에 담근 후 소금물에 씻으면 탄력이 있다.

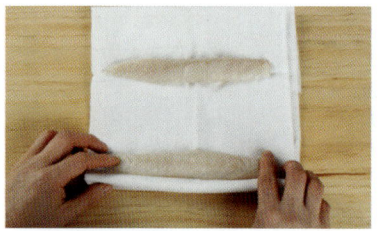
▶ 깨끗한 행주에 놓고 물기를 제거한다.

▶ 결 반대로 얇게 사시미를 떠서 담는다.

POINT

* 복어회 칼을 깨끗한 행주에 물을 묻혀 자주 닦으면서 사용하면 회가 매끄럽게 잘 떠진다.
* 복어살은 접시의 바닥 면이 보일 정도로 얇게 단칼에 떠서 부채살 모양으로 담는다.
* 데바칼로 복어 껍질을 곱게 자른다.
* 복어살은 옅은 소금물에 잠깐 담근 후 물기를 제거하면 탄력이 있어 회뜨기가 좀 더 수월하다.

02 복어맑은탕 河豚ちり鍋 ; ふぐちり=てっちり ; 후구지리

요구사항
※ 위생과 안전에 유의하여 주어진 재료로 다음과 같이 복어맑은탕을 만드시오.
라. 복어맑은탕 국물이 맑게 나오도록 복어를 데쳐서 사용하시오.
마. 복어맑은탕 완성품은 접시에 담아 감독위원의 확인을 받은 다음, 냄비에 담아 익혀내시오.
사. 복어맑은탕의 야쿠미(양념)와 폰즈(초간장)를 만들어 따로 담아내시오.

수험자 유의사항   p. 157 참조

복어조리산업기사 실기시험 예상문제 · 163

지급재료목록

- 건다시마(5×10cm) …… 10g(공통)
- 배추 …………………… 150g
- 대파(흰부분 4cm 정도) …… 1토막
- 두부 …………………… 70g
- 무 ……………………… 100g
- 당근 …………………… 80g
- 생표고버섯(중) ………… 1개
- 팽이버섯 ……………… 1/3봉
- 찹쌀떡(복떡), 가래떡 대체 가능 …………… 30g
- 미나리 ………………… 20g
- 청주 …………………… 50ml(공통)
- 맛술(미림) ……………… 50ml(공통)
- 소금(정제염)

복어맑은탕 만드는 법

1. 찬물 4컵(800ml) 정도에 다시마는 젖은 행주로 닦아 넣고 끓어 오르면 다시마를 건져내고 불을 끈다. * 가다랑어포가 나오면 뜨거운 다시마 국물 1컵(200ml) 정도에 넣은 후 10~15분 후에 면포에 걸러 일번다시를 만들어 사용한다.
2. 복어회를 뜨고 남은 뼈를 5cm 정도 크기로 균일하게 잘라 물에 담근다.
3. 복어 머리는 절반으로 잘라 5cm 정도로 하여 불순물을 제거한 다음, 복어 입 윗이빨 가운데에 칼집을 넣어 입을 자른다.
4. 손질된 뼈를 물에 담가 핏물이 빠지면 끓는 물에 데쳐 남은 핏물을 제거한다.
5. 무는 분량의 절반을 다듬어 은행잎 모양으로 준비하고 나머지는 강판에 갈아 빨간무즙(모미지오로시)을 만든다.
6. 당근은 0.5cm 두께로 썰어 매화꽃 모양으로 1~2개 준비한다.
7. 끓는 물에 소금을 넣고 은행잎 모양의 무와 매화꽃 모양의 당근, 배추는 80% 정도 익히고, 미나리 1~2줄기는 데쳐서 찬물에 헹군다. 김발 위에 배추잎과 미나리줄기를 올려 말아 어슷하게 썰어 준비한다.
8. 무는 0.5cm 정도 두께로 자르고, 대파는 5cm 정도 길이로 어슷썰고, 미나리는 잎을 제거 후 5cm 정도로 자른다.
9. 팽이버섯은 밑동을 잘라 준비하고, 생표고버섯은 기둥을 떼어 별 모양으로 칼집을 낸다.
10. 두부는 5×1.5×2cm 크기로 썰고, 찹쌀(가래)떡은 구시 또는 석쇠에 노릇하게 구워 준비한다.
11. 레몬은 다듬어 준비하고, 실파는 송송 썰어 준비한다.
12. 접시(냄비)에 배추말이를 뒤쪽에 세워 담고, 두부와 무를 양옆에 놓는다. 배추 앞쪽으로 대파와 팽이버섯을 기대어 담고, 그앞에 복어뼈, 구운 떡, 표고버섯, 당근, 미나리를 보기 좋게 담는다.
13. 다시물을 끓여서 소금간을 하고, 냄비에 재료를 보기 좋게 담아 잠길 정도로 국물을 부어 복어 뼈, 무, 당근, 생표고버섯 등이 잘 익도록 끓인다. 도중에 떠오르는 거품은 걷어내고 맑게 끓여 초간장, 양념과 함께 담아낸다.

▶ 찬물에 다시마를 넣고 끓으면 건진다.

▶ 끓는 물에 채소를 친다.

▶ 끓는 물에 뼈, 껍질, 주둥이, 살 껍질을 데친다.

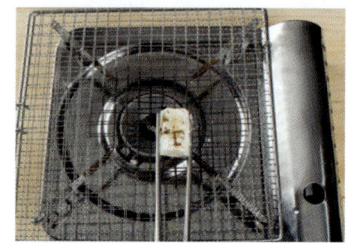
▶ 찹쌀떡(가래떡)을 굽는다.

POINT

* 빨간무즙은 아까오로시, 모미지오로시라고도 한다.
* 너무 센불에서 끓이면 국물이 탁해지고 채소의 모양이 흐트러져서 지저분해 보일 수 있다.
* 감독관의 요구사항에 따라 사라모리의 경우 물기 없이 보기 좋게 담고, 다시물에 소금, 청주로 간을 하여 제출한다.

03 복어껍질굳힘(니꼬고리) 河豚の煮凝り ; ふぐのにこごり ; 후구노니꼬고리

요구사항
※ 위생과 안전에 유의하여 주어진 재료로 다음과 같이 복어껍질굳힘(니꼬고리)을 만드시오.

수험자 유의사항   p. 157 참조

🧑‍🍳 지급재료목록

복어껍질·············1개	가쓰오부시·············5g	청차조기잎(시소), 깻잎 대체 가능
생강 ·············20g	청주 ·············50ml(공통)	·············1장
실파(20g/줄기) ·········2뿌리(공통)	미림(맛술)·············50ml(공통)	소금(정제염)
건다시마(5×10cm) ···10g(공통)	젤라틴 ·············10g	

🧑‍🍳 복어껍질굳힘(니꼬고리) 만드는 법

❶ 차가운 물에 다시마를 넣고 물이 끓으면 불을 끄고 다시마를 건져내고 가다랑어포를 넣고 10~15분 후에 면포에 거른다.

❷ 밑손질하여 말린 복어의 겉껍질과 속껍질을 곱게 3~4cm 크기로 채를 썰어 준비한다.

❸ 생강은 돌려깎기한 후 곱게 채를 썰어 물에 헹구어 준비한다.

❹ 실파는 파란색 부분을 곱게 채를 썰어 준비한다.

❺ 판 젤라틴을 차가운 물에 잠기도록 넣어 준비한다(가루 젤라틴은 일번다시에 넣고 끓인다).

❻ 냄비에 다시물을 넣고 물이 끓으면 채썰어 준비한 복어 껍질을 넣고 간장, 소금, 맛술, 청주로 간을 한다.

❼ 젤라틴을 넣은 후 채썰어 준비한 생강과 실파찹을 넣고 저은 다음 조금 식혀 준비한 틀에 부어 냉장고 또는 얼음물에서 굳힌다.

❽ 굳으면 틀에서 꺼내 2~3cm 크기의 마름모꼴로 썰어 사용한다.

❾ 완성 접시에 청차조기잎(시소)을 깔고 모양내어 담아 완성한다.

POINT

* 색이 탁하지 않게 만든다.
* 판 젤라틴은 미리 물에 불려놓고, 가루 젤라틴은 차가운 일번다시에 바로 넣고 녹여서 사용한다.
* 니꼬고리란 복어껍질 또는 도미껍질에 있는 콜라겐이 젤라틴으로 변하는 성분을 이용하여 물과 함께 굳힘한 것을 말한다.
* 복어 니꼬고리(껍질굳힘요리)에 복어살과 식초를 조금 넣는 경우도 있다.

복어조리산업기사
과정평가형 원형문제 예시

 • 시험시간 : 3시간 55분(면접 15분 포함)   • 평가방법 : 작업·면접형

- 2차 시험 평가는 전 과정을 응시하여야 함.
  - 제1과제 : 복어회국화모양, 복어찜, 복어껍질굳힘(니꼬고리)
  - 제2과제 : 복어회학모양, 복어샤브샤브, 복어초밥
  - 제3과제 : 면접

1. 유의사항

※ 공통사항

1. 조리에 필요한 장비 및 기구의 이상 유무를 반드시 확인하여야 합니다.
2. 작업형 과제(1과제, 2과제)와 면접은 별도로 시행되며, 3과제 면접을 위하여 격리된 수험자 대기 장소를 별도로 준비하여야 합니다.
3. 시험시간 내에 요구사항을 완성하지 못한 경우에도 제출 시 채점을 합니다.
4. 조리작업 중 화재·안전 및 위생을 위해 조리화와 조리복 착용 및 안전교육을 실시합니다.
5. 다음 각 항에 해당되는 경우에는 채점대상에서 제외합니다.
   - 1차 평가에 응시하지 아니한 경우
   - 2차 평가에 있어 모든 과정에서 응시하지 아니한 경우
   - 시험시간 내에 요구사항을 완성하지 못한 경우
   - 시험시간 내에 제출된 작품이라도 허용기준치를 현저히 초과 또는 작동이 안 되는 경우
   - 기타 채점대상에 제외되는 조건
6. 시행 진행 과정

제1과제	복어회국화모양, 복어찜, 복어껍질굳힘(니꼬고리)	1시간 50분
제2과제	복어회학모양, 복어샤브샤브, 복어초밥	1시간 50분
제3과제	면접	15분

※ 평가시행 전 준비사항

- 시설 : 가스(전기)레인지, 냉동냉장고, 개수대, 조리대, 믹서(블랜더), 샐러맨더(Salamander)
- 재료 : 복어회국화모양, 복어찜, 복어껍질굳힘(니꼬고리), 복어회학모양, 복어샤브샤브, 복어초밥에 사용될 재료

- 시험방법 : 작업형 과제와 면접을 포함하여 총 3시간 55분 동안 시행
- 기타
  - 작업형 조리 과제의 시작 전 모든 장비와 조리기구의 이상 유무를 사전에 확인합니다.
  - 지급 재료에 결함이 있는 경우 감독위원 확인 후 재지급합니다.
  - 시험 전 안전교육을 실시합니다.

※ 평가시행 중 유의사항

- 시설 : 가스(전기)레인지, 냉동냉장고, 개수대, 조리대, 믹서(블랜더), 샐러맨더(Salamander)
- 재료 : 복어회국화모양, 복어찜, 복어껍질굳힘(니꼬고리), 복어회 학모양, 복어샤브샤브, 복어초밥에 사용될 재료
- 좌석배치 : 시험장 공간에 따라 진행상 무리가 없도록 배치
- 진행방법 : 모든 과제와 면접은 3시간 55분간 진행 합니다.
- 기타
  - 장비의 이상으로 시험 진행이 불가능하여 수리 또는 교체 시 발생하는 지체시간에 대하여 감독위원의 합의 하에 추가시간을 부여합니다.
    [제1과제] 복어회국화모양, 복어찜, 복어껍질굳힘(니꼬고리)
    [제2과제] 복어회학모양, 복어샤브샤브, 복어초밥
    [제3과제] 면접
  - 면접평가를 완료한 수험자와 다른 과제 진행 중인 수험자 또는 면접평가 대기중인 수험자와의 접촉을 하지 못하도록 합니다.

※ 평가시행 후 유의사항

1. 각 과제가 종료되면, 문제지와 결과물을 모두 제출하도록 합니다.
2. 수험자가 작성, 제출한 결과물은 감독위원 입회하에 비번호를 기재하여 채점 전까지 철저히 관리하여야 합니다.
3. 각 과제가 종료되면, 본인이 사용한 장비는 원래의 상태로 정리 · 정돈하며, 임의로 조작을 하지 않고 파손이 되지 않도록 정해진 위치에 두도록 합니다.

복어조리산업기사
과정평가형 2차 평가 제1과제 원형문제 예시

과제명 : (제1과제) 복어회국화모양, 복어찜, 복어껍질굳힘(니꼬고리)

- 복어회국화모양 ; 河豚刺しの菊盛り ; ふぐさしのきくもり ; 후구사시노키쿠모리
- 복어찜 河豚の蒸し ; ふぐのむし ; 후구노무시
- 복어껍질굳힘(니꼬고리) ; 河豚の煮凝り ; ふぐのにこごり ; 후구노니꼬고리

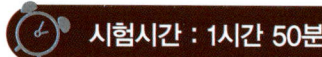
시험시간 : 1시간 50분

1. 요구사항
※ 다음의 요구사항을 시험시간 내에 완성하시오.

1) 복어회국화모양
※ 주어진 재료를 사용하여 다음과 같이 복어회국화모양으로 만드시오.
가. 복의 겉껍질과 속껍질을 분리하여 손질하고, 가시를 제거하시오.
나. 복어회를 국화 모양으로 담아내시오.
다. 복어껍질, 미나리를 같이 담아내시오.
라. 완성품은 초간장(폰즈), 양념(야쿠미)을 모양있게 곁들이시오.

2) 복어찜
※ 주어진 재료를 사용하여 다음과 같이 복어찜을 만드시오.
가. 배추는 삶아서 푸른색 채소를 넣어 만드시오.
나. 복어찜용 채소의 표고버섯은 별 모양, 무는 은행잎, 당근은 매화꽃 모양으로 만드시오.
다. 뼈는 5cm 정도로 토막 내어 사용하시오.
라. 완성품은 초간장(폰즈), 양념(야쿠미)를 모양있게 곁들이시오.

3) 복어껍질굳힘(니꼬고리)
※ 주어진 재료를 사용하여 다음과 같이 복어껍질굳힘(니꼬고리)을 만드시오.
가. 복의 겉껍질과 속껍질을 분리하여 손질하고, 가시를 제거하시오.
나. 생강과 실파 또는 미나리는 채를 썰어 사용하시오.
다. 껍질굳힘은 잘라서 8개 이상 담아서 제출하시오.

2. 수험자 유의사항

1) 2차 평가는 작업형과 면접형 모두 응시하여야 합니다.
2) 시험 시작 전 지급된 재료의 이상 유무를 확인하여 이상이 있을 경우 감독위원의 확인을 받은 후 시행합니다(단, 지급 된 재료는 시험 시작 후 재지급하지 않습니다).
3) 지정된 수험자지참준비물 이외의 조리기구나 재료를 시험장 내에 지참할 수 없습니다.
4) 요구사항의 규격은 지급된 재료의 크기에 따라 가감할 수 있습니다.
5) 조리작품 만드는 순서는 틀리지 않게 하여야 합니다.
6) 독성분 제거, 껍질처리 등 복어의 손질에 유의합니다.
7) 복어지리의 채소 색깔 및 모양에 유의합니다.
8) 복어회의 포뜨기에 유의합니다.
9) 곁들이는 폰즈쇼우와 야쿠미 만드는 데 유의합니다.
10) 숙련된 기능으로 맛을 내야 하므로 조리 작업 시 음식의 맛을 보지 않아야 합니다.
11) 감독위원의 지시에 따라 작업에 임하며, 각 과제별 작업은 안전사항을 준수하여야 합니다.
12) 시험이 종료되면 작업을 즉시 멈추고 작품을 제출하여야 합니다.
13) 다음 각 항에 해당하는 경우에는 해당 과제는 0점으로 처리합니다.
    가) 반드시 모든 요구사항의 작업을 수행하여야 하며, 응시하지 않은 경우
    나) 기능의 미숙으로 안전사고, 기자재 손상 등이 우려되는 경우
    다) 요구사항 또는 시험위원의 지시사항과 다른 작업을 하는 경우
    라) 요구사항을 이해하지 못하여 작업이 불가능한 경우
14) 다음 각 항에 해당하는 경우(부정행위)에는 채점대상에서 제외합니다.
    가) 수험자 간에 대화를 하거나 타인의 조리과정을 보고 따라하거나 보여주는 경우
    나) 타인의 도움을 받아 작업을 완료한 경우
    다) 휴대폰 또는 기타 통신기기를 휴대하여 사용하는 경우
    라) 작업이 극히 미숙하여 본인 및 타인에게 위험한 상황을 유발할 수 있는 경우
    마) 기타 시험과 관련된 부정행위를 하는 경우
    바) 작업완료를 선언한 후 임의로 작품을 수정하는 경우
    사) 1차 평가에 응시하지 아니한 경우
    아) 2차 평가에 있어 모든 과정에 응시하지 아니한 경우
    자) 시험시간 내에 제출된 작품이라도 허용기준치를 현저히 초과 또는 작동이 안 되는 경우

3. 지급재료 목록

일련번호	재료명	규격	단위	수량	비고	해당조리
1	복어	중(1.5kg 정도)	마리	1	1과제 복어 공통사용	복어회국화모양
2	무		g	50		복어회국화모양
3	청차조기잎(시소)		장	1	깻잎 대체 가능	복어회국화모양
4	미나리	줄기 부분	g	20		복어회국화모양
5	건다시마	5×10cm	장	1		복어회국화모양
6	실파		g	20		복어회국화모양
7	레몬		쪽	1/6		복어회국화모양
8	진간장		ml	30		복어회국화모양
9	식초		ml	30		복어회국화모양
10	가쓰오부시		g	10		복어회국화모양
11	소금	정제염	g	10		복어회국화모양
12	고춧가루	고운 것	g	20		복어회국화모양
13	복어	중(1.5kg 정도)	마리	1	1과제 복어 공통사용	복어찜
14	당근	지름 5cm, 길이5cm	g	60		복어찜
15	무		g	100		복어찜
16	배추		g	100		복어찜
17	생표고버섯	중	개	1		복어찜
18	대파		대	1/2	뿌리부위 포함	복어찜
19	팽이버섯		g	10		복어찜
20	두부	1모 = 500g 정도	모	1/6		복어찜
21	미나리	줄기 부분	g	20		복어찜
22	쑥갓	잎 부분	g	10		복어찜
23	건다시마	5×10cm	장	1		복어찜
24	실파		g	10		복어찜
25	레몬		쪽	1/6		복어찜
26	진간장		ml	30		복어찜
27	식초		ml	30		복어찜
28	가쓰오부시		g	10		복어찜
29	소금	정제염	g	10		복어찜
30	고춧가루	고운 것	g	20		복어찜
31	청주		ml	30		복어찜

32	복어	중(1.5kg 정도)	마리	1	1과제 복어 공통사용	
33	통생강	껍질있는 것	g	30		
34	실파		g	10	미나리 대체 가능	
35	젤라틴		g	10	분말젤라틴 대체 가능	
36	간장		ml	20		복어껍질굳힘
37	청주		ml	30		
38	레몬		g	1/6		
39	다시마	5×10cm	장	1		
40	진간장		ml	30		
41	가쓰오부시		g	10		
42	소금	정제염	g	10		
43	각얼음		g	200		
44	(파슬리)		g	5		

🧑‍🍳 복어회국화모양, 복어찜, 복어껍질굳힘(니꼬고리) 만드는 법

복어손질(공통)

❶ 복어를 흐르는 물에 깨끗하게 씻은 후 물기를 닦아 준비한다.

❷ 일의 능률과 선도관리를 위하여 복어의 꼬리등지느러미, 왼쪽·오른쪽지느러미, 배꼬리지느러미를 자르고, 입을 코 있는 부위까지 혀가 잘리지 않도록 자른다.

❸ 머리쪽의 눈과 배쪽 사이에 칼을 넣어 속살이 다치지 않도록 껍질에 칼집을 잘 넣어 등쪽 껍질을 꼬리쪽부터 당겨 벗긴다음 배쪽도 꼬리쪽부터 당겨 벗긴다.

❹ 아가미살과 내장이 있는 부위를 분리하고 식용부위와 비식용부위를 분류한다.
  ※ 필요에 따라서 배부한 네임텍(Name Tag)에 부위별 명칭을 기록하여 감독위원의 확인을 받는다.

❺ 배쪽의 뼈를 칼집을 넣어 떼어내고, 머리를 잘라 골이나 피를 제거하여 반으로 자른다.
  ※ 머리의 크기가 사방 5cm 이상이 되면 4쪽으로 다시 반을 자른다.

❻ 배꼽살을 떼어내어 가운데 뼈를 중심으로 살을 양쪽으로 떼어내고, 살쪽의 껍질과 막을 벗겨 제거하고, 아가미 옆살과 가슴날개살을 손질한다.

❼ 복어 등쪽과 배쪽껍질의 속껍질, 겉껍질을 분리하고 소금으로 씻은 다음, 도마 가장자리에 겉껍질을 밀착시켜 꼬리쪽에서 머리쪽으로 생선회칼의 날을 눕혀 누르면서 밀고 당기고를 반복하여 복어의 가시를 완전히 제거한다.
  ※ 가시가 없는 경우라도 가시제거 작업을 하여 사용하고 속껍질은 점액과 핏줄 등을 깨끗하게 제거한다.

❽ 끓는 물에 겉껍질, 속껍질, 복어살껍질을 데친 다음, 얼음물에 식혀 물기를 제거하여 고들고들하게 준비한다.

❾ 복어회국화모양, 복어찜, 복어껍질굳힘(니꼬고리)의 용도에 맞게 복어 부위를 분류한다.

01 복어회국화모양 河豚刺しの菊盛り；ふぐさしのきくもり；후구사시노키쿠모리

요구사항

※ 주어진 재료를 사용하여 다음과 같이 복어회국화모양으로 만드시오.
가. 복의 겉껍질과 속껍질을 분리하여 손질하고, 가시를 제거하시오.
나. 복어회를 국화 모양으로 담아내시오.
다. 청차조기잎(시소), 복어껍질, 미나리를 같이 담아내시오.
라. 완성품은 초간장(폰즈), 양념(야쿠미)를 모양있게 곁들이시오.

수험자 유의사항

p. 170 참조

지급재료 목록

- 복어(중 1.5kg 정도) ·········· 1마리(1과제 복어 공통사용)
- 무 ············ 50g
- 청차조기잎(시소) ············ 1장(미나리 대체 가능)
- 미나리(줄기 부분) ············ 20g
- 건다시마(5×10cm) ············ 1장
- 실파 ············ 20g
- 레몬 ············ 1/6쪽
- 진간장 ············ 30ml
- 식초 ············ 30ml
- 가쓰오부시 ············ 10g
- 소금(정제염) ············ 10g
- 고춧가루(고운 것) ············ 20g

복어회국화모양 만드는 법

❶ 손질한 복어를 세장뜨기하여 복어살의 껍질과 막을 벗겨내고 국화 모양 회를 만들 수 있도록 손질하여 흐르는 물에 해독 작업 후 연한 소금물에 담가 두었다가 물기를 제거하여 면포에 싸둔다.
  ※ 복어의 지느러미를 손질하여 소금으로 문질러 씻은 후 수분을 제거하고 접시에 펴서 부채꼴 또는 나비 모양을 만들어 말린다.

❷ 복어의 겉껍질과 속껍질을 분리하여 손질하고, 가시를 제거하여 데쳐서 물기를 제거하여 고들고들하게 준비한다.

❸ 건다시마는 젖은 면포로 닦아 냄비에 찬물을 200ml 정도와 건다시마를 넣고 물이 끓으면 불을 끄고 다시마는 건지고 가쓰오부시를 넣고 10~15분 후에 면포에 걸러 일번다시를 만든다.

❹ 무는 강판에 곱게 갈아 씻어 체에 걸러 고운 고춧가루와 섞어 빨간무즙(모미지오로시)을 준비한다.

❺ 실파는 곱게 채를 썰어 물에 씻어 체에 걸러 물기를 빼고, 레몬은 모양 내어 자른다.

❻ 빨간무즙, 실파, 레몬을 이용하여 양념(야쿠미)을 준비한다.

❼ 일번다시1 : 간장 1 : 식초1 비율로 일번다시 30ml, 간장 30ml, 식초 30ml를 섞어 초간장(폰즈)을 준비한다.

❽ 복어살은 얇게 포를 떠서 완성 접시에 시계반대방향으로 국화 모양으로 담는다.

❾ 미나리는 줄기를 길이 4cm 정도로 자르고, 데친 껍질도 일정하게 4cm 정도로 채썰어 준비한다.

❿ 학 모양의 회 접시에 남은 살, 데친 살껍질, 속껍질, 겉껍질, 미나리를 함께 곁들여 보기 좋게 담는다.
  ※ 요구사항에 시소 또는 깻잎이 제공되면 모양내어 밑에 깔고 복껍질, 미나리를 담은 후, 말린 지느러미를 올려 장식한다.

⓫ 국화 모양의 복어회, 초간장(폰즈), 양념(야쿠미)을 모양있게 곁들여 제출한다.

POINT

* 복어회용 칼은 가능하면 얇고 잘 들어야 회를 얇게 뜨기가 용이하다.
* 복어껍질 밀기용 회칼은 별도로 준비하는 것이 좋다.
* 복어껍질은 뼈자름칼(데바칼)로 자르면 좋다.

02 복어찜 河豚の蒸し ; ふぐのむし ; 후구노무시

요구사항

※ 주어진 재료를 사용하여 다음과 같이 복어찜을 만드시오.
가. 배추는 삶아서 푸른색 채소를 넣어 만드시오.
나. 복어찜용 채소의 표고버섯은 별 모양, 무는 은행잎, 당근은 매화꽃으로 모양을 만드시오.
다. 뼈는 5cm 정도로 토막 내어 사용하시오.
라. 완성품은 초간장(폰즈), 양념(야쿠미)를 모양있게 곁들이시오.

수험자 유의사항

p. 170 참조

지급재료 목록

복어(중, 1.5kg 정도) ······1마리(1과제 복어 공통사용)	쑥갓 잎 부분 ······10g
당근(지름 5cm, 길이 5cm) ······60g	건다시마(5×10cm) ······1장
무 ······100g	실파 ······10g
배추 ······100g	레몬 ······1/5쪽
생표고버섯(중) ······1개	진간장 ······30ml
대파 ······1/2대(뿌리부위 포함)	식초 ······30ml
팽이버섯 ······10g	가쓰오부시 ······10g
두부(1모=500g 정도) ······1/6모	소금(정제염) ······10g
미나리(줄기 부분) ······20g	고춧가루(고운 것) ······20g
	청주 ······30ml

복어찜 만드는 법

❶ 다시마를 젖은 면포로 닦아 찬물 200ml에 넣고 서서히 끓여 끓으면 불을 끄고 다시마를 건져내고 100ml는 면포에 거르고, 100ml는 가쓰오부시를 넣은 후 10~15분 후에 걸러 일번다시를 준비한다.

❷ 복어 머리를 절반으로 잘라 뼛속의 불순물을 제거한 것과 회를 뜨고 남은 복어뼈살은 5cm 정도로 잘라 흐르는 물에 담가두고 복어의 입도 반으로 갈라 소금으로 문질러 점액질을 깨끗하게 손질해 둔다.

❸ 데치기 물을 냄비에 올리고 채소(무-은행잎, 당근-매화꽃) 모양내기

 1) 채소 모양내기
  • 무는 빨간무즙용을 남기고 겉껍질을 둥글게 벗겨 내고 3등분의 칼집을 넣어 둥글게 은행잎 모양으로 만든다.
  • 당근은 5각형으로 만들어 면의 가운데에 칼집을 넣고 둥글게 파낸 후 중앙으로 길게 칼집을 넣어 비스듬하게 포를 떠서 매화꽃 모양으로 만든다.

 2) 채소 데치기
  • 끓는 물에 무, 당근을 80% 정도 데치고 배추는 줄기 부분을 먼저 넣고 데쳐낸다.
  • 미나리는 줄기 부분을 2줄기 정도 데친다. *참고로 쑥갓이 제공되면 쑥갓의 줄기를 데친다.

❹ 배추, 미나리 또는 쑥갓의 물기를 제거하고 김발에 길이 15cm 정도로 말이하여 끝부분을 자르고 5cm 정도는 바르게 잘라 2등분하고 10cm 정도는 어슷 2등분으로 잘라 세워 원형접시 뒷부분에 담는다.

❺ 무는 0.5~0.7cm 정도로 3~5등분으로 잘라 모양내어 접시 뒤 왼쪽에 담는다.

❻ 대파는 어슷썰고, 팽이버섯은 밑동을 제거하고 대파 옆에 세워 담는다.

❼ 두부는 1/2(5×3×2cm 정도)로 자른 뒤 다시 1/2(2~4쪽)로 잘라 팽이버섯 옆에 담는다.

❽ 복어뼈는 물기를 제거하고 채소류 앞에 턱뼈를 놓고 가운데 뼈, 머리를 놓고 위에 주둥이로 장식한다(뼈의 피부분 제거 및 입, 머리쪽에 내장 등 이물질이 없도록 물로 잘 씻어 깨끗하게 준비한다).

❾ 미나리는 복어회용으로 가늘고 좋은 것을 남겨두고 4~5cm 정도로 잘라 중앙에 세워 쑥갓과 함께 담는다.

❿ 표고버섯은 별 모양으로 만들고, 복떡은 구시에 끼워 노릇하게 구워담는다.

⓫ 당근은 색감을 고려하여 장식한다.

※ 요구사항에 따라 완성되면 사라모리 후 손을 들어 감독위원 검사를 받을 수 있다.

⓬ 복어찜에 다시물 30ml, 청주 30ml, 소금으로 간하여 뚜껑 또는 랩을 덮어 20~30분 정도 찜을 한다.

⓭ 양념(야쿠미), 초간장(폰즈) 준비하기
   1) 레몬은 1cm 정도로 양념(야쿠미)용으로 준비한다.
   2) 실파찹, 빨간무즙, 레몬으로 제출용 양념(야쿠미)을 만든다.
   3) 다시물 30cc, 간장 30cc, 식초 30cc로 초간장(폰즈)을 만들어 준비한다.

⓮ 복어찜, 양념(야쿠미), 초간장(폰즈)을 따로 담아낸다.

POINT

* 찜은 센불에서 하여야 색감을 유지할 수 있다.
* 계절에 따라 채소가 다소 변경될 수 있으며 쑥갓과 복떡은 제공되지 않을 수 있다.

03 복어껍질굳힘(니꼬고리) 河豚の煮凝り ; ふぐのにこごり ; 후구노니꼬고리

요구사항

※ 주어진 재료를 사용하여 다음과 같이 복어껍질굳힘(니꼬고리)을 만드시오.

가. 복의 겉껍질과 속껍질을 분리하여 손질하고, 가시를 제거하시오.
나. 생강과 실파는 채를 썰어 사용하시오.
다. 껍질굳힘은 잘라서 8개 이상 담아서 제출하시오.

수험자 유의사항

p. 170 참조

지급재료 목록

- 복어(껍질, 중 1.5kg 정도) ········ 1마리(1과제 복어 공통사용)
- 통생강(껍질 있는 것) ············ 30g
- 실파 ········ 10g(미나리 대체 가능)
- 젤라틴 10g(분말젤라틴 대체 가능)
- 간장 ······························ 20ml
- 청주 ······························ 30ml
- 레몬 ····························· 1/6쪽
- 건다시마(5×10cm) ············· 1장
- 청차조기잎(시소) ················ 1장(깻잎 대체 가능)
- 진간장 ··························· 30ml
- 가쓰오부시 ······················· 10g
- 소금(정제염) ····················· 10g
- 각얼음 ·························· 100g
- 파슬리 ····························· 5g

복어껍질굳힘(니꼬고리) 만드는 법

❶ 건다시마는 젖은 면포로 닦아 냄비에 찬물을 200ml 정도와 건다시마를 넣고 물이 끓으면 불을 끄고 다시마는 건지고 가쓰오부시를 넣고 10~15분 후에 면포에 걸러 일번다시를 만든다.

❷ 복어 껍질 데치기

  1) 복어 겉껍질 데치기 : 복어 껍질은 살짝 데쳐서 찬물에 식혀 바로 물기를 제거한 후 구시(꼬챙이)에 끼워서 말리거나 면포에 싸서 고들고들하게 준비한다.

  2) 복어 속껍질, 복어살껍질 데치기 : 살은 익혀서 찬물에 식혀 물기를 제거한 후 면포에 싸서 놓는다.

❸ 복어껍질굳힘(니꼬고리) 만들기

  1) 판 젤라틴은 찬물에 불리고 가루 젤라틴은 차가운 일번다시에 넣고 미리 불린다.

  2) 생강은 얇게 돌려깎기하여 곱게 채썰어(하리쇼가) 준비하여 물에 헹군다.

  3) 실파는 푸른 부분을 곱게 채를 썰어 씻은 후 체에 밭쳐 준비한다.

   * 실파 대신 미나리가 제공될 수 있다.

  4) 복어겉껍질살, 복어속껍질살, 복어살껍질살을 사시미용을 제외하고 곱게 일정하게 4cm 정도로 썰어 준비한다.

  5) 냄비에 다시 200ml 정도를 올려 젤라틴이 녹으면 거품을 걷어내고 불을 줄여 복어 껍질을 넣고 간장 15ml 정도로 색을 내고, 맛술 15ml 정도, 청주 15ml 정도, 소금으로 간을 하여 끓여주고 채 썬 생강, 실파를 넣고 불을 끈 다음 조금 식혀 사각 스테인레스틀(7×8cm 정도)에 붓고 1.5~2cm 정도 높이가 되게 하여 냉장고에 넣는다(얼음이 제공되면 최대한 식혀서 냉장고에 넣는다).

❹ 요구사항에 맞게 잘라 완성하기

  1) 2~3cm 정도 크기로 다이아몬드 모양으로 자른다.

  2) 시소를 깔고 담아 파슬리로 장식하여 완성한다.

POINT

* 복어껍질굳힘(니꼬고리)이 잘 굳을 수 있도록 얼음을 사용하여 식혀 다른 조리작업보다 최대한 빨리 준비해서 냉장고에 넣도록 한다.

* 복어껍질굳힘요리가 굳지 않으면 안되지만 딱딱한 것보다는 부드럽게 굳힘이 되어야 한다.

* 요구사항에 맞게 개수를 맞추어 제공하고, 실파 대신 미나리가 제공되면 대체해서 사용한다.

* 계절에 따라 시소 대신 깻잎이 제공되고 파슬리가 제공되지 않을 수 있다.

복어조리산업기사
과정평가형 2차 평가 제2과제 원형문제 예시

과제명 : (제2과제) 복어회학모양, 복어샤브샤브, 복어초밥

- 복어회학모양 ; 河豚刺しの鶴盛り ; ふぐさしのつるもり ; 후구사시노쯔루모리
- 복어샤브샤브 ; 河豚のしゃぶしゃぶ ; ふぐのしゃぶしゃぶ ; 후구노샤브샤브
- 복어초밥 ; 河豚の寿司 ; ふぐのすし ; 후구노스시

시험시간 : 1시간 50분

1. 요구사항
※ 다음의 요구사항을 시험시간 내에 완성하시오.

1) 복어회학모양
※ 주어진 재료를 사용하여 다음과 같이 복어회학모양으로 만드시오

가. 복의 겉껍질과 속껍질을 분리하여 손질하고, 가시를 제거하시오.
나. 복어회를 학 모양으로 담아내시오.
다. 청차조기잎(시소), 복껍질, 미나리를 같이 담아내시오.
라. 완성품은 초간장(폰즈), 양념(야쿠미)를 모양있게 곁들이시오.

2) 복어샤브샤브
※ 주어진 재료를 사용하여 다음과 같이 복어샤브샤브를 만드시오.

가. 복어와 채소를 담아내시오.
나. 복어살은 얇게 썰어 사용하시오.
다. 복어샤브샤브용 무, 당근은 1×4×0.2cm 정도의 크기로 자르시오.
라. 표고버섯은 별 모양으로 만들고, 떡은 구워서 사용하시오.
마. 국물은 다시마육수(곤부다시)를 사용하시오.
바. 완성품은 초간장(폰즈), 양념(야쿠미)를 모양있게 곁들이시오.

3) 복어초밥
※ 주어진 재료를 사용하여 다음과 같이 복어초밥을 만드시오.

가. 밥을 고슬고슬하게 짓고, 초밥초를 만들어 사용하시오.
나. 통생강은 편을 썰어 초생강을 만들어 장미꽃 모양으로 만들어 사용하시오
다. 복어초밥은 미나리를 사용하여 일정한 두께와 크기로 5개를 제출하시오.
라. 간장과 와사비를 곁들여 제출하시오.

2. 수험자 유의사항

1) 2차 평가는 작업형과 면접형 모두 응시하여야 합니다.
2) 시험 시작 전 지급된 재료의 이상 유무를 확인하여 이상이 있을 경우 감독위원의 확인을 받은 후 시행합니다(단, 지급된 재료는 시험 시작 후 재지급하지 않습니다).
3) 지정된 수험자지참준비물 이외의 조리기구나 재료를 시험장 내에 지참할 수 없습니다.
4) 요구사항의 규격은 지급된 재료의 크기에 따라 가감할 수 있습니다.
5) 조리작품 만드는 순서는 틀리지 않게 하여야 합니다.
6) 독성분 제거, 껍질처리 등 복어의 손질에 유의합니다.
7) 복어지리의 채소 색깔 및 모양에 유의합니다.
8) 복어회의 포뜨기에 유의합니다.
9) 곁들이는 폰즈쇼우와 야쿠미 만드는 데 유의합니다.
10) 숙련된 기능으로 맛을 내야 하므로 조리 작업 시 음식의 맛을 보지 않아야 합니다.
11) 감독위원의 지시에 따라 작업에 임하며, 각 과제별 작업은 안전사항을 준수하여야 합니다.
12) 시험이 종료되면 작업을 즉시 멈추고 작품을 제출하여야 합니다.
13) 다음 각 항에 해당하는 경우에는 해당 과제는 0점으로 처리합니다.
    가) 반드시 모든 요구사항의 작업을 수행하여야 하며, 응시하지 않은 경우
    나) 기능의 미숙으로 안전사고, 기자재 손상 등이 우려되는 경우
    다) 요구사항 또는 시험위원의 지시사항과 다른 작업을 하는 경우
    라) 요구사항을 이해하지 못하여 작업이 불가능한 경우
14) 다음 각 항에 해당하는 경우(부정행위)에는 채점대상에서 제외합니다.
    가) 평가의 모든 과제에 응시하지 않은 경우
    나) 수험자 간에 대화를 하거나 타인의 조리과정을 보고 따라하거나 보여주는 경우
    다) 타인의 도움을 받아 작업을 완료한 경우
    라) 휴대폰 또는 기타 통신기기를 휴대하여 사용하는 경우
    마) 작업이 극히 미숙하여 본인 및 타인에게 위험한 상황을 유발할 수 있는 경우
    바) 기타 시험과 관련된 부정행위를 하는 경우
    사) 작업완료를 선언한 후 임의로 작품을 수정하는 경우
    아) 1차 평가에 응시하지 아니한 경우
    자) 2차 평가에 있어 모든 과정에 응시하지 아니한 경우

3. 지급재료 목록

일련번호	재료명	규격	단위	수량	비고	
1	복어	중(1.5kg 정도)	마리	1	2과제 복어 공통사용	복어회학모양
2	무		g	50		
3	청차조기잎(시소)		장	1	깻잎 대체 가능	
4	미나리	줄기 부분	g	20		
5	건다시마	5×10cm	장	1		
6	실파		g	20		
7	레몬		쪽	1/6		
8	진간장		ml	30		
9	식초		ml	30		
10	가쓰오부시		g	10		
11	소금	정제염	g	10		
12	고춧가루	고운 것	g	20		
13	복어	중(1.5kg 정도)	마리	1	2과제 복어 공통사용	복어샤브샤브
14	당근	지름 5cm, 길이5cm	g	60		
15	무		g	100		
16	떡	길이 5cm	개	1	가래떡 또는 찹쌀떡	
17	배추		g	100		
18	생표고버섯	중	개	2		
19	대파		대	1/2	뿌리부위 포함	
20	팽이버섯		g	10		
21	두부	1모 = 500g 정도	모	1/6		
22	미나리	줄기 부분	g	20		
23	건다시마	5×10cm	장	1		
24	실파		g	10		
25	레몬		쪽	1/6		
26	진간장		ml	30		
27	식초		ml	30		
28	가쓰오부시		g	10		
29	소금	정제염	g	10		
30	고춧가루	고운 것	g	20		
31	청주		ml	30		
32	복어	중(1.5kg 정도)	마리	1	2과제 복어 공통사용	복어초밥
33	통생강	껍질있는 것	g	50		
34	미나리		g	10		
35	불린쌀		g	100		
36	와사비		g	10	분말 와사비 대체 가능	
37	시소		장	1	깻잎 대체 가능	
38	진간장		ml	20		
39	설탕		g	50		
40	소금	정제염	g	30		
41	식초		ml	100		

01 복어회학모양 河豚刺しの鶴盛り；ふぐさしのつるもり；후구사시노쯔루모리

요구사항

※ 주어진 재료를 사용하여 다음과 같이 복어회학모양으로 만드시오
가. 복의 겉껍질과 속껍질을 분리하여 손질하고, 가시를 제거하시오.
나. 복어회를 학 모양으로 담아내시오.
다. 청차조기잎(시소), 복껍질, 미나리를 같이 담아내시오.
라. 완성품은 초간장(폰즈), 양념(야쿠미)를 모양있게 곁들이시오.

수험자 유의사항

p. 181 참조

지급재료 목록

복어(중 1.5kg 정도) ········· 1마리(1과제 복어 공통사용)
무 ··· 50g
청차조기잎(시소) ················ 1장(깻잎 대체 가능)
건다시마(5×10cm) ································ 1장
실파 ··· 20g
레몬 ··· 1/6쪽
진간장 ··· 30ml
식초 ·· 30ml
가쓰오부시 ·· 10g
소금(정제염) ······································ 10g
고춧가루(고운 것) ······························· 20g

복어회학모양 만드는 법

❶ 손질한 복어를 세장뜨기하여 복어살의 껍질과 막을 벗겨내고 복어회학모양으로 만들 수 있도록 손질하여 흐르는 물에 해독 작업 후 연한 소금물에 담가 두었다가 물기를 제거하여 면포에 싸둔다.
 ※ 복어의 지느러미를 손질하여 소금으로 문질러 씻은 후 수분을 제거하고 접시에 펴서 부채꼴 또는 나비 모양을 만들어 말린다.

❷ 복어의 겉껍질과 속껍질을 분리하여 손질하고, 가시를 제거하여 데쳐서 물기를 제거하고 고들고들 하게 준비한다.

❸ 건다시마는 젖은 면포로 닦아 냄비에 찬물을 200ml 정도와 건다시마를 넣고 물이 끓으면 불을 끄고 다시마는 건지고 가쓰오부시를 넣고 10~15분 후에 면포에 걸러 일번다시를 만든다.

❹ 무는 강판에 곱게 갈아 씻어 체에 걸러 고운 고춧가루와 섞어 빨간무즙(모미지오로시)을 준비한다.

❺ 실파는 곱게 채를 썰어 물에 씻어 체에 걸러 물기를 빼고, 레몬은 모양내어 자른다.

❻ 빨간무즙, 실파, 레몬을 이용하여 양념(야쿠미)을 준비한다.

❼ 일번다시1 : 간장1 : 식초1 비율로 일번다시 30ml, 간장 30ml, 식초 30ml를 섞어 초간장(폰즈)을 준비한다.

❽ 복어살은 얇게 포를 떠서 완성 접시에 시계반대방향으로 학 모양으로 담는다.

❾ 미나리는 줄기를 길이 4cm 정도로 자르고, 데친 껍질도 일정하게 4cm 정도로 채썰어 준비한다.

❿ 학 모양의 회 접시에 남은살, 데친 살껍질, 속껍질, 겉껍질, 미나리를 함께 곁들여 보기 좋게 담는다.
 ※ 시소 또는 깻잎이 제공되면 모양내어 밑에 깔고 복껍질과 미나리를 올리고, 말린 지느러미를 올려 장식한다.

⓫ 학 모양의 복어회, 폰즈, 야쿠미를 모양있게 곁들여 제출한다.

POINT

✻ 복어회용 칼은 가능하면 얇고 잘 들어야 회를 얇게 뜨기가 용이하다.
✻ 복어껍질 밀기용 회칼은 별도로 준비하는 것이 좋다.
✻ 복어껍질은 뼈자름칼(데바칼)로 자르면 좋다.

02 복어샤브샤브 河豚のしゃぶしゃぶ；ふぐのしゃぶしゃぶ；후구노샤브샤브

요구사항

※ 주어진 재료를 사용하여 다음과 같이 복어샤브샤브를 만드시오.

가. 복어와 채소를 담아내시오.
나. 복어살은 얇게 썰어 사용하시오.
다. 복어샤브샤브용 무와 당근은 1×4×0.2cm 정도의 크기로 자르시오.
라. 표고버섯은 별 모양으로 만들고, 떡은 구워서 사용하시오.
마. 국물은 다시마육수(곤부다시)를 사용하시오.
바. 완성품은 초간장(폰즈), 양념(야쿠미)를 모양있게 곁들이시오.

수험자 유의사항

p. 181 참조

지급재료 목록

- 복어(중, 1.5kg 정도) ·········· 1마리(2과제 복어 공통사용)
- 당근(지름 5cm, 길이 5cm) ··· 60g
- 무 ·· 100g
- 떡(길이 5cm) ············ 1개(가래떡 또는 찹쌀떡)
- 배추 ····································· 100g
- 생표고버섯(중) ······················· 2개
- 대파 ························· 1/2대(뿌리부위 포함)
- 팽이버섯 ································ 10g
- 두부(1모=500g 정도) ········· 1/6모
- 미나리(줄기 부분) ················· 20g
- 건다시마(5×10cm) ················· 1장
- 실파 ······································ 10g
- 레몬 ···································· 1/6쪽
- 진간장 ································· 30ml
- 식초 ···································· 30ml
- 가쓰오부시 ··························· 10g
- 소금(정제염) ························ 10g
- 고춧가루(고운 것) ················ 20g
- 청주 ···································· 30ml

복어샤브샤브 만드는 법

① 건다시마는 젖은 면포로 닦아 냄비에 찬물을 600ml 정도와 건다시마를 넣고 물이 끓으면 불을 끄고 다시마를 건지고 면포에 걸러 다시마국물(곤부다시)를 만든다. 100ml 정도의 끓은 다시물에 가쓰오부시를 넣고 10~15분 후에 면포에 걸러 초간장(폰즈)용 일번다시를 만든다.
※ 요구사항에 따라 복어뼈살 부분을 밑손질하여 함께 국물(육수)을 뽑아 사용할 수 있다.

② 복어살을 밑손질하여 준비하고, 채소를 잘 씻어 요구사항에 맞게 준비한다.

③ 대파는 가늘게 어슷썰어 물에 씻은 후 체에 밭쳐 물기를 빼준다.

④ 접시에 배추는 사방 4~5cm 정도로 먹기 좋게 옆으로 저며서 자르거나 반듯하게 잘라 준비하여 담는다.

⑤ 무는 껍질을 벗기고 1×4×0.2cm 정도의 크기로 잘라 준비하여 담는다.

⑥ 당근은 1×4×0.2cm 정도 크기 또는 매화꽃 모양으로 만들어 얇게 썰어 준비한다.
※ 요구사항을 참고하여 썰기를 준비한다.

⑦ 팽이버섯은 밑동을 자르고, 생표고버섯은 별 모양으로 만들며, 복떡은 구시에 끼워 노릇하게 구워 담는다.

⑧ 두부는 (5×3×2cm 정도) 1/2로 자른 뒤 다시 1/2로(2~4쪽) 잘라 담는다.

⑨ 미나리는 줄기부분을 4~5cm 정도로 잘라 세워 담는다.
※ 쑥갓이 제공되면 쑥갓잎 부분만 가지런하게 준비하여 담는다.

⑩ 복어살은 얇게 포를 떠서 완성 접시에 시계반대방향으로 국화 모양으로 담는다.

⑪ 복어샤브샤브 국물(육수)은 다시마육수에 소금, 청주로 간을 하여 준비한다.
※ 간장을 넣을 경우에는 소량을 넣을 수 있도록 한다.

⑫ 양념(야쿠미)은 레몬 1cm 정도로 잘라 실파찹, 빨간무즙을 담고, 초간장(폰즈)은 다시마 국물 30ml, 간장 30ml, 식초 30ml를 담아 복어샤브샤브, 육수를 함께 제출한다.

POINT

* 복어샤브샤브의 채소는 먹기 편리하게 얇게 잘라서 준비한다.
* 국물(육수)가 끓으면 젓가락으로 채소와 복어를 조금씩 국물(육수)에 살랑살랑 익혀서 먹는다.
* 요구사항에 따라서 샤브샤브 복어회와 채소를 한 접시에 모양있게 담아 낼 수 있고, 복어회와 채소를 별도로 담아낼 수 있다.

03 복어초밥 河豚の寿司 ; ふぐのすし ; 후구노스시　　　Blowfish

요구사항
※ 주어진 재료를 사용하여 다음과 같이 복어초밥을 만드시오.
가. 밥을 고슬고슬하게 짓고, 초밥초를 만들어 사용하시오.
나. 통생강은 편을 썰어 초생강을 만들어 장미꽃 모양으로 만들어 사용하시오.
다. 복어초밥은 미나리를 사용하여 일정한 두께와 크기로 5개를 제출하시오.
라. 간장과 와사비를 곁들여 제출하시오.

수험자 유의사항
p. 181 참조

지급재료 목록

- 복어(중, 1.5kg 정도) ········· 1마리(2과제 복어 공통사용)
- 통생강(껍질 있는 것) ··································· 50g
- 미나리 ··· 10g
- 불린 쌀 ·· 100g
- 와사비 ················· 10g(분말와사비 대체 가능)
- 청차조기잎(시소) ·················· 1장(깻잎 대체 가능)
- 진간장 ·· 20ml
- 설탕 ··· 50g
- 소금(정제염) ··· 30g
- 식초 ··· 100ml

복어초밥 만드는 법

1. 복어살을 연한 소금물에 넣어 건져 물기를 제거하고, 면포에 싸놓는다.
2. 불린 쌀을 이용하여 밥을 고슬고슬하게 짓는다.
3. 초밥초는 식초6 : 설탕2 : 소금1 비율로 식초 90ml, 설탕 30g, 소금 15g을 냄비에 넣고 은근하게 설탕, 소금을 녹여 초밥초를 준비한다(끓이면 식초가 날아가기 때문에 약하게 열을 가하여 녹인다).
4. 통생강은 씻어 껍질을 벗기고 편으로 아주 얇게 썰어 소금에 절인 다음 끓는 물에 데쳐 물기를 제거하고 초밥초에 담가 초생강을 준비한다.
5. 미나리 줄기는 소금을 넣고 데쳐 물기를 제거하고 초밥을 감쌀 수 있는 크기로 준비한다(미나리를 초생강과 함께 곱게 다져서 초밥 위에 올려줄 수도 있다).
6. 밥이 뜨거울 때 초밥초를 15 : 1 정도의 비율로 밥 1공기에 초밥초 15ml를 넣어 잘 섞어 초밥을 준비한다.
7. 분말와사비는 차가운 물로 1 : 1 비율 정도로 조금 질게 섞어 놓고, 생와사비는 그대로 사용한다.
8. 깨끗한 물에 식초를 넣어 데스를 준비하고 물행주를 준비한다.
9. 복어살을 결 직각으로 하여 넓고 얇게 모양내어 일정한 크기(모양, 두께)로 초밥 네다(다네)를 준비한다.
10. 왼손에 생선을 잡고 오른손에 밥을 모양내어 와사비를 생선에 찍어 초밥을 짓는다.
11. 초밥이 모양과 두께가 일정하고 밥알이 깨지지 않도록 짓는다.
12. 완성된 복어초밥은 미나리를 사용하여 일정한 모양으로 감싸 모양내어 준비한다.
13. 완성 접시에 시소를 깔고 먹기 좋게 45도 정도의 각도로 담은 후 초생강을 장미꽃 모양으로 만들어 담아 완성한다.
14. 초밥과 함께 간장과 와사비를 곁들여 제출한다.

POINT

* 와사비를 초밥 접시 오른쪽에 초생강과 함께 곁들이면 좋다.
* 한기리로 초밥초를 버무리면 수분이 날아가 질지 않고 좋다.

복어조리산업기사
과정평가형 원형문제(지필) 예시

문제 1

다음 중 복어 불가식 부위로 옳지 않은 것은? (   )

①	위장	
②	눈(안구)	
③	간장	
④	정소	○

해설

- 수컷의 생식기관인 정소는 섭취가능하다.
- 정소는 시라코, 이리라고도 한다.

문제 2

복어샤브샤브로 적당하지 않은 식재료는?

①	무	
②	배추	
③	고추	○
④	당근	

해설

복어샤브샤브 재료는 무, 배추, 당근, 미나리, 대파, 두부, 떡, 다시마, 팽이버섯, 생표고버섯, 실파 등이다.

문제 3

다음 내용이 옳으면 O, 틀리면 X를 표시하시오.

복어의 입, 머리, 살, 뼈, 겉껍질, 속껍질, 지느러미, 정소는 가식부위이다	
① O	O
② X	

해설

복어의 입, 머리, 살, 뼈, 겉껍질, 속껍질, 지느러미, 정소는 가식부위이다

문제 4

다음은 철 냄비에 관한 사항이다. 내용이 옳으면 O, 틀리면 X 를 표시하시오.

열전도율이 좋고 잘 식지 않는다. 처음 사용할 때는 뜨거운 물에 번차(番茶) 등을 넣고 약한 불에서 끓이면 토기의 독특한 냄새가 없어지고 강도가 좋아진다.	
① O	
② X	O

해설

철 냄비(鐵鍋, 데쓰나베)는 주철로 만들어져 두꺼우며 열전도가 좋고 보온력이 뛰어나다. 잘 식지 않으며 튼튼하나 녹슬기 쉽고 철 냄새가 나는 것이 단점이다. 처음 사용할 때는 반차(番茶, 질이 낮은 엽차)와 뜨거운 물로 오래 끓여 불순물(灰汁, あく)을 제거하여 사용한다.

문제 5

다음 복어 손질에 대한 내용을 올바르게 연결하시오.

① 입부분 손질 ●		● ㉮ 칼을 넣어 자른 후 반으로 벌려 끓는 물에 살짝 데친 후 찬물에 식혀 굳어진 이물질과 점액질을 깨끗이 제거한다.
② 몸통 손질 ●		● ㉯ 조리용 칼을 이용해 분리하고 흐르는 물에 깨끗이 닦아 물기를 제거하고 쟁반에 고르게 펴 말린다.
③ 지느러미 손질 ●		● ㉰ 남아 있는 점막과 실핏줄 등을 제거
④ 아가미 손질 ●		● ㉱ 아가미살에 붙어있는 아가미뼈를 제거하고 남아있는 잔뼈, 피 찌꺼기, 점액질 등을 조리용 칼, 사사라, 구시 등을 이용해 깨끗이 제거한다.

모범답변

① – ㉮, ② – ㉰, ③ – ㉯, ④ – ㉱

해설

1) 입부분 손질 : 반으로 벌려 데친 후 찬물에 식혀 이물질과 점액질을 깨끗이 제거한다.
2) 지느러미 손질 : 소금으로 닦은 후 물에 깨끗이 닦아 물기를 제거하고 말린다.
3) 몸통손질 : 남아 있는 점막과 실핏줄 등을 제거한다.
4) 아가미 손질 : 아가미살에 붙어 있는 아가미뼈를 제거하고 남아있는 잔뼈, 피 찌꺼기, 점액질 등을 깨끗이 제거한다.

문제 6

다음의 복어 중독증상에 대한 내용을 올바르게 연결하시오.

① 제1도 ●		● ㉮ 구토 후 급격하게 진척되며 손발의 운동 장애와 발성 장애가 오며 호흡곤란 등의 증상이 나타난다.
② 제2도 ●		● ㉯ 입술과 혀끝이 가볍게 떨리면서 혀끝의 지각이 마비되며, 무게에 대한 감각이 둔화된다.
③ 제3도 ●		● ㉰ 골격근의 완전 마비로 운동이 불가능하며 호흡곤란과 혈압강하가 더욱 심해지며 언어장애 등으로 의사 전달이 안 된다.
④ 제4도 ●		● ㉱ 완전히 의식불능상태에 돌입하고 호흡곤란과 심장 운동이 정지되어 사망한다.

🍳 모범답변

① – ㈏, ② – ㈎, ③ – ㈐, ④ – ㈑

🍳 해설

복어 중독증상에 대한 내용이다.

🍳 문제 7

다음은 복어의 껍질 손질방법에 관한 설명이다. (   )에 공통으로 들어가는 알맞은 용어를 넣으시오.

> 껍질을 데쳐 껍질에 묻어 있는 (   )와(과) 핏줄이 익어 고형화되면 꺼내어 찬물에 식힌다.
> 속껍질이 식으면 도마에 놓고 조리도를 사용해 (   )와(과) 핏줄 등을 깨끗이 손질한다

🍳 모범답변

점액질(점액)

🍳 해설

점액질과 핏줄 제거이다.

🍳 문제 8

다음 (   )에 알맞은 단어를 넣으시오.

> 봄에서 여름에 이르는 시기, 산란기를 맞은 복어는 독이 잔뜩 오른다. 청산가리의 10배가 넘는 (   )(이)라는 맹독은 해독제조차 없다. 그러다 보니 복어는 언제나 사람들에게 두려움의 대상이다.

🍳 모범답변

테트로도톡신(Tetrodotoxin)

🍳 해설

봄에서 여름에 이르는 시기, 산란기를 맞은 복어는 독이 잔뜩 오른다. 청산가리의 10배가 넘는 테트로도톡신이라는 맹독은 해독제조차 없다. 그러다 보니 복어는 언제나 사람들에게 두려움의 대상이다.

복어조리산업기사
과정평가형 원형문제(면접) 예시

문제 1
복어 조리 시 사용되는 복어 종류 3가지만 설명하시오.

정답
1. 자주복(범복) 2. 참복 3. 까치복 4. 졸복 5. 밀복(은복)

문제 2
정찬 메뉴(会席料理)의 코스 종류에 대해 3가지만 설명하시오.

정답
1. 전체 2. 국물요리 3. 생선회 4. 구이요리 5. 조림요리 6. 튀김요리 7. 찜요리
8. 초요리(무침요리) 9. 식사, 미소시루, 절임류 10. 후식

문제 3
세균성 식중독균의 증상을 2개만 설명하시오.

정답
1. 구토 2. 설사 3. 복통 4. 발열

문제 4

식재료를 안전하게 보관하는 방법을 설명하시오.

정답

1. 너무 높은 곳에 보관하지 않고 자주 쓰는 물건을 가까운 곳에 보관한다.
2. 너무 많은 양을 높게 쌓지 말아야 한다.
3. 장시간 냉장 또는 냉동실에서 작업을 하는 경우 방한 장비를 착용한다.

문제 5

복어에는 사람의 생명에 치명적인 독성분이 있다. 특히, 봄에서 여름에 이르는 시기, 산란기를 맞은 복어, 복어의 내장 등에 청산가리의 10배가 넘는 맹독은 해독제조차 없다. 이 맹독의 이름을 설명하시오.

정답

테트로도톡신(Tetrodotoxin)

복어조리기능장 예상문제

01 복어구이 ふぐの焼き ; ふぐのやき ; 후구노야끼

요구사항

※ ※ 주어진 재료를 사용하여 다음과 같이 복어구이를 만드시오.
가. 복어를 구이용으로 손질하여 사용하시오.
나. 복어구이를 간장, 맛술, 청주를 이용하여 맛을 내시오.
다. 레몬을 곁들여 내시오.
라. 구이는 3쪽을 제출하시오.

지급재료목록

복어 · 200g	간장 · 50ml
건다시마(5×10cm) · · · · · · · · · · · · · · · · · · · 1장	청주 · 50ml
청차조기잎(시소) 또는 깻잎 대체 가능 · · · · · · · · 1장	맛술 · 50ml
레몬 · 1/6개	

복어구이 만드는 법

❶ 밑손질한 복어를 구이용으로 손질하여 흐르는 물에 담가 핏물을 뺀다.
❷ 밑손질한 복어를 어슷하게 60g 정도로 잘라 구시(쇠꼬챙이)로 가운데 뼈 속에 있는 피를 빼준다.
❸ 연한 소금물에 씻어 건지거나 소금을 약하게 뿌려 물기를 제거한다.
❹ 간장소스는 간장1 : 청주1 : 맛술1 비율로 간장 45ml, 청주 45ml, 맛술 45ml 정도에 복어를 담근 후 다시마를 위에 덮고 50분 정도 간을 한다.
❺ 살라만다 또는 직화구이로 타지 않게 굽는다.
❻ 접시에 시소를 깔고 복어구이를 올리고 레몬으로 장식한다.

POINT

* 복어구이의 곁들임 재료로 우엉간장조림, 무초절임 등을 곁들일 수 있다.
* 후라이팬에 구울 때는 불을 약하게 하고 청주를 넣으면서 타지 않게 굽는다.
* 계절에 따라 유자를 간장소스에 추가로 넣어 유자향구이를 만들 수 있다.

02 복어튀김(가라아게) ふぐの唐揚げ ; ふぐのからあげ ; 후구노가라아게

요구사항

※ 주어진 재료를 사용하여 다음과 같이 복어튀김(가라아게)을 만드시오.
가. 복어살을 이용하여 노릇하게 복어튀김(가라아게)을 하시오.
나. 실파와 달걀을 이용하여 튀김을 하시오.
다. 청차조기잎(시소)를 튀겨 복어튀김과 함께 담아내시오.
라. 레몬과 파슬리로 장식하시오.

지급재료목록

- 복어살 ·················· 100g
- 밀가루(박력분) ·········· 15ml
- 전분 ···················· 15ml
- 달걀 ····················· 1개
- 실파 ···················· 10g
- 생강 ···················· 10g
- 레몬 ··················· 1/6개
- 청차조기잎(시소) ········· 1장
- 파슬리 ·················· 1줄기
- 식용유 ················· 600ml
- 튀김종이(한지 또는 A4용지) ····· 1장
- 간장, 청주, 소금, 후추

복어튀김(가라아게) 만드는 법

❶ 파슬리는 찬물에 담가두고, 생강은 곱게 다져 준비한다.
❷ 실파는 송송 채썰어 찬물에 씻어 체에 건져 물기를 뺀다.
  ※ 실파를 물에 잘 씻어야 기름에 타지 않는다.
❸ 레몬도 반달 모양 또는 배 모양으로 잘라서 준비한다.
❹ 튀김종이를 모양내어 접어 준비한다.
❺ 밑손질한 복어살을 약간 도톰하게 저며 잘라서 간장, 청주, 소금, 후추, 생강즙으로 밑간하여 잠시 재워둔다.
  ※ 간장은 향과 색감이 조금 나게 소량 넣고 소금으로 간을 한다. 간장을 많이 넣으면 빨리 탈 수 있다.
❻ 실파와 달걀노른자를 넣고 고루 섞은 후 밀가루와 녹말가루를 동량으로 해서 넣어 농도를 조절하여 골고루 버무려 165℃에서 노릇노릇 튀겨낸다.
❼ 시소를 전분가루를 살짝 무쳐 스아게로 튀기거나, 남은 복어튀김 반죽에 살짝 색깔을 입혀 튀겨낸다.
❽ 완성 그릇에 튀김종이를 깔고 튀김을 약간 세워 담은 후 오른쪽 앞에 시소튀김을 모양내어 세워담는다.
❾ 레몬은 먹기 편하게 오른쪽 앞에 놓고 파슬리를 곁들여 장식한다.

POINT

* 요구사항에 복어뼈가 있을 경우에는 가운데 뼈 2쪽 정도를 살과 함께 튀김을 한다.
* 뼈를 튀길 경우에는 수분을 충분히 제거하고, 전분가루를 조금 더 넣어 튀겨야 좋다.
* 현장에서는 다진마늘, 미나리채, 유자껍질 채, 참기름, 조미료를 추가로 양념하여 튀기기도 한다.

03 복어타다키 河豚のたたき；ふぐのたたき；후구노타다키

요구사항

※ 주어진 재료를 사용하여 다음과 같이 복어타다키를 만드시오.

가. 복어살은 겉에만 익혀 사용하시오.
나. 실파와 빨간무즙을 함께 곁들이시오.
다. 초간장(폰즈)을 함께 곁들이시오.
라. 복어타다키는 7쪽을 담아내시오.

지급재료목록

- 복어살 ·· 100
- 건다시마(5×10cm) ····················· 1장
- 가쓰오부시 ······································ 3g
- 청차조기잎(시소) 또는 깻잎 대체 가능 ············ 1장
- 무 ·· 50g
- 실파 ··· 10g
- 레몬 ··· 1/6개
- 간장 ··· 30ml
- 식초 ··· 30ml
- 고운고춧가루 ································· 5g

복어타다키 만드는 법

❶ 밑손질한 복어살을 구시(꼬챙이)를 끼워 직화불에서 겉쪽만 센불로 구워 얼음물에 넣는다.
❷ 물기를 제거하고 면포를 쌓아 냉장고에 넣는다.
  ※ 냉장고에 넣지 않고 바로 자르면 겉부분이 부서져서 모양이 좋지 않다.
❸ 건다시마는 젖은 면포로 닦아 냄비에 찬물을 200ml 정도와 건다시마를 넣고 물이 끓으면 불을 끄고 다시마는 건지고 가쓰오부시를 넣고 10~15분 후에 면포에 걸러 일번다시를 만든다.
❹ 무는 강판에 곱게 갈아 씻은 후 체에 걸러 고운 고춧가루와 섞어 **빨간무즙(모미지오로시)**을 준비한다.
❺ 실파는 곱게 채를 썰어 물에 씻은 후 체에 걸러 물기를 빼고, 레몬은 모양 내어 자른다.
❻ 빨간무즙, 실파, 레몬을 이용하여 양념(야쿠미)을 준비한다.
❼ 일번다시1 : 간장1 : 식초1 비율로 일번다시 30ml, 간장 30ml, 식초 30ml를 섞어 초간장(폰즈)을 준비한다.
❽ 겉을 구워 놓은 복어는 접시에 시소를 깔고 얇게 포를 떠서 완성 접시에 모양내어 담는다.
❾ 요구사항에 맞게 실파와 빨간무즙을 보기 좋게 담아 초간장(폰즈)을 뿌리거나, 초간장(폰즈)과 양념(야쿠미)을 따로 담아낸다.

POINT

* 겉에만 익혀서 얼음물에 넣은 후 물기를 제거하고, 면포에 싸서 냉장고에 보관한다.
* 개수 및 간장(폰즈)과 양념(야쿠미)은 요구사항에 따라 준비한다.
* 레몬, 파슬리로 장식할 수 있다.

04 복어껍질굳힘(니꼬고리) 河豚の煮凝り；ふぐのにこごり；후구노니꼬고리

요구사항

※ 주어진 재료를 사용하여 다음과 같이 복어껍질굳힘(니꼬고리)을 만드시오.

가. 복의 겉껍질과 속껍질을 분리하여 손질하고, 가시를 제거하시오.
나. 생강과 실파는 채를 썰어 사용하시오.
다. 껍질굳힘은 잘라서 7개 이상 담아서 제출하시오.

🧑‍🍳 지급재료 목록

복어(껍질, 중, 1.5kg 정도) ·················1마리	건다시마(5×10cm) ······················1장
(1과제 복어 공통사용)	청차조기잎(시소) ···············1장(깻잎 대체 가능)
통생강(껍질 있는 것) ·······················30g	진간장 ·······························30ml
실파 ·························10g(미나리 대체 가능)	가쓰오부시 ····························10g
젤라틴 ····················10g(분말젤라틴 대체 가능)	소금(정제염) ···························10g
간장 ·······························20ml	각얼음 ······························100g
청주 ·······························30ml	(파슬리) ······························5g
레몬 ·······························1/6쪽	

🧑‍🍳 복어껍질굳힘(니꼬고리) 만드는 법

❶ 건다시마는 젖은 면포로 닦아 냄비에 찬물을 200ml 정도와 건다시마를 넣고 물이 끓으면 불을 끄고 다시마는 건지고 가쓰오부시를 넣고 10~15분 후에 면포에 걸러 일번다시를 만든다.

❷ 복어 껍질 데치기
  1) 복어 겉껍질 데치기 : 복어 껍질은 살짝 데쳐서 찬물에 식혀 바로 물기를 제거한 후 구시(꼬챙이)에 끼워서 말리거나 면포에 싸서 고들고들하게 준비한다.
  2) 복어 속껍질, 복어살껍질 데치기 : 살은 익혀서 찬물에 식혀 물기를 제거한 후 면포에 싸서 놓는다.

❸ 복어껍질굳힘(니꼬고리) 만들기
  1) 판 젤라틴은 찬물에 불리고 가루 젤라틴은 차가운 일번다시에 넣고 미리 불린다.
  2) 생강은 얇게 돌려깎기하여 곱게 채썰어(하리쇼가) 준비하여 물에 헹군다.
  3) 실파는 푸른 부분을 곱게 채를 썰어 씻은 후 체에 밭쳐 준비한다.
    * 실파 대신 미나리가 제공될 수 있다.
  4) 복어겉껍질살, 복어속껍질살, 복어살껍질살을 사시미용을 제외하고 곱게 일정하게 4cm 정도로 썰어 준비한다.
  5) 냄비에 다시 200ml 정도를 올려 젤라틴이 녹으면 거품을 걷어내고 불을 줄여 복어 껍질을 넣고 간장 15ml 정도로 색을 내고, 맛술 15ml 정도, 청주 15ml 정도, 소금으로 간을 하여 끓여주고 채썬 생강, 실파를 넣고 불을 끈 다음 조금 식혀 사각 스테인레스틀(7×8cm 정도)에 붓고 1.5~2cm 정도 높이가 되게 하여 냉장고에 넣는다(얼음이 제공되면 최대한 식혀서 냉장고에 넣는다).

❹ 요구사항에 맞게 잘라 완성하기
  1) 2~3cm 정도 크기로 다이아몬드 모양으로 자른다.
  2) 시소를 깔고 담아 파슬리로 장식하여 완성한다.

POINT

* 복어껍질굳힘(니꼬고리)이 잘 굳을 수 있도록 얼음을 사용하여 식혀 다른 조리작업보다 최대한 빨리 준비해서 냉장고에 넣도록 한다.
* 복어껍질굳힘요리가 굳지 않으면 안되지만 딱딱한 것보다는 부드럽게 굳힘이 되어야 한다.
* 요구사항에 맞게 개수를 맞추어 제공하고, 실파 대신 미나리가 제공되면 대체해서 사용한다.
* 계절에 따라 시소 대신 깻잎이 제공되고 파슬리가 제공되지 않을 수 있다.

〈복어조리기능장 합격을 위한 참고 사항〉
- 복어손질하기 p.139~142 참조
- 복어죽(조우스이) p.154 참조
- 복어회국화모양 p.173 참조
- 복어초밥 p.188 참조
- 복어내장 분리하기(*10분 이내 확인받기) p.143, p.149 참조
- 복어맑은탕 p.163 참조
- 복어찜 p.175 참조
- 복어냄비 사라모리 확인받기
- 복어회학모양 p.183 참조

참고문헌

국가직무능력표준 www.ncs.go.kr
NCS학습모듈, 2019
전경철, 한권으로 합격하는 조리기능사 필기시험문제, 크라운출판사, 2020
전경철 외, 최신 조리산업기사 기능장 필기시험문제, 크라운출판사, 2019
전경철, 일식, 복어조리기능사, 산업기사 실기시험문제, 크라운출판사, 2019
국립수산물품질검사원, 복어의 올바른 이해, 주(문원사), 2006.
국립수산물품질검사원, 복어의 위생과 취급, 1989.
김소미 외, 우리생선이야기, 효일, 2002.
김원일, 정통일본요리, 형설출판사, 1993.
김원일, 초밥, 조선일보사, 2000.
남춘화, 초밥 기술에서 예술까지, 잎새, 1992.
박계영 외, 일본요리, 백산출판사, 2005.
박병학, 기초일본요리, 형설출판사, 1992.
안효주, 이것이 일본요리다, 샘터, 1998.
유태종, 음식궁합, 아카데미북, 1998.
임홍식 외, 일식·복어·중식 조리기능사, (주)텔리쿡, 2002.
전경철 외, 일식·복어·중식 조리실기, 일진사, 2003, 2007, 2009.
정영도 외, 식품조리재료학, 지구문화사, 2000.
조영제, 생선회 100배 즐기기, 한글, 2002.
태평양산 원앙어류도감, 국립수산과학원, 1999.
하숙정, 일식·중식·복어 조리기능사 실기출제문제집, 수도출판문화사, 1994.
한국사전연구회, 식품재료사전, 한국사전연구회, 1997.
한정혜, 일식·중식·복어 조리기능사 실기시험문제집, 정우진흥, 1999.
해양생물대백과, 한국해양연구원, 2004.
中村幸平 지음, 설상수 옮김, 日本料理用語辭典, 다형출판사, 1999
朴炳學, 基礎日本料理, 螢雪出版社, 1994
金元一, 金元一의 河豚料理, 元一出版社, 2015
JAPAN ART, 일본요리기술대계, 정번요리Ⅱ, 2001
渡邊悅生編, 魚分類の鮮度と加工, 貯藏, 2002.
高橋英一, 懷石の心にふれる, 日本放送出版協會, 2001.
大田忠道, 四季の刺身料理, 旭屋出版, 2000.
阿部孤柳, 日本料理技術大系, 株式會社ジャパアート社, 2001.
眞尾榮, 包丁さばき百科, 主婦と生活社, 1990.
土井勝, 改訂基礎日本料理, 柴田書店, 1952.
전경철, 관광호텔 일식레스토랑 메뉴의 표준양목표에 관한 연구, 경기대학교 관광전문대학원 석사논문, 2001.

일식 · 복어
조리기능사 산업기사 필기실기문제

발 행 일	2022년 1월 5일 개정2판 1쇄 인쇄
	2022년 1월 10일 개정2판 1쇄 발행
저 자	전경철
발 행 처	 크라운출판사 http://www.crownbook.com
발 행 인	이상원
신고번호	제 300-2007-143호
주 소	서울시 종로구 율곡로13길 21
공 급 처	(02) 765-4787, 1566-5937, (080) 850~5937
전 화	(02) 745-0311~3
팩 스	(02) 743-2688, 02) 741-3231
홈페이지	www.crownbook.co.kr
I S B N	978-89-406-4510-9 / 13590

특별판매정가 25,000원

이 도서의 판권은 크라운출판사에 있으며, 수록된 내용은 무단으로 복제, 변형하여 사용할 수 없습니다.
Copyright CROWN, ⓒ 2022 Printed in Korea

이 도서의 문의를 편집부(02-6430-7011)로 연락주시면 친절하게 응답해 드립니다.